JOURNAL ENCYCLOPÉDIQUE

DES HUISSIERS.

PARIS. — IMPRIMERIE DE Mme Ve DONDEY-DUPRÉ,
RUE SAINT-LOUIS 46, AU MARAIS

JOURNAL ENCYCLOPÉDIQUE

DES HUISSIERS,

SE RATTACHANT PAR DES RENVOIS

AUX ARTICLES

DE L'ENCYCLOPÉDIE DES HUISSIERS,

PAR MARC DEFFAUX,

AUTEUR DE CE DERNIER OUVRAGE,

ET PAR PLUSIEURS JURISCONSULTES.

———

DEUXIÈME PARTIE.

DÉCISIONS DES COURS ET TRIBUNAUX, OBSERVATIONS,
QUESTIONS RÉSOLUES, ETC.

———

TOME SECOND.

1844.

———

PARIS.

A LA LIBRAIRIE DE JURISPRUDENCE DE COTILLON,

RUE DES GRÈS-SORBONNE, 16.

1844

JOURNAL ENCYCLOPÉDIQUE

DES HUISSIERS.

SECONDE PARTIE.

DÉCISIONS DES COURS ET TRIBUNAUX, OBSERVATIONS, QUESTIONS RÉSOLUES, ETC.

ART. 63.

OBSERVATIONS

SUR LA RÉFORME DES ABUS DONT SE PLAIGNENT LES HUIS-
SIERS. — ASSEMBLÉE DES SYNDICS ET DÉLÉGUÉS DE QUELQUES
COMMUNAUTÉS. — TRAVAUX. — RÉSULTATS OBTENUS.

Depuis le décret organique du 14 juin 1813, qui a réuni en
un seul corps tous les huissiers existant en France, et qui les a
divisés en communautés d'arrondissement, l'institution, malgré
des préjugés enracinés dans l'esprit des populations, malgré
l'injuste sévérité, nous pourrions dire la barbarie des peines ac-
cumulées contre elle par la législation, a réalisé d'importantes
et d'incontestables améliorations. Loin *d'étonner par son immo-
bilité*, comme on le lui reproche à tort, elle a, au contraire, autant
que toute autre institution, marché avec le siècle, donné asile
au progrès, et démontré, par la conduite de ses membres, leur
instruction toujours croissante, leur respect des lois, qu'elle est
digne d'occuper dans la société la position qu'elle s'est acquise
par trente années d'épreuve et de courage.

Non, les huissiers ne sont pas restés stationnaires. Chaque année, en effet, a vu s'accomplir chez eux un progrès nouveau ;
car chaque année leur corporation a reçu dans son sein des
membres plus capables, plus laborieux, plus actifs que ceux

qu'elle perdait; ceux-là ont apporté leur contingent de savoir et d'intelligence, et le bien qu'ils ont fait, particulièrement la considération personnelle dont ils se sont entourés, a rejailli sur le corps entier, et augmenté d'autant l'influence dont il jouissait déjà. Quelle institution compte aujourd'hui plus d'hommes véritablement éclairés que celle des huissiers? Depuis quelque temps les clercs de notaires et d'avoués ne se disputent-ils pas des fonctions qu'ils dédaignaient il y a vingt ans? et cette concurrence n'est-elle pas la meilleure preuve que la corporation s'est considérablement améliorée, et que désormais il n'y a pas à craindre qu'elle s'arrête dans la route qu'elle doit parcourir?

Quoique placés à l'un des degrés inférieurs de l'échelle judiciaire, les huissiers n'en exercent pas moins des fonctions tellement indispensables, que, sans elles, il faudrait renoncer absolument à l'application des lois. Ils sont les premiers fonctionnaires qui connaissent la difficulté, et peuvent, dans un très-grand nombre de circonstances, arrêter un procès injuste ou faciliter une transaction qui ramène la paix dans une famille ou entre voisins; ils sont les confidents des misères de la classe pauvre, et les seuls conseillers des habitants des campagnes, qu'ils savent calmer dans les querelles qui s'élèvent entre eux au sujet d'intérêts extrêmement minimes; ils sont, en un mot, les seuls intermédiaires que la loi civile a placés pour son exécution entre elle et les justiciables. On comprendra sans peine qu'une classe aussi nombreuse que celle des huissiers, qui est investie d'attributions considérables touchant à des intérêts de toute nature, ait le droit de réclamer la protection du gouvernement, et de solliciter l'intérêt de la magistrature contre des abus qui la déciment de jour en jour, et qui, d'ailleurs, sont aussi nuisibles aux citoyens qu'aux huissiers.

Le gouvernement, il faut le dire, fidèle aux traditions du décret de 1813, qui a tenté de faire de l'huissier une espèce de serf attaché à la glèbe du tribunal, paraît plus hostile que favorable aux huissiers. Ne l'avons-nous pas vu interdire à ces officiers ministériels, on ne sait trop par quel motif, non-seulement le droit de défendre, mais encore celui de représenter les parties devant les tribunaux de paix et de commerce? Au moment même où nous écrivons, les huissiers ne sont-ils pas les seuls fonctionnaires que le gouvernement entend soumettre à la patente? et il est probable que, malgré les réclamations les plus justes et les mieux fondées, ils continueront de payer cet impôt dont les notaires, les avoués et les greffiers sont affranchis, bien qu'à l'égard de son assiette, ils soient placés identiquement dans la même position que les huissiers. Quant aux magistrats qui voient de près les huissiers, ils apprécient leur position avec bienveillance, adoucissent autant qu'il est en eux, lorsqu'on en réclame l'application, des peines qui ne sont plus dans nos mœurs, et protégent de leur mieux les huissiers contre les usurpations qu'on veut consommer à leur préjudice.

Peu de professions prêtent autant aux entreprises injustes que celle d'huissier. En contact avec les notaires pour les prisées et les ventes de meubles et de récoltes, ils ont eu à subir, pour les ventes de récoltes et les ventes de meubles à terme, une guerre acharnée de la part des notaires, guerre inique dans laquelle, pourtant, ils ont fini par succomber devant la Cour de cassation. En contact avec les avoués dans toutes les procédures où le ministère de ceux-ci est forcé, les huissiers sont obligés de disputer le terrain pied à pied s'ils ne veulent pas se voir enlever le plus clair de leurs bénéfices, et être réduits au rôle de *porteurs d'exploits*. En contact, dans les grandes villes, avec des maisons de commerce considérables et des agents d'affaires, ils se voient souvent dans la nécessité de subir des transactions déplorables s'ils ne veulent pas s'aliéner la meilleure clientèle d'un cabinet qu'ils ont acheté fort cher. Cet état de choses, qui peut encore empirer, a alarmé les huissiers et dans beaucoup de localités des mesures ont été prises pour le faire disparaître.

Quelques personnes, animées d'ailleurs des meilleures intentions, mais s'exagérant le danger qui résultait, pour la corporation, des remises faites, par certains huissiers, d'une partie de leurs honoraires, s'exagérant également le mal que pourrait produire une plus longue exécution des règlements actuellement en vigueur, ont cru remédier à tout en faisant disparaître *l'isolement où*, suivant eux, *les huissiers se sont obstinément renfermés jusqu'à ce jour*, et cela par la création d'une sorte de comité directeur siégeant à Paris, nommé par tous les syndics de France réunis en assemblée générale, et dont le but serait la suppression des abus et l'amélioration de l'institution des huissiers, amélioration, disons-le en passant, qui a été et qui est dans la nature des choses, et qui, par conséquent, s'est accomplie et s'accomplira avec ou sans la permission du comité de Paris.

C'était une assez drôle d'idée que celle dont nous venons de parler ; aussi fut-elle mise en exécution, et tous les syndics de France convoqués pour le 27 octobre 1842 à Paris. Quarante et un seulement prirent la chose au sérieux, et répondirent à l'appel. Ainsi constituée, l'assemblée générale nomma une commission de sept membres, vota une pétition demandant une disposition pour empêcher les remises du droit de copie de pièces, une loi sur les ventes mobilières, et la révision du tarif de 1807. Elle arrêta ensuite la nomenclature de toutes les copies de pièces appartenant exclusivement aux huissiers, et de celles

qu'ils ont le droit de certifier en concurrence avec les avoués ;
enfin elle promulga son règlement portant :

1° Que chaque année, dans la dernière quinzaine d'octobre,
tous les syndics des huissiers de France se réuniraient à Paris,
en assemblée générale ;

2° Que le but des conférences serait de signaler les abus, d'indiquer les moyens de répression, et d'assurer les améliorations
dont l'institution a besoin ;

3° Que la commission pourrait être consultée toutes les fois
que les droits des huissiers seraient contestés ; qu'elle recevrait
toutes les communications, et qu'elle rédigerait tous actes, pétitions et mémoires ;

4° Que la commission fera choix d'un jurisconsulte pour formuler les réclamations qu'il serait utile d'adresser au ministre
de la justice ou aux Chambres.

En 1843, vingt-neuf syndics étaient présents. Ils ont arrêté
que les chambres de discipline seraient invitées à présenter des
pétitions pour solliciter du gouvernement une loi sur les ventes
de meubles et de fruits, et l'abrogation de l'art. 173 du Code
de commerce, qui ordonne la présence des témoins aux protêts.
Ils ont, en outre, arrêté que des démarches seraient faites pour
obtenir la révision du décret de 1813, et solliciter une circulaire
du garde des sceaux sur les copies de pièces et les remises en
général. Enfin ils ont reconnu que le moment n'était pas arrivé
pour demander qu'on s'occupât du tarif de 1807.

Nous devrions peut-être nous en tenir à l'analyse des travaux
de l'assemblée et nous nous y arrêterions en effet, si nous n'avions
la crainte de voir se propager parmi les huissiers, et surtout
chez nos abonnés, des illusions de réforme qui ne pourraient
tout au plus que les tenir dans un état d'excitation très-préjudiciable à leurs intérêts.

Nous devons commencer par protester que nous nous croi-
rions indignes de la mission que nous nous sommes imposée en
créant notre journal, si nous n'acceptions avec empressement
la moindre lueur d'espérance se rattachant à une mesure quelconque intéressant les huissiers, de quelque part qu'elle vienne,
et si nous n'encouragions pas toutes les démarches qui nous pa-
raîtraient propres à atteindre ce résultat, objet de tant d'efforts
persévérants. C'est donc avec la plus grande impartialité, avec
l'indépendance la plus parfaite, que nous pouvons apprécier les
motifs, le but et les travaux de la réunion.

On s'est dit l'union fait la force, et les huissiers sont isolés ;
qu'ils s'unissent, et tous les abus dont ils ont à se plaindre ne
tarderont pas à disparaître. Partant de ce principe, on a convo-
qué tous les syndics des communautés de France. Très-peu ont
répondu à l'appel en 1842 ; un moins grand nombre encore s'est

présenté en 1843, malgré tous les efforts faits pour donner à la réunion l'apparence d'une grande importance. Qu'a fait l'assemblée? rien que ce qui déjà avait été fait bien des fois sans succès : elle a réclamé des réformes qu'on n'obtiendra pas d'ici longtemps, si toutefois on parvient jamais à en obtenir. N'est-il pas à craindre que l'agitation qu'elle a fait naître chez les huissiers, n'aboutisse à un découragement, surtout si ses efforts n'obtiennent aucun succès, comme il est raisonnable de le penser?

Mais pourquoi, lorsqu'il s'agit pour eux d'un intérêt immense, les huissiers ont-ils montré tant d'insouciance? Pourquoi ne sont-ils pas tous arrivés à Paris en 1842 et 1843? c'est sans doute parce que le plus grand nombre se sera fait les réflexions suivantes :

1° Il n'est pas vrai que nous devions les abus dont nous nous plaignons à l'isolement. Nous ne sommes pas, en effet, plus isolés que les notaires et les avoués ; car, comme eux, nous sommes réunis en communautés d'arrondissement; et comme eux nous avons des chambres de discipline dont la mission est de veiller au maintien de nos droits et prérogatives. Plusieurs fois nous avons donné l'exemple d'une résistance persévérante aux usurpations qu'on voulait commettre à notre préjudice, notamment au sujet des ventes de récoltes et alors nous n'avions pas de réunion générale.

2° Qu'irions-nous faire à Paris? — L'essentiel n'est pas de délibérer, mais de faire exécuter la délibération. Or, la réunion, quelque nombreuse qu'elle soit, n'aura aucun moyen pour soumettre à sa décision un seul huissier qui ne voudra pas l'exécuter. Alors à quoi bon délibérer? — Réclamer, présenter des pétitions, des mémoires, des notes? nous pouvons faire cela chez nous; nous ne pouvons même le faire que chez nous, la loi ne reconnaissant pas d'assemblées générales, mais seulement des communautés d'arrondissement. — Et d'ailleurs que dirions-nous qui n'a été dit et qui ne sera dit par les journaux qui défendent nos intérêts?

3° Nous autres huissiers, hommes d'affaires, hommes d'exécution, nous considérons les faits, laissant de côté les paroles même les plus pompeuses. Eh bien! à Paris, nous ne pouvons accomplir aucune amélioration ; ce n'est point là que nous devons aller pour détruire des abus qui ont pris naissance et qui vivent dans notre arrondissement; ce n'est point à l'assemblée, fût-elle générale, mais à notre chambre de discipline, qui seule peut la faire exécuter, que nous devons faire accepter une mesure efficace;

4° La réunion, dit-on, donnera l'impulsion à toute les communautés; mais l'impulsion, chaque membre la reçoit de son propre intérêt, et d'une manière plus bien sûre qu'il ne pourra jamais la recevoir d'une réunion générale à laquelle il n'aura point assisté ou n'aura assisté que par son syndic ; il la reçoit des discussions qu'il est obligé de soutenir pour défendre ses honoraires ; il la reçoit enfin des journaux qui défendent les droits des huissiers. Si l'intérêt privé est insuffisant pour stimuler le zèle d'un huissier, à coup sûr l'intérêt général le sera bien moins encore.

Voilà certainement ce que bien des huissiers se seront dit. D'autres, les plus vieux, les plus expérimentés, n'auront-ils pas souri à l'idée de voir réunie à Paris une espèce de chambre des députés des huissiers, impuissante à faire le bien, impuissante à empêcher le mal, ne pouvant raisonnablement prétendre à aucune attribution, étant convaincue d'avance qu'elle ne pourrait faire que ce que tout huissier pourrait faire au coin de son feu : une pétition et la publier !

Mais peu importe le nombre des syndics réunis, peu importent les motifs qui ont empêché le plus grand nombre de se rendre à la réunion, peu importe même l'utilité ou le danger de cette réunion ; nous devons applaudir au zèle de ceux qui, mus par l'intérêt général, s'y sont présentés croyant faire une chose utile à la corporation. Que leur zèle ne se ralentisse pas ; que chacun d'eux fasse adopter par la chambre de discipline qu'il préside et surtout qu'il fasse exécuter une bonne délibération proscrivant les abus qui lui ont été signalés, et il réalisera, sans éclat il est vrai, plus de bien qu'il ne pourra jamais en faire en assistant à toutes sortes de réunions.

L'assemblée générale a pris deux décisions que nous devons faire remarquer. La première, c'est qu'elle a nommé un jurisconsulte pour rédiger les notes, les mémoires et pétitions. — Nous ne comprenons pas cela. — Vous êtes réunis quarante et un, tous capables, gens de cœur et d'honneur, pleins d'expérience, connaissant mieux que qui que ce soit les abus, et le remède à y apporter ; réunis dans quel but ? — Pour présenter des notes, mémoires, pétitions, vous ne pouvez faire que cela. — Eh bien, pourquoi ne les rédigez-vous pas ? — Serait-ce parce que vous n'avez pas le temps ? — Alors pourquoi s'assembler pour faire une besogne que vous n'avez pas le temps de faire ? — Vous venez avouer que le corps des huissiers est obligé d'avoir recours aux lumières d'un jurisconsulte pour formuler des réclamations que chacun de vous pourrait rédiger avec une plus grande expérience des choses et avec autant de convenance que de fermeté ? — Vous êtes restés assemblés la première fois trois jours, la seconde deux, tout simplement pour dire il faut faire faire des pétitions par un jurisconsulte ? Ce n'est pas même la montagne qui enfante une souris, car le jurisconsulte était désigné bien avant la formation de la montagne.

Hâtons-nous de le dire, le *choix* que la commission a fait de M. Billequin, avocat à la Cour royale, ne peut être qu'approuvé. M. Billequin est un homme très-capable et très-habile; il a fait ses preuves et les fait chaque jour en menant de front la rédaction du Journal des Huissiers et celle du Journal des Avoués. Mais, nous le répétons, à quoi bon s'assembler pour prier M. le rédacteur en chef du *Journal des Huissiers* de faire une chose que l'intérêt de son journal l'engageait à faire?

Par une seconde décision, l'assemblée a engagé toutes les communautés à s'abonner au *Journal des Huissiers, seul organe de publicité choisi par la commission.* — L'assemblée ne pouvait prétendre tout au plus qu'à une influence morale, et elle ne pouvait exercer cette influence qu'au moyen d'une grande publicité ; naturellement on devait penser qu'elle appellerait à son aide tous les journaux s'occupant des huissiers. Loin de là, elle n'en a adopté qu'un, exclu les autres, et leur a même refusé la comunication de ses délibérations, apparemment parce que *l'union fait la force.* Le but réel des réunions ne serait-il pas celui-ci : procurer à un journal le plus d'abonnés possible?

Nous ne nous plaignons pas de la protection accordée au Journal des Huissiers, mais nous avons le droit de nous plaindre de ce qu'une assemblée qui a la prétention de représenter tous les huissiers de France et de défendre l'intérêt général, soit descendue à une mesure contraire à ce même intérêt, en refusant le concours de journaux qui sont lus par un assez grand nombre d'huissiers, et en se privant, elle qui a recours aux lumières d'un jurisconsulte, des idées de ces mêmes journaux auxquels on ne peut en définitive refuser d'avoir accompli des travaux consciencieux.

Dans l'intervalle des deux réunions, il a été demandé au Garde des sceaux de modifier, par une ordonnace du roi, l'article 45 du décret du 14 juin 1813, sous le prétexte que l'article 13 de la Charte permet au Roi de faire les règlements et ordonnances pour l'exécution des lois. Le ministre a refusé, avec raison selon nous, le décret de 1813 ayant force de loi et ne pouvant être modifié en quoi que ce soit que par une loi. On ne s'est pas aperçu, en invoquant l'article 13 de la Charte, qu'il n'était pas applicable, puisque aucune loi n'a jamais permis de régler par ordonnance la procédure et les attributions des chambres de discipline des huissiers, soit avant, soit depuis le décret de 1813, et que pour qu'il y ait lieu à exécuter une loi par une ordonnance, il faut avant tout que cette loi existe.

Résumons-nous : le mal n'est pas dans l'isolement, il est dans le décret de 1813, et le remède dans la révision de ce décret qu'on peut, qu'on doit même demander, mais qu'on n'obtiendra pas de sitôt. Il est davantage, ayons le courage de le dire, dans le personnel des huissiers, dont plusieurs sont obligés de suivre les traditions de leurs prédécesseurs s'ils ne veulent pas s'exposer à perdre leur meilleure clientèle. Que l'on ne s'y trompe pas, la persuasion sera plus efficace que les peines disciplinaires pour détruire les transactions sur les remises d'honoraires, transactions qui pourront presque toujours avoir lieu sans qu'on puisse en rapporter la preuve; elle sera d'ailleurs plus convenable et n'exposera point les huissiers à se faire la guerre les uns aux autres sous le masque de l'intérêt général. — Des réformes sont nécessaires; c'est un fait constant. Qu'on les réclame dignement, sans bruit, comme une chose due, sans tout cet appareil de réunions générales plus propre à nuire qu'à profiter aux huissiers dans l'esprit du gouvernement auquel on paraîtrait vouloir forcer la main. — Et en attendant, qu'on cherche dans les règlements existants les moyens de détruire les abus dont les huissiers ont à se plaindre. C'est ce que nous ferons dans le cours de notre publication, aidé des conseils et de l'expérience de nos abonnés.

ART. 64.

—

LETTRE

SUR LES RÉFORMES A INTRODUIRE DANS LA CORPORATION DES HUISSIERS ; ET PARTICULIÈREMENT SUR LA RÉDUCTION DU NOMBRE DE CES FONCTIONNAIRES.

Notre journal étant une tribune ouverte à tous les huissiers sans distinction, nous nous faisons un devoir de publier tout ce qui peut les intéresser, et de produire au grand jour toutes les idées de nos anciens confrères, sans distinction de celles qui sont conformes ou opposées aux nôtres, nous réservant, bien entendu, de faire connaître notre avis en temps opportun.

Fidèle à ce principe, nous insérons aujourd'hui une lettre que nous avons reçue il y a déjà quelque temps, mais qui n'a pu trouver place plus tôt dans nos colonnes. Nous avons répondu à l'auteur pour l'engager à développer sa proposition et à indiquer les moyens d'exécution à employer, tout en respectant autant que possible les droits acquis. Aussitôt qu'il nous aura répondu, nous exprimerons notre opinion sur la mesure importante qu'il propose.

A MONSIEUR LE RÉDACTEUR DU JOURNAL ENCYCLOPÉDIQUE
DES HUISSIERS,

Caen, le 18 octobre 1843.

Monsieur le Rédacteur,

Ancien membre d'une corporation à laquelle vous avez voué vos travaux, mieux que personne vous êtes posé pour être et devenir de plus en plus son guide et son appui, non-seulement dans ce qui tient intellectuellement à la profession, mais encore en ce qui touche à ses intérêts positifs, menacés de toutes parts, à en croire le cri de détresse de leurs anciens protecteurs et les manifestations qu'il produit, mais plus gravement menacés, selon moi, par la manière dont on prétend les défendre et les sauver.

Sans vouloir vous distraire de la première et principale partie de vos occupations, je désirerais donc voir entrer votre journal dans la lice ouverte, afin d'empêcher le mal qui pourrait être fait par l'emploi de mauvais moyens et la répulsion des bons.

Je vais vous initier à mes idées en mettant sous vos yeux la lettre que j'écrivis à M. le Syndic de Rouen le 22 avril 1843. La voici :

« Monsieur le Syndic de Rouen, rapporteur du comité
» établi à Paris,
» C'est sur votre initiative que s'est formée la réunion des
» syndics et délégués à Paris, et par suite le comité qui a accepté
» la mission de régénérer la fonction d'huissier.
« Quels qu'en soient les résultats, cette pensée est une preuve
» de zèle, et l'on doit déjà vous en savoir gré ; mais si elle vient,
» comme il faut l'espérer, à produire les bons effets que vous en
» attendez, vous aurez acquis des droits à la reconnaissance du
» corps entier.
» Pour cela, il faut que le comité se mette au-dessus de toute
» influence, qu'il écoute et pèse toutes les observations, qu'il

» soit un refuge et un point d'appui contre tout ce qui ferait en-
» trave dans la voie où l'on est entré.

» Le but que vous vous êtes proposé, Monsieur, c'est le mi-
» nistère d'huissier intégré dans la plénitude de ses fonctions,
» mis à couvert des empiétements des autres officiers ministé-
» riels, des suggestions de la détresse ou de la cupidité, et placé
» enfin au milieu de la société dans cette position aisée et con-
» venable qui est la garantie de l'accomplissement des devoirs
» comme du maintien des droits.

» L'entreprise est d'autant plus honorable qu'on ne s'est pas
» dissimulé la réalité du mal, et par conséquent la difficulté de
» la tâche. L'exposé de la pétition adressée à M. le Garde des
» sceaux, lors de la réunion générale, accuse une situation
» vraiment déplorable, et il n'y a rien d'exagéré. Mais à la suite
» d'un semblable tableau, dans le sein d'une réunion d'huis-
» siers venus de tous les points de la France, comment ne s'est-
» il présenté à la pensée que les deux moyens indiqués comme
» étant les seuls efficaces : une loi qui augmente les pénalités
» disciplinaires et la modification du tarif de 1807 ?

» Où la nécessité s'est-elle révélée d'attributions et de péna-
» lités nouvelles ? Quelle est la chambre de discipline qui,
» ayant essayé de son pouvoir, se plaint de l'avoir trouvé in-
» suffisant ? quel tribunal a été arrêté par défaut de textes dans
» la répression des faits qu'on veut punir ? — Je trouve dans le
» Journal des Huissiers 1843, p. 18, un jugement qui prouve
» que, sur ce point, on n'a rien à demander, sinon aux cham-
» bres de discipline plus de surveillance et de fermeté.

» Le tarif de 1807 serait inapplicable désormais en présence
» des besoins d'une société nouvelle..... C'est une opinion qu'on
» peut avoir ; mais la preuve qu'elle n'est pas partagée par le
» gouvernement, et qu'elle a peu de chances de succès, c'est
» que le tarif tout récent des ventes judiciaires reproduit à peu
» près textuellement pour la partie qu'il traite, et qui, à cause
» de son importance, eût pu motiver une augmentation excep-
» tionnelle, les chiffres de celui de 1807, qui se trouve ainsi pour
» longtemps à l'abri du reproche de n'être plus de son époque.
» Et d'ailleurs ne voit-on pas qu'au lieu de les empêcher, l'élé-
» vation du salaire ne ferait que provoquer et rendre plus faciles
» les remises et les compositions qu'on veut anéantir ? Dans tous
» les cas, ce qu'il faudrait démontrer pour motiver cette de-
» mande, c'est que l'huissier occupé ne gagne pas suffisamment;
» mais les exemples contraires ne manqueraient pas. Pourquoi
» donc aggraver le sort des débiteurs quand il y a d'autres
» moyens ?

» Si, comme on n'en peut douter, le comité veut sérieuse-
» ment le bien de la corporation des huissiers, la première chose

» à faire c'est de les compter, et de voir si leur nombre dans
» chaque arrondissement est en rapport avec le besoin du ser-
» vice et des affaires, et partant avec les bénéfices , car là où il
» est excessif , les abus qu'on signale existent nécessairement ,
» et ils ne peuvent être réprimés que par la réduction. Il est
» donc indispensable de commencer par cet examen, et d'ap-
» pliquer cette mesure partout où elle est nécessaire. Jusque-là
» et tant que ce préliminaire ne sera pas rempli, toutes les réu-
» nions générales et les comités permanents n'y feraient absolu-
» ment rien. Le besoin est ingénieux et la cupidité aussi. Toute
» personne disposant d'un certain nombre d'affaires , et qui vou-
» dra obtenir des remises , trouvera toujours son homme quand
» l'occupation manque, et tous deux s'entendront de manière à
» se soustraire aux investigations et à éluder les lois les plus ri-
» goureuses.

» Ces idées ne sont pas neuves , et elles forment avec bien
» d'autres les raisons qui ont fait solliciter et motiver les réduc-
» tions jusqu'ici. Comment se fait-il, je le répète, qu'au moment
» où se produit la plus grande manifestation de plaintes et de
» doléances qui se soit vue dans la corporation , elles soient com-
» plétement oubliées ou obstinément repoussées ?

» Ceci, monsieur, m'a paru plus grave que tous les abus in-
» térieurs, que tous les empiétements des corporations rivales, et
» ce qui m'a surtout frappé, c'est la coïncidence de l'oubli par
» le comité du moyen de réduction, avec l'opposition de notre
» syndic , et de quelques adhérents qui seraient atteints par la
» mesure, à tout ce qui peut s'y rapporter ; opposition qui est
» parvenue à empêcher toute délibération , soit de la Chambre ,
» soit de la communauté, sur cette question qui les domine toutes
» et sans la solution de laquelle tous les efforts vrais ou feints se-
» ront vains et stériles.

» Devrait-on craindre que messieurs les Syndics et Délégués
» qui composaient la réunion, ou au moins la majorité d'entre
» eux, ne fussent dans les mêmes dispositions que M. B...... Ce
» serait trop fâcheux pour que je veuille m'arrêter à cette pen-
» sée, mais je serais flatté et reconnaissant d'obtenir un mot de
» vous, monsieur, qui me rassurât à cet égard.

» J'ai l'honneur d'être, etc. »

Cette lettre est restée sans réponse, ce qui peut signifier tout
ce qu'on voudra, sinon que mes idées étaient fausses et mes
craintes sans fondement.

Cependant, pour la vérification des conjectures auxquelles
j'étais réduit, j'attendais patiemment la révélation des travaux
du comité. Je possède en ce moment le cahier de juillet du
Journal des Huissiers, dont les quinze premières pages sont con-

sacrées à l'œuvre de restauration, et de plus j'ai le rare mérite de les avoir lues tout au long.

Aux deux moyens énoncés dans la pétition de l'an dernier, et dont je faisais voir dans ma lettre l'inefficacité, est venu s'en joindre un troisième qui consisterait à demander la quasi-suppression des pénalités portées en l'art. 45 du décret de 1813.

Qu'on ait songé à solliciter cette espèce de bill en faveur des paresseux et des insatiables, cela se conçoit ; mais présenter une telle idée comme moyen d'améliorer le sort et la position des huissiers en général, c'est trop fort de dérision. Les deux moyens de l'an dernier étaient tout simplement des remèdes anodins ; celui-ci, qui rentre dans les contraires, est de ceux qui font retirer leurs diplômes aux officiers de santé.

Que ceux, dans le comité ou ailleurs, qui, par des motifs tels quels, ne veulent pas entendre parler de réduction, aient au moins la bonté de reconnaître aujourd'hui qu'ils ont tant soit peu manqué d'habileté en réveillant dans le corps des huissiers le sentiment de leur fâcheuse position et l'espoir de la voir changer. Au point où ils sont engagés, au degré où est parvenu le mouvement général qu'ils ont produit, il faut que les améliorations arrivent sérieuses et solides sans la réduction, tant mieux si c'était possible, sinon avec la réduction, vieux moyen qui a fait ses preuves, et qui certainement ne manquera pas le but, s'il est, partout où il est nécessaire, largement employé.

C'est donc à ces messieurs de s'ingénier au plus vite, car ils le savent, le mal est grave et le malade impatient. La réunion qui va s'ouvrir doit être le terme de leur mission dans l'œuvre de restauration, s'ils n'ont découvert rien de mieux que par le passé, et alors chacun reprendra son rang ; les Chambres de discipline, qui ont au moins l'avantage d'exister en vertu de la loi, rentreront dans l'exercice de leurs attributions un peu trop absorbées par le comité ; chacun dira son mot ; la pensée de la réduction sortira d'elle-même de tout ce que ses adversaires ont dit et fait, et arrivera naturellement à l'esprit du gouvernement, dont il faut toujours attendre les améliorations vraies, que seul il est en position et en pouvoir de réaliser.

Rentrée dans cette voie par une mesure générale analogue à celle de 1834, la corporation retrouvera bientôt force et fermeté pour lutter contre les prétentions du dehors et détruire les abus du dedans, sans rien changer aux lois qui la régissent et qui lui sont toutes favorables, y compris l'art. 45 du décret, ainsi que je ferai en sorte de le démontrer dans une prochaine communication sur la question des écritures avec les avoués, et sur celle des ventes avec les notaires ; bien loin de partager l'avis de nos tuteurs, qui ne voient rien autre chose que de solliciter des lois nouvelles sur tous ces points, comme pour mieux donner raison devant la justice à nos adversaires.

Si vous accueillez, Monsieur, ce premier essai de la discussion par nous-mêmes de nos propres intérêts, et que vous jugiez convenable de lui donner une petite place en petit-texte dans votre journal, je pense, quelque jugement qu'on porte sur la valeur de la production, que vous aurez donné une nouvelle vie à votre entreprise, et que j'aurai, moi, donné un bon exemple qui ne tardera pas à être suivi par ceux qui pensent que nous n'avons besoin de personne pour nous émanciper, que nous sommes tous majeurs, et que c'était folie de ne pas gérer nous-mêmes nos affaires.

J'ai l'honneur d'être avec un cordial intérêt, Monsieur, votre dévoué serviteur,

Pagny.

ART. 65.

—

OFFICE.

RÉSOLUTION. — FRAUDE. — DOMMAGES-INTÉRÊTS. — CONTRE-LETTRE. — NULLITÉ.

Lorsque le cessionnaire d'un office a été pourvu de la nomination royale, il ne peut, sous aucun prétexte, demander, ni les tribunaux prononcer, la résolution du traité : son droit se borne à réclamer des dommages-intérêts ou une réduction de prix s'il y a lieu. — (Résolu par le tribunal et non contesté en appel.)

Toute contre-lettre intervenue entre le cédant et le cessionnaire d'un office est radicalement nulle, alors même qu'elle serait profitable au cessionnaire et rendrait sa position plus avantageuse. La nullité peut être opposée d'office par le ministère public.

Le cessionnaire d'un office a droit à une diminution du prix convenu ou à des dommages-intérêts lorsqu'il a été induit en erreur par le fait du cédant sur le produit véritable de l'office.

FAITS.

Le sieur Alban acquit du sieur Duprilot l'office de notaire dont ce dernier était pourvu moyennant 52,500 francs. Par une des clauses du traité, Duprilot avait garanti à son cessionnaire un produit annuel de 6,400 francs pour les six dernières années de son exercice, avec stipulation que le prix du traité

2

subirait une réduction proportionnelle, si par suite d'une vérification à laquelle devaient présider deux notaires du canton, sur la demande d'Alban, formée dans les trois mois du jour du traité, le produit s'élevait à une somme moindre que celle indiquée.

Cette clause, touchant la vérification des produits, ayant été rejetée par l'autorité, il intervint un nouveau traité par lequel Alban, reconnaissant l'exactitude des produits annoncés, déclara renoncer à la faculté de faire fixer ces produits par une expertise. Mais, par un traité secret, Duprilot consentit que la clause continuât à subsister telle qu'elle avait été établie au traité primitif, et cela malgré la renonciation d'Alban.

Plus d'un an après sa nomination, Alban prétendit que le produit moyen de l'étude annoncé être de 6,400 francs, n'atteignait pas en réalité 4,300 francs par an ; qu'ainsi il y avait lieu de procéder à la vérification autorisée par le traité secret ; et dans le cas où cette vérification démontrerait le fait par lui allégué, il concluait à la résolution du traité ou tout au moins à la réduction du prix stipulé, et à des dommages-intérêts fondés sur les manœuvres frauduleuses du cédant, et sur les vices cachés de l'office cédé.

Le tribunal de Clamecy, saisi de la contestation, a rendu, le 20 janvier 1842, un jugement qui après avoir écarté l'action en résolution, ordonne la vérification du produit de l'étude. Le jugement est motivé en ces termes :

Attendu qu'il est certain que la loi du 28 avril 1816, en permettant aux notaires de présenter leurs successeurs, a classé leurs offices parmi les choses qui sont dans le commerce, et que ces offices pouvant être cédés et vendus, les conventions qui interviennent lors de ces cessions doivent être réglées par les principes du droit commun en matière de vente ; — Que, toutefois, ces principes ne peuvent s'appliquer à de telles transactions que dans la juste mesure qui assure le respect de l'autorité publique ; — Que la nomination royale institue les notaires à vie dans des vues d'intérêt public, et qu'il ne saurait appartenir à l'autorité judiciaire de priver les notaires du bénéfice de cette institution que pour des motifs d'ordre public et dans des cas déterminés par la loi ; — Qu'il ne saurait surtout appartenir aux tribunaux d'intervenir dans les actes de l'autorité royale et d'enchaîner sa liberté, en décidant, par des motifs purement personnels à des parties en procès, que la transmission d'un office sera considérée comme non avenue, et qu'il retournera d'un second titulaire à un premier, depuis longtemps démissionnaire ; — Qu'on ne peut considérer le droit résultant pour les notaires de la loi de 1816, isolément de l'intervention de l'autorité publique, et le soumettre à toutes les vicissitudes des transactions

particulières , sans souci de l'influence tutélaire et nécessairement prépondérante de l'autorité publique ; — Qu'il suit de ces
principes que l'action en résolution du traité n'est point ouverte
à Alban, et que les conclusions tendant à la résolution du prix et
à des dommages-intérêts peuvent seules être admises ; — Que
pour justifier cette demande en réduction, il conclut à l'application d'une des clauses du traité ; et, dans tous les cas, invoque
les principes du Code sur la garantie des défauts de la chose
vendue ; et, pour justifier la demande en dommages-intérêts,
allègue l'inexécution des conventions arrêtées avec Duprilot, auquel il impute même des faits de dol dans ses rapports avec lui ;
— Qu'il s'agit de rechercher s'il est recevable et fondé à invoquer ces divers moyens.

En ce qui touche le premier chef de ses conclusions ; — Attendu qu'en vendant son office à Alban, Duprilot garantit pour
les six premières années un produit moyen annuel de 6,400 fr.,
qui doit servir de base à la détermination du prix de l'office, et
qu'on lit dans le traité que l'acquéreur aura la faculté de faire
fixer définitivement le produit, dans le délai de trois mois de ce
jour, par une expertise faite contradictoirement par deux notaires du canton, choisis l'un par le cédant, l'autre par le cessionnaire ; lesquels devront se conformer au tarif et à l'usage des
lieux, et pourront s'adjoindre un tiers pour les départager en
cas de dissentiment ; et que des modifications aux conditions du
traité et une fixation proportionnelle du prix pouvaient être la
suite de cette expertise ; — Qu'Alban demande l'application de
cette clause et de ses conséquences ; — Que Duprilot soutient
qu'il n'est plus recevable ; — Que n'ayant pas usé du bénéfice
de cette disposition dans le délai de trois mois, il est déchu, et
le tribunal incompétent dans tous les cas ; mais que de cette
clause résulte la preuve que Duprilot a garanti formellement ce
produit moyen de son étude ; qu'il a contracté l'obligation d'en
justifier, et a accordé à son acquéreur la faculté positive de la
faire vérifier ; que si un délai a été réglé, le traité ne contient
pas la stipulation d'une déchéance au cas de non exercice dans
le délai fixé ; — Que dans les contrats commutatifs et de bonne
foi les tribunaux ne peuvent admettre la déchéance d'un droit
ou d'une faculté qu'autant qu'elle a été stipulée, ou que, de quelques notables circonstances, il leur est permis d'induire une renonciation positive ; — Que ce traité ne contient l'indication
d'aucun terme fatal, ni la stipulation d'aucune déchéance ; et
que la prise de possession de l'étude, du court délai qui s'est
écoulé depuis cette prise de possession jusqu'à la demande, et du
modique payement à-compte qu'on allègue avoir été fait avant
terme, sans réserve, on ne peut inférer de renonciation au droit
assuré par le traité ; — Qu'ici même des raisons d'ordre public

viennent en aide à Alban pour repousser la déchéance dont on voudrait frapper ce droit; qu'une des premières conditions auxquelles la loi a permis la transmission des offices a été que les notaires usassent avec modération de la faculté de les vendre, et qu'elle a voulu surtout qu'aucune exagération du prix ne pût entraîner les nouveaux titulaires à reconnaître leurs devoirs ou à compromettre la dignité de leur état dans des spéculations incompatibles avec les règles d'honneur et de désintéressement; — Qu'ainsi des motifs de l'ordre le plus élevé s'unissent aux stipulations du traité pour porter le tribunal à reconnaître que, sur le premier chef, Alban est recevable dans la demande d'une vérification de ses griefs, et par suite d'une réduction du prix dans les termes du traité;... Qu'en droit et aux termes de l'art. 1641, Code civ., il y a lieu à résolution de la vente ou à diminution du prix, lorsque la chose vendue est frappée de vices cachés à l'acquéreur, qui diminuent tellement son usage, que cet acquéreur, s'il les eût connus, ne l'eût pas acquise ou en eût donné un prix moindre, et qu'aux termes de l'art. 1116, le dol est une cause de nullité des conventions; — Que les faits articulés par Alban, s'ils sont prouvés, peuvent, suivant les circonstances, entraîner l'application des principes posés par l'un ou l'autre de ces articles; qu'évidemment, quand bien même on ne pourrait attribuer à Duprilot aucune manœuvre frauduleuse, ils présenteraient le caractère des vices cachés et rentreraient sous l'article 1641 et les suiv.; — Que si, au contraire, il vient à être démontré que les dispositions que signale Alban n'ont été pratiquées par Duprilot que pour tromper son futur successeur, et si le moyen mis en avant vis-à-vis d'Alban, au moment du traité, la production d'un tarif qui n'était pas même approuvé par la chambre, a été employé sans qu'on lui signalât cette circonstance, la convention aura été viciée par un dol résultant de ces manœuvres, dol qui entraînerait la nullité si, à raison de la nature de l'objet, la résolution était possible, et qui, à défaut de cette résolution, autorise l'application des art. 1382 et suivans; Que la gravité des faits articulés et les circonstances signalées pour en établir la vraisemblance ne permettent pas au tribunal d'hésiter à ordonner les vérifications demandées; — Que vainement on soutiendrait qu'Alban est non recevable, sous ces rapports, et dans sa demande et dans la vérification qu'il en sollicite, prétendant qu'ayant eu à sa disposition, avant le traité, tous les éléments qu'il veut faire vérifier de nouveau, son caractère de notaire, aujourd'hui en exercice, les lumières qu'il suppose ne permettent pas d'admettre qu'on ait pu user de surprise à son égard; — Que l'articulation ne laisse pas la ressource de cette fin de non-recevoir au défendeur, puisqu'elle signale des procédés qui auraient eu pour effet de tromper la bonne foi d'une personne étrangère au canton de Brinon, et que la vérification que le tribunal va prescrire peut seule permettre d'apprécier soit l'existence de cette fraude, soit sa portée.... — Par ces motifs, etc.

Appel. — Devant la Cour les partis renoncent à la question de résolution, et reprennent, quant aux autres chefs, leurs conclusions de première instance. Elles n'invoquent ni l'une ni l'autre la nullité du traité secret concernant la vérification des produits de l'étude. Mais l'avocat général, après avoir rappelé d'office la jurisprudence qui proscrit toutes contre-lettres en matière de cession d'office, fait cependant remarquer qu'ici la contre-lettre était tout entière dans l'intérêt du cessionnaire; qu'elle avait pour objet de le garantir contre un traité ruineux; qu'admettre la nullité, ce serait aller contre le but de la jurisprudence invoquée, qui, en général, est basée sur la nécessité de ne pas laisser les prix d'office s'élever à un taux exorbitant par des dissimulations faites au traité ostensible.

ARRÊT.

COUR ROYALE DE BOURGES. — 27 janvier 1843.

LA COUR, — Considérant que par le traité du 10 avril 1840, le prix de la cession de l'étude de Duprilot à Alban a été fixé à 52,500 fr.;

Que, par ce traité, Duprilot a garanti à Alban un produit moyen, pendant les six dernières années, de 6,400 fr. par an, et consenti à réduire proportionnellement ce prix, si, par suite d'une vérification par deux notaires du canton, qu'Alban avait la faculté de provoquer dans le délai de trois mois, à partir du jour du traité, le produit de l'office cédé ne s'était point élevé à la somme indiquée;

Que cette clause relative à la vérification du produit de l'étude ayant été rejetée par l'autorité, un nouveau traité est intervenu, par lequel Alban, reconnaissant que le produit qui lui a été garanti est exact, déclare renoncer à la faculté qu'il s'était réservée de faire fixer ce produit par une expertise, et consentir à ce que cette clause du traité soit considérée comme non avenue;

Que par une contre-lettre et un autre traité, Duprilot a déclaré consentir à ce que, malgré la renonciation faite par Alban, la clause de réserve insérée au traité du 10 avril continuât de subsister dans toute sa force et telle qu'elle a été établie audit traité renfermant seul leurs conventions;

Qu'Alban prétend que le produit moyen de 6,400 fr., garanti par Duprilot, n'atteint pas en réalité 4,300 fr. par an, et qu'en conséquence, il y a lieu d'ordonner la vérification autorisée par le traité du 10 avril 1840;

Que, de son côté, Duprilot soutient qu'Alban ayant laissé expirer le délai de trois mois sans user de la faculté qui lui était accordée, il est aujourd'hui déchu du bénéfice de toute vérification;

Considérant que l'art. 91 de la loi du 28 avril 1816, en accordant au titulaire d'un office le droit de présenter son successeur et de solliciter sa nomination, n'a pas entendu concéder à ce titulaire un droit absolu de propriété sur son office; que, du texte et de l'esprit de la loi, il résulte que non-seulement il appartient au gouvernement d'agréer ou de refuser les candidats, mais encore de prendre connaissance des conventions passées entre les parties, afin de s'assurer si, par l'exagération du prix, soit par toute autre cause, elles ne renferment pas de stipulations contraires à l'ordre public ; qu'en trompant le pouvoir sur les conditions mêmes de la cession, on se rend coupable d'une simulation qui n'intéresse pas seulement les parties, mais qui porte atteinte au pouvoir même auquel on s'adresse ; que, dès lors, ce traité, tel qu'il a été soumis au gouvernement, et qui a motivé sa détermination, ne peut plus, sans blesser l'ordre public, être altéré par aucune contre-lettre ; qu'il suit de là que la vérification demandée ne peut être ordonnée en vertu du traité du 10 avril 1840 et conformément à ses dispositions ;

Considérant que ce n'est pas uniquement dans la clause insérée dans son traité qu'Alban trouve la base de la demande en réduction de prix et de celle en dommages-intérêts ; qu'il la puise dans les principes spéciaux du contrat de vente et dans les principes qui règlent les conventions en général ; qu'il fonde son droit tout à la fois sur les vices cachés de l'office qui lui a été cédé et sur les manœuvres frauduleuses employées pour exagérer à ses yeux le produit de cette étude ;

Qu'il résulte de tous les faits et circonstances de la cause qu'Alban n'a consenti au payement des 52,500 fr. qui lui étaient demandés que sous la garantie qui était offerte et l'assurance qui lui était donnée que le produit moyen de l'étude avait été pendant les six dernières années, de 6,400 fr. par an, et la moyenne des actes de 600 au moins par année ;

Qu'Alban soutient et offre de prouver que, pour présenter un pareil produit, Duprilot, lorsqu'il était notaire, multipliait le nombre des actes sans nécessité ; qu'il en faisait trois, quatre et même six là où un seul eût été suffisant ;

Qu'il passait nombre d'actes en brevet, puis les faisait ensuite rapporter dans son étude et en dressait autant d'actes de dépôt ;

Qu'il a été fait le même jour jusqu'à sept dépôts par la même personne ;

Que, par un procédé habile, il exagérait les numéros de son répertoire, et échappait à toute vérification par le soin qu'il prenait de distancer les actes sur les répertoires, d'intercaler entre eux d'autres actes et de transporter et intervertir les prénoms des comparants ;

Qu'enfin, Duprilot ayant retenu et retenant encore illégalement un grand nombre de minutes, tout contrôle devenait impossible ;

Qu'Alban articule encore que, pour porter ses actes à un prix moyen de 12 fr., et faire monter le produit annuel à 6,400 fr., Duprilot les a tarifés d'après un tarif qui n'était qu'un projet portant les droits du notaire à plus d'un tiers, en sus des émoluments alloués par le tarif approuvé en assemblée générale ;

Que Duprilot lui a présenté ce simple projet comme étant un tarif définitif ; que, du reste, il a toujours perçu ses honoraires d'après ces bases erronées ;

Considérant que les faits articulés par Alban, s'ils étaient prouvés, constitueraient, de la part de Duprilot, non-seulement un dol et des manœuvres frauduleuses, mais encore des vices cachés pouvant justifier la demande d'Alban et autoriser une réduction du prix de la vente qui lui a été faite ; qu'ainsi, c'est avec raison que les premiers juges, en posant en principe la nécessité d'une réparation pécuniaire dans le cas où les faits allégués seraient prouvés, ont ordonné la vérification de ces faits par trois notaires par eux nommés d'office comme experts ;

Dit bien jugé, etc.

Jurisprudence. — L'arrêt ci-dessus transcrit décide trois questions :

La première est celle-ci : Dès que l'acquéreur d'un office a obtenu sa nomination du roi et prêté serment, il ne peut demander la résolution de son traité, ni à plus forte raison de celle de l'ordonnance qui l'institue, quand bien même il aurait été trompé par son vendeur. Le seul droit que la jurisprudence lui reconnaisse en pareil cas, c'est de demander des dommages-intérêts équivalant au préjudice par lui éprouvé. — L'arrêt que nous venons de rapporter est le premier qui soit intervenu sur cette difficulté, dont, au reste, la solution ne peut être l'objet d'aucun doute.

La seconde question concerne la validité des contre-lettres. Jusqu'ici cette question ne s'était élevée qu'au sujet des contre-lettres portant augmentation du prix stipulé dans le traité ostensible, et par conséquent onéreuses à l'acheteur ; elle avait été résolue dans le sens de la nullité par la jurisprudence. — *V. art.* 37, 2e *partie de ce journal.* — Notre arrêt étend cette nullité aux contre-lettres favorables à l'acquéreur par application de ce principe que le traité ostensible soumis au gouvernement ne peut, en aucune manière, être altéré sans danger pour l'ordre public. — Il est à remarquer que, dans l'espèce, la contre-lettre n'avait point été exécutée, et qu'ainsi l'arrêt du 27 janvier 1843 ne porte point atteinte à la jurisprudence (*V. art.* 37, 2e *partie de ce journal*) qui considère les contre-lettres, en matière d'office, comme des obligations naturelles dont l'exécution ne peut engendrer aucune action ou répétition.

La troisième question a déjà été résolue dans le sens de notre arrêt par la Cour de cassation (*V. art.* 10, 2e *partie de ce journal*), qui même a qualifié d'escroquerie les manœuvres frauduleuses employées par le vendeur pour faire croire à des produits plus considérables qu'ils ne le sont réellement.

A annoter au mot **Office**, § 3.

ART. 66.

OFFICE.

PRIX. — DÉLÉGATION. — CLAUSE LICITE. — SAISIE CONSERVATOIRE.

Est licite la stipulation par laquelle le vendeur d'un office im-

pose à son cessionnaire, dans le cas où ce dernier transmettrait lui-même cet office à un tiers avant d'en avoir payé le prix, l'obligation de charger celui-ci, par son nouveau traité, d'acquitter directement ce qui restera dû au premier cédant.

Si cette clause insérée dans le traité a été rejetée par la chancellerie, le premier vendeur peut former une saisie-arrêt entre les mains du nouveau titulaire, encore que sa dette ne soit pas exigible, si d'ailleurs le dernier vendeur a consenti à cette saisie conservatoire pour suppléer à la délégation devenue impossible.

FAITS.

Le sieur Poissault céda, en 1838, à Richard, son office de notaire à Vaas (Sarthe), moyennant 30,000 bons francs payables : 600 fr. le jour de l'installation de ce dernier, 15,000 fr. le 1er juillet 1845, et le surplus le 1er juillet 1848, avec intérêts. Le privilége du vendeur fut réservé et l'acquéreur fournit caution en hypothèque, et il s'obligea, en outre, s'il venait à céder son office avant son entière libération, à consentir par son nouveau traité une délégation au profit de Poissault. Il fut enfin convenu qu'en cas de contestation entre les parties, celles-ci s'en rapporteraient à la décision de la chambre de discipline.

Richard vendit son office en 1842, moyennant 40,000 fr., au sieur Gaudin, et chargea celui-ci de payer à Poissault les 30,000 fr. restant dus sur le traité de 1838; mais le procureur du roi, par suite d'une mesure générale prise dans l'intérêt des créanciers du titulaire, exigea que la délégation fût retranchée du nouveau traité. Richard notifia, le 29 décembre 1842, à son prédécesseur le fait d'*à prima* qui l'empêchait de fournir la délégation, le laissant libre de prendre telles mesures que bon lui semblera, et lui déclarant que s'il forme des saisies-arrêts entre les mains de Gaudin, lui, Richard, n'entend pas être passible de tous les frais qui en seraient la suite ou la conséquence.

Poissault forma, le 2 janvier 1843, une saisie-arrêt entre les mains de Gaudin, *successeur désigné* de Richard. A l'audience ce dernier demanda le renvoi devant la chambre des notaires, et conclut en tout cas à la nullité de la saisie-arrêt. — 2 mai, jugement qui, à raison du compromis inséré dans le traité de 1838, et aussi parce que Gaudin n'avait pas été nommé notaire et par conséquent n'était pas débiteur au moment de la saisie-arrêt, annulle cette saisie est en tout cas déclare Poissault non recevable et le condamne aux dépens.

Appel. — On s'efforce de le justifier en cherchant à établir que le recours, stipulé à la chambre des notaires, ne pouvait, dans l'intention des parties, s'appliquer à la difficulté survenue; que ce recours inobligatoire aurait été inefficace. Au principal, il ne s'agit pas d'une créance ordinaire, mais d'une créance ayant privilége spécial sur la valeur d'un office, et la saisie conservatoire a été pratiquée comme le seul équivalent à la délégation empêchée par une force majeure. Qu'importe, dès lors, que le tiers, sur qui devait porter la délégation, n'ait reçu l'investiture et ne soit devenu débiteur que depuis la saisie? Celle-ci étant destinée à remplacer l'autre, ne pouvait s'accomplir trop tôt pour parer également à toutes les éventualités..... — Les conventions doivent s'exécuter de bonne foi et de manière à atteindre l'objet que les parties se sont proposé.

L'intimé a insisté pour être jugé par ses pairs; une telle amiable composition est tout ce qu'il y a de plus convenable; c'est la ferme et manifeste volonté du contrat. — Au fond la saisie-arrêt ne peut être faite que pour sommes exigibles et sur un tiers-débiteur certain, débiteur actuel du saisi; tout autre système serait désastreux, dans ces temps surtout où le crédit importe au succès de tant d'affaires et d'entreprises... Que servirait à un intelligent spéculateur de prendre des termes dans ses obligations si le bénéfice lui en était enlevé par des saisies qui frapperaient ses capitaux et ses revenus d'indisponibilité? les principes et la jurisprudence s'y opposent souverainement.

L'appelant pouvait lui demander une délégation, il l'aurait obtenue; au lieu de cela, il s'est laissé aller à une procédure dispendieuse, vexatoire; il en doit donc supporter la peine, et au moins tous les frais : on ne peut diviser la déclaration du 29 décembre.

ARRÊT.

COUR ROYALE D'ANGERS. — 20 JUILLET 1843.

LA COUR, — Attendu que Poissault n'avait point par lui-même le droit de former une saisie-arrêt entre les mains du successeur de Richard, étant de principe que cette mesure ne peut pas être employée pour une dette non échue, et qui n'est exigible qu'à un terme éloigné; mais attendu que les parties se sont trouvées placées dans une position exceptionnelle et hors des termes du compromis qu'elles avaient originairemet consenti, par l'effet de la signification que Richard a faite à Poissault, le 29 décembre 1842, avant la saisie-arrêt, dont le dernier paragraphe est ainsi conçu; .... Que, par là, Richard a consenti que la mesure de la saisie-arrêt fût employée, mais aux conditions par lui exprimées; que, par suite, il n'avait plus le droit de contester cette saisie, mais seulement d'exiger que Poissault en payât les frais, ainsi que ceux du jugement de validité; — Que, devant le tribunal de la Flèche, Richard a eu le tort de conclure contre cette validité; que, par suite, il a occasionné une augmentation de frais et donné lieu à l'appel. — Par ces motifs, met ce dont est appel au néant; statuant à nouveau, déclare la saisie-arrêt bonne et valable; ordonne que le tiers-saisi videra ses mains en celles du saisissant, à concurrence de sa créance ; — Ordonne que tous les frais, tant de première instance que d'appel, y compris le coût du présent arrêt, feront masse et seront supportés un tiers par Poissault, et les deux tiers par Richard.

Auteurs. — Dard, *Traité des offices*, dont l'opinion est admise par A. Dalloz, *Dict. gén.*, supplément, v° Office, n° 135, enseigne qu'en l'absence de lois sur la matière, il n'existe aucun moyen légal de conserver le privilége des créanciers, et les droits de propriété que des tiers peuvent avoir sur des offices ; que le titulaire d'un office peut en disposer au préjudice de ses plus légitimes créanciers, en recevant comptant le prix de la survente de son office, ou en dissimulant dans son traité une partie du prix. — On ne peut, ajoute Dard, donner d'autres conseils aux créanciers que de faire notifier leurs titres de créances aux chambres syndicales, et de former entre leurs mains opposition à ce qu'elles délivrent le certificat de moralité, et encore cette mesure ne sausait-elle donner une entière sécurité.

Jurisprudence. — Notre arrêt paraît conforme à l'opinion de Dard, qui est aussi la nôtre, en ce sens qu'en proclamant qu'aucune saisie-arrêt ne peut être pratiquée que pour sûreté d'une créance exigible, il valide néanmoins celle pratiquée par Poissault, mais uniquement par la raison que le débiteur y avait consenti par l'article du 29 décembre 1842. — Il est contraire à un arrêt de la cour royale de Paris, du 1er décembre 1840, confirmatif d'un jugement du tribunal de Nogent le Rotrou, lequel, au mépris des principes les plus élémentaires sur la matière, valide une opposition formée sur le prix de la revente d'un office pour l'ancien titulaire, *créancier d'une somme non exigible.*

En ce qui touche les délégations insérées dans les traités, elles ont toujours été proscrites par l'administration, alors même qu'elles étaient consenties au profit du précédent titulaire créancier privilégié. — Le garde des sceaux a même pris une nouvelle décision à l'occasion de l'affaire décidée par l'arrêt du 20 juillet 1843. — Le traité, écrivait-il à Richard, passé entre vous et M. Gaudin, contient, en faveur de M. Poissault, votre prédécesseur, une délégation sur le prix de l'office. *L'administration ne tolère pas ces sortes de stipulations qui peuvent avoir pour résultat de priver d'autres créanciers du cédant de leur gage.* — Je vous engage, en conséquence, à annuler cette clause, soit par un acte séparé, soit en faisant un nouveau traité.

A annoter aux mots Office, n° 27; et **Saisie-Arrêt**, n° 31.

ART. 67.

—

OFFICE.

PRIVILÉGE. — DESTITUTION. — TRANSPORT.

L'indemnité imposée par le gouvernement à un officier ministériel nommé en remplacement d'un titulaire destitué, est la représentation du prix de l'office. (1ʳᵉ espèce.)

Les créanciers du précédent titulaire sont valablement saisis par la signification de leurs titres à son successeur, bien que la somme soit déposée à la Caisse des consignations. (1ʳᵉ espèce.)

Le transport du prix d'un office fait entre la date du traité et celle de l'ordonnance d'investiture est valable, sauf les cas de fraude. (1ʳᵉ et 2° espèce.)

PREMIÈRE ESPÈCE.

ARRÊT.

COUR ROYALE DE PARIS. — 26 JUILLET 1843.

LA COUR, — Considérant que les différents transports consentis par Touzard ont été signifiés par les cessionnaires à Brunat, acquéreur de son office, qui était alors en possession; — Que la somme de 50,000 fr. déposée par Drion est la représentation de la charge vendue par Touzard à Brunat: qu'ainsi les créanciers de Touzard ont été valablement saisis par la signification faite à Brunat, et qu'ils ont eu privilége sur la somme en distribution;

Considérant que si la propriété des offices est soumise à des règles particulières pour tout ce qui touche à la prérogative royale et à l'ordre public, leur transmission n'en est pas moins régie par les principes du droit commun pour tout ce qui a rapport aux stipulations d'intérêt privé;

Considérant que si les conventions d'un intérêt privé intervenues entre Touzard et Brunat étaient conditionnelles dans leur origine et soumises à l'agrément du roi, les conventions sont devenues parfaites et définitives par l'ordonnance royale qui a conféré à Brunat le titre d'huissier;

Que, d'après le principe consacré par l'art. 1179 du Code civil, la condition accomplie a fait rétroagir l'engagement au jour auquel il a été contracté, et validé par conséquent les transports consentis antérieurement à l'ordonnance de nomination;

Considérant d'ailleurs qu'il n'est nullement établi que ces transports aient été consentis frauduleusement par Touzard, et dans le but de nuire à ses créanciers légitimes;

Ordonne, etc.

DEUXIÈME ESPÈCE.

ARRÊT.

COUR ROYALE DE PARIS. — 13 MAI 1843.

LA COUR, — Considérant que Barbier justifie du payement d'une somme de 32,500 fr. par lui fait à Barillier, son prédécesseur, pour le prix de la cession de son office;

Considérant que Trefoul, précédent titulaire de l'office cédé par Barillier à Barbier, était créancier de Barillier d'une somme de 40,000 fr. à lui restant due sur son prix;

Considérant qu'à la même date Barillier a délégué à Trefoul pareille somme de 40,000 fr. à prendre sur le prix de l'office par lui cédé à Barbier, et que, par conventions verbales du mois de septembre 1840, Barbier fils et son père ont contracté l'obligation personnelle de payer cette somme à Trefoul;

Considérant que si les conventions d'un intérêt purement privé, intervenues entre Barillier et Barbier, étaient conditionnelles dans leur origine, et soumises à l'approbation postérieure du roi, ces conventions sont devenues parfaites par l'ordonnance royale qui a conféré à Barbier le titre de notaire; que, d'après ce principe consacré par l'art. 1179 du Code civil, la condition accomplie a fait rétroagir l'engagement au jour auquel il avait été contracté;

Considérant d'ailleurs que le payement de 32,500 francs à Barillier, et le transport de 40,000 fr. à Trefoul ont été faits sans fraude par Barbier avant toute opposition de Boureau et des autres créanciers, et à une époque où la position de Barillier ne pouvait être connue de Barbier;

Confirme.

Auteurs et Jurisprudence. — 1re et 2me question. — V. art. 46, 2me partie de ce journal.

3me question. — Art. 51 et 68, 2me partie de ce journal.

A annoter au mot Office, n° 27.

ART. 68.

—

OFFICE.

CESSION DU PRIX AVANT LA NOMINATION. — CRÉANCIERS. — NULLITÉ.

La cession du prix d'un office faite par le cédant à l'un de ses créanciers, avant la nomination du cessionnaire de l'office, est-elle nulle à l'égard des autres créanciers du cédant?

JUGEMENT.

TRIBUNAL DE LA SEINE. — 5 AVRIL 1843.

LE TRIBUNAL, — Attendu que le droit consacré au profit des officiers ministériels sur leurs charges par la loi du 28 avril 1816 est un droit d'une nature toute spéciale, soumis à des règles exceptionnelles et en dehors des principes du droit commun ;

Que si l'officier public a la faculté de présenter un successeur à l'agrément du roi, et doit préalablement déterminer avec lui les conditions de la démission qu'il donne en sa faveur, ce traité reste sans valeur tant qu'il n'a pas reçu la sanction de l'autorité royale ; que l'ordonnance de nomination constitue le véritable titre de la transmission dont le traité n'est qu'un simple accessoire, qui se confond avec ladite ordonnance et n'a d'existence légale que par elle et à sa date ; que dès lors, et jusqu'à ce qu'elle soit rendue, la somme stipulée comme la condition de la démission ne saurait être considérée comme étant dans le commerce et pouvant être l'objet d'une convention valable ;

Attendu que, dans l'espèce, Féau avait bien traité avec Dromery le 14 juillet 1840, mais que Dromery n'a été nommé en son lieu et place que le 16 novembre suivant ; que dès lors la cession faite dans l'intervalle à Goudard et Geniès, le 27 juillet 1840, ne saurait produire aucun effet au préjudice des créanciers de Féau, et notamment de l'opposition formée par Belon le 29 août 1840 ;

Que c'est donc à bon droit que Belon demande à Goudard et Geniès le rapport des sommes par eux touchées, en vertu de l'ordonnance de référé du 20 février 1841, qui avait ordonné provisoirement à leur profit l'exécution tant de la sentence arbitrale du 28 janvier 1841 que leurs transports non encore attaqués ;

Par ces motifs, déclare bonne et valable l'opposition de Belon du 29 août 1840 ; ordonne que, lors de la contribution qui s'ouvrira pour la distribution des sommes à payer par Dromery, en vertu de son traité modifié par la sentence arbitrale précitée, à laquelle contribution Belon figurera pour le reliquat actif du compte à établir entre lui et Féau, Goudard et Geniès seront tenus de rapporter fictivement les sommes en principal et accessoires par eux touchées en exécution de l'ordonnance de référé précitée, et à faire raison à Belon de la somme dont sa part contributive se trouvera accrue par le résultat de ce rapport fictif, etc.

Auteurs. — Contre : *Gazette des Tribunaux*, N° du 26 avril 1843. Rolland de Villargues, Jurisprud. du Not., art. 750 ; Arm. Dalloz., *Dict. gén. suppl.*, V. *Office*, n° 112, 3°.

Jurisprudence. — Pour : Tribunal de Marseille, 12 août 1840 ; trib. de la Seine, 5 avril 1843 ; Angers, 12 août 1840. — Contre : Cassation, 8 novembre 1842, rapporté art. 51, 2ᵐᵉ partie de ce journal. Paris, 13 mai 1843, 26 juillet 1843, rapportés art. 67 de ce journal, 2ᵐᵉ partie.

A annoter au mot **Office**, n° 27.

ART. 69.

OFFICE.

PRIX. — CONTRE-LETTRE. — ARBITRAGE. — IMPUTATION. — NULLITÉ.

Les conventions secrètes qui ont lieu en matière de cession d'office dans le but de modifier le prix porté au traité ostensible sont nulles comme contraires à l'ordre public.

On doit surtout le décider ainsi lorsque le supplément de prix consiste dans une participation aux bénéfices de l'office ou dans la stipulation de faire produire à ce qui reste dû sur le prix des intérêts supérieurs au taux légal.

En conséquence, le compromis et la sentence arbitrale qui ont réglé les parties sur les différends survenus à l'occasion de ces conventions secrètes sont nuls. — Et cette nullité emporte celle des imputations de payement sur le supplément du prix résultant de la sentence arbitrale sans l'adhésion des parties, et ne pouvant dès lors être considérées comme l'acquit d'une obligation naturelle.

FAITS.

M. Grulé, ancien notaire à Paris, fut reconnu, par une sentence arbitrale du 17 octobre 1839, débiteur de son prédécesseur, M. Dehérain, pour une somme de 38,358 fr., montant de l'évaluation donnée à divers avantages stipulés par une contre-lettre, et qui constituaient, en définitive, un supplément au prix porté dans le traité soumis au gouvernement.

M. Grulé étant tombé en déconfiture, une contribution fut ouverte sur le prix de sa charge, et Dehérain y fut colloqué pour la somme de 38,858 fr. dont il est ci-dessus question. Cette collocation fut contestée par l'administrateur des biens de Grulé, et par ce dernier lui-même, qui en demandèrent l'annulation, se fondant sur ce qu'elle se référait à une convention illicite; ils formèrent en outre opposition à l'ordonnance d'*exequatur*, et attaquèrent le compromis et la sentence arbitrale, par la raison que l'objet litigieux touchait à une question d'ordre public sur laquelle on ne pouvait compromettre.

9 avril 1842, jugement du tribunal civil de la Seine, ainsi

conçu : « Le tribunal, — Attendu qu'il est constant, en fait, que des conventions particulières sont intervenues entre les parties au moment de la réalisation du traité ostensible qui a eu lieu au mois d'oct. 1827 ; — Que Dehérain s'est notamment réservé un droit de participation aux bénéfices pendant dix ans, droit auquel a été, dans le cours de 1832, substituée d'un commun accord l'obligation par Grulé de servir les intérêts du prix restant dû, au taux de 7 p. 100 pendant les deux premières années et au taux de 6 p. 100 les années suivantes ; — Que des difficultés s'étant élevées depuis sur le compte à établir entre les parties, et particulièrement sur le point de savoir si les stipulations d'intérêt qu'on vient de rappeler devraient s'exécuter, un arbitre amiable compositeur a été appelé à vider définitivement ces différends ; — Qu'enfin, de sa sentence, en date du 17 oct. 1839, il résulte qu'après avoir réduit à une seule année le temps pendant lequel devraient être comptés les intérêts à 7 p. 100, avoir maintenu quant au surplus les conventions des parties, et prononcé sur les autres chefs de difficultés, l'arbitre, faisant l'imputation des payements d'abord sur ces intérêts à 7 et à 6 p. 100, a définitivement fixé à la somme de 38,358 fr. 87 c. le reliquat en principal restant dû par Grulé, avec intérêt à 6 p. 100 à partir du 1er oct. 1840 ; que tel a été en résumé le principe de la collocation privilégiée faite au profit de Dehérain, et qui a donné naissance à la contestation qu'il s'agit en ce moment d'apprécier.

» Attendu, en droit, qu'en matière de cession d'office, les conventions secrètes qui ont pour objet de modifier le prix et les clauses portés au traité ostensible sont essentiellement contraires à l'ordre public, et doivent être en conséquence déclarées nulles ; que ces principes doivent particulièrement s'appliquer à des conventions relatives à une participation dans les bénéfices de l'office à exploiter ou à des stipulations d'intérêts supérieurs au taux légal, telles que celles qui viennent d'être rappelées ; — Qu'on prétend, il est vrai, faire considérer ces stipulations comme formant le prix de la collaboration de Dehérain pendant les premiers temps de l'exercice de Grulé ; mais que cette allégation est au contraire démentie par les faits et circonstances de la cause ; — Qu'il importe de remarquer d'abord que la collaboration dont il est constant que Dehérain a aidé son successeur a duré à peine deux années, c'est-à-dire jusqu'en 1829, et que ce n'est qu'en 1832 que la clause d'association a été remplacée par l'engagement pris au nom de Grulé de servir ultérieurement les intérêts de son prix à 7 et à 6 p. 100 ; — Qu'en se reportant ensuite à la sentence arbitrale, on y voit clairement que dans l'esprit des parties, ces stipulations constituaient un véritable supplément de prix, que Grulé soutenait être disproportionné avec les produits de la charge vendue, et qui, suivant Dehérain, était une juste indemnité du sacrifice qu'il avait fait en renonçant aux avantages de l'association d'abord convenue;

» Qu'on objecte encore au nom de Dehérain qu'une promesse de supplément de prix serait, dans tous les cas, une obligation naturelle qui, aux termes de l'art. 1235 C. civ., ne peut, lorsqu'elle a reçu son exécution, donner lieu à aucune espèce de répétition, en soutenant qu'il résulte des imputations de payement faites par la sentence arbitrale du 17 oct. 1829 que les intérêts promis par Grulé ont été réellement acquittés; — Attendu que ces imputations ont été opérées en dehors de tout consentement des parties par l'arbitre seul, en sa qualité d'amiable compositeur investi par elles du droit d'apprécier le taux des intérêts dus, et de procéder ensuite à l'établissement de leur compte; — Que cette partie de la sentence se lie donc essentiellement à la disposition principale par laquelle l'exécution des stipulations secrètes a été ordonnée et n'en est réellement que la conséquence nécessaire; — Attendu que les principes d'ordre public au nom desquels sont frappées de nullité toutes les obligations occultes en matière de cession d'offices, doivent s'appliquer avec la même force soit au compromis, soit aux sentences arbitrales qui ont pour objet les différends nés à l'occasion de ces conventions illicites; — Qu'il y a lieu, en conséquence, faisant l'application des art. 83, 1003, 1004 et 1028 C. pr. civ., de déclarer nuls et de nul effet tant la sentence invoquée par Dehérain que le compromis sur lequel elle est intervenue; — D'où il suit que les imputations par elle admises devant être considérées comme non avenues, la convention relative aux intérêts à 7 et à 6 p. 100 n'a, en réalité, jamais reçu d'exécution, et que c'est le cas d'en prononcer aujourd'hui la nullité;

» Déclare nulles et de nul effet les stipulations relatives aux intérêts à servir du prix dû, au taux de 7 et 6 p. 100; déclare nuls également la sentence arbitrale du 17 octobre 1829 et le compromis sur lequel elle est intervenue; — Remet les parties au même et semblable état qu'auparavant; les renvoie à faire statuer sur les difficultés qui les divisaient au jour du compromis, et à faire procéder à leur compte de la manière qu'elles aviseront; fixe à 20,000 fr. la somme à laquelle demeurera éventuellement réduite la collocation de Dehérain, laquelle somme restera déposée..... les droits des autres créanciers réservés à l'égard des sommes que pourrait faire ultérieurement rentrer dans la somme à distribuer la réduction de ladite collocation. »

Appel par Dehérain.

ARRÊT.

COUR ROYALE DE PARIS. — 3 JUIN 1843.

LA COUR; — Adoptant les motifs des premiers juges ; — Confirme.

Jurisprudence. — L'arrêt que nous venons de rapporter est conforme en tout point à la jurisprudence admise jusqu'à ce jour. — Ainsi il prononce la nullité de la contre-lettre, mais en ayant soin d'établir qu'elle n'a point été exécutée, et qu'on ne peut considérer comme l'acquit d'une obligation naturelle des imputations auxquelles les parties n'ont pas adhéré. — V. articles 37 et 63, 2ᵉ partie de ce journal.

Lorsqu'un titulaire est débiteur en vertu du traité ostensible et d'une contre-lettre, et qu'il a payé des à-comptes sans imputation spéciale sur la contre-lettre, ces à-comptes doivent être imputés de préférence sur le prix du traité ostensible. — Toulouse, 22 février 1840 ; Paris, 15 avril 1840 ; Metz, 6 avril 1843 (art. 44, 2ᵉ partie de notre journal). — V. aussi Cassation, 23 avril 1842, art. 37, 2ᵉ partie de ce journal.

A annoter au mot Office, nº 27.

ART. 70.

COMPÉTENCE.

JUGE DE PAIX. — ACTION CIVILE. — VOIES DE FAIT.

Les juges de paix ne sont compétents pour connaître de l'action civile pour rixes, ou voies de fait, qu'autant qu'ils peuvent connaître de ce délit comme juges de simple police. — Ainsi l'action civile pour voies de fait emportant une peine correctionnelle, doit être portée devant le tribunal civil.

Par voies de fait on doit entendre seulement les violences légères qui ne peuvent être qualifiées de coups et qui n'occasionnent point de blessures.

ARRÊT.

COUR ROYALE DE NANCY. — 6 AOUT 1842.

LA COUR; — Attendu que la juridiction des juges de paix est essentiellement exceptionnelle, qu'elle ne peut s'appliquer qu'aux matières qui leur sont expressément attribuées, et que, dans le doute, cette juridiction doit être plutôt restreinte qu'étendue ; — Attendu que le § 6 de l'article 10 du titre 3 de la loi du 24 août 1790, attribuait aux juges de paix la connaissance des actions pour rixes et *voies de fait* ; mais que pour bien entendre ce que cette loi a voulu qualifier de *voies de fait*, il faut envisager l'ensemble de la législation de cette époque ; — Attendu qu'il résulte de la combinaison des art. 19 du titre 1er de la loi du 22 juillet 1791, et 605 du Code de brumaire an 4, que par *voies de fait* il faut entendre les violences légères qui ne peuvent être qualifiées de coups et qui n'occasionnent point de blessures : — Attendu que cette sorte d'attentat contre les personnes n'a point été comprise dans les dispositions du Code pénal de 1810; qu'elle est restée dans la juridiction du tribunal de simple police, et passible des peines portées par les lois précitées, ainsi qu'une jurisprudence constante l'a établi. — Qu'il est dès lors évident par la conformité des expressions que, dans l'esprit de la loi, le juge de paix a dû connaître seulement, au civil, des actions pour les voies de fait dont la répression lui était dévolue comme juge de police ;— Attendu que le tribunal de Lunéville s'est manifestement écarté de ces principes en faisant rentrer sous la dénomination de *voies de fait*, les coups et blessures qui n'ont point entraîné la mort, lesquels cependant, à raison de leur gravité, sont de la compétence des tribunaux de police correctionnelle; que l'exception même qu'il admet pour les voies de fait qui auraient occasionné la mort, ne repose sur aucun texte de la loi, et qu'il est évident qu'il n'est point entré dans les vues du législateur de conférer à un seul juge l'examen d'une question qui peut présenter le plus grand intérêt ; — Attendu qu'il résulte des éléments de la discussion qui a précédé la loi du 25 mai 1838, que les voies de fait dont il est fait mention au § 5 de cette loi, ne sont autres que celles dont la loi du 24 août 1790 s'était occupée, et que sur ce point la loi nouvelle s'est bornée à élever le chiffre du dernier ressort; qu'ainsi le tribunal civil de Lunéville était seul compétent, et qu'il y a lieu d'annuler son jugement; — Par ces motifs, donne défaut contre François Obtel ; met l'appellation et ce dont est appel au néant; émendant, dit que le tribunal de Lunéville était compétent pour connaître de la demande portée par-devant lui ; en conséquence, annule le jugement par lequel ledit tribunal se déclare incompétent.

Auteurs. — Pour : Henrion de Pansey, *Compét. des juges de paix*, chap. xix ; Curasson, *Compét. des juges de paix*, t. 1, p. 636, 2e édit. — Contre : Deffaux, *Comment. 25 mai 1838*, p. 89, qui pense que le juge de paix est compétent quel que soit le résultat des rixes et voies de fait. — Benech, *Traité des tribun. civ.*, qui admet la compétence du juge de paix, lorsque le fait est qualifié *contravention* ou *délit*, et la refuse lorsqu'il est qualifié *crime*. — Carou, *De la Juridiction des juges de paix*, t. 1, p. 396, qui estime que le juge de paix est compétent quels que soient les excès et violences résultant d'une rixe ; il définit la rixe : une querelle suivie d'excès et de violences, et la voie de fait une violence légère qui n'est pas de nature à causer du mal à la personne. — Carré, *Compét. civ.*, t. 2, art. 317, § 6 ; Fouch, *Comment. 25 mai 1838*, n° 236.

Jurisprudence. — Pour : Nancy, 4 avril 1840.

A annoter au mot Compétence, n° 235.

ART. 71.

OFFICE.

SUPPLÉMENT DE PRIX. — PAIEMENT VOLONTAIRE. — OBLIGATION NATURELLE. — NULLITÉ. — RÉPÉTITION.

Le supplément du prix de la cession d'un office stipulé par un traité secret, et volontairement payé par l'acquéreur depuis sa nomination, est-il sujet à répétition? Peut-on voir là l'exécution d'une obligation naturelle?

JUGEMENT.

TRIBUNAL DE BLOIS. — 13 JUIN 1843.

LE TRIBUNAL ; — Considérant qu'aux termes des dispositions de l'art. 91 de la loi du 28 avril 1816, les traités relatifs à la transmission des offices sont d'ordre public;

Qu'il appartient au gouvernement, en homologuant, pour ainsi dire, ces traités par l'ordonnance royale de nomination, de rechercher s'ils ne contiennent aucune clause contraire à l'intérêt général, et si sous le rapport du prix ils ne comportent pas une exagération de nature à porter atteinte au crédit et à la responsabilité du futur possesseur de l'office;

Que la conséquence directe de ce droit est que le prix porté dans un traité soumis à l'approbation du gouvernement, et sur lequel est intervenue une ordonnance de nomination, est et demeure irrévocablement fixé;

Qu'il ne peut subir aucune altération, en ce sens que les contractants euxmêmes ne peuvent légalement le faire varier par une aggravation préjudiciable au nouveau possesseur;

Que ces règles sont fondées sur l'intérêt public et sur celui du fonctionnaire lui-même;

Qu'il importe en effet que celui auquel le gouvernement confère des fonctions publiques et de confiance, ne soit pas ruiné avant même d'avoir pris possession de sa charge, et dépouillé de toutes les garanties que la société a le droit d'exiger de lui;

Que la conséquence de ces principes est que la loi repousse avec énergie et frappe d'une nullité radicale tous les actes à l'aide desquels les intéressés tendent à se soustraire à ses sages prescriptions;

Que parmi ces actes il faut ranger soit des contre-lettres, soit des payements faits de la main à la main, soit enfin tous autres moyens d'élever le prix du traité légal;

Que ces payements, bien qu'opérés volontairement par le nouveau titulaire et postérieurement à sa nomination, participent à la nullité radicale qui a frappé le traité secret, et ne peuvent pas plus que lui subsister;

Qu'il n'est pas loisible à l'acquéreur de l'office de payer au delà de son prix, parce que l'État, comme condition de sa nomination, lui a imposé l'obligation de ne payer que *tel* prix, prix seul en rapport avec les produits probables de sa charge;

Que si l'on admettait que ces sortes de payements fussent valides comme étant l'exécution d'une obligation naturelle, on rendrait absolument illusoires les prescriptions de la loi et la surveillance des magistrats;

Que les désordres qui en résulteraient seraient infiniment plus graves que ceux d'une exagération de prix portée dans un traité régulier et public;

Que dans le premier cas, pour se procurer l'argent comptant qu'il s'agit de remettre à son prédécesseur, l'acquéreur est obligé de subir trop souvent les conditions les plus ruineuses, tandis que dans l'autre il peut prendre des termes et obtenir des facilités pour le payement;

Que de plus cette dissimulation de prix a pour effet de tromper les tiers et d'usurper une confiance imméritée;

Que, d'un autre côté, les payements subreptices ne peuvent être considérés comme l'exécution d'une obligation naturelle, puisque c'est sciemment en violation de la loi que l'engagement est contracté, et que ni la nature ni la morale ne commandent l'exécution d'un acte dont la loi prononce la nullité comme contraire à l'ordre public;

Qu'il suit de tout ce que dessus que l'exécution par le payement ou toute autre voie de ces sortes de traités ne peut les valider, et que le titulaire et bien plus encore, comme dans l'espèce, les créanciers qui ne doivent point souffrir de la dissimulation du prix, ont droit et qualité pour le faire ramener au prix légal, et pour faire imputer sur ce prix tous les à-comptes ou sommes payées par le nouveau titulaire à son prédécesseur pour le prix de cession de son office;

Considérant en fait, etc;

Ordonne la restitution des sommes versées, etc.

Jurisprudence. — La question posée en tête de cet article est des plus graves. Il s'agit de savoir en effet si tous les acquéreurs d'office depuis la loi de 1816, qui ont souscrit des contre-lettres portant augmentation du prix stipulé au traité officiel et qui les ont volontairement payées, ont le droit de répéter les sommes par eux versées.

Depuis peu d'années les contre-lettres ont donné lieu à de nombreuses contestations; il en est résulté en définitive que jusqu'à présent la jurisprudence les a considérées comme des obligations naturelles ne produisant aucune action en justice, mais suffisantes cependant pour empêcher la répétition de ce qui a été payé pour leur extinction. — V. *art.* 37, 2ᵉ *partie de ce journal.* — Toutefois un arrêt de la cour royale de Paris, du 25 avril 1843 (V. *art.* 45, 2ᵉ *partie de notre journal*), a décidé que les créanciers du dernier titulaire avaient le droit de faire imputer le montant de la contre-lettre payée sur ce qui restait dû au précédent titulaire d'après le traité officiel.

On devait penser que la jurisprudence était fixée d'une manière invariable, et cela avec d'autant plus de raison qu'elle avait respecté les droits de tous; ceux du gouvernement en proscrivant tout traité secret, toute contre-lettre ayant pour but de modifier en quoi que ce soit les traités produits devant l'autorité; ceux des parties en validant des payements effectués sans aucune contrainte. Le repos de nombreuses familles semblait d'ailleurs exiger l'admission d'un pareil ordre de choses, et ce ne serait pas impunément qu'on le changerait; on verrait bientôt surgir de nombreux procès, et de toutes parts se produire des réclamations qui, pour être admises par les tribunaux, n'en seraient, en résumé, ni plus délicates ni moins flétries par la conscience publique.

Malheureusement la guerre aux études est à l'ordre du jour, et par tous les moyens possibles on cherche à atteindre et les possesseurs actuels et les anciens titulaires, comme si l'on avait à tâche de déprécier la propriété créée par la loi de 1816 et d'écarter des affaires quiconque veut être exempt de procès. Il y a donc à craindre que la jurisprudence n'autorise, en fin de compte, la répétition des sommes payées en exécution des contre-lettres.

A cet égard nous avons à signaler un fait inquiétant, c'est l'admission par la cour de cassation, chambre des requêtes, dans son audience du 20 juillet 1843, d'un pourvoi formé contre un arrêt de la cour de Rouen, du 18 février 1842, qui avait validé le payement d'une contre-lettre en ces termes : « Attendu qu'il est constant que le prix stipulé dans le traité secret, 31,500 fr., a été volontairement payé par Chedeville à Delamotte ; que si de pareils traités sont, en principe du droit civil, frappés d'une nullité d'ordre public, cette nullité n'est cependant pas d'une force et d'une nature telle qu'elle puisse pénétrer jusque dans le for intérieur et y détruire le principe d'une obligation naturelle ; qu'ainsi Chedeville, qui a pu se déterminer par devoir de conscience à payer une dette à laquelle il n'était tenu par aucun lien civil, ne peut être admis à répéter un prix volontairement versé pour acquitter une obligation naturelle.»

Le pourvoi a été admis sur les conclusions de Mᶜ Delangle, avocat général. La nullité, a-t-il dit, qui entache les traités secrets est absolue. Il n'y a pas de droit contre le droit. La loi ne peut approuver ce qu'elle a défendu. Là où il y a nullité d'ordre public, il n'y a pas de ratification possible. Mais qu'est-ce donc que le payement, si ce n'est une ratification (art. 1338 du Code civil)? Le traité secret renferme au moins, dit-on, une obligation naturelle. On se trompe : l'obligation naturelle est un droit auquel la loi n'accorde pas de contrainte civile. Il est un caractère auquel on reconnaît cette espèce d'obligation ; c'est qu'elle comporte le cautionnement, la ratification, la novation, la transaction, le payement sans répétition. Il n'est pas une obligation naturelle qui ne produise tous ces effets. Recherchons maintenant cette prétendue obligation naturelle qu'on veut faire sortir d'une convention contraire à l'ordre public. Peut-elle être cautionnée? Non. Ratifiée? Non. Novée? Non. Suivie de transaction ? Non.

Resterait donc le payement sans répétition dans l'opinion de ceux qui l'admettent, et ce serait, on l'avouera, une étrange obligation naturelle que celle-là, qui seule entre toutes serait réduite à cet unique effet. Si le traité secret est ainsi privé de tous les droits ordinaires, c'est que l'ordre public le réprouve et le condamne, c'est qu'il n'y a pas d'obligation naturelle.

Qu'on ne dise pas : il reste aux acquéreurs cette garantie qu'ils pourront refuser de payer. Et quand on aura stipulé le payement comptant, que devient la garantie? Gardons-nous de distinguer entre telle et telle nullité d'ordre public, entre celle qui ne laisse plus de place à l'obligation naturelle et celle qui la laisse subsister. Qu'est-ce à dire? ce qui serait d'ordre public avant le payement ne le serait plus après? L'ordre public est un, invariable, il faut le défendre contre tout empiétement.

Dans l'affaire Legris, la Cour royale de Paris avait annulé la transaction intervenue sur le traité secret comme entachée d'une nullité absolue, et la Chambre des requêtes a rejeté le pourvoi. D'où vient le scrupule ici? C'est le scrupule de consciences honnêtes. On se dit, pourquoi se montrer moins consciencieux que l'acquéreur qui a payé? Il faut écarter ces idées ; un intérêt plus grand doit inspirer la décision de la Cour : c'est l'intérêt de la société. L'arrêt de 1841 a fait un grand bien. Cette jurisprudence attend un complément. »

Nous devons ajouter que ces conclusions sont conformes à l'opinion exprimée par le savant continuateur de Toullier, M. Duvergier, dans un article inséré dans la *Revue étrangère et française*, t. VII, p. 568.

Nous ferons connaître l'arrêt de la Cour sur ce pourvoi aussitôt qu'il sera parvenu à notre connaissance.

A annoter au mot Office, n° 27.

ART. 72.

VICES RÉDHIBITOIRES.

PREMIÈRE ESPÈCE.

CHEVAL. — MALADIE ANCIENNE. — PHTHISIE PULMONAIRE.

Le cheval affecté d'une maladie chronique de poitrine, ou au moins de phthisie pulmonaire à son premier degré, peut être considéré

*comme atteint du vice rédhibitoire défini par la loi du 20 mai 1838,
sous le nom de maladie ancienne de poitrine.*

FAITS.

Le sieur Richard, marchand de chevaux, vendit, le 24 avril
1841, au sieur Cuny, aussi marchand de chevaux, un cheval qui
fut bientôt soupçonné d'être atteint d'une maladie ancienne de
poitrine.

Cuny cita son vendeur en résiliation de la vente, et celui-ci appela en garantie son précédent vendeur, le sieur Lazare, qui
lui-même assigna la veuve Renaud, de laquelle il tenait le cheval.

Une expertise eut lieu, et l'expert constata que le cheval était
affecté d'une maladie chronique de la poitrine, qui permet d'envisager cette affection sous le nom de phthisie pulmonaire au
moins au premier degré. Ce rapport fut attaqué par Lazare,
comme étant en contradiction avec ses propres termes, et contenant une violation de l'art. 1er de la loi de 1838, en étendant
au cheval les vices rédhibitoires spéciaux à l'espèce bovine.

9 août 1841, jugement du tribunal de Bar-le-Duc, en ces termes : — « Attendu que le procès-verbal dressé par l'expert nommé par le juge de paix constate que le cheval est affecté d'une
maladie chronique de la poitrine qui permet d'envisager cette
affection sous le nom de phthisie pulmonaire, au moins à son premier degré ; — Attendu qu'à l'audience du 5 juillet dernier,
Me Leblanc, pour le sieur Michel Lazare, a soutenu que le cheval qui fait l'objet de la difficulté n'était atteint d'aucun des vices
rédhibitoires énoncés dans la loi du 20 mai, et que, par jugement dudit jour 5 juillet, trois experts ont été nommés pour
procéder à une nouvelle visite du cheval, et pour déterminer s'il
est atteint d'un vice rédhibitoire défini par la loi ; — Attendu que
ces experts ont déclaré dans leur procès-verbal qu'ils estimaient
que le cheval n'était point atteint de vieille courbature ou
phthisie pulmonaire chronique : — Attendu que le tribunal a dû
s'éclairer sur les motifs qui ont pu amener cette contradiction
dans l'opinion respective des hommes de l'art : — Attendu aussi
que Me Leblanc a fait remarquer que le premier rapport laissait
des doutes sur l'ancienneté de la maladie du cheval, en ce qu'il
y est dit que ce cheval serait atteint d'une phthisie pulmonaire
au moins au premier degré, ce qui ne constituerait pas le vice
rédhibitoire défini par la loi, c'est-à-dire la maladie ancienne de
poitrine ou vieille courbature ; — Attendu que l'opinion contradictoire des experts s'explique par les dates de leurs procès-verbaux ; qu'ainsi la maladie a été constatée par le procès-verbal du 16 avril dernier, et qu'elle ne l'a pas été par le procès-verbal du 17 juillet, ce qui résulte de la possibilité de ne plus

pouvoir reconnaître les symptômes de cette maladie après trois mois de repos et de bons traitements, sans pour cela qu'il y ait guérison complète, mais seulement absence momentanée des symptômes de la maladie; — Attendu que le premier expert appelé à visiter le cheval, a déterminé qu'il était affecté d'une maladie chronique de la poitrine, ce qui est synonyme de maladie ancienne de poitrine ou vieille courbature; — Attendu que s'il a ajouté qu'on pouvait envisager l'affection du cheval comme une phthisie pulmonaire au moins à son premier degré, il ne s'est pas contredit par ces derniers mots, puisque cette maladie étant très-lente de sa nature, elle ne peut être reconnue au premier degré qu'autant que l'animal en est déjà atteint depuis longtemps; —Attendu que si d'une part, et par les motifs qui précèdent, l'expertise du 17 juillet ne constate pas la maladie du cheval, d'un autre côté elle ne détruit en aucune manière celle faite le 16 avril, qui réunit toutes les conditions légales et qui doit servir de base; — Par ces motifs, le tribunal condamne le sieur Richard à reprendre, dans les vingt-quatre heures de la signification du présent, des mains du sieur Cuny, le cheval dont s'agit, et à rembourser à ce dernier la somme de 545 fr. qu'il a reçue pour prix dudit cheval..... Condamne le sieur Lazare, envers le sieur Richard, à porter quitte ce dernier et à le garantir et indemniser des condamnations ci-dessus prononcées..... »

Pourvoi du sieur Lazare, pour fausse application de l'art. 1er de la loi du 20 mai 1838, en ce que, d'une part, le jugement attaqué a considéré l'expression de *maladie chronique* comme synonyme de celle de *maladie ancienne* dont s'est servi la loi; d'autre part, qu'il y a contradiction entre la constatation d'une maladie ancienne et d'une maladie de poitrine au premier degré; enfin, en ce que le même jugement a étendu au cheval un genre de vice rédhibitoire tout spécial à l'espèce bovine.

ARRÊT.

COUR DE CASSATION. — 22 NOVEMBRE 1842.

LA COUR, — Considérant, en droit, que l'article 1er de la loi du 20 mai 1838 met au nombre des cas rédhibitoires l'ancienne maladie de poitrine ou vieille courbature;

Considérant, en fait, que le jugement déclare que le cheval vendu par le demandeur était atteint du cas rédhibitoire déterminé par l'article 1er de la loi;

Que, pour arriver à cette conséquence, le jugement s'est fondé, comme il en avait le droit, sur une première expertise, quoiqu'une seconde expertise eût eu lieu ultérieurement; — Rejette.

Auteurs. — Pour : Dalloz, *Rec. périod.*, 1843, 1, 84. Cette décision, dit cet auteur, semble à l'abri de critique. — Il ne s'agit pas, en effet, d'examiner si le mot *chronique* correspond au mot *ancien*, et encore moins d'agiter la question de savoir si la *phthisie pulmonaire*, cas rédhibitoire pour l'espèce bovine, peut être appliquée au cheval; mais seulement si, de l'ensemble de la déclaration de l'expert, il résulte la constatation de l'existence d'une maladie ancienne, ce qui paraît devoir faire peu de difficulté, si l'on rapproche les idées de maladie chronique et d'affection phthisique. C'est là tout ce qui a été jugé, et ce serait, suivant nous, étendre l'arrêt qu'on rapporte ici au delà de son esprit et de ses termes, que de supposer qu'il décide, soit que l'expression de maladie chronique est synonyme de maladie ancienne, soit que les affections pulmonaires peuvent, à titre de maladies anciennes, devenir des vices rédhibitoires aussi bien pour le cheval que pour l'espèce bovine.

DEUXIÈME ESPÈCE.

GARANTIE. — GALE. — MOUTONS. — VENTE EN FOIRE.

La vente dans une foire de moutons atteints de la gale, maladie contagieuse non comprise au nombre des vices rédhibitoires, ne soumet pas le vendeur à des dommages-intérêts, alors qu'aucune fraude ne lui est imputable.

FAITS.

10 juin 1841, jugement du tribunal de Bourges, en ces termes : — « Considérant qu'il résulte des faits constants dans la cause, que Moreux neveu, dit Vriot, a vendu à Jouannin, en foire, à Bourges, le 11 mai dernier, vingt-deux moutons atteints de la gale; — Qu'il doit, dès lors, être responsable du préjudice que peut avoir causé l'infraction par lui commise à la loi et aux règlements qui lui imposaient l'obligation, après avoir préalablement prévenu le maire, de tenir enfermés ses bestiaux infectés d'une maladie contagieuse; — Le tribunal condamne Moreux neveu à payer à Jouannin des dommages-intérêts à donner par déclaration, etc. »

Appel par Moreux. — Pour écarter l'action en dommages-intérêts formée contre lui par son acheteur, l'appelant oppose que la loi du 20 mai 1838, n'ayant point compris la gale dont les bestiaux peuvent être atteints au nombre des vices rédhibitoires, il ne peut, à raison d'un tel vice, et lorsque aucune fraude ne lui est imputable, être passible de dommages-intérêts, alors que la loi n'a point considéré la maladie comme susceptible de motiver une action en résolution de la vente.

ARRÊT.

COUR ROYALE DE BOURGES. — 11 JANVIER 1842.

LA COUR, — Considérant que Jouannin se plaint de ce que, le 22 mai dernier, Moreux lui a vendu, à la foire de Bourges, vingt-deux moutons atteints de la gale, et qui ont communiqué cette maladie à environ deux cents autres de ses moutons; — Mais, considérant qu'il n'est point établi que des manœuvres frauduleuses aient été employées par Moreux pour engager Jouannin à acheter ces moutons; qu'en admettant qu'ils eussent été atteints de la gale le jour de la foire, la loi du 20 mai 1838 n'a pas reconnu cette maladie comme étant un vice rédhibitoire; que, dès lors, le marché fait à la foire de Bourges étant inattaquable, le sieur Jouannin ne peut être fondé dans son action en dommages-intérêts; — Par ces motifs, dit qu'il a été mal jugé par le jugement dont est appel, bien appelé d'icelui; émendant et faisant ce que les premiers juges auraient dû faire, déclare Jouannin mal fondé dans sa demande, etc.

Auteurs. — Pour : Dalloz, *Rec. périod.* 1843, 2, p. 124; Villeneuve, *Rec. des lois et arrêts*, 1843, 2, p. 1. — « Cette décision, dit Villeneuve, quelque rigoureuse qu'elle paraisse, n'en fait pas moins une juste application des principes de notre législation en matière de vente d'animaux atteints de vices graves. » — Cette opinion est conforme à l'exposé des motifs de la loi de 1838, fait par le ministre du commerce. On y lit en effet : « Dans la troisième catégorie ne se trouvent ni le *piétin*, ni la *gale*, ni la *pourriture*, ni le *tournis;* les trois premières de ces maladies peuvent être reconues quand elles sont développées, et se guérir quand elles sont à leur début. Le tournis, qui d'ailleurs se manifeste rarement, n'affecte en général qu'un petit nombre d'individus dans les troupeaux, et seulement ceux de l'âge de six à dix-huit mois.

Contre : Girod (de l'Ain), discussion, Chambre des pairs, 19 février 1838, *Moniteur* du 20. — « Je ne crois pas néanmoins que l'acquéreur demeurât privé de toute action en dommages-intérêts, dans quelque circonstance donnée, par suite de l'acquisition d'un troupeau ou d'animaux qui auraient contracté une maladie contagieuse. Il pourrait y avoir lieu, dans ce cas, à une garantie différente de celle qu'établit la loi que nous discutons, et pouvant avoir d'autres conséquences. » — Et M. Lherbette, chargé du rapport de cette loi devant la Chambre des députés, qui disait : « Une vente d'animaux atteints de maladies réputées contagieuses, qui ne sont pas énoncées dans cette loi, pourra, tout en ne donnant pas lieu à rédhibition, laisser ouverture à l'action en dommages-intérêts de la part de l'acheteur, et à l'action correctionnelle de la part du ministère public.» (Séance du 24 avril 1838, *Moniteur du 25.*)

TROISIÈME ESPÈCE.

GARANTIE. — BOITERIE SIMPLE. — EXPERTISE. — SERMENT. — NULLITÉ.

Bien que la boiterie simple ne soit pas classée parmi les vices rédhibitoires, il y a cependant lieu à l'annulation de la vente lorsque le vendeur a garanti toute espèce de boiterie.

Les experts nommés pour constater l'existence de vices rédhibitoires doivent au préalable prêter serment, à peine de nullité de leurs opérations.

Dans le cas où le procès-verbal des premiers experts-commis est annulé, il peut être nommé de nouveaux experts, encore que les délais fixés par la loi soient expirés.

FAITS.

Croix avait vendu un cheval à Vaussard, avec clause générale de garantie pour le cas de boiterie. Peu après Vaussard s'étant aperçu que le cheval boitait, fit nommer un expert qui procéda sans prestation de serment et constata que le cheval était atteint de boiterie, mais sans cause apparente.

Attaqué en nullité de la vente, Croix opposa que le procès-verbal était nul à défaut de prestation préalable de serment par l'expert, et qu'en tout cas, le vice constaté par l'expert n'était pas réputé vice rédhibitoire par la loi qui ne considérait comme tel que la boiterie intermittente pour cause de vieux mal.

3 août 1842, jugement du tribunal de Bernay, qui accueille ce double moyen, déclare la demande de Vaussard non recevable et mal fondée.

Appel par Vaussard. Il soutient d'abord que la loi du 20 mai 1838 n'a pas prescrit que les experts prêteraient serment, et qu'ainsi leurs procès-verbaux ne peuvent être annulés pour inobservation de cette formalité. — Au fond il invoque la clause de garantie, en présence de laquelle il n'y a pas lieu de rechercher si ou non la boiterie rentre dans l'un des cas prévus par la loi. — Subsidiairement il conclut à la nomination de nouveaux experts.

Croix repousse ces conclusions comme tardives, la loi exigeant que la demande en nullité ainsi que celle à fin de nomination d'experts soient formées dans les neuf jours de la vente.

24 août 1842, premier arrêt de la Cour de Rouen, qui annule le procès-verbal d'expertise et nomme de nouveaux experts en ces termes :

Attendu que si la loi du 20 mai 1838 ne contient aucune disposition relative au serment, on ne peut induire du silence de cette loi rien autre chose, si ce n'est que les formalités prescrites par le Code de procédure, en matière d'expertise, seront observées ; qu'ainsi, les experts prêteront serment ; que ce point a été positivement reconnu lors de la discussion de la loi et ne peut être l'objet d'aucun doute ; qu'il suit de là que l'expert Beaudouin n'ayant pas prêté serment, son procès-verbal doit être annulé ;

Attendu, toutefois, que cette nullité ne peut avoir pour résultat de faire rejeter, comme n'étant pas recevable, l'action de Vaussard ; qu'en effet, si, aux termes de l'art. 3 de la loi précitée, l'action rédhibitoire, lorsqu'il s'agit de boiterie intermittente pour cause de vieux mal, doit être intentée dans le délai de neuf jours, sous peine de n'être plus recevable, et si, sous la même peine, d'après l'art. 5, l'acheteur doit, dans le même délai, provoquer la nomination d'experts, il ne s'ensuit pas que cette peine soit également applicable lorsque les experts n'ont pas fait ou commencé dans les neuf jours l'opération dont ils sont chargés ; que l'art. 5, à cet égard, ne manifeste qu'un vœu, c'est que les experts opéreront dans le plus bref délai ; — Attendu qu'il résulte de ces principes que le procès-verbal de l'expert Beaudouin étant annulé, faute de serment, rien dans la loi ne met obstacle à ce que de nouveaux experts soient nommés, quel que soit d'ailleurs l'inconvénient résultant du défaut de procès-verbal régulier dans un bref délai ;

Attendu, en ce qui touche la mission à confier aux experts, que, par la quittance du 12 juin dernier, enregistrée à Bernay, Vaussard a exigé du marquis de Croix une garantie générale pour le cas de boiterie ; qu'ainsi, les experts ne devront pas seulement rechercher si le cheval vendu à Vaussard est atteint du vice rédhibitoire de boiterie intermittente pour cause de vieux mal, mais constateront encore toute espèce de boiterie, et en indiqueront la cause et la date ; — Déclare nul le procès-verbal dressé par l'expert Beaudoin, et ordonne, avant faire droit, que par les sieurs........, experts, le cheval vendu par le marquis de Croix à Vaussard, sera visité ; que les experts diront si ce cheval est atteint de boiterie, et, en cas d'affirmative, en indiqueront, s'il est possible, la cause et la date ; nomme M. le conseiller Boivin Champeaux pour recevoir le serment des experts, etc.

En exécution de cet arrêt les experts nommés ont, par procès-verbal du 30 août, constaté que le cheval est boiteux du membre antérieur droit ; que le siége de la boiterie est dans l'épaule ; que ce vice doit provenir d'un service forcé ; que le cheval avait déjà boité avant la vente, et qu'il pouvait ne pas boiter au moment de la livraison.

Par suite de ces déclarations, la Cour a rendu son arrêt définitif en ces termes :

ARRÊT.

COUR ROYALE DE ROUEN. — 14 NOVEMBRE 1842.

LA COUR ; — Vu le procès-verbal des experts du 30 août dernier, rédigé en exécution de l'arrêt du 24 du même mois : — Attendu qu'il résulte de ce procès-verbal et des autres faits et documents de la cause que le cheval vendu le 12 juin par le sieur de Croix au sieur Vaussard était boiteux au moment de la vente ; — Attendu que le sieur de Croix a spécialement garanti le sieur Vaussard contre toute espèce de boiterie du cheval qu'il lui vendait ; — Attendu que les conventions légalement formées tiennent lieu de loi à ceux qui les ont faites. — Infirme le jugement de première instance ; déclare nulle et de nul effet la vente dont s'agit.

Jurisprudence. — *Première question.* L'arrêt nous paraît avoir sainement appliqué les principes ; il ne s'agissait pas en effet de savoir si la boiterie simple était ou non un vice rédhibitoire, mais seulement d'examiner si la clause générale de garantie pour boiterie comprenait la boiterie simple ou seulement la boiterie intermittente, considérée comme vice rédhibitoire. C'est avec raison, selon nous, que l'arrêt a décidé l'affirmative, la boiterie simple ayant seule besoin d'être garantie, l'autre l'étant par les dispositions de la loi.

Deuxième question. — Elle est décidée conformément à la discussion, devant les Chambres, de la loi 1838, discussion dans laquelle il fut généralement reconnu que les formalités voulues par le Code de procédure en matière d'expertise devraient être suivies dans les expertises relatives aux vices rédhibitoires, sauf néanmoins le dépôt du procès-verbal d'expertise qui ne devait pas être fait au greffe, cette pièce devant être remise à la partie. — Conforme : A. Dall., *Diction. gén. supplém.*, v° Garantie, n° 320-21 ; Dall., *Rec. périod.*, 1843, 2, 125.

Troisième question. — Pour : Paris, 22 février 1839. — Contre : Cassation, 10 juillet 1839, 23 mars 1840, qui ont décidé que l'action intentée après les neuf jours était non recevable, bien que l'expertise ait été provoquée dans ce délai, la loi exigeant, art. 3, et 5, que l'action soit intentée et l'expertise provoquée dans ledit délai de neuf jours, à peine de déchéance.

A annoter au mot **Vices rédhibitoires.**

ART. 73.

COMPÉTENCE.

JUGE DE PAIX. — TRIBUNAL DE COMMERCE. — MAITRES-OUVRIERS.

Les contestations relatives aux engagements respectifs des maîtres et de leurs ouvriers sont de la compétence des juges de paix aussi bien en matière commerciale qu'en matière civile, lorsque d'ailleurs il n'y a pas sur les lieux de conseil de prud'hommes.

PREMIÈRE ESPÈCE.

FAITS.

Bernical, entrepreneur de bâtiments, avait employé Saule comme ouvrier maçon; celui-ci l'assigna, pour avoir payement de ses salaires, devant le tribunal de commerce de Brives. Le défendeur déclina la juridiction du tribunal de commerce, et demanda son renvoi devant le juge de paix, aux termes de l'art. 5, n° 3, de la loi du 25 mai 1838. Jugement qui rejette ce déclinatoire.

Appel. — L'appelant soutient que, d'après la disposition précitée de la loi de 1838, la connaissance de toutes les actions entre maîtres et ouvriers appartient au tribunal de paix, de quelque nature qu'elles puissent être. La loi, dit-il, a créé une juridiction exceptionnelle pour ces actions qui généralement sont de peu d'importance, et que l'ouvrier qui attend son salaire a intérêt de mener à fin promptement et sans frais; elle est conçue en termes généraux qui ne se prêtent à aucune distinction. Elle semble même avoir voulu prévenir toute limitation de sa disposition aux actions purement civiles; car elle déclare ne pas déroger à la juridiction des prud'hommes. Or, comme la juridiction des prud'hommes est commerciale, il n'était pas besoin de faire cette réserve, si les actions civiles eussent seules été attribuées au juge de paix.

L'intimé répond que le tribunal de paix a une juridiction purement civile; que toutes les affaires commerciales, quelque faible que soit leur valeur, appartiennent au tribunal de commerce, à l'exception de celles spécialement attribuées aux prud'-

hommes. — On ne doit donc pas présumer que la loi nouvelle ait voulu soumettre des actions commerciales au juge de paix. Il faudrait un texte de loi bien formel pour qu'on dût le décider ainsi. — Or l'art. 6, § 3, n'est rien moins que formel sur ce point. Sa disposition est générale, et, par conséquent, doit être entendue suivant les principes du droit commun. Il contient, à la vérité, réserve de la juridiction des prud'hommes. Mais on tire un faux argument de cette réserve ; car cette juridiction n'est pas exclusivement commerciale, elle est civile dans bien des cas. Elle est établie pour juger les contestations entre les ouvriers et les fabricants. Mais à défaut de prud'hommes, l'ouvrier ne pourrait être assigné qu'au civil par le fabricant qui l'emploie. L'action du fabricant contre lui est purement civile, puisque l'ouvrier qui loue son industrie ne fait pas acte de commerce. Si donc la juridiction des prud'hommes est civile dans certains cas, on comprend qu'il y avait nécessité d'en faire une réserve expresse dans une loi qui attribuait généralement au juge de paix toutes les actions civiles entre maîtres et ouvriers. — On doit d'autant moins supposer dans le législateur l'intention de rendre le juge de paix juge de matières commerciales, que l'appel de son jugement sera nécessairement porté au tribunal civil. Le tribunal civil se trouverait donc substitué au tribunal de commerce. Ce serait le bouleversement des juridictions. — Il y avait grande utilité de donner au juge de paix la connaissance des actions entre maîtres et ouvriers, actions qui, sans une dérogation aux règles ordinaires, auraient été portées au tribunal civil, car là la justice est souvent coûteuse et longue à obtenir ; mais cette grande utilité n'existe pas pour les actions commerciales, puisque les procès au tribunal de commerce ne sont ni plus longs ni plus dispendieux qu'au tribunal de paix.

ARRÊT.

COUR ROYALE DE LIMOGES. — 8 JUILLET 1842.

LA COUR ; — Attendu que, s'agissant de l'action d'un ouvrier contre le maître, elle devait être portée devant le juge de paix, aux termes de l'article 5, § 3 de la loi du 25 mai 1838, ainsi conçu : « Les juges de paix connaissent, sans appel, jusqu'à la valeur de 100 fr., et à la charge d'appel, » à quelque valeur que la demande puisse s'élever... 3° Des contestations » relatives aux engagements respectifs... des maîtres et de leurs ouvriers » ou apprentis, sans néanmoins qu'il soit dérogé aux lois et règlements relatifs à la juridiction des prud'hommes; » — Que ces derniers mots établissent qu'en matière de commerce, entre maîtres et ouvriers, le juge de paix est compétent quand il n'y a pas sur les lieux de conseil de prud'hommes ; — Déclare que le tribunal de commerce de Brives était incompétent, et délaisse les parties à se pourvoir ainsi que de droit, etc.

SECONDE ESPÈCE.

FAITS.

Les sieurs Blondeau, maîtres de forges, furent cités devant le tribunal de commerce de Châteauroux, par Mongeins, ouvrier forgeron, qu'ils avaient employé à la forge de Lamps, et qui leur réclamait différentes sommes pour salaire.

Les défendeurs soutiennent l'incompétence du tribunal de commerce, et demandent à être envoyés devant le juge de paix, qui seul peut connaître de la difficulté d'après l'art. 5, § 3, de la loi du 25 mai 1838.

Jugement qui rejette l'exception d'incompétence en ces termes: « Vu le 2ᵉ § de l'art. 632, Cod. comm., qui répute acte de commerce toute entreprise de manufacture; — Considérant que les sieurs Blondeau sont maîtres de forges, et, par conséquent, entrepreneurs de manufacture; — Considérant qu'on ne saurait s'arrêter au § 3 de l'art. 5 de la loi du 25 mai 1838; que le résultat de cet article serait, si l'on acceptait l'interprétation des frères Blondeau, de faire arriver, en certains cas, aux tribunaux civils la connaissance de contestations commerciales, et, par conséquent, de priver les créanciers des bénéfices des condamnations consulaires, notamment de la contrainte par corps qu'ils peuvent avoir à exercer contre leurs débiteurs, ce qui serait contraire à l'esprit de la loi; — Considérant que l'article en question maintient expressément les règlements relatifs à la juridiction des prud'hommes; que cette juridiction n'est que préparatoire de la juridiction commerciale, qui doit remplir son office là où les prud'hommes ne sont pas encore établis; — Vu le 1ᵉʳ § de l'art. 634, Cod. comm., qui, attribuant aux tribunaux de commerce la connaissance des actions contre les facteurs, commis des marchands ou leurs serviteurs, a dû vouloir, à plus forte raison, que les facteurs, commis ou serviteurs pussent recourir, à leur tour, à cette même juridiction, lorsqu'ils font actionner les commerçants qui les employaient pour faits de leur commerce, etc. »

Appel.

ARRÊT.

COUR ROYALE DE BOURGES. — 5 JANVIER 1842.

LA COUR; — Considérant que l'article 634, Cod. comm., ne régit pas la contestation dont il s'agit; — Qu'aux termes du § 3 de l'art. 5 de la loi du 25 mai 1838, la connaissance des contestations relatives aux engagements respectifs des maîtres et de leurs ouvriers est conférée aux juges de paix, sans néanmoins, porte cet article, qu'il soit dérogé aux lois et règlements relatifs à la juridiction des prud'hommes; qu'il s'agit dans la cause d'une contestation entre des maîtres de forges et un ouvrier forgeron, relativement à leurs engagements respectifs; qu'il n'existe point à Châteauroux de conseil de prud'hommes; que, dès lors, le juge de paix était seul compétent pour connaître de la contestation dont il s'agit; — Par ces motifs, met au néant le jugement dont est appel; émendant, déclare la demande de l'intimé non recevable comme incompétemment formée, etc.

TROISIÈME ESPÈCE.

FAITS.

En 1837, Dieu, maître forgeron, entra chez Hallette, fabricant de machines, comme chef d'atelier, chargé de diriger les travaux de la forge et de la surveillance des ouvriers. Sorti de chez Hallette, Dieu l'assigna devant le tribunal de commerce en payement de 640 fr. pour appointements restant dus. A la barre du tribunal il réclama en outre 40 fr. pour marchandises par lui fournies à l'établissement.

Le défendeur déclina la compétence du tribunal de commerce et soutint que le juge de paix était compétent. — 8 août 1842, jugement qui admet le déclinatoire proposé. — Appel par Dieu.

ARRÊT.

COUR ROYALE DE DOUAI. — 14 FÉVRIER 1843.

LA COUR; — Attendu qu'aux termes de l'art. 5, n° 3 de la loi du 25 mai 1838, les juges de paix connaissent, sans appel jusqu'à la valeur de 100 fr., et à charge d'appel à quelque valeur que la demande puisse s'élever, des contestations relatives aux engagements respectifs des maîtres et de leurs ouvriers;

Attendu que Théophile Dieu était contre-maître, ou, comme il s'est qualifié lui-même dans son exploit introductif d'instance, chef de forges dans les ateliers d'Halette;

Attendu qu'aux termes de l'art. 15 de la loi des 22 germinal–2 floréal an xi, les contre-maîtres et conducteurs des autres ouvriers sont compris sous la dénomination d'ouvriers; que dès lors Théophile Dieu est, à raison des engagements qu'il a pris avec Halette, soumis à la compétence du juge de paix aux termes de la disposition précitée de la loi de 1838;

Attendu que si, à la barre du tribunal de commerce d'Arras, Dieu a conclu au payement d'une somme de 40 fr. pour fourniture par lui faite à Hallette, ce n'est qu'accessoirement à sa demande introductive d'instance, et pour échapper au déclinatoire qui lui était imposé; que les premiers juges n'avaient pas à s'y arrêter du moment où ils se déclaraient incompétents pour connaître de la demande principale; — Met l'appellation au néant; ordonne que le jugement dont est appel sortira effet, etc.

Auteurs. — Pour : Deffaux, *Comment. L. 25 mai* 1838 p. 86; Curasson, *Compét. des juges de paix*, 2ᵉ édid., 2, p. 571 et suiv.

Jurisprudence. — Pour : Paris, 6 janvier 1841.

A annoter au mot Compétence, n° 226.

ART. 74.

COMPÉTENCE.

JUGE DE PAIX. — BORNAGE. — TITRE DE PROPRIÉTÉ CONTESTÉ.

Le juge de paix cesse d'être compétent pour connaître d'une action en bornage dès qu'il y a contestation sur le titre de propriété; peu importe que la contestation n'ait été élevée qu'après un jugement ordonnant une visite des lieux, et qu'elle ait été présentée sans développements.

FAITS.

Le sieur Noël, propriétaire d'un champ tenant à un autre possédé par Dumet, assigna ce dernier en bornage. Il prétendait avoir souffert une diminution assez notable dans sa propriété, et alléguait que la contenance de celle de Dumet lui paraissait s'être accrue à son préjudice; en conséquence il demandait que le mesurage de cette dernière propriété fût fait, et que l'excédant de mesure lui fût attribué.

Dumet répondit que n'étant pas le seul propriétaire voisin de Noël, l'arpentage réclamé devait également s'appliquer aux autres propriétés limitrophes, lesquelles pouvaient, aussi bien que celle de Dumet, avoir anticipé sur la propriété de Noël.

Le juge de paix ayant rejeté ce système, ordonna une expertise sur les lieux pour y faire l'application des titres présentés à l'appui de la demande.

A une prochaine audience, Dumet déclara contester les titres de propriété de Noël, opposer la prescription, et décliner la compétence du juge de paix.

Premier jugement par lequel le juge de paix donna acte au sieur Dumet de ce qu'il conteste les titres de propriété de son adversaire; second jugement par lequel le juge de paix, considérant la contestation des titres de propriété comme tardivement proposée, passe outre au mesurage ordonné; puis, par troisième jugement, il statue au fond.

Appel par le sieur Dumet, qui soutient que dès qu'il y avait contestation du titre et de la propriété, le tribunal devait se déclarer incompétent. — Mais, le 13 juin 1839, jugement du tribunal de Troyes qui rejette l'exception d'incompétence, par le motif énoncé dans la sentence du juge de paix.

Pourvoi en cassation par le sieur Dumet, pour, entre autres moyens, violation de l'art. 6, n. 2, de la loi du 25 mai 1838. — Aux termes de cet article, a-t-on dit, le juge de paix connaît des actions en bornage, lorsque les propriétés ou les titres qui l'établissent ne sont pas contestés. Cette disposition est claire et formelle. Or, en fait, il est constant que, sur l'assignation donnée au sieur Dumet pour assister à l'expertise, il a déclaré contester le titre et la propriété du sieur Noël. Peu importe que cette contestation n'ait pas été faite *in limine litis*, la loi ne fixant aucun délai pour la faire, et l'exception sur laquelle repose cette déclaration étant essentiellement relative au fond et non à la forme. C'était donc un devoir impérieux pour le juge de paix de déclarer son incompétence, ou par le juge d'appel de reconnaître cette incompétence, faute par le juge de paix de l'avoir fait.

Pour le défendeur, on a répondu que la loi devait être entendue d'une manière sérieuse ; qu'admettre que, par une simple formule, par ces seuls mots *je conteste*, sans explication, on puisse frapper d'incompétence le juge régulièrement saisi, ce serait donner un moyen d'éluder par un subterfuge la loi qui attribue au juge de paix les actions en bornage. La loi ne s'applique évidemment qu'à une contestation réelle et motivée. L'appréciation du caractère de la contestation est donc dans le domaine du juge, qui a le droit de la considérer comme vague et tardive, sans que sa décision à cet égard puisse donner ouverture à cassation.

ARRÊT.

COUR DE CASSATION. — 12 AVRIL 1843.

LA COUR ; — Sur le moyen pris de l'incompétence : — Vu l'art. 6, n° 2, de la loi du 25 mai 1838 ; — Attendu que, dans l'instance pendante devant le juge de paix du canton d'Aix en Othe entre les frères Noël et Dumet, ce dernier avait déclaré *contester le titre et la propriété de Noel*, et qu'il lui avait été donné acte par le juge de paix de cette déclaration ; — Que dès lors une question de propriété se trouvait engagée devant le juge de paix ; — Qu'il importait peu que la contestation sur la propriété n'eût été déclarée que dans une seconde audience et après un jugement qui avait ordonné le transport sur les lieux contentieux ; — Que, d'une part, aucune disposition de la loi n'oblige à proposer une semblable exception *in limine litis ;* que, d'un autre côté, cette exception portant sur la juridiction du tribunal de paix, elle ne pouvait être couverte par aucun acte de procédure ou d'instruction, et que dès l'instant où elle était produite, le juge de paix devait, même de son propre mouvement, déclarer son incompétence ;

Attendu que c'est sans fondement que le jugement attaqué a considéré comme vague la question de propriété, lorsque cette contestation avait été soulevée en termes exprès, et que le juge de paix en avait lui-même donné acte; — Qu'enfin le défaut d'indication des motifs sur lesquels l'exception de propriété pouvait être appuyée, s'explique suffisamment par la considération que leur appréciation étant, comme la propriété elle-même, hors de la compétence du juge de paix, tout développement à cet égard était sans objet; — Qu'en décidant dans de telles circonstances que le juge de paix avait pu retenir la connaissance de la cause, le jugement attaqué a formellement violé l'art. 6, n° 2, de la loi du 25 mai 1838; — Casse.

Auteurs. — Des questions résolues par notre arrêt, la seule qui soit susceptible de controverse est celle-ci : la partie qui conteste le titre de propriété de son adversaire, doit-elle énoncer les motifs de sa contestation? L'arrêt décide qu'il suffit d'une simple allégation; — Mais Deffaux, *Comment.*, L. 25 mai 1838, p. 109; Carou, *De la jurid. des juges de paix*, n° 318, et Curasson, t. I, p. 369, pensent au contraire que l'allégation doit être motivée afin que le juge puisse l'apprécier pour le règlement de sa compétence.

A annoter au mot Compétence, n°s 242 et suiv.

ART. 75.

—

EFFET DE COMMERCE.

BILLET A ORDRE. — CHANGE DE PLACE EN PLACE. — COMPÉTENCE. — CONTRAINTE PAR CORPS.

Le billet à ordre à domicile qui contient remise d'argent de place en place, constitue, entre toutes personnes, un acte de commerce qui soumet le souscripteur à la juridiction commerciale et à la contrainte par corps.

FAITS.

Le 15 avril 1840, un sieur Piquet a souscrit, à Bourg, au profit de Courbet et autres, deux billets à ordre stipulés payables à Besançon, chez un banquier.

N'ayant point été payés à l'échéance, ces billets donnèrent lieu à un jugement du tribunal du commerce de Nuits, du 5 mai 1841, lequel, par application de l'art. 637 du C. com., condamne Piquet par corps, attendu que les effets dont s'agit contenaient remise de place en place, et constituaient un contrat de change.

Appel par Piquet. — Il oppose devant la Cour l'incompétence du tribunal de commerce, fondée sur ce qu'il n'était pas commerçant ; il conclut, en tout cas, à être déchargé de la contrainte par corps à raison de la non commercialité de la dette.

15 mai 1841, arrêt confirmatif de la Cour de Dijon, par les motifs suivants :

« Considérant que les deux billets à ordre *à domicile* dont il s'agit dans la cause ont été souscrits pour sommes d'argent qui ont été remises à l'appelant, à la charge par lui d'en faire le remboursement dans un lieu autre que celui de la souscription desdits billets ; que ce lieu était une place de commerce. et même le domicile d'un banquier ; que, par conséquent, l'opération constatée par ces billets était, sous tous les rapports, une véritable remise d'argent de place en place, dans le sens du dernier paragraphe de l'art. 632 C. comm., et de la compétence consulaire, aux termes de l'art. 631, § 2 même code. » ·

Pourvoi du sieur Piquet par fausse application des art. 632, 637 C. comm., et de la loi du 15 germinal an 6 sur la contrainte par corps, en ce que l'arrêt attaqué a reconnu la compétence du tribunal de commerce et prononcé la contrainte par corps contre le souscripteur d'un billet à domicile, alors qu'il suffisait qu'un tel billet, quoique payable dans un lieu autre que celui où il a été souscrit, n'eût pas pour objet une opération commerciale, pour que le souscripteur non commerçant ne puisse être justiciable du tribunal de commerce et contraignable par corps au payement de ce billet.

ARRÊT.

COUR DE CASSATION. — 4 JANVIER 1843.

LA COUR ; attendu, en droit, que l'art. 632 C. comm. range parmi les actes de commerce, entre toutes personnes, les lettres de change et les remises de place en place ; — Attendu, en fait, que l'arrêt a déclaré que les billets à ordre dont il s'agit dans la cause ont été souscrits pour sommes d'argent qui ont été remises dans un lieu, à charge d'en faire le remboursement dans un lieu autre que celui de la souscription ; que ce lieu était une place de commerce, et au domicile d'un banquier ;

Attendu que l'arrêt a tiré de ces faits la conséquence que le tribunal de commerce était compétent, et qu'il y avait lieu à l'application de la contrainte par corps ; — Attendu qu'en le jugeant ainsi, l'arrêt n'a pu violer aucune loi ; — Rejette.

Auteurs. — Conforme à l'*Encyclopédie des huiss.*, au mot *Effets de commerce*, n° 270.—Pour : Nouguier, *Des lettres de change et effets de commerce*, t. I, 528 ; A. Dall. *Dict. gén.* v° *Effets de commerce*, n° 868, et supplém. n° 868. — Contre : Villeneuve et Macé, *Diction. cont. commercial*, v° Billet à domicile, n° 5, et Billet à ordre, n° 9.

Jurisprudence. — Pour : Bruxelles, 17 février 1807, 28 nov. 1812 et 8 juillet 1820 ; Bourges, 4 déc. 1829, 13 juin 1838, 19 mars 1834 ; Toulouse, 14 mai 1831 ; Lyon, 16 août 1837, 30 août 1838. — Contre : Brux. 19 avril 1815 ; Colmar, 17 janvier 1817 ; Grenoble, 3 février 1836 ; Bordeaux, 5 mai 1835 et 21 janv. 1836.

A annoter au mot **Effet de Commerce**, n° 270.

ART. 76.

—

PROTÊT.

HUISSIER. — NOTAIRE.

Est-il convenable que les notaires fassent des protêts?

RAPPORT. CHAMBRE DES DÉPUTÉS. — 27 MAI 1843.

M. Pérignon. député, au nom de la commission des pétitions, a fait le rapport suivant :

« Le sieur Barrange, huissier à Lyon, expose que les notaires jouissent, au préjudice des huissiers, de la faculté de faire le protêt assisté *d'un collègue seulement,* tandis que les huissiers sont obligés d'être assisté de deux témoins. Il ajoute que le protêt est un acte qui devrait rentrer exclusivement dans les attributions des huissiers. et qui devrait être interdit *aux notaires,* comme contraire à l'esprit de l'institution du notariat. Il prétend que c'est à Lyon seul que les notaires font de pareils actes, et que partout ailleurs, en France, les notaires ont abandonné la confection de ces actes aux huissiers : reconnaissant ainsi eux-mêmes, dit le pétitionnaire, que les grands intérêts qu'ils traitent et les fonctions qu'ils exercent doivent leur interdire des actes qui exigent des déplacements et des transports fâcheux, et qui établissent entre eux et le corps des huissiers une concurrence peu convenable. Il demande l'abrogation de l'art. 173 du Code de commerce.

» Votre commission ne croit pas devoir entrer dans l'examen des moyens sur lesquels se fonde le pétitionnaire, et juger de leur mérite ; mais comme il se livre à des considérations sérieuses exprimées convenablement, elle croit devoir vous proposer, mais *à titre d'examen seulement,* le renvoi de la pétition à M. le garde des sceaux. »

La Chambre a ordonné le renvoi proposé.

A annoter au mot **Effet de Commerce**, n° 158.

ART. 77.

___

TRANSPORT-CESSION.

CESSIONNAIRE. — DONATAIRE. — NOTIFICATION. — PRÉFÉRENCE.

Dans le concours d'un donataire et d'un cessionnaire de la même créance, la préférence est due à celui qui, le premier, a fait notifier son titre au débiteur, encore que ce titre soit postérieur à celui de son adversaire.

La notification d'un second transport ne tient pas lieu de la signification du titre principal lorsqu'elle n'en fait pas connaître les conditions.

FAITS.

Les propositions ci-dessus ont été adoptées par arrêt de la Cour d'Angers, du 28 mai 1841, contre lequel on s'est pourvu pour violation de l'art. 1690 du C. C., en ce que l'arrêt a vu dans la notification au débiteur d'une sous-cession de la créance une signification insuffisante du titre principal.

La signification exigée par l'art. 1690, a-t-on dit à l'appui du pourvoi, n'a d'autre but que de faire savoir au débiteur que la créance qu'il doit a changé de main. On arrive nécessairement à cette conséquence que le cessionnaire, pour faire une signification valable, n'est pas tenu de faire donner au débiteur une copie entière de la cession ; qu'il suffit qu'il lui donne une copie de la partie de l'acte nécessaire pour informer le débiteur de la mutation ; c'est ainsi que l'on procède dans la pratique : les notifications ne se font que par extrait ; or, si la notification par extrait est valable, elle est également suffisante lorsque le débiteur reçoit la signification d'un autre acte que le transport, mais qui mentionne ce transport et énonce le nom du cédant, celui du cessionnaire, la date du transport, la nature de la créance transportée, la date du titre constitutif, et le nom du débiteur. Toutes ces conditions se trouvaient dans la notification de la sous-cession ; c'est donc à tort que l'arrêt attaqué a considéré cette notification comme insuffisante.

ARRÊT.

COUR DE CASSATION. — 2 AOUT 1842.

LA COUR : — Attendu, qu'en fait, il est constant, dans la cause, que la signification faite par les époux Tireau, de la donation consentie en leur faveur par la veuve Le Guy, le 28 septembre 1838, de deux créances à elle dues par Alexis Thézé, a été postérieure à la signification de la cession faite par ladite veuve Le Guy de ces deux mêmes créances au sieur Jacques Tessé; — Et, qu'en décidant, en droit, que la signification faite par le sieur Fillon de la sous-cession de 1,000 fr. à lui consentie par Tireau, et qui renfermait la simple énonciation de cette donation du 28 septembre 1838, ne pouvait tenir lieu de la signification qui aurait dû être faite par les époux Tireau de ladite donation elle-même dont l'acte signifié de sous-cession ne faisait connaître ni le titre, ni les conditions; qu'en donnant, en conséquence, à la cession régulièrement signifiée, la préférence sur la donation, qui ne l'avait pas encore été, la Cour royale d'Angers s'est conformée au texte comme à l'esprit de l'art. 1690 C. civ.; — Rejette.

Auteurs. — Pour : Pothier, *De la vente*, n° 558; Pigeau, t. II, p. 46; Roll. de Vill., *Rép. du not.*, n° 68; Duranton, t. XVI, n° 503; Dall. Rec. alph., v° Vente; Troplong, *De la vente*, n° 888.

Jurisprudence. — Pour : Cass., 10 février 1831; Bordeaux, 26 août 1831; Caen, 10 fév. 1832.

A annoter au mot **Transport de Créances**, n°ˢ 12 et 16.

ART. 78.

QUESTIONS PROPOSÉES [1].

EFFET DE COMMERCE.

ENDOS EN BLANC. — PROCURATION. — VALEUR FOURNIE. — PREUVE. — POURSUITES. — LIVRES DE COMMERCE.

L'article 138 du Code de commerce qui ne considère l'endossement irrégulier d'un effet de commerce, et par conséquent l'endossement en blanc, que comme une procuration, n'établit-il qu'une présomption qui doit céder devant la preuve que le cessionnaire a véritablement fourni la valeur de l'effet à lui transmis irrégulièrement?

[1] Par M. Deleau, huissier à Neufchâteau (Vosges).

*En cas d'affirmation, cette preuve résultera-t-elle, entre commer-
çants, de la seule production des livres tenus conformément à la loi?*

Par une dérogation aux règles du droit commun sur le mode
de transmission des créances, le Code de commerce a permis le
transport dss effets de commerce par un endos daté, exprimant
la valeur fournie et énonçant le nom du cessionnaire (art. 136
et 137). Mais avec cette condition que l'endossement qui ne
contiendrait pas l'une de ces trois formalités ne vaudrait que
comme un pouvoir (art. 138) donné par l'endosseur au porteur,
à l'effet de transmettre, recevoir et poursuivre le recouvrement.

On comprend de suite l'énorme différence qu'il y a entre un
endos régulier et un endos irrégulier : — Dans le premier cas
le porteur est véritable propriétaire, il peut transmettre et recevoir sans rendre compte des sommes reçues ; il n'a à craindre
aucune revendication à défaut de payement ; il peut poursuivre
en son nom tous les endosseurs, y compris celui qui lui a transmis l'effet ; la qualité de ce dernier, s'il est commerçant, suffit
pour entraîner la juridiction commerciale, et de plus la contrainte
par corps doit être prononcée contre lui si l'effet de commerce
excède 200 francs. — Dans le second cas, au contraire, le porteur n'est qu'un simple mandataire ; s'il peut transmettre et recevoir, ce n'est qu'à la charge de rendre compte du prix de la
transmission ou du payement ; il ne peut poursuivre en son nom
un mandataire ne pouvant exercer des poursuites qu'au nom de
son mandant, en vertu de la maxime : *nul en France ne plaide
par procureur.* Il n'a aucun recours contre son endosseur réputé
véritable propriétaire de l'effet de commerce, et la qualité de
cet endosseur ne doit être d'aucune considération pour la détermination de la juridiction qui doit connaître des poursuites ; il a
à craindre la revendication de l'effet de commerce de la part de
ce dernier ; enfin le souscripteur peut opposer au porteur, par
suite d'un endos irrégulier, toutes les exceptions qu'il a à faire
valoir contre l'endosseur.

La gravité de ces conséquences a donné naissance à deux
systèmes : le premier consiste à dire que l'art. 138 du Code de
commerce a établi une règle absolue ; qu'il n'admet ni distinction, ni équivalent, ni éléments étrangers au titre ; que c'est
dans l'endos même que doit se trouver la preuve de sa régularité ; que l'absence des conditions qui le constituent peut être opposée par toutes personnes intéressées à s'en prévaloir, d'où il
suit que ce n'est pas seulement l'endosseur resté propriétaire de
la lettre de change qui peut exciper de cette irrégularité, mais
encore le tireur ou l'accepteur, à l'effet de compenser le montant
de la traite qu'ils doivent avec ce qui leur est dû par le véri-

table propriétaire de l'effet. — Ce raisonnement a été adopté par un arrêt de la Cour de cassation du 15 juin 1831, et par les arrêts ci-après : Amiens, 29 juin 1813 ; Caen, 26 février 1827 ; Cassation, 18 novembre 1812.

Dans le second système on soutenait, au contraire, que l'article 138 du C. de com. n'a établi qu'une présomption qui cède à la preuve contraire lorsque la contestation s'agite entre l'endosseur et le preneur, et que si, par le fait de l'endosseur, la propriété du billet a été transférée au preneur, cette propriété est acquise à ce dernier malgré l'irrégularité de l'endossement, s'il prouve avoir fourni sa valeur. Du reste, en ce qui concernait le souscripteur, on était d'accord sur ce point que c'était dans l'endossement seulement et non dans des faits extrinsèques, qu'on devait trouver la preuve de la réalité du transport. Ce système, qui a prévalu sur le précédent, a été adopté par les derniers arrêts rendus par la Cour de cassation sur la question, les 30 décembre 1840, 25 janvier 1832, 31 juillet 1833, 5 juillet 1843, et par les arrêts suivants : Orléans, 18 décembre 1837 ; Paris, 20 mars 1812 ; Liége, 13 décembre 1810 ; Nîmes, 23 août 1827 ; Paris, 8 juin 1831, 8 février 1817 ; Cass., 25 nov. 1807.

Plusieurs arrêts de Cours royales en accordant au porteur en vertu d'un endossement en blanc, mais qui justifie avoir fourni la valeur, une action tant contre son cédant que contre le souscripteur du billet, paraissent poser en principe qu'à l'égard de ce dernier le porteur ne doit pas être réputé simple mandataire (Paris, 8 avril 1837 ; Amiens, 8 mars 1840 ; Paris, 31 décembre 1840 ; Angers, 18 février 1838 ; Toulouse, 18 juillet 18. 8). Toutefois on doit faire observer que dans l'espèce des trois derniers de ces arrêts, les souscripteurs n'ayant opposé aucune exception, seule chose qu'ils eussent intérêt à faire, ils devaient tout naturellement être condamnés à payer au porteur une somme dont ils étaient véritablement débiteurs.

Dans une lettre de change ou un billet à ordre on peut distinguer deux classes de personnes :

La première comprend le souscripteur, celui qui doit l'effet de commerce, qui en a reçu la valeur et qui en doit le remboursement, soit au véritable propriétaire, soit à son mandataire. Il n'a intérêt à examiner et à discuter la régularité des endossements que sous le point de vue des exceptions qu'il a à faire valoir contre le véritable propriétaire. Dès qu'il n'a aucune objection à émettre dans son propre intérêt, aucune compensation à opposer, il lui importe peu que les endossements soient réguliers ou irréguliers, puisque, en cas même d'irrégularité, il peut valablement se libérer entre les mains du porteur du billet en vertu d'un endos irrégulier, lequel porteur est considéré en tout cas comme mandataire et peut en cette qualité recevoir et acquitter tout aussi bien que s'il y avait eu transmission régulière à son profit. — Ainsi le souscripteur qui n'a point d'exception à faire valoir doit être condamné au payement soit vis-à-vis du porteur régulièrement saisi, soit vis à-vis du porteur par suite d'un endos irrégulier, mais qui justifie être véritable propriétaire par des preuves extrinsèques. Mais si au contraire le souscripteur a des compensations à opposer au propriétaire en vertu d'endos régulier, la preuve de la transmission du billet ne peut, à son égard, être puisée que dans les endossements eux-mêmes; en ce qui le concerne, tout porteur en vertu d'un endos irrégulier, prouvât-il avoir fourni la valeur, n'est considéré que comme un mandataire; il a le droit d'opposer toutes exceptions au bénéficiaire si tous les endos sont irréguliers, ou au dernier détenteur en vertu d'un endos régulier.

La seconde classe se compose des endosseurs qu'on peut diviser en trois catégories : 1° Le bénéficiaire; 2° ceux qui ont détenu le billet en vertu d'endos réguliers; 3° ceux qui l'ont possédé en vertu d'endos irréguliers.

1° *Bénéficiaire.* — S'il n'existe sur le billet que des endos irréguliers, le bénéficiaire est soumis aux exceptions du souscripteur. Si aucun de ceux qui ont possédé en vertu d'endos irréguliers ne prouve avoir fourni la valeur, le bénéficiaire peut revendiquer le billet.

2° *Endos réguliers.* — Si le billet porte des endos réguliers et des endos irréguliers, le dernier de ceux qui ont possédé le billet en vertu d'un endos régulier est dans la même position que le bénéficiaire après lequel il n'y a que des endos irréguliers.

3° *Endos irréguliers.* — A l'égard du souscripteur qui a des exceptions à faire valoir, ceux qui ont détenu l'effet de commerce, par suite d'endos irréguliers, ne sont considérés que comme de simples mandataires; à l'égard du poursuivant le recouvrement de l'effet de commerce, ils ne sont également que des mandataires; entre eux ils ne sont encore que des mandataires. Néanmoins si le dernier détenteur de l'effet de commerce, en vertu d'un endos irrégulier, prouve en avoir fourni la valeur, il en est réputé propriétaire à l'égard du bénéficiaire, des autres endosseurs y compris celui de qui il tient le billet, et du souscripteur, sauf à ce dernier à contester la validité de l'endos irrégulier s'il a une exception à opposer au dernier détenteur en vertu d'un endos régulier, et, par cette compensation, à libérer de toute action les endosseurs qui précèdent sur le billet celui qui subit la compensation.

Posons un exemple : Alexis souscrit à Bazile un billet que celui-ci endosse en blanc au profit de Claude, qui le transmet par endos régulier à Denis, qui le cède en blanc à Émile. Ce dernier poursuit tous les endosseurs et le souscripteur. Denis lui oppose qu'il n'est que son mandataire, il a le droit de prouver contre Denis qu'il lui a fourni la valeur du billet. Claude ne peut être considéré que comme mandataire de Bazile. Quant à Alexis, il fait tomber l'action d'Emile en opposant à Denis une compensation. Il résulte de cela que tous les endosseurs antérieurs à Denis sont libérés et qu'Emile n'a de recours à exercer que contre Denis.

Relativement aux tiers qui ont des droits à exercer au nom d'endosseurs d'effets de commerce, on ne peut leur opposer d'autres preuves de transmission que celles résultant d'endos souscrits conformément à l'art. 137 du Code de procédure.

Tel est, selon nous, le sens dans lequel la jurisprudence sur les endos en blanc d'effets de commerce doit être entendue.

Avant de passer à la seconde question posée en tête de notre article, nous devons donner notre opinion sur celle-ci :

Le porteur d'un effet de commerce par suite d'un endos irrégulier, ne peut-il exercer des poursuites en recouvrement en son nom personnel que sous l'obligation de prouver, si on l'exige, qu'il est propriétaire du billet à ordre ou de la lettre de change ?

Nous pensons qu'il ne peut poursuivre qu'à cette condition, et que s'il ne l'accomplit pas, les poursuites doivent être déclarées nulles comme ayant été dirigées à la requête d'un mandataire au lieu de l'être à celle du mandant. — Conf. Cass., 19 juillet 1822, 22 avril 1828, Rouen, 28 mars 1809, qui refusent au porteur d'un billet en vertu d'un endos irrégulier le droit de poursuivre en son nom personnel. — *Contrà :* Douai, 3 août 1814.

La seconde question qui nous est faite trouve sa solution dans l'art. 12 du Code de commerce, qui dispose que les livres de commerce régulièrement tenus peuvent être admis par le juge pour faire preuve entre commerçants des faits y contenus. — Conf. : Toullier, 8, n° 394, 395 ; Roll. de Vill., n° 55 ; Pardessus, n° 258 ; Villeneuve et Macé, *Dict. du cont. commercial*, v° *Livres de commerce*, n° 11. — Toullier termine ainsi son n° 395 : En un mot, en matière de commerce, la loi remet à l'autorité discrétionnaire des tribunaux la faculté de chercher la vérité dans les livres des parties, dans ceux des tiers comme les agents de commerce ou courtiers, dans la preuve testimoniale, et par conséquent de se déterminer par des présomptions.

A annoter au mot **Effet de Commerce**, § 4.

ART. 79.

COPIE DE PIÈCES.

HONORAIRES. — REMISES. — RÉPRESSION.

Délibération de la communauté des huissiers de l'arrondissement d'Arbois.

Nous avons reçu, avec prière de l'insérer dans notre *Journal*, la délibération suivante, que nous publions avec d'autant plus de plaisir que chacun de nos abonnés pourra y puiser des renseignements utiles; toutefois voyez nos observations *in fine*.

Prochainement nous publierons un article étendu sur les copies de pièces et les moyens de réprimer, d'après la jurisprudence et les règlements existants, les abus qui se commettent au sujet des honoraires auxquels elles donnent droit.

Du 5 novembre 1843.

M. le procureur du roi près le tribunal d'Arbois a, par sa lettre en date du 21 octobre 1843, fait connaître à M. *Pillot*, huissier, que, sur sa présentation, M. le président du siége l'avait nommé syndic de la chambre de discipline des huissiers de l'arrondissement; cette même lettre lui enjoignait d'avoir à convoquer immédiatement en assemblée générale les membres de la communauté des huissiers de cet arrondissement.

La convocation ayant eu lieu, le syndic, au jour fixé, a ouvert la séance.

Présents : MM. *Meunier, Besançon, Pianet, Trouttet, Baillaud, Poux* et *Pillot*, d'Arbois; *Guichard* et *Ravier*, de Champagnole; *Girard* et *Belot*, de Nozeroy; *Didier* et *Barbier*, de Salins; *Trouttet* et *Perrin*, de Poligny; *Jobard*, des Planches; *Pernet*, de Villers-Farlay,

Tous réunis, les membres de la communauté ont procédé légalement à l'élection du trésorier et des membres qui doivent composer la chambre de discipline; puis ceux-ci ont nommé leur secrétaire et leur rapporteur, conformément à la loi.

Tous les comparants ont signé.

La chambre de discipline étant ainsi établie, les membres de la communauté se sont de nouveau réunis en assemblée générale, et le syndic s'est exprimé ainsi :

« Messieurs et confrères,

» Appelé à présider pour l'année judiciaire 1843-44 la chambre de discipline des huissiers de cet arrondissement, je vois avec un vif plaisir que vous avez répondu exactement à la convocation qu'en ma qualité de président de la communauté j'ai faite pour ce jour. Chacun de vous a pressenti, avec satisfaction je le pense, qu'à cette réunion, des communications intéressant toute la communauté auraient lieu, et votre empressement à y assister m'est d'un bon augure.

» Déjà un grand nombre de communautés d'huissiers, parmi lesquelles on compte celles de Paris, Rouen, Versailles, Marseille, et tout récemment, dans le ressort de notre Cour royale, celles de Lons-le-Saulnier et de Lure, ont pris des mesures tendantes à parvenir à la répression des abus signalés et flétris par la magistrature judiciaire.

» Messieurs, ces abus vous sont connus, comme à moi; ils tendent non-seulement à une ruine matérielle, mais encore à une déconsidération morale; je veux dire, les abus si graves des remises consenties par un grand nombre d'huissiers en faveur de nos clients, et surtout en faveur des avoués, des banquiers, etc.

» Oui, messieurs, je le répéterai, les affaires aujourd'hui se traitent au rabais; ce n'est plus le mérite, l'activité, l'intelligence, l'exactitude qui déterminent le choix des clients : c'est le dernier prix mercantile, c'est la mercuriale de la veille; et les bénéfices résultant des actes de la procédure, devenus une sorte de denrée, ont leurs variations comme les autres marchandises.

» Réunissons-nous donc, messieurs, et faisons tous nos efforts pour faire jouir chacun des membres de notre corporation de la considération et des avantages résultant de notre position, et cherchons à affranchir les huissiers du tribut injuste, ruineux et déshonorant que prélèvent arbitrairement leurs clients sur leurs talents, leur travail et leurs fatigues.

» Cet abus monstrueux a pris sa source, depuis un grand nombre de siècles, dans un ordre de choses qui n'existe plus de nos jours, grâce aux progrès des lumières. L'ignorance dans laquelle croupissaient jadis tous les hommes que leur fortune ou leur rang tenaient éloignés des rares foyers d'instruction, en est l'origine. En effet, messieurs, il y a à peine trente ans, quantité d'huissiers ne pouvaient dresser et écrire eux-mêmes le moindre des actes de leur ministère. Ainsi les procureurs, et après eux les avoués, se sont emparés de cette ignorance pour s'en faire des armes de cupidité, et s'arroger l'envahissement des meilleurs droits attribués par la loi aux huissiers. Je veux parler des copies de pièces et des actes déterminés par la loi, et que les huissiers seuls ont le droit de rédiger.

» Chacun de nous aujourd'hui peut par lui-même satisfaire au vœu de la loi, c'est-à-dire écrire ses copies de pièces et rédiger les actes dont la signification lui est confiée.

» Croyez bien, messieurs, qu'en faisant respecter nos droits et nos prérogatives, nous nous mettrons plus facilement en relation avec les personnes qui pourraient avoir besoin de notre ministère ; et ces relations étant plus fréquentes , feront ressortir notre capacité : car, je le dirai en passant, la lâcheté que nous avons mise jusqu'à présent à nous affranchir de ce système de honteuse spoliation, nous a fait passer dans toutes les classes de la société pour des esclaves, des ignorants sans capacité aucune et sans aucun sentiment d'honneur. Ces relations, je le répète, nous feront donc obtenir la confiance et la considération que notre position exige.

» Resterons-nous plus longtemps dans cet affreux dédale? Ne pourrons-nous pas obtenir que nos droits soient respectés ?

» Ma proposition a cependant ce double but; et avant d'appeler votre vote sur son adoption, je vous rappellerai, mes chers confrères, 1° la délibération prise en séance extraordinaire, le 25 septembre 1831, par les huissiers de résidence à Arbois, et après en avoir communiqué les motifs à M. le président du tribunal. Cette délibération tendait déjà à la répression d'un grave abus (point de comptes avec les avoués ; — le payement des droits dus à l'huissier contre la remise de l'acte régularisé) ; 2° la lettre que M. le procureur du roi écrivait, le 28 mai 1832, au syndic des huissiers, en lui transmettant deux circulaires de M. le procureur général, toutes relatives à la répression des remises de la part des huissiers , en faveur des avoués, de tout ou partie de leurs droits ; 3° enfin la délibération prise en conséquence desdites circulaires et lettre par la communauté des huissiers de cet arrondissement, le 7 octobre 1832.

» Ainsi, messieurs, soyons assurés que les magistrats , sous la surveillance desquels nous sommes placés, nous soutiendront énergiquement dans la juste réclamation que nous faisons.

» Je propose donc que les huissiers, composant la communauté de cet arrondissement, adhèrent : 1° à la délibération des délégués des communautés d'huissiers réunis à Paris, et qu'ils s'y associent en tout point; 2° aux considérations qui ont déterminé la communauté des huissiers de l'arrondissement de Lons-le-Saunier à prendre, en assemblée générale, le 8 octobre dernier, l'arrêté qui tend à les affranchir de l'abus dont il vient d'être parlé. Les considérations sur lesquelles cet arrêté a été établi me paraissant justes et équitables, je crois devoir en proposer l'adoption pure et simple. »

Tous les membres composant la communauté des huissiers de l'arrondissement d'Arbois étant présents et appelés à donner leur adhésion à la prise en considération de la proposition ci-dessus, neuf seulement ont déclaré y adhérer, les huit autres membres se sont abstenus; ce sont *MM. Guichard, Didier, Girard, Meunier, Besançon, Pianet, Barbier* et *Pernet*. La majorité absolue ayant été acquise en faveur de la prise en considération, les membres composant cette majorité se sont réunis et ont procédé au vote, par boules noires et boules blanches, des articles composant l'arrêté projeté.

Huit boules noires ayant été trouvées dans l'urne, le syndic a prononcé l'adoption de cet arrêté, qui deviendra obligatoire pour tous les membres de la communauté.

Cet arrêté est ainsi conçu :

« Considérant que depuis longtemps MM. les avoués se permettent de s'attribuer exclusivement les droits de dresse de tous exploits et actes quelconques, ainsi que les copies d'iceux et toutes les copies de pièces qui se signifient en tête des exploits ; qu'ils enlèvent ainsi la totalité des émoluments revenant aux huissiers. Qu'il importe dès lors de maintenir et de faire respecter les droits de ceux-ci, et de veiller à ce qu'il soit mis un terme aux exactions de MM. les avoués.

» Que si la jurisprudence a varié dans plusieurs décisions judiciaires, aujourd'hui aucun doute ne peut et ne doit s'élever sur les droits des huissiers, relativement aux actes de leur ministère, copie d'iceux et copies de pièces.

» En effet, la jurisprudence de divers tribunaux, des cours royales et de la cour de cassation, bien fixée sur ce point d'une manière conforme et invariable, assure que désormais les huissiers jouiront paisiblement de tous les avantages que la loi accorde à leurs attributions.

» Vu en conséquence 1° un arrêt de la cour de cassation, en date du 21 février 1821 ; — 2° un jugement du tribunal civil de Dieppe, du 23 avril 1829 ; — 3° un arrêt de la cour royale de Rouen, du 20 janvier 1830 ; — 4° un arrêt de la cour royale de Metz, du 23 novembre 1830 ; — 5° un jugement du tribunal de Meaux, en date du 28 mars 1831 ; — 6° deux arrêts de la cour de cassation, des 24 août et 5 décembre 1831 ; — 7° deux autres arrêts de la cour de cassation, en date des 22 et 5 décembre 1832 (ces deux arrêts approuvent les principes et les distinctions admises par le tribunal de Meaux) ; — 8° un arrêt de la cour royale de Paris, du 9 février 1833 ; — 9° un autre arrêt de la cour de cassation, du 22 mai 1834 ; — 10° un autre arrêt de la même cour, en date du 19 janvier 1836 ; — 11° un arrêt de la cour royale d'Amiens, en date du 24 novembre 1837 ; — 12° deux arrêts de la cour royale de Paris, en date des 19 janvier et 29 mai 1837 ; 13° deux arrêts de la cour de cassation, en date des 28 novembre 1837 et 22 mai 1838 ; — 14° le commentaire du Tarif par Chauveau, tome 1er, pages 77 et suivantes, n° 45, 15° un jugement du tribunal civil de Condom ; (V. ce jugement à la suite de cette délibération), par lequel trois huissiers de cet arrondissement ont été suspendus de leurs fonctions pour avoir notifié des actes préparés par des clercs d'avoués ou de notaires, et en tête desquels il était donné copie de pièces appartenant exclusivement à l'huissier.

» Vu aussi les circulaires de M. le garde des sceaux, en date des mois de février et octobre 1821, 4 janvier 1830 et août 1842; vu les circulaires de M. le procureur-général et la lettre de M. le procureur du roi d'Arbois, du 28 mai 1832;

» Enfin l'article 94 de la loi du 27 ventôse an VIII, l'article 24 du décret du 14 juin 1813, le tarif des frais et dépens en date du 16 février 1807, et enfin l'ordonnance royale du 10 octobre 1841, chapitre 1er, titre 2, concernant les huissiers;

» Attendu qu'en présence des décisions rapportées, il ne peut maintenant rester aucun doute sur l'interprétation des lois et règlements relativement aux droits exclusifs des huissiers de faire et authentiquer toutes espèces de copies de pièces en dehors des instances;

» Attendu que c'est aux huissiers que la loi a confié la mission de faire et de signifier les exploits; qu'à ce droit se rattache nécessairement, comme accessoire, celui de donner copie des pièces, de les certifier, et de recevoir les émoluments qui y sont attachés;

» Que les avoués ne sont pas admissibles à s'immiscer dans le ministère confié aux huissiers.

» Attendu que l'avoué n'a droit de concurrence avec les huissiers que pour les copies que l'on signifie dans le cours des procès confiés à ses soins devant le tribunal ou la cour où il est assermenté, et seulement lorsqu'il a fait acte de postulation dans le sens de la loi, comme du reste l'a sagement décidé l'arrêt de la cour de cassation en date du 22 mai 1838;

» Attendu que si les avoués ont concurrence avec les huissiers dans divers cas pour certifier les copies de pièces, et le droit d'en percevoir les honoraires suivant qu'elles sont faites et certifiées par eux, ils n'ont jamais celui de faire ni de percevoir les émoluments des actes attachés au ministère des huissiers, actes en tête desquels sont signifiées les copies de pièces dont les droits appartiennent à l'avoué; qu'ils n'ont seulement que le droit de faire des projets d'actes.

» Attendu que les huissiers ne peuvent, dans aucun cas, renoncer à leurs droits, émoluments et attributions; qu'outre l'intérêt matériel qu'ils ont à les conserver, la loi et la morale leur en font un devoir impérieux; car, en se laissant volontairement priver des avantages légaux de leur profession, ce qui serait une véritable dégradation, ils se mettraient dans le cas de perdre tous droits à la confiance publique, et s'exposeraient ainsi à une ruine complète; du reste, les circulaires de M. le garde des sceaux, en date des mois de février et octobre 1821, 4 janvier 1830 et août 1842, sont assez explicites pour ne pas donner de plus grandes explications à cet égard;

» Attendu enfin que les spoliations de MM. les avoués sont si bien enracinées dans l'arrondissement d'Arbois, qu'ils ne se contentent plus des droits qu'ils ont jusqu'ici exigés; qu'ils veulent encore ceux attachés aux actes des justices de paix et du tribunal de commerce; qu'il convient donc, pour détruire de semblables ravages, de prendre des mesures, et d'arrêter, comme par ces présentes, la communauté des huissiers de l'arrondissement d'Arbois; arrête :

ARRÊTÉ.

ART. 1er.—Chaque huissier sera tenu de confectionner, par lui-même ou ses scribes, tous exploits, copies d'iceux et copies de pièces lui appartenant

exclusivement, ainsi qu'il a été jugé par le tribunal civil de Condom (V. le jugement à la suite de cette délibération), en suspendant trois huissiers de cet arrondissement pour avoir notifié des actes et des copies de pièces préparées par des clercs d'avoués ou de notaires, copies de pièces appartenant exclusivement à l'huissier.

ART. 2. — Les huissiers devront se refuser de recevoir et de notifier les exploits préparés par MM. les avoués ou leurs clercs, attendu qu'ils n'ont pas le droit de les rédiger, qu'ils ont seulement celui de faire des projets d'actes sur papier non timbré ; ils devront aussi se refuser à notifier les copies de pièces préparées ou certifiées par les avoués, lorsqu'elles seront hors les cas où ils n'ont pas caractère pour les faire.

ART. 3. — L'huissier étant responsable, dans tous les cas, de la régularité des copies, il doit tenir à ce qu'elles soient correctes et lisibles, et se faire remettre les originaux des titres ; il doit d'ailleurs en être porteur, pour faire soit un commandement, soit un acte d'exécution, et aussi pour justifier de son mandat dans toutes les circonstances. Il doit de plus, pour faire une saisie-arrêt, avoir la certitude et la possibilité de justifier de l'existence du saisissant : justification qui ne peut avoir lieu que par la remise faite par ce dernier des titres en vertu desquels la saisie est faite, ou par un pouvoir *ad hoc.*

ART. 4. — Dans le cas où des copies de pièces seraient envoyées d'un des arrondissements circonvoisins, l'huissier pourra les signifier, quoique préparées, à charge d'en percevoir les entiers droits, lorsqu'elles seront dans ses attributions.

ART. 5. — Les dissimulations ou les faits, de quelque nature qu'ils soient, qui auraient pour résultat de faire attribuer, soit à un avoué dans le cas où il n'aurait pas la concurrence, soit à toute autre personne, la totalité ou partie des droits de copies de pièces, donneront lieu à des poursuites disciplinaires, conformément aux circulaires de M. le garde des sceaux, en date des mois de février et d'octobre 1821, 4 janvier 1830 et août 1842 ; aux circulaires de M. le procureur-général et à la lettre de M. le procureur du roi d'Arbois du 28 mai 1832.

ART. 6. — Tout huissier qui ne se conformera pas à la présente délibération sera considéré comme trafiquant de son état au préjudice de ses collègues, ce qui sera prouvé, soit par la représentation des originaux, copies, et copies de pièces, soit de toute autre manière, et sera poursuivi ainsi que de droit.

ART. 7. — Tout huissier de l'arrondissement qui aura connaissance d'une infraction sera tenu de la dénoncer au syndic et à M. le procureur du roi, sous peine d'être considéré comme complice du contrevenant.

ART. 8. — En cas de doute ou d'incertitude sur l'interprétation de la présente délibération et des décisions sur lesquelles elle est basée, l'huissier devra s'abstenir, en informer aussitôt le syndic, et suivre l'avis qui lui sera donné par écrit.

ART. 9. — Enfin, pour ne point laisser à l'appréciation individuelle de chaque huissier quels sont les actes en tête desquels les copies des pièces à signifier appartiennent aux huissiers, l'état nominatif de ces actes a été arrêté ainsi qu'il suit :

§ 1er. — JUSTICE DE PAIX.

Les copies de pièces à signifier en tête des actes ci-après appartiennent exclusivement aux huissiers.

1° Citation en compétence ;

2° Citation en conciliation ;
3° Signification de jugement ;
4° Et tous les actes devant la justice de paix et en police municipale.

§ 2. — Tribunal de Commerce.

Les copies de pièces à signifier en tête des actes ci-après appartiennent aux huissiers.

1° Assignation, soit qu'il s'agisse de demande principale ou en garantie ;
2° Assignation à témoins ;
3° Sommation à arbitres ou experts ;
4° Signification de jugement ;
5° Et tous les actes, sans exception, à signifier en matière de commerce.

§ 3. — Police Correctionnelle et Cour d'Assises.

Actes exclusifs aux huissiers.

Tous actes à signifier en ces matières.

§ 4. — Tribunal civil.

Concurremment avec les avoués.

1° Ajournement et tous actes à signifier pendant l'instance, y compris la signification du jugement par défaut ;
2° Signification du jugement définitif, si elle a lieu dans l'année de son obtention.

A l'huissier exclusivement.

Si elle a lieu après l'année d'obtention.

Concurrence.

3° Actes extra-judiciaires se rattachant à une instance civile ;
4° Référé, assignation et signification d'ordonnance.

§ 5. — Actes extra-judiciaires particuliers.

Concurrence.

1° Copie de notification aux créanciers inscrits de l'extrait des titres du nouveau propriétaire, de la requête et du tableau prescrit par l'article 2183 du Code civil ;
2° Copie de l'ordonnance d'ouverture d'un procès-verbal d'ordre en tête de la sommation de produire.
3° Copies des requêtes et ordonnances en tête des saisies-arrêts ou oppositions.

§ 6. — Actes extra-judiciaires dont des copies de pièces appartiennen exclusivement a l'huissier.

1° Commandement tendant à toute espèce d'exécution ;
2° Sommation aux tiers-détenteurs ;

3° Dénonciation du procès-verbal de saisie immobilière;

4° Notification à l'adjudicataire du bordereau ou mandement de collocation dans l'ordre délivré par le greffier;

5° Sommations de quelque espèce que ce soit, pourvu qu'elles ne se rattachent point à une instance civile;

6° Procès-verbaux d'offres réelles;

7° Procès-verbaux de saisies-arrêts, formées en vertu de titres, lorsqu'il doit être donné copie de ces titres;

8° Notification et dénonciation de procès-verbaux de saisies-brandons, soit au gardien, soit à la partie saisie et au maire;

9° Notification et dénonciation de procès-verbaux de saisies-exécutions faites hors du domicile de la partie saisie;

10° Notification d'un acte de dépôt de la copie [collationnée pour la purge des hypothèques légales;

11° Signification de transport au débiteur cédé;

12° Et en général de tous actes authentiques ou sous signatures privées, dans le cas où le ministère d'avoué n'est pas nécessaire.

Art. 10.—Il sera fait ultérieurement, si les circonstances paraissent l'exiger, un tableau présentant d'une manière plus détaillée la nomenclature des actes dont les copies de pièces signifiées en tête ne peuvent point être certifiées par MM. les avoués, le tableau qui précède n'étant que démonstratif et non limitatif.

Art. 11.—S'il s'élevait entre un avoué et un huissier quelques difficultés relatives à l'exécution de la présente délibération, ce dernier devra en référer de suite au syndic, qui convoquera la chambre de discipline pour être statué ce qu'il appartiendra. Les frais de poursuites qui pourront être exposés en pareil cas seront à la charge de la communauté.

Art. 12.—Il est défendu aux huissiers de se servir, dans leurs études, des clercs ou scribes travaillant dans une étude d'avoué.

Art. 13.—Le syndic et le rapporteur sont spécialement chargés de l'exécution de l'arrêté ci-dessus, et d'en dénoncer à qui de droit les contraventions.

Art. 14.—La présente délibération sera exécutoire à partir du 1er janvier 1844. Il en sera imprimé des exemplaires qui seront adressés par le syndic, etc.

La présente délibération a été prise à la majorité de neuf adhérents sur dix-sept membres, et de huit boules noires contre une boule blanche; et ont les neuf votants signé :

Perrin; Trouttet, Casimir; Poux; Baillaud; Pillot; Ravier; Belot; Jobard; Trouttet J. Ant.

Suit la teneur du jugement du tribunal civil de Condom :

Le tribunal, attendu qu'à la date du 2 juin 1842 l'huissier G... a signifié un exploit, et, en tête dudit exploit, des écritures rédigées et préparées dans une étude d'avoué; — Qu'à la même date du 2 juin 1842 l'huissier M... a aussi signifié un exploit, et, en tête dudit exploit, des écritures préparées et rédigées dans l'étude d'un officier ministériel; — Que le 12 août 1842 l'huissier B... a également signifié un exploit, et, en tête dudit exploit, des écritures rédigées et préparées dans une étude d'avoué; —

Que ces écritures, signifiées par les huissiers ci-dessus dénommés, ne se rattachant à aucune instance, constituaient, ainsi que l'exploit lui-même, des actes du ministère exclusif des huissiers ;

Attendu que la signification, par lesdits huissiers, d'actes rédigés et préparés par des tiers, *trahissant un accord* entre l'huissier et celui dont il accepte les actes et les écritures, qui a pour effet de la part de l'huissier de faire remise d'une partie de son salaire ; que si *cet accord n'est ni avoué ni établi*, qu'*il est du moins probable*, parce qu'on doit raisonnablement supposer que le salaire profite à celui qui fait le travail ; que de tels accords peuvent d'autant plus être réputés constants qu'ils ont été dénoncés par la communauté des huissiers, et que le ministère public est intervenu pour les prévenir et les poursuivre.

Attendu que de tels accords constituent un abus grave non moins préjudiciable à celui qui les souscrit qu'à la communauté dont il est membre ; qu'ils tendent à diminuer et éteindre parmi les huissiers la concurrence, l'émulation et les moyens d'existence ; qu'à de telles conditions le travail n'est plus le prix de l'intelligence et de la confiance dont chacun se rend digne, mais qu'il est plus particulièrement dévolu à l'officier ministériel qui trahit ses devoirs ou est incapable de les remplir ; — Que cet état de choses est une contravention au vœu de la loi et aux règles fondamentales de l'institution des huissiers ;

Attendu que les moyens produits dans les défenses n'excusent pas les contraventions ci-dessus ; — Ouï le procureur du roi en son réquisitoire, le Tribunal, jugeant en chambre de discipline ; — Vu les art. 102 et 103 du décret du 30 mars 1808, et faisant application desdits articles, dit que les trois huissiers G..., M... et B... demeureront suspendus de leurs fonctions durant huit jours à partir de la signification du présent jugement, et que les dépens demeureront à leur charge.

OBSERVATIONS.

Si nous pouvons adopter le dispositif de ce jugement en ce sens qu'il réprime un abus qui déshonore et ruine en même temps le corps des huissiers, il nous est impossible d'admettre les motifs sur lesquels cette décision est fondée, car s'ils devaient prévaloir et servir de base à une suspension, il n'est pas d'huissier en France qui serait à l'abri de cette peine disciplinaire. Sous ce point de vue, le jugement que nous venons de rapporter serait beaucoup plus nuisible que profitable aux huissiers en général.

En effet, que demande-t-on ? la répression de l'usage désastreux qui consiste, de la part d'un huissier, à se priver en faveur d'un avoué ou de toute autre personne, du droit de copies de pièces que la loi lui alloue.—Que doit-on, que peut-on légalement punir pour arriver au but désiré? La remise et rien que la remise des honoraires, car elle seule constitue la contravention et porte préjudice à l'huissier qui la subit comme à ses confrères. — De quoi étaient accusés les trois huissiers condamnés par le jugement de Condom? D'avoir fait remise des droits qui leur étaient dus pour des copies de pièces signifiées en tête d'exploits par eux commis.— Jusque-là tout est bien; mais voici où est le mal : on comprend qu'entre la dénonciation, l'accusation et la condamnation, il y a un abîme à franchir par l'accusateur, et cet abîme c'est la preuve des faits imputés; tant que cette preuve n'est pas établie d'une manière solide et par des faits irrécusables, l'accusé ne peut être atteint dans ses biens ni dans son honneur, sans cela il faudrait renoncer à l'exercice de toute fonction publique; on comprend aussi qu'il n'est pas possible de flétrir un huissier par cela seul qu'il est accusé d'un fait qu'on ne peut prouver contre lui, et qu'aucun tribunal ne peut s'en rapporter à des probabilités ou à des suppositions pour prononcer une peine aussi grave que celle de la suspension.— C'est cependant ce qu'a fait le tribunal de Condom, par la décision que nous venons de transcrire.

Une communauté d'huissiers dénonce trois de ses membres au ministère public, et les lui signale comme auteurs de remises d'honoraires. Le ministère public poursuit disciplinairement ces trois membres. Devant le tribunal ils n'avouent pas le fait qui leur est reproché, le procureur du roi ne l'établit pas, et le tribunal, après avoir constaté que la remise n'est ni avouée ni établie, au lieu de renvoyer les trois huissiers, les suspend pour huit jours, se fondant sur une *probabilité* qu'il fait résulter d'une *supposition*. Voilà donc trois fonctionnaires, honorables sans nul doute, condamnés sans preuves, sur une simple probabilité, par une décision contre laquelle il n'existe aucun recours efficace possible, et ce qu'il y a de déplorable, condamnés sur la dénonciation de leurs confrères.

Le raisonnement des juges de Condom se traduit ainsi : Tout huissier qui signifie en tête d'un exploit des copies de pièces qui ne sont pas écrites par lui ou ses clercs est légalement présumé avoir remis ses honoraires au rédacteur; or, rien n'est plus faux. D'abord il n'est pas défendu aux huissiers, et il ne peut leur être défendu de signifier des copies de pièces qui ne sont écrites ni par eux ni par leurs clercs; il suffit qu'un huissier certifie et signe une copie de pièces pour qu'aux yeux de tous il se la soit appropriée et en soit réputé l'auteur responsable et rétribué; ensuite, quand même il serait prouvé que les copies ont été rédigées par un avoué, ce fait n'entraînerait aucune peine, et surtout on ne pourrait en tirer cette conséquence que l'huissier a remis ses honoraires à l'avoué ; c'est à celui qui articule cette remise à l'établir ; enfin, n'arrive-t-il pas tous les jours que, soit pour éviter un déplacement de pièces, soit pour éviter des ports de paquets volumineux, on adresse aux huissiers des originaux et copies qu'ils signent, et dont ils profitent sans aucune remise ? Est-il un seul huissier qui, dans le cours d'une année, n'ait pas reçu plusieurs exploits ainsi préparés ? Les huissiers qui ont signifié ces actes, qui en ont perçu tous les honoraires, peuvent donc être suspendus, suivant les juges de Condom, par cela seul que les copies par eux remises n'étaient pas rédigées par leurs clercs.

Guerre aux abus ! crie-t-on de toutes parts ! Guerre aux abus, soit ; mais nous voudrions pouvoir dire en même temps : Paix aux fonctionnaires ! Nous voudrions qu'avant la guerre on employât la persuasion ; et que si, enfin, la guerre est indispensable, elle soit conduite avec la plus grande modération ; nous voudrions enfin que la guerre se fasse en famille autant que possible, et qu'on n'ait recours au ministère public et au tribunal qu'à la dernière extrémité, et après s'être bien convaincu que le remède, s'il est violent, opérera une guérison radicale ou au moins un grand bien.

A annoter au mot **Copie de Pièces**, nº 61.

ART. 80.

PÉTITION

A LA CHAMBRE DES DÉPUTÉS ET A CELLE DES PAIRS SUR L'ABOLITION DE L'IMPÔT DE LA PATENTE QUI PÈSE SUR LES HUISSIERS.

(V. art. 15, 1ʳᵉ partie, et art. 16, 2ᵐᵉ partie de ce journal.)

Fidèle à notre promesse, nous avons fait remettre le mois dernier à la chambre des députés à et celle des pairs un exemplaire de la pétition suivante sur la nécessité de décharger les huissiers de l'impôt de la patente, alors que les notaires sont affranchis de cette contribution.

Les quelques huissiers réunis à Paris en assemblée générale, au mois d'octobre dernier, ont cru devoir, nous ignorons dans quel but, acquiescer au projet du gouvernement et à celui de la commission. Leur soumission nous paraît très-regrettable, et il eût certes mieux valu réclamer contre l'injustice de la mesure qu'on propose que de l'adopter. Quoi qu'il en soit, nous n'avons pas cru devoir abandonner les droits de tous les huissiers, et bien que la résolution prise par la réunion de Paris puisse paralyser nos efforts, nous avons de nouveau tenté de faire revenir la chambre aux vrais principes, et de lui faire comprendre qu'il ne peut exister *deux poids et deux mesures* pour arbitrer les charges qui doivent peser sur deux classes de fonctionnaires placés absolument sur la même ligne relativement à l'impôt qu'on veut établir.

PÉTITION.

A MESSIEURS LES MEMBRES DE LA CHAMBRE DES DÉPUTÉS.

Le Directeur du *Journal Encyclopédique des Huissiers* au nom de ses Abonnés.

Messieurs les Députés,

Le 20 mai 1843, M. Vitet, au nom de la commission de la chambre des députés chargée d'examiner le projet de loi sur les patentes, après avoir reconnu qu'en principe tous les officiers ministériels devraient être exempts du droit de patente par le motif que les offices sont soumis à des charges qui profitent à l'Etat, a posé cette conclusion que les notaires et les avoués imposés par le projet du Gouvernement devraient jouir, comme par le passé, de l'exemption de la patente ; et que les huissiers continueraient à payer cet impôt 1° parce qu'ils servent d'intermédiaires pour les ventes de meubles ; 2° parce que le long usage a légitimé à cet égard l'impôt qu'on veut leur faire subir.

Évidemment la commission s'est trompée : la Chambre ne peut donc adopter les conclusions qu'elle lui a proposées. Les huissiers demandent ce qu'il est impossible de leur refuser, *l'égalité devant la loi*, l'application du droit commun ; ils demandent à ne pas être exceptés des principes constitutifs de l'impôt de la patente ; ils demandent, en un mot, à être placés sur la même ligne que les autres officiers ministériels qui, comme eux, fournissent un cautionnement à l'état, et sont astreints à l'enregistrement des traités portant cession de leur titre.

D'un seul mot on peut détruire les motifs énoncés dans le rapport pour laisser peser sur les huissiers la contribution de la patente. *Les notaires et les huissiers* (comme tous les citoyens), *sont égaux devant la loi; ils doivent, par conséquent, être égaux devant l'impôt.* Eh bien! n'y aurait-il pas violation formelle de ce grand principe constitutionnel si les notaires étaient exempts de la patente et les huissiers soumis à cet impôt? Ces deux classes sont, en effet, au point de vue de la patente, absolument dans la même position; ce qui milite en faveur de l'une, milite en faveur de l'autre; ce qui tombe à la charge de l'une, doit grever l'autre; aucun motif ne peut donc exister pour affranchir de la patente l'une de ces classes, et pour y soumettre l'autre. Les notaires comme les huissiers ont le droit de faire des protêts et des ventes de meubles, et il est défendu aux uns comme aux autres de se mêler à aucune opération commerciale.

La commission de la Chambre invoque contre les huissiers le long usage; mais il est impossible que, par cela seul qu'il y a cinquante ans que les huissiers souffrent d'une injustice, la Chambre veuille la leur faire subir éternellement? Ne devrait-elle pas, au contraire, saisir l'occasion de faire disparaître à tout jamais une disposition blessante pour une classe honorable de fonctionnaires? D'ailleurs le long usage n'a été d'aucune influence aux yeux même de la commission, puisqu'elle a proposé de décharger les médecins de la patente, bien que, depuis un demi-siècle, ils l'aient payée sans réclamation.

La position des huissiers mérite toute la bienveillance de la Chambre. Ces officiers ministériels ont des occupations infiniment plus laborieuses et moins lucratives que celles des notaires; ils sont obligés de remplir personnellement leurs fonctions, et le produit de leurs actes, soumis à un tarif insuffisant, peut à peine les faire vivre; cependant ils se conduisent honorablement, et aucun d'eux n'a donné le spectacle, si fréquent de nos jours, de ces déconfitures scandaleuses qui ruinent un grand nombre de familles.

Pénétrés de la sagesse et de la haute impartialité de la Chambre, les huissiers ont l'espoir qu'elle voudra bien les décharger d'un impôt injuste.

L'exposant a l'honneur d'être, etc.,

M. DEFFAUX.

Paris, 15 février 1844.

A annoter au mot Patente, n° 2.

ART. 81.

RÉDUCTION.

HUISSIERS.—INDEMNITÉ.—ACTION.

Les huissiers supprimés ont-ils droit à une indemnité?

L'administration a-t-elle seule le droit de fixer cette indemnité?

Les décisions de l'administration sont-elles exécutoires?

A défaut par l'administration d'avoir déterminé le chiffre de l'indemnité, les huissiers supprimés ont-ils action en justice pour réclamer cette indemnité?

Nous avons cru devoir soulever et résoudre ces importantes questions dans l'intérêt de nos abonnés.

Les huissiers ont été organisés par le décret du 14 juin 1813, comme les notaires l'ont été par la loi du 25 ventôse an XI.

Le décret de 1813 porte : — Article 1. Les huissiers seront nommés par l'empereur. — Article 8. Le ministre de la justice, après avoir pris l'avis de nos cours et les observations de nos procureurs-généraux, nous proposera la fixation définitive du nombre des huissiers qu'il doit y avoir dans le ressort de chaque tribunal d'arrondissement.—Art. 9. Si le nombre des huissiers maintenus d'après l'article 6 excède celui qui sera définitivement fixé par nous en exécution du précédent article, la réduction à ce dernier nombre ne s'opérera que par la mort, démission ou destitution.

La loi du 25 ventôse an XI dispose : — Art. 45. Les notaires sont nommés par le premier consul. — Art. 31. Le nombre des notaires, pour chaque département, est déterminé par le gouvernement. — Art. 32. — Les suppressions ou réductions ·de places ne seront effectuées que par mort, démission ou destitution.

Il résulte des dispositions que nous venons de transcrire, que, sous le point de vue de la réduction des offices, les huissiers et les notaires sont absolument dans la même position et régis par des lois ayant la même valeur et devant nécessairement produire les mêmes effets; d'où la conséquence forcée que toutes les décisions intervenues au sujet de la suppression ou réduction de charges de notaires sont applicables, sans restriction, aux suppressions et réductions de titres d'huissiers.

Le décret de 1813 et la loi du 25 ventôse an XI ont accordé au gouvernement le droit de fixer le nombre des huissiers dans chaque arrondissement, et des notaires dans chaque département. Cette fixation une fois opérée, la faculté laissée à l'administration est épuisée; elle ne peut plus effectuer une réduction nouvelle ni porter atteinte à des droits qu'elle a elle-même consacrés, sans sortir de la légalité. Ainsi, dans les arrondissements où le nombre des huissiers a été déterminé, il ne peut plus être restreint de nouveau par une ordonnance rendue sous le prétexte de l'exécution d'une loi qui n'est plus à exécuter. Si l'on voulait procéder à de nouvelles réductions, une loi qui les autorisât serait indispensable.

Jusqu'à la loi du 28 avril 1816, les suppressions et réductions opérées l'ont été sans indemnité, les titulaires n'ayant pas alors le droit de présenter un successeur ni de stipuler un prix pour la transmission de leurs offices; mais depuis cette loi il ne peut en être de même : l'article 91 porte, en effet : « Les notaires... huissiers... pourront présenter à l'agrément de S. M. des successeurs, pourvu qu'ils réunissent les qualités exigées par les lois. Cette faculté n'aura pas lieu pour les titulaires destitués. Il sera statué par une loi particulière sur l'exécution de cette disposition, et sur les moyens d'en faire jouir les héritiers et ayans-cause desdits officiers. Cette faculté de présenter des successeurs ne déroge point, au surplus, au droit de S. M. de réduire le nombre desdits fonctionnaires, notamment celui des notaires, dans les cas prévus par la loi du 25 ventôse an XI sur le notariat. »

Faisons remarquer : 1° Que la réserve de réduire le nombre des officiers ministériels, insérée dans la loi du 28 avril 1816, se réfère évidemment, en ce qui concerne les huissiers et les notaires, au décret de 1813 et à la loi de l'an XI; ce qui le prouve surabondamment, ce sont les termes mêmes de l'article qui limitent le droit de réduire, en ce qui concerne les notaires, aux cas prévus par la loi de l'an XI; 2° que cette loi de 1816, qui a créé la vénalité des charges, en obligeant tous les titulaires en exercice à verser un supplément de cautionnement, a départi à tous une propriété, un droit de transmission qu'il est impossible de détruire entre leurs mains, sauf le cas de destitution que cette loi a prévu.

Ainsi, d'une part, le gouvernement a le droit de réduire le nombre des huissiers dans les limites fixées par le décret du 14 juin 1813; de l'autre, il doit respecter les droits acquis et ne pas dépouiller complétement, sous le point de vue pécuniaire, les titulaires dont il supprime les titres, et qui sans cette suppression auraient pu transmettre leur charge à prix d'argent.

Le gouvernement a jusqu'à présent concilié l'exercice de son droit avec le respect dû à la propriété créée par la loi de 1816, en imposant aux titulaires conservés l'obligation d'indemniser ceux dont les titres étaient éteints, ainsi que le prouvent les documents que nous allons transcrire en entier à raison de l'importance de la question.

N° 1. — 30 septembre 1833. — Lettre du garde des sceaux au procureur-général de la Cour de Riom.

M. le procureur-général, je vous ai adressé, le 9 janvier dernier, l'ampliation d'une ordonnance en date du 28 janvier précédent, qui, modifiant celle du 28 juin 1829, maintient définitivement quatre notaires dans le canton de Tauves, arrondissement d'Issoire ; savoir : deux à Tauves, un à Saint-Jaude et un à la Rodde.

Il y avait à Tauves trois notaires, dont deux, les sieurs Pierre Guillaume et Bertrand, sont décédés sans avoir fourni le supplément de cautionnement exigé par la loi du 28 avril 1816 ; et comme le sieur Pierre Guillaume est décédé le premier, la réduction à effectuer doit être portée sur son étude, sauf l'indemnité qui reste due à sa succession.

C'est donc aux héritiers du sieur Bertrand qu'appartient le droit de présentation pour l'office auquel il reste à pourvoir à la résidence de Tauves ; mais, ainsi que je vous l'ai fait connaître par ma lettre du 7 février, le candidat, avec lequel ses héritiers pourront traiter, ne sera admis qu'après avoir pris des arrangements avec la succession du sieur Guillaume relativement à l'indemnité due pour l'extinction du titre, indemnité qui n'a rien de commun avec le prix des minutes et répertoires dont la remise a été effectuée entre les mains du sieur Jean-Baptiste Guillaume, frère du décédé, et aujourd'hui seul notaire en exercice au chef-lieu.

Les héritiers Bertrand prétendent, il est vrai, qu'après avoir acquis les minutes et répertoires de son père, le sieur Jean-Baptiste Guillaume a fait un traité particulier pour la cession du titre ; mais ils sont dans l'erreur à cet égard. Il n'y a jamais eu entre Jean-Baptiste Guillaume et son neveu qu'un projet d'arrangement antérieur à la modification de l'ordonnance de fixation, et auquel il ne sera probablement donné aucune suite, d'après les changements apportés à l'état du notariat dans le canton de Tauves.

Les droits de l'héritier du sieur Pierre Guillaume contre le successeur à venir du sieur Bertrand sont donc entiers ; seulement comme l'extinction de la troisième étude de Tauves doit profiter également aux deux notaires maintenus à cette résidence, il serait injuste de la laisser exclusivement à la charge de l'un d'eux. En conséquence, je vous prie de faire avertir les héritiers Bertrand à l'effet de s'entendre avec le sieur Jean-Baptiste Guillaume pour effectuer en commun cette extinction, moyennant une indemnité qui pourra être réglée à l'amiable, et qui, à défaut, sera prononcée par le tribunal de première instance, sur l'avis préalable de la chambre de discipline, à moins que les parties ne préfèrent s'en tenir à la décision d'arbitres, choisis suivant le mode prescrit par l'article 59 de la loi du 25 ventôse an XI.

Si le sieur Jean-Baptiste Guillaume ne veut se prêter à aucun arrangement, le candidat présenté par les héritiers Bertrand sera admis en payant la moitié de l'indemnité qui aura été fixée, et ledit sieur Guillaume restera débiteur de l'autre moitié, dont le payement sera effectué lors de sa démission ou de son décès.

Ce qu'il y a de remarquable dans cette lettre, c'est : 1° Que Pierre Guillaume est décédé sans avoir fourni le supplément de cautionnement exigé par la loi du 28 avril 1816, et que néanmoins le ministre reconnaît que sa succession a droit à une indemnité ; 2° que cette indemnité est supportée exclusivement par les deux notaires du chef-lieu, en sorte que les deux autres notaires du canton, habitant des communes rurales, ont profité de la réduction sans être astreints à l'indemnité pour partie.

N° 2. — 17 octobre 1837. — *Décision du garde des sceaux.*

Le sieur G..., cessionnaire du sieur D..., justifie des conditions légales, mais sa nomination ne peut avoir lieu sur la seule démission de ce notaire. Il reste, en effet, dans le canton de S.. six études, qui, aux termes d'une ordonnance du 7 novembre 1821, doivent être réduites à cinq, au moyen de la suppression de l'un des deux notariats de P... C'est d'ailleurs sur l'étude du sieur B... que la réduction doit porter exclusivement ; car celle de son collègue ayant été consolidée en 1824 au moyen de la réunion d'un second titre, est dispensée désormais de concourir à la réduction.

Si le sieur B... exerce encore ses fonctions, il aura droit, comme notaire menacé de suppression, à la préférence pour la place vacante à G..., résidence conservée, à la charge toutefois de tenir les conditions du traité fait avec le sieur D..., et dans le cas où il ne profiterait pas de cette faculté, il restera à vérifier s'il consentirait à donner lui-même sa démission moyennant une indemnité.

Si au contraire le sieur B... est décédé, le droit d'indemnité appartiendrait à ses héritiers ou ayants-cause ; il faut d'ailleurs remarquer que cette indemnité n'aura pour objet que l'extinction du titre, les minutes et répertoires, ainsi que les recouvrements, devant être l'objet d'un arrangement particulier avec le notaire qui restera en exercice à P...

A l'égard du payement de l'indemnité, il paraît juste et convenable de le mettre à la charge des titulaires des études non consolidées dans la proportion du bénéfice que chacun d'eux devra retirer de la suppression.

Il y aura lieu, en conséquence, dans le cas où le sieur B... serait décédé, ou s'il ne consentait pas à transférer sa résidence à G..., de faire engager le sieur G... à s'entendre avec les autres notaires du canton, à l'exception de celui qui a été nommé sur deux titres, pour effectuer en commun l'extinction de la sixième étude, et de lui faire annoncer qu'il ne pourra être donné suite à sa demande que lorsqu'il aura pris l'engagement de payer la portion d'indemnité qui aura été mise à sa charge.

S'il se soumet à cette condition, mais qu'un arrangement amiable devienne impossible, par le fait soit des autres notaires, soit du titulaire ou des héritiers à indemniser, la chambre de discipline et le tribunal de première instance devront être invités à donner leur avis sur la valeur du titre à éteindre, ainsi que sur les titulaires des études, qui devront être prévenus en même temps qu'aucune mutation ne sera autorisée qu'après l'acquittement de la somme pour laquelle ils devront contribuer à l'extinction.

Cette circulaire nous paraît plus équitable que la précédente ; elle fait en effet supporter l'indemnité de réduction par tous les notaires du canton, au lieu de ne la faire peser uniquement que sur les notaires de la même résidence que celui dont le titre est supprimé.

Il est à remarquer que le ministre déclare qu'aucune mutation n'aura lieu qu'après l'entier acquittement de l'indemnité de suppression.

N° 3. — *17 janvier 1839.* — *Ordonnance du roi.*

L'étude vacante à la résidence du D... par le décès du sieur C... demeurera définitivement éteinte et supprimée, conformément à l'ordonnance de fixation et de classement du 3 juin 1829.—Cette extinction aura lieu moyennant une indemnité qui demeure fixée à 4,000 fr., et qui sera répartie ainsi qu'il suit : 3,500 fr. payables par tiers par les trois notaires qui restent en exercice dans la commune du D... et 500 fr. payables par le notaire de D...

N° 4. — *8 février 1839.* — *Décision du garde des sceaux.*

En fixant l'indemnité dont il s'agit (celle dont il est parlé dans l'ordonnance ci-dessus), l'administration avait entendu qu'elle serait acquittée immédiatement. Si les notaires du D... s'y refusent, aucune mutation ne sera autorisée dans leurs études tant qu'ils ne justifieront pas du paiement de la somme pour laquelle chacun d'eux doit contribuer à l'extinction du cinquième titre.

Ces deux derniers documents, en tous points conformes à celui qui les précède, attestent une jurisprudence constante de la part de l'administration.

N° 5. — *1ᵉʳ décembre 1842 et 30 mai 1843.* — *Décision du garde des sceaux.*

Une ordonnance du roi du 2 décembre 1835 a réduit à dix les onze notaires qui existaient dans le ressort des deux justices de paix de Carpentras, dont quatre dans la ville où il y en avait cinq, et six dans les communes rurales. C'est, comme on le voit, sur l'une des études de la ville que la réduction devait porter : mais quatre titres ayant été consolidés par la réunion d'un double titre, le cinquième titre seul devait subir la suppression.

Il arriva que le notaire qui occupait ce cinquième titre fut *destitué* par jugement du 30 août 1841, et alors s'éleva la question de savoir si la suppression qui venait d'avoir lieu devait être opérée avec ou sans indemnité. La chambre de discipline, consultée, fut d'avis qu'il n'était pas dû d'indemnité ; mais le tribunal fut d'un avis contraire et fixa le chiffre de l'indemnité à dix mille francs.

Saisi de la question, le garde des sceaux a décidé, le 1ᵉʳ décembre 1842 : Que la destitution étant un des modes de réduction indiqués par l'art. 32 de la loi du 25 ventôse an XI, il y avait lieu, dès qu'elle avait été prononcée, de déclarer non transmissible le titre du fonctionnaire, éteint par cette mesure, mais qu'il n'en résultait pas nécessairement que sa suppression devait être opérée gratuitement ; que l'on devait remarquer, en effet, que la destitution avait été placée par le législateur sur la même ligne que la mort et la démission ; or, qu'il n'a jamais été prétendu que l'un ou l'autre événement dût avoir pour conséquence de faire profiter, sans bourse délier, les autres notaires d'un canton de la réduction qui pouvait en résulter ; qu'il n'était pas moins impossible de faire produire à la destitution, en vertu de ce même article 32, un effet aussi exorbitant, sans blesser son esprit et violenter ses termes : que, dans ce cas, il n'y avait d'autre règle applicable que celle de la loi de 1816 ; que si, d'une part, elle permettait à l'administration de se prévaloir, dans toute son étendue, de la disposition qui refusait au notaire frappé par une semblable mesure de présenter un successeur, elle n'usait cependant de ce droit qu'avec une extrême réserve, et seulement lorsque l'intérêt public en faisait une nécessité absolue ; que ce n'était pas le cas, *dans l'espèce,,* de déployer autant de rigueur ; qu'il convenait dès lors d'accorder l'indemnité. Le chiffre en fut fixé à dix mille francs, ainsi que le tribunal l'avait déterminé.

Les notaires de Carpentras ont réclamé contre cette décision, mais le ministre l'a maintenue par une nouvelle décision du 30 mai 1843.

Les tribunaux appelés à se prononcer sur des questions d'indemnité fixées par l'administration ont reconnu qu'ils n'étaient compétents ni pour juger si l'indemnité était due, ni pour en déterminer la quotité, par la raison qu'en le faisant ils se mettraient en opposition avec des décisions ministérielles, mais qu'ils avaient le droit de connaître de l'exécution des ordonnances portant fixation des sommes à payer aux titulaires d'études supprimées ou à leurs héritiers.—C'est ce qui est établi des deux arrêts suivants :

1° — 29 juin 1833. — Cour royale de Rennes.

La Cour, considérant que la loi du 25 ventôse an XI a conféré au gouvernement le droit de déterminer le nombre des notaires, et que, pour le canton de Mur, ce nombre, qui était en 1810 de deux, fut porté à trois en 1815, et fut de nouveau réduit à deux en 1826, bien qu'il existât encore trois titulaires dans ce canton.

Considérant que, d'après l'article 32 de la même loi, la réduction ne pouvant être effectuée que par mort, démission ou destitution, ce ne fut qu'au décès de Calvary-Tysan père, arrivé en 1828, que put avoir lieu la réduction ordonnée en 1826, et qu'ainsi aucun notaire ne dut être nommé à sa place ;

Considérant que l'article 91 de la loi de 1816, qui, à cause de l'augmentation de cautionnement, a accordé le droit à chaque notaire ou à ses héritiers de présenter un successeur à la nomination du roi, a, par cela même, autorisé les possesseurs du titre à en disposer à leur profit en faveur du candidat qu'ils présentent pour leur successeur ;

Considérant que, si le ministre a pensé que les héritiers Calvary-Tysan dussent être indemnisés de la privation de ce droit individuel par les autres titulaires, en déclarant qu'une mutation ne pourra être autorisée dans les deux autres études tant que les héritiers n'auront pas été désintéressés, il n'appartient pas aux tribunaux de statuer sur la question de savoir si une indemnité est ou n'est pas due à l'étude du premier décédé des notaires, ni, à plus forte raison, d'en fixer la quotité, puisque le gouvernement met une condition expresse, non encore accomplie, à la nomination du successeur de l'un des titulaires restant, nomination qui tient à la prérogative royale et dans laquelle l'autorité judiciaire, pour rester dans la limite de son pouvoir, n'a pas le droit de s'immiscer :

Dit qu'il a été incompétemment jugé, etc.

2° — 2 août 1842. — Cour royale de Limoges.

Une ordonnance du roi, du 30 mars 1838, a réduit de six à quatre le nombre des notaires du canton de Magnac-Laval, et décidé que les titres vacants par le décès des sieurs Decressac et Dubrac seraient supprimés , moyennant une indemnité de 1,000 fr. pour la première étude, et de 10,000 fr. pour la seconde, payables, savoir : 2,700 fr. par chacun des trois notaires du chef–lieu , et 1,900 fr. par le titulaire de la résidence rurale. — Depuis, M. le garde des sceaux décida qu'en cas de non payement immédiat par les quatre notaires conservés, la somme mise à leur charge serait productive d'intérêts.

Trois de ces notaires consentirent de payer; mais le quatrième, Me Michellet, notaire au chef–lieu, s'y refusa.

Assigné par les héritiers Dubrac, Me Michellet soutint, 1° que la juridiction civile n'était pas compétente, attendu qu'il s'agissait de l'appréciation d'un acte administratif; 2°, au fond, que l'indemnité mise à sa charge ne pouvait être exigible que lors de sa démission ou de son décès , attendu qu'une ordonnance royale ne pouvait créer un titre exécutoire ; 3° enfin, qu'une ordonnance ne pouvait pas davantage créer un privilége.

Mais le tribunal se déclara compétent et condamna Michellet au payement des intérêts de la somme de 2,700 fr., à compter du jour de la demande jusqu'au moment où il y aurait transmission de son étude, époque à laquelle le capital serait exigible. Il autorisa les héritiers Dubrac à prendre inscription pour la conservation de leurs droits, et leur assura privilége sur le prix de l'étude. — « Considérant que l'action dont est saisi le tribunal ayant pour objet l'exécution de l'ordonnance royale précitée, il est compétent pour en connaître, puisque Michellet n'élève aucune objection sur le chiffre de l'indemnité mis à sa charge ; qu'il soutient seulement que la somme de 2,700 fr. ne pourra être exigée qu'au moment où son office de notaire deviendra transmissible ou sera par lui volontairement cédée au successeur qu'il a le droit de désigner d'après la loi ; — Considérant que si l'extinction des deux titres de notaire des sieurs Martin Decressac et Dubrac a produit un accroissement de valeur au profit des notaires en exercice dont les offices sont maintenus, il convient d'établir une distinction entre les avantages actuels et ceux qui seront la conséquence nécessaire de cette extinction au moment ou Michellet voudra transmettre son titre. En effet, s'il est vrai de dire que la clientèle des deux études supprimées profite aux notaires en exercice, si elle accroît leurs bénéfices, néanmoins, quant à la valeur vénale du titre, s'il doit recevoir augmentation au moment de la vente, on ne peut admettre que cette augmentation, qui existe seulement en expectative, offre à Michellet une ressource en capital qu'il puisse actuellement employer dans ses affaires ; — Considérant au surplus que Michellet, pourvu de son office de notaire longtemps avant l'extinction des études supprimées, avait le droit d'exercer ses fonctions de notaire nonobstant la suppression de ces études ; — Considérant que des explications et renseignements fournis il résulte que M. le garde des sceaux, appelé à donner son avis sur l'exécution de l'ordonnance royale du 30 mars 1838, a répondu que le refus des notaires de payer leur part contributive à l'indemnité aurait l'inconvénient de laisser leurs études constamment grevées des charges de la réduction, d'empêcher leur remplacement jusqu'au moment où ils auraient justifié du payement des sommes mises à leur charge, non-seulement en principal, mais encore pour les intérêts ; mais qu'il ne résulte pas de là l'obligation de payer avant le transfert de l'étude maintenue ou le décès du titulaire ; que le contraire doit s'induire de la réponse de M. le garde des sceaux ; — Considérant que les héritiers Dubrac, étant en droit de réclamer actuellement les intérêts de l'indemnité, sont recevables dans leur action ; qu'ils sont également fondés à prendre *toutes mesures conservatoires* pour assurer le capital qui leur est dû, et en poursuivre le payement quand il deviendra exigible ; qu'indépendamment de l'hypothèque que leur conférera le présent jugement, ils ont aussi un *privilége* sur le prix de l'office de notaire de Michellet, lorsque cet office sera transmis à un autre titulaire par décès ou autrement ; — Considérant que la somme de 2,700 fr. ne produisant pas intérêt de plein droit, c'est seulement à partir du jour de la demande que les héritiers Dubrac sont fondés à en exiger le payement d'après l'article 1153 C. civ., etc.

Appel de la part de Mᵉ Michellet :

Mais, le 2 août 1842, arrêt de la cour royale de Limoges ainsi conçu :

ARRÊT.

LA COUR, — Sur la compétence du tribunal de Bellac, et au fond : — Attendu que la loi du 25 ventôse an XI, contenant organisation du notariat, a, par l'art. 31, attribué au gouvernement le droit de déterminer le nombre des notaires pour chaque département, leur placement et résidence ; que l'art. 91 de la loi du 28 avril 1816, en permettant aux notaires de présenter à l'agrément du roi des successeurs, a consacré en leur faveur le droit de traiter de leurs offices et d'obtenir des indemnités, mais sans déroger cependant au droit qu'a le gouvernement de réduire le nombre des notaires ; — Attendu que la chambre de discipline des notaires de Bellac, consultée par l'autorité supérieure, a, par sa délibération du 2 oct. 1822, émis son opinion sur le nombre des notaires qui devaient exercer et les lieux de leur résidence dans l'étendue de l'arrondissement de Bellac, et qu'elle a été d'avis, pour le canton de Magnac-Laval, où il y avait six notaires, que ce nombre fût, par des motifs d'intérêt public, réduit à quatre, mais à la condition que les notaires dont les offices seraient conservés seraient obligés d'indemniser les héritiers des deux titulaires dont les places seraient supprimées à leurs décès, indemnité qui serait réglée par les membres de la chambre, suivant la valeur de ces places ; — Attendu qu'une ordonnance royale du 18 août 1837 a définitivement fixé à quatre le nombre des études de notaires dans le canton de Magnac, a supprimé les deux études qui étaient occupées par les sieurs Decressac, décédé en 1817, et Dubrac, père des intimés, mort en 1836, à la charge par les quatre notaires existants dans le même canton de payer aux héritiers de ces deux titulaires une indemnité dont la quotité et la répartition, à défaut d'arrangement amiable, seraient réglées administrativement sur l'avis préalable de la chambre de discipline des notaires et du tribunal de première instance de Bellac; — Attendu que par délibération de cette chambre, du 3 oct. 1837, l'indemnité due aux héritiers Dubrac a été fixée à dix mille francs; — Attendu qu'une ordonnance royale du 30 mars 1838 a, d'après l'avis du trib. de Bellac, adopté le chiffre de cette indemnité, et imposé à Michellet, appelant, l'obligation de payer pour sa part, aux intimés, la somme de 2,700 fr.; — Attendu que le tribunal de Bellac était compétent pour apprécier l'action en indemnité portée devant lui par les héritiers Dubrac contre Michellet, parce que cette indemnité a été demandée en vertu des délibérations et ordonnances royales précitées, qui ont été prises et rendues en exécution des lois des 25 vent. an XI et 28 avril 1816; que l'ordonnance du 30 mars 1838, qui oblige Michellet à payer 2,700 fr., est claire et précise, qu'elle n'a pas besoin d'être interprétée, qu'il ne s'agit que de son exécution;

Attendu, au fond, qu'il est dû aux intimés, d'après les dispositions de l'art. 91 de la loi du 28 avril 1816, une indemnité pour la perte que leur fait éprouver la suppression de l'office de notaire, à Magnac, dont avait été pourvu leur père, et que le gouvernement, auquel les lois des 25 vent. an XI et 28 avril 1816 donnaient le droit de faire cette suppression, a bien pu par une ordonnance royale, et conformément à l'opinion de la chambre des notaires, y apposer pour condition l'obligation pour Michellet, notaire conservé à Magnac, de payer à titre d'indemnité, aux héritiers Dubrac, la somme de 2,700 fr., puisqu'il n'y avait pas eu d'arrangement amiable entre eux; — Attendu que l'appelant comme les intimés ne se sont pas plaints de l'évaluation qui a été faite de l'indemnité à 2,700 fr., non plus que du payement qui en a été ordonné par les premiers juges, seulement au décès de Michellet ou à l'époque du transfert que, pendant son vivant, il pourrait faire de son étude; que de ce chef il n'y a pas appel du jugement rendu par le tribunal de Bellac; — Mais que Michellet a demandé à être affranchi du payement des *intérêts* de la somme de 2,700 fr., à partir du jour de la demande, auxquels il a été condamné par le jugement dont est appel;

Attendu que cette prétention de Michellet ne peut être accueillie, parce que l'ordonnance du 30 mars 1838 n'ayant accordé aucun terme pour le payement de la somme de 2,700 fr. il en résulte que les intérêts de ce capital sont dus du jour de la demande; qu'il est juste, d'ailleurs, que Michellet soit assujetti à payer de suite les intérêts de l'indemnité mise à sa charge, car la suppression de l'étude de Dubrac, qui était un des notaires du chef-lieu du canton de Magnac qui faisait le plus d'actes, a dû lui profiter immédiatement, par l'augmentation de sa clientèle, puisque c'est au même chef-lieu de canton qu'il exerce ces fonctions de notaire; — Attendu que la condamnation au payement des intérêts ne viole pas les dispositions de l'art. 32 de la loi du 25 vent. an XI, qui veut que les suppressions ou réductions des places de notaires ne soient effectuées que par mort, démission ou destitution, parce que cette condamnation ne pouvant être ramenée à exécution par des poursuites judiciaires, tendantes à la vente publique de l'office de notaire de Michellet, elle ne peut avoir pour effet de lui enlever cet office, contrairement au vœu de la loi;

Attendu enfin, quant *aux mesures conservatoires* accordées par les premiers juges aux intimés, pour assurer le payement de leur créance contre Michellet, qu'en outre du *privilége* sur le prix de l'office de celui-ci, lors de sa transmission à un autre titulaire, par décès ou démission, les héritiers

Dubrac ont été autorisés à prendre inscription hypothécaire sur les biens de l'appelant ; que c'est la conséquence légale de la condamnation prononcée contre lui ; que cette disposition du jugement doit donc être maintenue : — Par ces motifs ; la Cour, sans s'arrêter au moyen de nullité invoqué par quatre des intimés contre l'acte d'appel, met l'appel au néant, et ordonne que le jugement dont est appel sortira son plein et entier effet.

Des documents que nous venons de rapporter il résulte :

1° Que les huissiers dont les titres ont été supprimés par suite de *démission* ou *décès* ont, ou leurs héritiers, droit à une indemnité ;

Que le ministre a la faculté d'accorder ou de refuser une indemnité aux huissiers dont le titre a été supprimé par suite de *destitution;*

2° Que l'administration seule a le droit de fixer dans tous les cas cette indemnité et de déterminer par qui et dans quelle proportion elle sera supportée.

La propriété toute exceptionnelle créée par la loi de 1816 intéresse au plus haut degré l'ordre public. Aussi le gouvernement s'est-il réservé le droit de contrôler tous les traités portant cession d'office, et de subordonner la sanction royale à l'accomplissement des conditions qu'il croit utile d'imposer aux parties sur la fixation définitive du prix de la cession. L'intérêt de la société exige, en effet, qu'un officier ministériel qui va être placé au milieu d'une clientèle nombreuse pour y exercer une mission touchant à la prospérité et souvent à l'honneur des familles, ne soit pas ruiné par un traité onéreux, et par suite entraîné à des fautes irréparables. Or, ce que l'administration a le droit de faire pour un aspirant, elle doit le faire à plus forte raison pour des officiers ministériels en exercice ; elle doit veiller à ce que le prix des suppressions qui, en définitive ne sont que des transmissions indirectes, soit en rapport avec les produits que la réduction transportera aux fonctionnaires restants ; elle a intérêt, tout en respectant les droits des officiers ministériels supprimés, à ce qu'il ne soit pas imposé à ceux en exercice des charges telles que pour les remplir ils soient obligés de chercher des ressources en dehors des bénéfices de leur profession. — C'est donc à l'administration seule, à l'exclusion des tribunaux, qu'il appartient de fixer, dans l'intérêt de la société, le prix des suppressions d'office.

Toutefois nous devons faire observer qu'un arrêt de la Cour de cassation, du 4 juin 1835, en déclarant valable un traité par lequel les notaires d'une ville sujette à réduction sont convenus qu'une indemnité à régler de gré à gré entre eux serait payée à celui qui donnerait volontairement sa démission, a reconnu aux juges, en cas de difficulté, le droit de régler eux-mêmes cette indemnité.

3° Que les décisions de l'administration ne sont point exécutoires, en ce sens qu'on ne peut, en vertu de la seule décision du ministre ou de l'ordonnance du roi, poursuivre le payement de l'indemnité comme en vertu d'un jugement ; — Mais ces décisions donnent le droit d'actionner devant les tribunaux les débiteurs de l'indemnité aussitôt que la suppression est opérée.

4° Qu'à défaut par l'administration d'avoir déterminé le chiffre de l'indemnité, les huissiers supprimés ne peuvent la réclamer en justice, parce que les tribunaux ne peuvent, sans toucher à la prérogative royale, ni fixer le montant de l'indemnité, ni dire par qui et dans quelle proportion elle devra être supportée ; — On viendra toujours opposer aux demandeurs que toute obligation doit résulter d'une loi, et qu'aucune loi n'oblige les officiers ministériels non atteints par la réduction à indemniser ceux dont les titres ont été supprimés ; que si le titre éteint constituait une propriété dont les effets, par suite de la suppression, ont été transportés aux défendeurs, cette propriété ne pouvait être transmise sans l'agrément du gouvernement, qui a le droit de limiter le prix de la transmission ; que dès lors et jusqu'à ce que le prix soit fixé, il est impossible d'intenter une action, car on ne connaît ni le montant de la dette ni les véritables débiteurs.

Toute réduction doit être prescrite par ordonnance royale, rendue dans les limites de la loi ; une fois imposée, elle s'accomplit par décès, démission ou destitution ; dès qu'elle est effectuée, les héritiers du décédé, le démissionnaire, le destitué ou ses créanciers peuvent réclamer l'indemnité due à raison de l'extinction du titre.

A cet effet, ils doivent présenter au garde des sceaux une demande à laquelle ils ajoutent le relevé des actes répertoriés pendant les cinq dernières années de l'exercice de l'ancien titulaire.

Le ministre, après avoir consulté la chambre de discipline et le tribunal, fixe l'indemnité et détermine quels sont ceux qui doivent la payer, et dans quelle proportion.

Si ces derniers refusent de se libérer, on a le droit de les attaquer devant les tribunaux.

Le jugement obtenu, on l'exécute de la manière ordinaire.

A annoter au mot **Réduction**, n°s 1 et 3.

ART. 82.

—

RÉDUCTION.

HUISSIER. — DÉCRET DU 14 JUIN 1813. — LOI NOUVELLE.

Le gouvernement, qui, en vertu du décret du 14 juin 1813, a fixé le nombre des huissiers qui doivent instrumenter dans un arrondissement, peut-il réduire de nouveau ce nombre sans qu'une loi nouvelle l'y autorise ?

—

(V. art. 64, 2ᵐᵉ partie de ce journal, la lettre de M. Pagny.)

—

Nous ne le pensons pas. — *V. l'article précédent.*

A annoter au mot Réduction, nᵒˢ 1 et 3.

—

ART. 83.

—

OFFICE.

CESSION. — RECOUVREMENTS.

L'officier ministériel qui cède son office a-t-il le droit de faire lui-même le recouvrement des sommes qui lui sont dues, à raison des actes par lui reçus, ou est-il obligé de traiter à cet effet avec son successeur ?

L'art. 59 de la loi du 25 ventôse an XI, sur l'organisation du notariat, est ainsi conçu : le titulaire ou ses héritiers, et le notaire qui recevra les minutes aux termes des art. 54, 55 et 56, traiteront de gré à gré des recouvrements à raison des actes dont les honoraires sont encore dus, et du bénéfice des expéditions.

Un arrêt de la Cour de cassation, du 12 janvier 1841, confirme l'obligation de traiter des recouvrements, imposée par la loi du 25 ventôse an XI, et une décision du garde des sceaux du 10 août 1843 porte que désormais l'art. 59 de ladite loi sera strictement exécuté.

Ainsi un notaire ne peut céder son titre sans céder en même temps ses recouvrements.

Mais en est-il de même à l'égard d'un huissier ? Non, évidemment. La décision sus-rappelée ne concerne que les notaires, et aucune disposition de loi ni de règlement n'impose aux huissiers l'obligation de traiter de leurs recouvrements en cédant leurs offices. On ne peut donc soumettre les cessions qu'ils consentiront à une entrave de cette nature, et c'est pour eux une heureuse circonstance dont ils sauront tirer parti; car tel individu qui ne pourrait acheter qu'une étude de notaire sans les recouvrements, devra dorénavant se contenter d'une étude d'huissier.

A annoter au mot **Office**, n° 27.

ART. 84.

EXPLOIT.

RATURES NON APPROUVÉES. — VALIDITÉ.

Les ratures non approuvées, existantes dans un exploit, n'entraînent pas la nullité de cet acte.

FAITS.

Le sieur Morillon, créancier hypothécaire des fils de Rumétayer, surenchérit différents immeubles vendus par ces derniers au sieur de Crozé. L'acte contenant déclaration de cette surenchère, signé du surenchérisseur, offrait des ratures non approuvées qui se rapportaient, entre autres points, au prix de la surenchère.

De Crozé a demandé la nullité de l'acte de la surenchère, se fondant sur l'absence de l'approbation des ratures.

13 février 1840, jugement du tribunal de Saumur, qui valide la surenchère, attendu que la loi ne prescrit pas l'approbation des ratures, à peine de nullité.

Appel. 30 avril 1840, arrêt confirmatif de la Cour royale d'Angers.

Pourvoi en cassation.

ARRÊT.

COUR DE CASSATION — 21 NOVEMBRE 1843.

LA COUR :—Sur les moyens de nullité en ce qui touche l'exploit de surenchère : — attendu que cet acte a été régulièrement signifié et qu'il est conforme aux formalités prescrites par l'art. 2183 du Code civil; que, d'ailleurs, l'approbation des ratures n'est pas prescrite par l'art. 61 du C. de proc., relatif aux formalités exigées pour la validité des exploits, et qu'ainsi le défaut d'approbation des ratures dans un exploit n'en entraîne pas la nullité; — Rejette.

Auteurs. — Conforme à ce que nous avons enseigné dans l'*Encyclopédie des Huissiers*, au mot *Rature*.

Jurisprudence. — Pour : Cass. 5 décembre 1836.

A annoter au mot **Rature**.

ART. 85.

EXPLOIT.

HUISSIER–MANDATAIRE. — MANDANT.

Un huissier ne peut valablement instrumenter pour son mandant.

En conséquence est nulle l'opposition au concordat signifié à la requête d'un créancier par l'huissier chargé de le représenter dans les opérations de la faillite.

ARRÊT.

COUR ROYALE DE ROUEN. — 25 AOUT 1843.

LA COUR : — Attendu qu'il résulte des faits du procès que l'huissier Dumontier était mandataire général et spécial de Peulevé et joints, qui lui avaient donné le pouvoir de les représenter dans tous les actes concernant la faillite Héron, et notamment de faire opposition à tout concordat; que, dans de pareilles circonstances, la qualité de mandataire de Dumontier le rendait incapable d'instrumenter comme huissier dans l'intérêt de ses mandants, dont la cause était devenue, pour ainsi dire, la sienne, et qui, dès lors, était censé agir pour lui-même en agissant pour ceux qu'il représentait; qu'ainsi Dumontier, par son défaut de qualité, ne pouvait, comme huissier, notifier au nom de Peulevé et joints une opposition au concordat de Pierre Héron, et qu'en conséquence ceux-ci sont non recevables à suivre en appel les fins d'une opposition radicalement nulle ;—Confirme le jugement dont est appel, en ce qu'il a déclaré l'opposition des appelants nulle et de nul effet, etc.

Auteurs.—Conforme à l'*Encyclop. des Huiss.*, au mot *Huissier*, n° 188. — Pour : Chauveau sur Carré, *quest.* 337 *bis ;* Favard, Thom. Desmazures.

Jurisprudence. — Pour : Cass., 24 nov. 1817.

A annoter au mot **Huissier**, n° 188.

ART. 86.

—

COMPÉTENCE.

COMPÉTENCE ADMINISTRATIVE. — COMPÉTENCE JUDICIAIRE ·
TRAVAUX PUBLICS. — EXPROPRIATION POUR UTILITÉ PU-
BLIQUE.

Les tribunaux sont incompétents pour ordonner la suspension et la destruction des ouvrages exécutés par un entrepreneur de travaux publics agissant dans les limites de son devis, avant l'accomplissement des formalités prescrites pour l'expropriation et sans déclaration préalable de l'utilité publique.

Mais ils sont compétents pour apprécier les dommages dus à raison de l'atteinte portée à la propriété par lesdits ouvrages.

ORDONNANCE.

CONSEIL D'ÉTAT. — 29 JUIN 1842.

LOUIS-PHILIPPE, etc. ;—Vu les lois des 24 août 1790, 21 fructidor an 8, 28 pluviôse an 3, 16 septembre 1807, 8 mars 1810, 3 juillet 1833 et 3 mai 1841 ; —..... Considérant que par les conclusions ci-dessus visées, le sieur Carol a demandé la suspension des travaux de la route départementale dont il s'agit, ouverte au travers de sa propriété sans avoir rempli les formalités prescrites par la loi du 3 mai 1841, et le rétablissement des lieux dans leur ancien état ; Considérant qu'il a, en outre, demandé la condamnation du sieur Coste, entrepreneur de ladite route, à 100 francs de dommages-intérêts pour les dommages expliqués dans lesdites conclusions;

Sur le premier chef de demande : — Considérant qu'il résulte des lois qui établissent la séparation des autorités administrative et judiciaire, que celle-ci ne peut, sans excéder ses limites, statuer sur la suspension et la destruction des travaux exécutés par l'administration ou par ses ordres;

Sur le deuxième chef de demande : — Considérant que si l'autorité judiciaire est seule compétente pour statuer sur la revendication des propriétés à l'égard desquelles n'ont pas été remplies les formalités prescrites par les lois sur l'expropriation pour cause d'utilité publique, et sur les dommages-intérêts qui pourraient être réclamés pour cette cause, l'autorité administrative seule est, aux termes des lois des 28 pluviôse an VIII et 16 sept. 1807, compétente pour statuer sur les torts et dommages provenant du fait des entrepreneurs de travaux publics, et qui sont la suite nécessaire de l'exécution de ces travaux;

Art. 1er. L'arrêté de conflit pris par le préfet des Pyrénées-Orientales, le 16 mars 1842, est confirmé en tant qu'il revendique pour l'autorité administrative les questions de suspension de travaux, et de destruction des ouvrages exécutés, ainsi que la question relative aux dommages résultant de l'exécution de ces travaux pour les propriétés riveraines;

Art. 2. Sont réputés non avenus l'exploit introductif d'instance du 18 décembre 1841, le jugement de tribunal du Prades, du 22 décembre 1841, et l'arrêt de la Cour royale du Montpellier de 1er mars 1842, en tout ce qu'ils ont de contraire aux dispositions qui précèdent.

Jurisprudence. La jurisprudence du Conseil d'état est constante. Ordonnances du 29 juin 1842, 14 oct. 1836 et 30 déc. 1841.

A annoter au mot Compétence, sect. 1, § 2.

ART. 87.

COMPÉTENCE.

EXPROPRIATION POUR CAUSE D'UTILITÉ PUBLIQUE. — DÉCISION DU JURY. — INTERPRÉTATION DES OBLIGATIONS QUI EN DÉRIVENT.

L'autorité judiciaire est, à l'exclusion de l'administration, seule compétente pour interpréter les décisions des jurys d'expropriation et déterminer les obligations qui en résultent.

ORDONNANCE.

CONSEIL D'ÉTAT. — 16 JUILLET 1842.

LOUIS-PHILIPPE, etc. ; — Vu l'exploit introductif d'instance par lequel les sieur et dame de Fontette ont fait assigner l'État, en la personne du préfet, devant le tribunal civil de l'arrondissement de Caen, à l'effet de voir dire et juger, en interprétant, en tant que de besoin, la décision du jury, qu'en dehors des indemnités qui leur ont été accordées, l'État a pris l'obligation d'établir et d'entretenir, à ses frais, un bac, dont ils auront eux et leurs ayans cause, l'usage gratuit pour l'usage de leur propriété, isolée par le creusement du nouveau lit de la rivière d'Orne ; qu'en conséquence, il devra être déclaré par l'État, s'il entend ou non établir ce bac, parce que, dans le cas de la négative, il sera dû aux requérants une nouvelle indemnité de dépréciation ; laquelle sera liquidée, soit par le tribunal, s'il croit être compétent de le faire, ce sur quoi les requérants s'en rapportent à sa sagesse, soit par un jury spécial qui serait réuni à cet effet : le tout avec dépens ; — Vu les lois des 16-24 août 1790, et 21 fructidor an III ; — Vu les lois des 28 pluviôse an VIII, 16 septembre 1807, 8 mars 1810, 7 juillet 1833, et 3 mai 1841 :

Considérant que, ni par ses conclusions primitives du 9 juillet 1840, ni par son acte d'appel du 22 juin 1841, le sieur de Fontette n'a conclu à ce qu'il soit ordonné par l'autorité judiciaire à l'autorité administrative, d'établir le bac qu'il réclame au travers du nouveau lit de la rivière d'Orne, pour l'exploitation de ses propriétés ; qu'il se borne à soutenir comme une conséquence de la décision du jury d'expropriation du 28 juin 1838, et, au besoin, par interprétation de cette décision, qu'il lui est dû une indemnité supplémentaire pour le défaut d'établissement dudit bac et de ladite communication ;

Considérant qu'il ne peut appartenir à l'autorité administrative de statuer sur de telles questions, qui se rattachent directement à l'exécution des lois sur l'expropriation pour cause d'utilité publique ; que les arrêtés préfectoraux qui ont précédé ladite décision du jury, et qui ont eu pour but de parvenir à la cession amiable des terrains nécessaires, ne font pas obstacle à ce que cette décision soit interprétée par qui de droit ; qu'enfin l'arrêté du 6 février 1840, et la lettre ministérielle du 29 mai suivant, ne constituent que des refus faits par l'administration d'accueillir une réclamation qui lui était présentée pour obéir à l'art. 15 de la loi du 5 novembre 1790 ;

Art. 1er. L'arrêté de conflit pris par le préfet du Calvados, le 22 avril 1842, est annulé.

Jurisprudence. — Pour : Ordonn. Conseil d'état, 8 juin 1842.

A annoter au mot Compétence, sect. 1, § 2.

ART. 88.

—

SIGNIFICATION.

DÉCISION ADMINISTRATIVE. — DÉLAI. — POURVOI.

La signification d'une décision administrative fait courir les délais du pourvoi contre l'auteur de la signification lui-même.

ORDONNANCE.

CONSEIL D'ÉTAT. — 15 JUILLET 1842.

LOUIS-PHILIPPE, etc. ; — Vu le décret du 27 octobre 1808 ; — Vu le décret réglémentaire du 23 juin 1806 ; — Considérant que le préfet du département de la Seine, agissant au nom de la ville de Paris, a fait signifier le 30 novembre 1840, au sieur de la Frenaye, l'arrêté rendu le 26 octobre 1840, par le conseil de préfecture dudit département ; que ledit préfet du département de la Seine ne s'est pourvu contre ledit arrêté que le 12 mai 1841 ; que dès lors, son pourvoi a été introduit hors du délai fixé par l'art. 11 du décret réglémentaire du 22 juillet 1806, et n'est pas recevable ;

Art. 1er. La requête de la ville de Paris est rejetée.

Jurisprudence. — Pour : Ordonn. Conseil d'état, 21 avril 1830 et 26 déc. 1839.

A annoter au mot **Conseil d'État**, § 4.

—

ART. 89.

—

FAILLITE.

CESSATION DU PAYEMENT. — DETTES CIVILES. — DETTES COMMERCIALES.

La cessation par un commerçant du payement de ses dettes civiles le constitue-t-elle en état de faillite, aussi bien que la cessation du payement de ses dettes commerciales?

FAITS.

La veuve Pierrefitte était créancière de 3,000 fr. d'un sieur Georgel, aubergiste, pour raison d'une soustraction commise à son préjudice dans l'intérieur de l'auberge de ce dernier. Ne pouvant obtenir le payement de cette somme par les voies ordinaires, la dame Pierrefitte poursuivit la déclaration de faillite de Georgel.

Celui-ci a soutenu que sa dette envers la dame Pierrefitte étant purement civile, et qu'ayant exécuté tous ses engagements commerciaux, il ne pouvait être constitué en faillite à raison du non payement d'une semblable dette.

Jugement du tribunal qui rejette la prétention de Georgel et le déclare en faillite. — Appel.

ARRÊT.

COUR ROYALE DE NANCY. — 30 JUILLET 1842.

LA COUR, — Attendu qu'aux termes de l'art. 437 du C. de comm., tout commerçant qui cesse ses payements est en état de faillite; qu'il n'est fait aucune distinction entre la cessation de payement des dettes purement civiles et la cessation de payement des dettes commerciales; qu'il n'est pas possible d'admettre qu'un commerçant qui cesserait de payer ses dettes civiles, et qui, par cette raison, serait en état de déconfiture patente, pourrait en même temps continuer ses opérations de commerce et éviter l'état de faillite en contractant de nouvelles dettes civiles, et en ne les payant pas pour faire face d'un autre côté à ses dettés commerciales; qu'une telle position anormale ne peut pas être sanctionnée par la loi, et qu'ainsi il faut reconnaître que quiconque exerce la profession du commerce est tenu de faire honneur à toutes ses affaires, à tous ses engagements, quels qu'ils soient, sous peine d'être déclaré en état de faillite ouverte; attendu que la veuve Pierrefitte, créancière de Georgel en vertu d'une condamnation judiciaire, passée en force de chose jugée et contre lui obtenue en sa qualité d'aubergiste, a eu le droit, d'après les motifs qui précèdent, de provoquer la déclaration de son état de faillite.—Met l'appellation au néant, etc.

Auteurs. — Pour : Renouard, *des Faillites*, t. I, p. 264; — Contre : Pardessus, *Droit commerc.*, n° 1101; Favard, Rep., v° *Faillite*, n° 2; Boulay-Paty, *des Faillites*, n° 26 et 34; Lainé, comment. L. 8 juin 1838, p. 12; Villeneuve et Macé, *Dict. du Content. commerc.*, v° *Faillite*, n° 3.

Jurisprudence. — Sous l'ancienne loi : Contre : Metz, 17 août 1818.—Sous la nouvelle, un arrêt de cassation, du 7 juillet 1841,

qui déclare en faillite un commerçant qui n'a qu'un seul créancier, paraît contraire à l'arrêt que nous venons de recueillir, en
invoquant l'art. 437 du Code de comm. révisé, et en ayant soin
de constater que *la dette était commerciale.* Un autre arrêt de la
Cour d'Orléans, du 29 mai 1840, est plus explicite : il a en effet
réformé un jugement qui avait refusé de prononcer une faillite,
parce qu'il n'existait qu'un seul créancier et que la dette n'était
pas commerciale.

Villeneuve et Carette, *Recueil général des Lois et Arrêts,*
t. 42, 2ᵉ partie, p. 498, critiquent fortement et avec raison,
selon nous, l'arrêt de Nancy, du 30 juillet 1842. La loi nouvelle,
disent-ils, en laissant aux juges le soin de décider, d'après les
circonstances, s'il y a cessation de payements, et par suite s'il
y a faillite, sans reproduire l'énumération des faits qui, suivant
l'ancien article 441, étaient des symptômes de cette cessation,
ne leur a pas donné un pouvoir discrétionnaire tel, qu'ils puissent
arbitrairement déclarer une faillite là où ne se trouveraient pas
les symptômes caractéristiques de ce fait éminemment et exclusivement commercial; il leur a donné un pouvoir subordonné à
certaines règles et à certains principes préexistants qui dominent
nécessairement la matière. Or, le commerçant seul peut être déclaré en état de faillite (Code comm., 437); et, comme le fait
très-bien observer M. Locré (*loc. citat.*), l'homme qui se livre au
commerce réunit deux qualités qui n'ont rien de commun, celle
de commerçant et celle de particulier. S'il est soumis au droit
exceptionnel qui régit le commerce, pour tout ce qu'il fait dans
la première de ces qualités, il demeure sous le droit commun
toutes les fois qu'il agit dans l'autre, c'est-à-dire lorsqu'il traite
ou qu'il s'engage comme propriétaire ou consommateur. Cela est
si vrai, que la juridiction commerciale, qui le revendique lorsqu'il este en justice à l'occasion de ses engagements commerciaux, l'abandonne à la juridiction civile ordinaire lorsqu'il ne
s'agit que des engagements qu'il a pris comme particulier, propriétaire ou consommateur. Par la même raison donc celui
qui manque à ses engagements comme particulier, sans y
manquer comme commerçant, ne peut être déclaré en état de
faillite, parce qu'alors le commerçant ne cesse pas ses payements,
et que ses engagements commerciaux ne sont pas en souffrance.
— La Cour de Nancy objecte qu'il n'est pas possible d'admettre
qu'un commerçant qui cesserait de payer ses dettes civiles, et
qui, par cette raison, serait en état de déconfiture patente,
puisse en même temps continuer ses opérations de commerce
et éviter l'état de faillite en contractant de nouvelles dettes civiles, et en ne les payant pas, pour faire face d'un autre côté à
ses dettes commerciales. On comprend peu d'abord comment
des dettes purement civiles seraient employées à faire face à des

engagements commerciaux, puisque, quelle que fût l'origine de l'obligation souscrite par un commerçant, elle deviendrait commerciale par cela seul qu'elle aurait son commerce pour objet définitif, et qu'elle y entrerait par suite de l'emploi qui en serait fait à l'extinction des dettes commerciales. En fait, il est donc assez difficile de rencontrer une situation telle que la suppose la Cour de Nancy. Mais, en droit, cette situation ou ses analogues est facile à comprendre. Celui qui traite avec un commerçant une affaire purement civile sait que la qualité de son débiteur ne lui sera d'aucun secours, qu'il ne pourra invoquer ni la célérité de la procédure commerciale, ni demander la contrainte par corps. Comment pourrait-il, dès lors, prétendre au bénéfice beaucoup plus grand de le faire déclarer en faillite? Il faudrait pour cela que toutes les créances du commerçant fussent mises sur la même ligne, quelles que fussent leur cause et leur nature, ce qui ne peut pas être, puisque les unes sont civiles et régies par le droit commun, et que les autres sont commerciales et régies par le droit particulier au commerce. Il est bien vrai qu'une fois la faillite d'un commerçant déclarée pour cessation de payement de ses dettes commerciales, les dettes civiles entreront dans le passif de la faillite et se trouveront régies par les mêmes dispositions que les dettes commerciales; mais on aurait tort de conclure de ce qui se passe après la déclaration de faillite à ce qui doit ou peut se passer avant. « La législation sur les faillites, dit très-bien M. Renouard, dans son nouveau *Traité des faillites,* tome I, n° 227, est exclusivement commerciale; et pour être en faillite, il faut être commerçant. Mais comme la faillite est un état général et indivisible, qui s'étend et sur la personne du failli et sur l'universalité tant de ses dettes que de ses biens, il n'y a aucune distinction à faire, *une fois la faillite déclarée,* entre ce qui est d'origine commerciale et la partie non commerciale de ses affaires.» — Mais comme cette indivisibilité, qui est forcée après la faillite, n'existe pas avant, et qu'alors au contraire les dettes sont distinctes et par leur nature et par leurs effets, il nous semble qu'on ne peut réputer en état de faillite que le commerçant qui cesse de payer ses dettes commerciales, et non celui qui ne laisse en souffrance que ses obligations civiles.

A annoter au mot **Faillite**, n° **11.**

ART. 90.

COMPÉTENCE.

JUGE DE PAIX. — LOUAGE. — PERTE. — CHOSE MOBILIÈRE.

Le juge de paix est, aux termes de l'art. 4, § 2 de la loi du 25 mai 1838, exclusivement compétent pour connaître de l'action en indemnité pour perte d'une chose mobilière louée, l'art. 1732 du C. civ. s'appliquant également au louage de meubles et à celui d'immeubles.

FAITS.

Le sieur Lafont-Saint-Cyr avait loué au sieur Malherbe un cheval mort en voyage ; il réclama de ce dernier 220 fr. pour le prix de ce cheval, et porta son action devant le tribunal civil de Brives.

Malherbe déclina la compétence de ce tribunal, et soutint qu'en vertu du § 2 de l'art. 4 de la loi du 25 mai 1838, cette demande était placée, au titre de dégradations et pertes dans les cas prévus par les art. 1732 et 1735 du C. civ., dans les attributions exclusives du juge de paix.

Le sieur Lafont-Saint-Cyr a opposé que les art. 1732 et 1735 du C. civ. se référaient uniquement aux locations de biens immobiliers, et ne pouvaient, sans arbitraire, être étendus aux locations de choses mobilières. Il ajoutait que la disposition invoquée de la loi de 1838 n'était que la reproduction du § 4 de l'art. 10 du tit. 3 de la loi du 16 août 1790, et que dans l'esprit du législateur de cette époque, la compétence du juge de paix se bornait au cas de location d'immeuble : car il ne pouvait avoir en vue les art. 1732 et 1735, qui n'existaient pas encore. Rien dans la loi de 1838 n'annonce, ajoute-t-il, que la compétence ancienne du juge de paix ait subi l'extension qu'on allègue, par abus de la généralité des expressions des art. 1732 et 1735.

Jugement qui admet le déclinatoire. — Appel.

ARRÊT.

COUR ROYALE DE LIMOGES. — 19 JUILLET 1842.

LA COUR, — Attendu que l'article 4 de la loi du 25 mai 1838 attribue aux juges de paix la connaissance des actions pour dégradations et pertes, dans les cas prévus par les articles 1732 et 1735 Code civil ; — Qu'ainsi, dans la cause, où l'action a pour objet une indemnité pour la perte d'un cheval de louage, la compétence doit se déterminer par la question de savoir si l'article 1732 Code civil s'applique au louage des choses mobilières comme au louage des choses immobilières ;

Et à cet égard : — Attendu que l'article 1732, conçu en termes généraux, n'établit aucune distinction entre le cas où il s'agit du louage des meubles et celui où il s'agit du louage des immeubles ; — Que, à la vérité, la généralité des termes de cette disposition semble restreinte à ce qui concerne les immeubles par le titre de la section sous laquelle se trouve placé l'art. 1732, et qui est ainsi conçu : *Des règles communes aux baux des maisons et des biens ruraux;* mais que ce titre est en contradiction formelle avec la nature même de plusieurs des dispositions qui composent cette section, telles, par exemple, que celle de l'article 1719 relatif aux obligations du bailleur, celle de l'article 1728 relatif aux obligations du preneur, celle de l'article 1741 relatif à la résolution du contrat de louage, etc., etc..., et qui, au lieu d'être limitées aux baux des biens immeubles, suivant ce qui résulterait du titre de la section, posent évidemment des règles générales et applicables au louage de toutes choses mobilières et immobilières; — Qu'ainsi, le titre, qui peut souvent être invoqué avec fondement pour expliquer le sens des lois, perd ici toute son autorité, surtout lorsqu'on remarque dans les procès-verbaux des travaux préparatoires du Code civil que la division et la rubrique du contrat de louage n'ont pas le caractère d'un travail d'ensemble, et qu'elles ont été refondues à la suite de discussions et d'amendements contradictoires; — Que, conséquemment, on ne saurait argumenter des expressions limitatives du titre de la section pour enlever à l'article 1732 le caractère général qui résulte de ses termes, et qui fait de sa disposition une règle commune au louage des meubles et au louage des immeubles ; — D'où il suit que c'est avec juste raison que les premiers juges ont reconnu qu'en conformité de l'article 4 de la loi du 25 mai 1838, le litige qui s'agite entre les parties était de la compétence du juge de paix ; — Met l'appel au néant, etc.

Auteurs. — Pour : Troplong, *De l'échange et du louage*, t. 2, p. 163, n° 347, qui dit que l'art. 1732, quoique placé sous une rubrique restrictive, s'applique au louage de toutes choses.

Jurisprudence. — Aucun précédent.

A annoter au mot Compétence, n° 197.

ART. 91.

—

ACTION POSSESSOIRE.

CITATION. — POSSESSION IMMÉMORIALE. — PÉTITOIRE.

Celui qui, dans la citation devant le juge de paix à fin de maintenue dans sa possession annale d'un droit immobilier, argumente

d'une possession immémoriale, ne change pas pour cela la nature de sa demande et ne la rend pas pétitoire. — Le juge de paix ne peut donc surseoir à statuer sur la complainte jusqu'après le jugement du pétitoire.

ARRÊT.

COUR DE CASSATION. — 22 AOUT 1842.

LA COUR, — Vu l'article 6, § 1, de la loi du 25 mai 1838, et les art. 23 et 25, Code procédure : — Attendu que des conclusions prises dès l'origine de l'instance, qui ont été répétées et maintenues durant tout son cours, résulte que la commune de Chierry s'est prétendue en possession immémoriale, et notamment depuis an et jour, du droit de faire couler, par un canal artificiel, à travers le terrain du défendeur, les eaux d'une fontaine qui appartient à cette commune, pour les conduire dans l'abreuvoir communal, et du droit d'user, dans cet abreuvoir, de ces eaux qui, par la nécessité dont elles sont pour le bétail de la commune, constituent en faveur de celle-ci une servitude légale dont elle est pareillement en possession depuis plus d'une année; — Que la commune soutenant que le défendeur avait, depuis moins d'un mois, intercepté le cours ordinaire des eaux, en pratiquant sur sa propriété une rigole qui, faisant dérivation au canal, les détournait de l'abreuvoir pour les jeter dans un fossé latéral à la route, a demandé à être maintenue dans la possession annale où elle est de faire couler les eaux à travers l'héritage du défendeur pour les recevoir dans l'abreuvoir communal;

Attendu que la prétention de la commune ainsi libellée, la possession annale qu'elle articule porte évidemment sur l'abreuvoir aussi bien que sur le canal artificiel qui conduit les eaux; — Attendu que le défendeur, en convenant dans ses conclusions retenues en la sentence du juge de paix, que la commune demande la maintenue en possession de l'abreuvoir lui-même, a supposé que la commune invoque le droit de propriété, tandis qu'elle réclame littéralement la seule possession annale, toutefois en alléguant, pour mieux appuyer ses demandes, que sa possession est immémoriale; que, dans sa fausse interprétation, le défendeur a tiré la conséquence que lui aussi, se disant propriétaire de l'abreuvoir, il y avait lieu de surseoir au jugement sur la demande en complainte, pour faire d'abord décider la question de propriété;

Attendu que les prétentions des deux parties, ainsi fixées par leurs conclusions respectivement prises, la compétence était acquise au juge de paix, sauf aux parties, après la sentence sur la complainte possessoire, à intenter le pétitoire quant à l'abreuvoir, si elles le croyaient utile; que ce magistrat, par sentence définitive du 8 août 1833, a maintenu la commune en la possession et jouissance de l'abreuvoir, et en celle de la conduite d'eau, possession qui ne peut et ne doit s'entendre que de la possession annale, la seule qui ait fait l'objet des conclusions de la commune, ainsi que de la sentence interlocutoire du 1er du même mois, la possession immémoriale n'étant mentionnée que comme argument pour la possession annale; — Que, néanmoins, le jugement attaqué, en appréciant autrement la sentence définitive, l'a réformée et a ordonné qu'il serait sursis à la demande en complainte, jusqu'à ce que les parties aient fait régler leurs droits de propriété sur l'abreuvoir; — En quoi ledit jugement a expressément violé l'article 6, § 1, de la loi du 25 mai 1838, les articles 23 et 25, Code procédure, et par suite commis un excès de pouvoir et violé les règles de la compétence; — Casse, etc.

Jurisprudence. — Pour : Cassation, 7 juillet 1836.

A annoter au mot Action possessoire, nos 39 et 385.

7

ART. 92.

—

PURGE.

TIERS-DÉTENTEUR. — SOMMATION. — COMMANDEMENT.

La sommation faite au tiers-détenteur de l'immeuble hypothéqué, de payer ou délaisser est régulière, quoiqu'elle n'ait pas été précédée du commandement au débiteur originaire, ces deux actes pouvant être faits indifféremment l'un avant l'autre.

La sommation adressée au tiers-détenteur ne doit pas, à peine de nullité, contenir copie du titre du créancier. Elle est donc valable si le créancier a notifié un titre autre que son titre hypothécaire.

ARRÊT.

COUR ROYALE DE RIOM. — 6 AOUT 1842.

LA COUR ; — Attendu que la notification du 12 février 1840, faite par Marie Montéreol, intimée, aux tiers-détenteurs, et particulièrement à Antoine Pointu, appelant, paraît avoir été plutôt faite dans les termes de l'article 2183 du Code civ. que dans ceux de l'art. 2169 ; qu'en effet, on voit que, par cet acte, les tiers-détenteurs sont sommés d'avoir à faire transcrire leurs titres, et à les faire notifier aux créanciers ; — Attendu que, si cet acte a été fait en exécution de l'art. 2169, et que, s'il doit être pris comme une sommation faite aux tiers détenteurs de payer la dette exigible, ou de délaisser les héritages par eux acquis, il ne s'ensuivrait pas qu'il peut être déclaré nul et irrégulier, comme n'ayant pas été précédé d'un commandement fait au débiteur originaire ; — Attendu qu'il ne résulte point des termes de l'article 2169, que la sommation hypothécaire sera nulle si elle n'a pas été précédée d'un commandement au débiteur originaire ; ce commandement peut suivre comme précéder la sommation hypothécaire ; la seule obligation que la loi impose au créancier poursuivant, c'est qu'il ait fait faire un commandement au débiteur originaire avant de faire vendre sur lui l'immeuble hypothéqué ;

Attendu que la notification ou sommation dont il s'agit ne saurait être annulée en ce que Marie Montéreol aurait poursuivi en vertu de son contrat de mariage, qu'elle aurait même notifié aux tiers-détenteurs, et en ce que, s'apercevant ensuite qu'elle ne pouvait pas agir par voie hypothécaire, en vertu de son contrat de mariage, elle avait déclaré qu'elle agissait comme exerçant l'hypothèque légale qu'avait Antoinette Pellet, sa mère, sur les biens de Jean Montéreol, son mari, en vertu de son contrat de mariage ; — Attendu que la loi ne fait pas une obligation expresse au créancier de notifier ou faire connaître au tiers-détenteur le titre en vertu duquel il agit ; que Marie Montéreol a pu, dans le cours de l'instance, rectifier son erreur et déclarer qu'elle poursuivait, qu'elle agissait comme héritière de sa mère Antoinette Pellet, dont l'hypothèque légale frappait sur les biens acquis par

— 99 —

les tiers-détenteurs ; — Attendu que les poursuites commencées par l'intimée ne pourraient être annulées qu'autant que l'hypothèque légale de sa
mère aurait été contestée, et qu'autant qu'elle aurait été sans droit pour
agir en qualité de créancière ; — Par ces motifs, etc.

AUTEURS ET JURISPRUDENCE. — Ire QUESTION.

Auteurs. — Pour : Grenier, *des Hypothèques*, t. 2, n° 341. —
Contre : Pigeau, *Procéd. civ.*, t. 2, p. 444 ; Persil, *Régime hypothécaire*, art. 2169, n° 2 ; Duranton, t. 20, n° 368. — Dalloz,
Hypoth., p. 332, n° 11. — Troplong, *des Hypothèques*, t. 3,
p. 406, n° 791, s'exprime ainsi : Je pense, avec Pigeau, que la
sommation au tiers-détenteur doit suivre le commandement, et
même faire connaître que ce commandement a eu lieu. Cela est
nécessaire pour que le tiers-détenteur sache que son vendeur est
poursuivi ; car peut-être la crainte des poursuites déterminant le
débiteur à payer, le droit de suite deviendra inutile à exercer.
Notre article d'ailleurs paraît avoir entendu que le commandement précéderait la sommation ; c'est ce qu'indique la tournure
de la phrase. Au surplus, il n'y aurait sans doute pas nullité, si
la sommation précédait le commandement, mais l'ordre rationnel exigeait que nous fissions ces observations.

Jurisprudence. — Deux arrêts, l'un de la Cour de Toulouse,
du 29 juin 1836, l'autre de la Cour de cassation, du 2 mars 1840,
ont déclaré nulle une sommation qui n'avait pas été précédée
du commandement permis par l'art. 2169. Mais il est bon de faire
observer que dans l'espèce de ces deux arrêts la question n'é-
tait pas de savoir si ou non le commandement devait précéder
la sommation, mais seulement si une sommation non précédée
ou suivie de commandement était valable. — *V. art.* 8, 2^ue *partie
de ce Journal.*

2me QUESTION.

Auteurs. — Pour : Troplong, *des Hypoth.* t. 3, n° 793. La sommation, dit-il, n'est assujettie à aucune forme d'exception : il
suffit qu'elle soit faite par un huissier, et qu'elle contienne demande de la part du créancier requérant de délaisser ou de
payer. On y suit les formes ordinaires pour les exploits. Du reste,
il n'est nécessaire ni que l'huissier de qui elle émane soit muni
d'un pouvoir spécial, ni que l'exploit contienne la copie des
titres du créancier requérant.

Jurisprudence. — Pour : Douai, 18 mai 1836 ; Bourges, 17 avril
1839 ; Bordeaux, 15 mai 1839.

A annoter au mot Action hypothécaire, n°s 21 et 22.

ART. 93.

—

APPEL.

COMMUNE. — CONTRIBUABLE. — AUTORISATION NOUVELLE.

Le contribuable, autorisé à exercer en son nom une action de la commune, doit, pour interjeter appel, se pourvoir d'une seconde autorisation du conseil de préfecture, comme la commune elle-même serait assujettie à le faire.

ARRÊT.

COUR ROYALE DE METZ. — 31 MAI 1842.

LA COUR, — Attendu que l'arrêté du conseil de préfecture, du 12 mai 1841, obtenu en vertu du troisième paragraphe de l'article 49 de la loi du 18 juillet 1837, par Grosselin et consorts, préalablement à l'action qu'ils se proposaient d'intenter et qu'ils ont intentée, les autorise, comme stipulant les droits de la commune, à se pourvoir contre Leroy et consorts devant le tribunal compétant, aux fins de faire déclarer ceux-ci sans droits pour envoyer en vaine pâture leurs bestiaux, séparément et exclusivement, dans un canton déterminé, lieu dit Chauffoux ; — Attendu que Grosselin et consorts se sont rendus appelants du jugement qui n'a point accueilli leur demande ; qu'ils ont intimé devant la Cour la commune de Courcelles-Chaumont ; qu'ils se présentent sans autorisation spéciale pour plaider sur l'appel, circonstance qui motive la fin de non-recevoir opposée par Leroy et consorts contre ledit appel ; — Attendu, sur cette fin de non-recevoir, qu'il est constant, d'après les deux premiers paragraphes de l'article 49 précité, que lorsque c'est la commune elle-même qui intente l'action, une première autorisation lui est nécessaire pour former sa demande devant le tribunal et qu'*elle* ne peut se pourvoir devant un autre degré de juridiction qu'en vertu d'une nouvelle autorisation ; — Attendu que le troisième paragraphe du même article permet aux contribuables inscrits sur les rôles de la commune de *se substituer aux représentants légaux de la commune, et de les remplacer à leurs frais et risques dans l'exercice d'une action communale* ; — Attendu que la substitution des contribuables aux agents de la commune confond ceux-là avec ceux-ci, et établit identité dans leur position et dans le mode d'exercice du droit qui appartient aux uns et aux autres, dans l'obligation, conséquemment, d'une nouvelle autorisation en cas d'appel ;

Attendu que, pour qu'il en fût autrement à l'égard des contribuables, il faudrait une exception claire et formelle ; que le troisième paragraphe de l'article 49 ne contient pas cette exception ; que ce troisième paragraphe rappelle au contraire que les contribuables ne peuvent agir qu'*avec l'autorisation du conseil de préfecture*, exception qui naturellement se réfère à l'autorisation telle qu'elle est déterminée un peu plus haut, qui dans tous les cas n'indique pas nettement la dispense d'une nouvelle autorisation en cas d'appel, et qui laisse subsister la règle à défaut d'une exception certaine ;

— Attendu qu'une autorisation est commandée par la loi qu'une commune ne s'engage pas légèrement dans un procès et ne s'expose pas à des frais ; — Attendu qu'après avoir donné une première autorisation, il serait possible que l'autorité administrative supérieure, mieux éclairée par la décision des premiers juges, ne voulût plus, dans la crainte de frais en pure perte, que le procès se continuât ; que c'est pour cette raison qu'il y a nécessité d'une demande de nouvelle autorisation pour faire appel d'un jugement ; que le même motif existe lorsque ce sont des contribuables qui exercent l'action ; qu'il est bien vrai qu'ils n'agissent qu'à leurs frais et risques ; que toutefois ces contribuables peuvent être devenus insolvables, et se trouvent conséquemment dans l'impossibilité de faire face aux avances et aux frais que la commune, qui doit toujours être mise en cause, aura faits, à partir d'une constitution d'avoué ; qu'il est donc prudent, nécessaire, que le conseil de préfecture continue sa surveillance, en cas d'appel par des contribuables, aussi bien qu'en cas d'appel par un maire ou un adjoint, et qu'une autorisation soit exigée pour les uns comme pour les autres pour suivre un appel ;

Attendu que si des contribuables étaient dispensés d'une nouvelle autorisation en cas de pourvoi contre une décision, ils seraient maîtres de traduire une commune, malgré elle, de la Cour d'appel à la Cour de cassation, de là à une autre Cour royale, ce qui exposerait cette commune à des gênes, embarras, perte de temps et frais, ce qui ne peut être ;—Attendu que le quatrième paragraphe du même article 49 porte que la décision qui intervient sur les poursuites des contribuables produit effet à l'égard de la commune ; qu'une commune peut avoir intérêt à accepter un jugement, lors même qu'il n'aurait accueilli qu'une partie des chefs de la demande formée par des contribuables ; que si ces contribuables avaient le droit de former appel sans autorisation spéciale, ils pourraient ainsi provoquer un appel incident, et faire perdre à la commune les avantages acquis en première instance et dont elle désirait se contenter ; qu'ici encore la nécessité d'une autorisation sur l'appel se fait sentir ; qu'il faut donc reconnaître que dans le texte comme dans l'esprit de la loi, l'exercice d'une action communale est assujetti aux mêmes autorisations, soit que les poursuites aient lieu de la part d'un contribuable, soit qu'elles aient lieu de la part d'un maire ou d'un adjoint ;—Attendu enfin que le pourvoi qu'autorise l'article 50 de la loi de 1837, contre le refus d'autorisation, a trait au refus d'autorisation soit en appel, soit en première instance ; que pour l'exercice de ce pourvoi, ledit article range sur la même ligne, sans distinction aucune, le contribuable, la commune ou la section de commune ; que cette identité de position prouve à nouveau l'identité des droits et des obligations qui pèsent sur le contribuable de même que sur un maire ou adjoint quand il s'agit d'une action communale ; — Que la seule différence qu'il y ait repose dans une exception bien clairement exprimée par la loi, le risque pour le contribuable de supporter personnellement les frais ;—Qu'il suit de tout ce que dessus que l'appel de Grosselin et consorts n'est pas recevable, ces derniers n'ayant point d'autorisation du conseil de préfecture pour suivre sur leur appel ;—Par ces motifs, donne acte à l'adjoint de la commune de Courcelles–Chaumont, en la qualité qu'il agit, de ce qu'il s'en rapporte à la prudence de la Cour ; déclare irrecevable l'appel, etc.

Jurisprudence. — Aucun précédent. L'arrêt que nous venons de recueillir résout une question entièrement neuve. — Le contribuable étant substitué aux lieu et place de la commune, n'agissant que parce que celle-ci a refusé ou négligé d'agir, nous paraît soumis aux mêmes conditions que celles imposées à la commune, avec d'autant plus de raison que la décision qui intervient a effet à l'égard de celle-ci (L. 18 juillet 1837, art. 49). Or, la commune qui veut se pourvoir devant un second degré de juridiction doit obtenir une nouvelle autorisation du conseil de préfecture (art. 49, L. *id.*). Si la commune, au lieu de se pourvoir elle-même, était appelée par son adversaire devant le deuxième degré de juridiction, elle pourrait se défendre sans une autorisation nouvelle, ainsi que l'ont décidé deux arrêts de cassation des 26 février 1838 et 4 mai 1840.

A annoter aux mots : Autorisation de Plaider, n° 8; — et Appel, n° 49·

ART. 94.

SAISIE IMMOBILIÈRE.

DISTRACTION. — JUGEMENT PAR DÉFAUT. — OPPOSITION. — APPEL.

L'opposition n'est pas admise contre les jugements rendus par défaut en matière de saisie immobilière, alors même qu'ils statuent sur une demande en distraction. — Ces jugements ne peuvent être attaqués que par l'appel interjeté dans les dix jours de la signification.

ARRÊT.

COUR ROYALE DE BASTIA. — 9 JANVIER 1843.

LA COUR ; — Attendu que la procédure en matière de saisie-immobilière a toujours été réglée par des lois spéciales ayant pour but de concilier la célérité des poursuites avec l'intérêt des parties;—Qu'en effet, l'article 3 du décret du 2 février 1811, après avoir enjoint aux juges de statuer dans un délai déterminé sur les demandes en nullité, avait expressément déclaré que, si leur jugement était par défaut, la partie condamnée ne pourrait l'attaquer que par la voie d'appel; que si, du premier abord, cette dernière disposition paraissait ne se référer qu'aux demandes en nullité de procédures postérieures à l'adjudication préparatoire et dont il était parlé précédemment; néanmoins, en la rapprochant de l'article suivant, qui interdit l'opposition à l'arrêt de défaut, il est évident qu'elle embrassait également les jugements de défaut rendus sur les nullités antérieures, et que le législateur avait voulu établir un principe général qui tendait à abréger les procédures et à enlever aux plaideurs de mauvaise foi des moyens dilatoires;—Que c'est dans ce sens qu'une jurisprudence constante avait interprété ce décret;

Que la loi du 2 juin 1841, loin d'avoir, par son silence, dérogé à ce principe n'a fait que le consacrer plus fort par le soin qu'elle a pris de restreindre les délais, faciliter les poursuites et dégager la saisie immobilière de toutes entraves inutiles;—Que, d'ailleurs, par son article 731, cette loi a virtuellement interdit l'opposition contre tout jugement de défaut en cette matière, sans en excepter ceux qui auraient statué sur une demande en distraction, puisque, contre la règle établie par l'article 443 C. pr., il a prescrit que l'appel de *tous* jugements autres que ceux indiqués dans l'article précédent, sera considéré comme non avenu, s'il est interjeté après les dix jours à compter de la signification à avoué, ou *s'il n'y a pas d'avoué* (ce qui suppose nécessairement que le jugement est par défaut), à compter de la signification à personne ou à domicile; d'où il s'ensuit que la seule voie d'appel est ouverte contre ces jugements;—Que cela s'induit encore avec plus d'évidence de ce que, comme le décret de 1811, le même art. 731 porte textuellement que les arrêts rendus par défaut ne seront pas susceptibles d'opposition, car on ne comprendrait pas que la loi eût voulu priver du droit d'opposition en appel, c'est-à-dire quand il n'y a plus moyen de faire réviser la décision, et qu'elle eût accordé ce droit en première instance, alors que le jugement peut être attaqué par la voie d'appel;—Confirme.

Auteurs. — Pour : Persil, *Comment. L. 2 juin* 1841 ; Bioche, *Comment. L. id.*, n°s 527 et 528. —Contre : Chauveau sur Carré, quest. 2423; Paignon, *Comment. L. 2 juin* 1841, p. 225 ; de Villeneuve, *Recueil des Lois et Arrêts*, an 1841, 2e partie, p. 389; Décamps, *Comment. L. 2 juin* 1841, p. 93.

Jurisprudence. — Deux arrêts de Rouen, du 4 juin 1842, et du 23 septembre 1842, ont décidé, d'après les principes exposés en l'arrêt que nous venons de recueillir, que les jugements par défaut, en matière de saisie immobilière, n'étaient pas susceptibles de défaut profit-joint, parce qu'ils n'étaient pas attaquables par la voie de l'opposition. *Contrà*, Toulouse, 15 janvier 1842.

A annoter au mot Saisie Immobilière, n° 259.

ART. 95.

QUESTIONS PROPOSÉES [1].

EXPLOIT.

TARIF.—TAXE.—MATIÈRE CORRECTIONNELLE.

Comment doivent être taxés les exploits signifiés en matière correctionnelle et de police à la requête de la partie civile?

[1] Par M. Courtois, huissier à Moulins.

Cette question, qui nous est proposée par l'un de nos abonnés, est de la plus grande importance pour les huissiers.

Le premier, nous l'avons résolu dans notre *Encyclopédie des Huissiers*, au mot *tarif*, n° 12, où nous avons dit :

« Il se présente ici une question qui intéresse au plus haut degré les huissiers. Les actes faits à la requête de la partie civile qui saisit les tribunaux criminels de son action en dommages-intérêts doivent-ils être taxés selon le décret du 18 juin 1811 ?

» Évidemment non, quoique cela se fasse dans certaines localités.

» En effet, le décret de 1811 n'est applicable qu'aux actes nécessaires pour parvenir à l'application des peines prononcées par la loi, aux actes faits en vertu du Code d'instruction criminelle, en un mot aux seuls actes faits à la requête du ministère public.

» La preuve de ce que nous venons de dire se trouve : 1° Dans l'art. 1er du décret de 1811, qui charge l'administration de l'enregistrement de faire l'avance des frais de justice criminelle. 2° Dans l'art. 2 qui comprend dans ces frais le salaire des huissiers. 3° Dans les art. 71 et suivants, qui ne fixent le salaire que pour les actes résultant du Code d'instruction criminelle et du Code pénal, et qui énoncent en même temps les articles desdits codes en vertu desquels les actes sont signifiés. 4° Dans l'art. 83, qui exige la tenue au parquet d'un registre des actes des huissiers prévus par le décret de 1811. 5° Enfin dans le titre 3, chapitre 1er, sur le mode de payement desdits frais et le visa des états par les officiers de justice et le préfet.

» Or, les actes faits à la requête de la partie civile n'ont lieu qu'en vertu des dispositions du droit civil et non pour l'exécution des lois pénales ; les frais de ces actes ne sont jamais à la charge de l'administration de l'enregistrement, et doivent être payés par la partie civile; enfin les mémoires ou états desdits frais ne sont pas soumis au visa du préfet.

» Donc le décret de 1811 ne s'applique en aucune manière aux actes de la partie civile.

» Ce qui a pu induire en erreur, c'est la faculté accordée à la partie civile de soumettre son action civile à la juridiction criminelle; mais cette faculté ne change en rien la nature de l'action ni celle de l'exploit, qui reste un exploit en matière civile et qui doit être taxé selon le décret du 16 février 1807. »

Depuis la publication de cet article la question a été posée au *Journal des Huissiers* (année 1843, p. 129), qui l'a résolue contrairement à nous. Suivant ce journal, le tarif de 1811 est applicable : 1° Parce que le législateur ne s'est point occupé de la qualité de la partie qui agissait, et qu'il n'a considéré qu'une chose, la nature de l'action et de la juridiction saisie. 2° Parce qu'en adoptant l'opinion contraire on arriverait à ce résultat étrange que le même acte fait dans la même instance donnerait lieu à deux droits différents, selon que l'acte serait fait à la requête du ministère public ou de la partie civile. 3° Parce qu'au surplus cela résulte du rapprochement des art. 182, 197, 202 et 208 du Code d'instruction criminelle, et de l'art. 71 du tarif. 4° Parce qu'enfin c'est l'usage à Paris d'appliquer le tarif criminel aux actes de la partie civile. Les motifs du *Journal des Huissiers* ne sont pas plus étendus.

Nous sommes-nous trompé? Les raisons du *Journal des Huissiers* détruisent-elles les nôtres? Examinons :

Le tarif civil, celui du 16 février 1807, a réglé le salaire de tous les exploits faits à l'occasion d'obligations ayant leur source dans le droit civil; il est le complément indispensable du Code civil et du Code de procédure, et par conséquent tous les exploits signifiés pour l'exécution des dispositions de ces deux codes doivent être taxés d'après lui. Au surplus, ce tarif est la règle générale, et il est d'usage de l'appliquer même aux matières qu'il n'a pas prévues; c'est ainsi que chaque jour il est exécuté dans les tribunaux de commerce, bien qu'il n'ait pu avoir en vue des exploits signifiés en matière commerciale, puisqu'il a été promulgué avant le Code de commerce. Cela est incontestable.

En d'autres termes, si l'on veut, le Code civil a réglé les droits et les obligations des citoyens entre eux, sous le rapport de leurs intérêts particuliers; le Code de procédure a prescrit les moyens à employer pour exercer ces droits et faire exécuter ces obligations, et le tarif de 1807 a fixé le coût des exploits autorisés pour arriver à ces fins. Ces trois documents forment un ensemble complet de dispositions qui s'enchaînent, et dont on ne peut s'écarter sans motif. Toutes les actions qui naissent du Code civil peuvent ou doivent être suivies d'après le Code de procédure, et tous les exploits faits à l'occasion de l'exercice de ces actions tombent sous l'application du tarif. Cela nous paraît on ne peut plus rationnel.

Voilà le droit commun, les principes généraux. Y a-t-on dérogé? Nous ne le pensons pas. Le Code pénal a réglé la peine due aux crimes et délits; le Code d'instruction criminelle, les formes à employer pour la faire appliquer; le tarif du 18 juin 1811, le coût des exploits à faire pour parvenir à cette application. Comme en matière civile, ces trois documents s'enchaînent, et il résulte nécessairement de leur ensemble que le tarif de 1811 ne peut et ne doit être appliqué qu'aux actes rédigés uniquement dans le but de faire prononcer et exécuter, dans l'intérêt de la vindicte publique, l'une des peines exprimées au Code pénal.

La preuve de ce que nous venons d'avancer se trouve dans le décret du 18 juin 1811 lui-même. En effet, il suffit de lire ce décret et d'interpréter ses dispositions comme elles doivent l'être, c'est-à-dire dans leur ensemble, et non pas isolément, comme l'a fait le *Journal des Huissiers*, pour être intimement convaincu qu'il ne concerne que les actes tendant à venger la société d'un crime ou d'un délit, et que le législateur, en imposant aux huissiers une diminution de leurs salaires ordinaires, n'a eu en vue que d'alléger les charges de l'État, qui doit avancer les frais et qui ne peut les recouvrer que dans un très-petit nombre d'affaires. Chaque article démontre cette vérité; aucun ne laisse même supposer qu'un particulier, agissant dans son intérêt personnel, sans souci des droits de la société outragée, qu'il n'a pas, au surplus, mission de représenter, puisse venir réclamer une réduction à laquelle il n'a aucun droit, ni par sa qualité ni par l'action qu'il intente.

En publiant le tarif de 1811, le législateur a-t-il pris pour base la qualité de la partie responsable des frais envers l'huissier, ou la nature de l'action ou celle de la juridiction devant laquelle l'affaire est portée? Nous croyons que s'il a eu égard à la nature de l'action, c'est surtout *la qualité de la partie demanderesse* qui l'a déterminé; nous trouvons la preuve de cette assertion dans les art. 117 et suivants, 121 et suivants, du décret du 18 juin 1811, qui soumettent au *tarif criminel* les actes et procédures faits sur la poursuite d'office du ministère public en *matière civile et devant les tribunaux civils*. Viendra-t-on dire après cela que le législateur n'a eu égard qu'à la juridiction pour taxer les frais? Et cette dérogation faite au tarif civil, dans l'intérêt de l'Etat, ne démontre-t-elle pas jusqu'à l'évidence que le tarif de 1811 n'a eu en vue que l'Etat et non les particuliers, que ses dispositions ne sont applicables qu'aux actes que doit payer l'Etat et qu'il ne fait accomplir que dans l'intérêt de la société?

Précisons maintenant la nature de l'action intentée par la partie civile. Pierre s'est introduit dans le grenier de Nicolas, et y a volé deux hectolitres de blé. De ce délit résultent deux actions de natures différentes : l'une *civile*, qui appartient à Nicolas et qui lui est dévolue afin qu'il obtienne une indemnité égale au préjudice que le vol lui a causé; cette action est toute personnelle à Nicolas; il peut y renoncer, l'exercer ou transiger sur icelle si bon lui semble, absolument comme il le ferait sur une réclamation ayant pour objet la restitution d'une somme qu'il aurait prêtée; elle a sa source dans l'art. 1382 du Code civil, et il est incontestable que sa nature ne participe en rien de la nature de l'action publique. L'autre, *criminelle*, pour la punition du délit dans l'intérêt de la société, qui ne peut être soutenue que par le ministère public, et qui a sa base dans les dispositions du Code pénal. Quel est le tarif applicable à l'une et à l'autre de ces actions suivant leur nature? C'est à la première celui de 1807, qui se rattache au Code civil ; à la seconde celui de 1811, qui a prévu les actions autorisées par le Code pénal.

Mais, dit-on, dès que vous portez votre action devant le tribunal correctionnel, le tarif criminel est applicable aux actes d'huissiers. Par quel motif? Il est vrai que dans un intérêt qui n'est pas celui de la partie civile, mais celui de la morale publique, qui exige qu'aucun délit ne reste impuni, on a permis à la partie lésée de porter son action civile devant le tribunal correctionnel, et de mettre ainsi l'action publique en mouvement. Doit-on conclure de là que le Code d'instruction criminelle, et par suite le décret de 1811, aient voulu assimiler la partie civile à l'Etat, sous le rapport du payement des frais? Evidemment non. D'abord ni le Code ni le décret ne témoignent d'aucune intention à cet égard ; ensuite le contraire résulte, comme nous l'avons démontré, des principes généraux sur l'application des tarifs et de l'ensemble des dispositions du décret de 1811 ; enfin la qualité de la partie qui doit avancer les frais à l'huissier et la nature de l'action ne sont pas changées par le choix que la partie civile a fait de la juridiction criminelle.

Notre opinion se trouve confirmée par ce qui se pratiquait dans l'ancien droit et par les dispositions législatives modernes qui ont précédé le décret de 1811.

En effet, dans l'ancien droit, tous les frais des procès criminels qui devaient être avancés par la partie civile quand il y en avait une, sinon par le roi ou seigneur haut justicier, *étaient taxés comme en matière civile*, ainsi que nous l'apprend Couchot, *Pratique universelle*, 9e édit. t. 2, p. 58.

Depuis, les lois du 27 septembre 1790, 30 nivôse an V, 18 germinal an VII, et le Code d'instruction criminelle ont mis à la charge de l'Etat les frais des poursuites criminelles faites à la requête du ministère public, sauf recours contre les condamnés ou la partie civile qui succombe.

Les frais, en ce qui touche les huissiers, ont été *taxés, jusqu'au* VI *messidor an 6, comme en matière civile*, ainsi que l'atteste la loi du 26 novembre 1792, où il est dit que *les huissiers des tribunaux criminels seront payés* pour leur service intérieur près ces tribunaux, à raison de 600 livres par an, et qu'ils seront en outre payés *pour les actes de leur ministère, comme les huissiers des tribunaux civils*.

Un arrêt du Directoire exécutif du 6 messidor an VI, considérant qu'il est essentiel de prendre des mesures qui, en assurant l'activité des poursuites, *régularisent l'emploi des fonds mis à la disposition du ministre de la justice pour le payement des frais qui en résultent et répriment les abus qui, en s'introduisant dans leur taxe, surchargent le trésor public de dépenses illégales et frustratoires,* a fixé le coût des actes des huissiers signifiés à la requête du ministère public, et prescrit certaines formalités au sujet de leur payement. Contestera-t-on que cet arrêté n'a dérogé à la loi du 26 novembre 1792 que dans l'intérêt de l'Etat, et uniquement pour décharger le trésor public de dépenses trop lourdes?

Le décret du 24 février 1806, sur le mode de réglement des frais de justice criminelle, dispose, art. 3 : « A dater de la publication du présent décret, nos procureurs généraux près nos cours criminelles établiront un tarif pour le salaire des huissiers et des règlements sur le mode de constater leur transport *de la manière la plus économique pour les fonds publics.* Ces tarifs et réglements partiels seront transmis au grand juge, ministre de la justice, pour être convertis sans délai en tarifs et règlements généraux. »

Tous ces règlements partiels ont donné naissance au tarif de 1811, dont le motif a été, comme l'exprime le décret du 24 février 1806, *d'économiser les fonds publics.*

Ainsi, du décret de 1811 interprété dans son ensemble, commenté par le droit ancien et les dispositions législatives modernes qui l'ont précédé, considéré sous le point de vue de l'application des principes généraux de notre droit, ressort cette vérité incontestable, en ce qui touche les huissiers, qu'il n'a été promulgué que dans l'intérêt de l'Etat et afin de diminuer les dépenses publiques.

Si nous passons maintenant à un autre ordre de considérations, il nous sera facile d'établir que l'huissier, tout en subissant une réduction de ses honoraires au profit de l'Etat, a presque autant d'intérêt d'instrumenter pour celui-ci que pour des particuliers soumis au tarif de 1807. En effet, avec l'Etat il n'a pas de déboursés à faire, rien à perdre, aucune contestation à subir, il est payé dès qu'il présente son état; au lieu qu'avec des particuliers il a des déboursés de timbre et d'enregistrement à avancer, il est souvent obligé, à raison des relations que l'intérêt de sa clientèle l'oblige à entretenir, d'attendre longtemps avant de réclamer le payement de ce qui lui est dû; quelquefois il perd honoraires et déboursés, soit parce que son client est devenu insolvable, soit parce qu'il invoque la prescription. Ne serait-ce pas là encore un motif suffisant pour ne pas faire profiter la partie civile d'une exception introduite en faveur de l'Etat ?

Reprenons les arguments du *Journal des Huissiers*, afin que dans une question aussi grave le plus petit doute ne soit plus possible.

1° Le législateur ne s'est point occupé de la qualité de la partie, mais seulement de la nature de l'action et de la juridiction saisie. — Nous avons démontré que si la nature de l'action avait été de quelque considération auprès du législateur, la qualité de la partie l'avait très-spécialement, pour ne pas dire uniquement, déterminée. En effet, aux termes des dispositions des décrets de 1807 et de 1811, dès que l'Etat paie, c'est le tarif de 1811 qui est applicable même aux matières civiles ; dès que c'est un particulier, c'est le tarif de 1807.

2° On arriverait à un étrange résultat. —Eh! mon Dieu! la nature a bien ses bizarreries, pourquoi vouloir que la loi n'ait pas les siennes? Qu'importe, au surplus, l'étrangeté du résultat, si l'opinion qui le produit est conforme à la loi sainement entendue! Ce qui serait étrange, ce serait qu'un particulier ait la faculté de payer moins, dans un cas que dans un autre, un exploit qui occasionne à l'huissier en tous cas le même labeur, la même responsabilité, et qui produit le même effet, c'est-à-dire qui, signifié devant la juridiction civile ou criminelle, ne tend qu'à résoudre une question de dommages-intérêts.

3° La question est résolue par le rapprochement des art. 182, 197, 202 et 208 du Code d'instruction criminelle, et de l'art. 71 du tarif. — On comprend que ce rapprochement ne peut produire d'effet décisif qu'autant que les art. 182, 197, 202 et 208 du Code d'instruction criminelle se trouvent au nombre de ceux indiqués avec le plus grand soin par l'art. 71 du tarif, comme prescrivant les exploits que cet article a tarifés. Eh bien! l'art. 71 du tarif ne parle ni de l'art. 197, ni de l'art. 202, ni de l'art. 208 ; s'il parle de l'art. 182, c'est parce que cet article donne au procureur du roi le droit de saisir le tribunal par une *citation* donnée directement au prévenu, et qu'il fallait que cet acte, qui tombe à la charge de l'Etat, fût taxé. Aucune conséquence qui contrarie notre opinion ne peut donc résulter du rapprochement des articles cités ; au contraire, l'omission, dans la nomenclature de l'art. 71 du tarif, de l'art. 208 du Code d'instruction criminelle, qui permet la voie de l'opposition contre le jugement par défaut rendu sur appel, et qui règle la forme de cet acte qui ne peut être fait que par la partie condamnée, est ou ne peut plus significatif ; il démontre, en effet, de la manière la plus péremptoire que l'intention du législateur a été de ne comprendre dans le tarif que les actes à la charge de l'Etat.

4° L'usage à Paris est une grave autorité. — L'usage n'est une autorité que lorsqu'il est fondé sur la loi ; ici il la viole, et c'est une raison plus que suffisante pour s'y soustraire.

Nous pensons que la discussion à laquelle nous venons de nous livrer nous donne le droit de persister dans notre opinion. Mais malheureusement notre opinion, quelque bien fondée qu'elle soit, ne ramènera pas les parquets à l'observation de la loi tant que la question n'aura pas été décidée par les tribunaux ou le garde des sceaux. Nous engageons donc les huissiers à réclamer auprès du ministre, et à joindre leurs efforts aux nôtres pour faire disparaître un abus qui leur est très-préjudiciable.

A annoter au mot **Tarif**, n° 12.

ART. 96.

QUESTION PROPOSÉE [1].

SAISIE-EXÉCUTION.

REVENDICATION D'UNE PARTIE DES OBJETS SAISIS. — VENTE.

Lorsque, en vertu de l'art. 608 du Code de procédure, un tiers revendique la propriété d'une partie des effets mobiliers compris en une saisie-exécution, peut-on vendre les objets non revendiqués, ou doit-on surseoir à la vente du tout jusqu'après le jugement de la demande en revendication?

Cette question est entièrement neuve.

Aucune disposition du Code de procédure, au titre des *Saisies-Exécutions*, ne démontre l'intention du législateur de permettre qu'en cas de revendication, deux ventes aient lieu, l'une des objets non réclamés, l'autre des objets réclamés, si le revendiquant succombe ; mais aussi aucune disposition du même titre n'interdit les deux ventes successives.

L'art. 727 du Code de procédure révisé, placé au titre de la *Saisie-immobilière*, dispose : « Si la distraction demandée n'est que d'une partie des objets saisis, il sera passé outre, nonobstant cette demande, à l'adjudication du surplus des objets saisis. Pourront, néanmoins, les juges, sur la demande des parties intéressées, ordonner le sursis pour le tout. »

Doit-on résoudre la question qui nous est posée par analogie ? Nous le pensons ; les raisons de décider étant les mêmes, pour le cas qui nous occupe, en matière de saisie-exécution qu'en matière de saisie-immobilière. Le saisissant a intérêt, 1° à se décharger promptement d'une partie de la responsabilité du gardien commis par lui à la saisie ; 2° à terminer la procédure le plus tôt possible afin de recevoir le payement de ce qui lui est dû ; 3° à ne pas s'exposer aux chances d'un procès en revendication qui peut lui être indifférent. En effet, la réclamation d'une partie des objets saisis n'intéressera jamais le saisissant, si la

---

[1] Par M. Courtois, huissier à Moulins.

valeur des effets non réclamés est suffisante pour assurer le payement des causes de la saisie et des oppositions, puisque, d'après l'art. 622 du Code de procédure, la vente des objets saisis doit en tout cas être arrêtée dès que son produit suffit à éteindre ces causes. — Le saisi a également intérêt à se libérer dans le plus bref délai, à se débarrasser de la présence pénible du gardien, et enfin à ne pas laisser consommer une partie de son avoir en frais de revendication inutile. — Il n'y a donc aucun inconvénient à appliquer l'art. 727 du Code; au contraire, le saisissant et le saisi y trouveront chacun une mesure salutaire.

Dans l'hypothèse prévue par notre question, et par mesure de prudence, nous conseillons de présenter requête au tribunal afin d'être autorisé à vendre les objets non revendiqués; l'ordonnance obtenue, on la signifie et on procède à la vente. (Analog. art. 617.)

Si la partie saisie se prétendait lésée par cette ordonnance, elle pourrait y former opposition et demander le sursis en exposant ses raisons.

De cette manière la responsabilité de l'huissier sera couverte et les droits des parties respectés.

A annoter au mot **Saisie-Exécution**, n° 208.

<hr>

ART. 37.

QUESTIONS PROPOSÉES [1]

FRAIS.

HUISSIER. — ACTION EN PAYEMENT. — TRIBUNAL COMPÉTENT.

Devant quel tribunal les huissiers doivent-ils porter la demande en payement des frais qu'ils ont faits?

Aux termes de l'art. 60 du Code de procédure, les demandes formées pour frais, par les officiers ministériels, doivent être portées au tribunal où les frais ont été faits.

[1] Par M. Cretté, huissier au Châtelet (Seine-et-Marne).

L'espèce de privilége que cet article accorde aux officiers ministériels est fondée 1° sur ce que les actes dont on réclame les frais se sont accomplis dans le ressort du tribunal civil auquel les officiers ministériels sont attachés; 2° sur ce que ce même tribunal a sur ces officiers un droit de discipline qui lui permet de réprimer les abus dont ils se rendraient coupables; 3° enfin sur ce que le tribunal du lieu où les frais ont été faits peut plus facilement et plus justement les taxer que tout autre.

Tous les huissiers étant attachés au tribunal civil de l'arrondissement de leur résidence, et ne pouvant instrumenter que dans le ressort de cet arrondissement, doivent porter devant ce tribunal les demandes en payement des frais qui leur sont dus, quelle qu'en soit la quotité, fût-elle inférieure à 200 fr.

Soit pour tous actes extra-judiciaires, comme sommations, intimations, notifications.

Soit pour tous actes judiciaires ayant pour but l'instruction et le jugement de toutes actions soumises, soit au tribunal civil, soit au tribunal de Commerce, soit devant la Cour royale dans le ressort desquels l'huissier instrumente, soit devant tous autres tribunaux de France.

Il n'y a d'exception à cette règle générale que pour les frais des exploits faits par les huissiers devant la justice de paix de leur résidence; la demande en payement de ces frais peut être portée devant le juge de paix, n'importe à quelle somme ils s'élèvent.

Notre opinion est conforme

1° A celle de Pigeau (*Comment.* t. 1, p. 172), qui enseigne que la demande de frais faits par un huissier, même pour des *actes extra-judiciaires*, doit être portée au tribunal dans le ressort duquel ces officiers exercent leurs fonctions;

2° A celle de Carré (Chauveau sur Carré, addition à la question 276), qui adopte l'opinion de Pigeau, et soutient en outre que les frais faits par un huissier devant le tribunal de Commerce ne peuvent être réclamés devant ce tribunal;

3° A celle de Chauveau (Chauveau sur Carré, quest. 276, 276 *bis*, 277), qui adopte les opinions de Pigeau et Carré, et de plus professe que les tribunaux d'arrondissement sont compétents pour connaître des frais exposés devant eux alors qu'ils n'excéderaient pas deux cents francs; 2° des frais faits par les huissiers dans une procédure d'appel, — et que les juges de paix ont le droit de connaître les demandes de frais faits devant eux;

4° A celle de Boitard (Leçons de procéd. civile, t. I, p. 160); deux raisons justifient, suivant cet auteur, les dispositions de l'art. 60. — La première, c'est qu'il importe d'épargner à l'officier ministériel des pertes de temps, c'est qu'il importe de ne pas le distraire du service public dont il est chargé en le contraignant d'aller porter ses demandes en remboursement de frais devant le tribunal des plaideurs pour lesquels il aura occupé. — La seconde, c'est que chaque officier ministériel est naturellement placé sous la surveillance, est naturellement soumis à la censure du tribunal près duquel et dans le ressort duquel il exerce ses fonctions; c'est que la réclamation de ses frais sera mieux jugée; c'est que ses frais seront mieux taxés; c'est que ses demandes mêmes seront plus sobres et plus réservées, quand elles seront portées devant le tribunal dans la dépendance et sous l'inspection duquel la loi l'a placé. — Boitard ajoute, entre autres choses étrangères aux huissiers, que la demande de ces officiers en payement des frais qu'ils ont faits devant leur juge de paix, doit être portée devant ce magistrat;

5° A celle de Boncenne (Théorie de la procédure civile, t. II, p. 257), qui pense que c'est au tribunal qui a, pour ainsi dire, vu faire les frais, qu'il appartient de les taxer; et qu'à lui seul aussi doit appartenir la connaissance des contestations qui peuvent s'ensuivre; il ajoute que les tribunaux de commerce ne peuvent connaître des demandes relatives au payement des frais faits devant eux;

6° Enfin à celle de Thomine Desmazures (Comment. Code de procéd. civile, t. I, p. 152), qui s'exprime ainsi sur l'art. 60 du Code de procédure :

« Nous dirons que l'action en payement des frais faits par les officiers ministériels doit être portée devant le juge qui a tout à la fois le droit de vérifier la taxe et de réprimer l'abus, de telle sorte que le double motif de la loi puisse avoir son effet.

Ces expressions de l'article « la demande sera portée au tribunal *où* les frais ont été faits, » signifient-elles que l'action devra être portée devant la juridiction qui est ou était saisie de la contestation à l'occasion de laquelle les frais ont été faits et qui pouvait, en jugeant, régler la taxe; ou, ce qui est bien différent, qu'il faudra se pourvoir devant le tribunal *du lieu* où les frais ont été faits, et qui a la surveillance sur la conduite de l'officier ministériel.

S'il s'agit d'un huissier qui ait signifié un appel ou exécuté un arrêt rendu par une Cour royale, ce ne sera certainement pas devant cette Cour, peut-être très-éloignée, qu'il formera sa demande pour ses frais. La Cour aurait pu, en jugeant, fixer les frais de l'exploit d'appel, si cet appel avait réussi; mais elle n'eût pas été compétente pour réprimander et punir, en cas d'excès de taxe, l'officier ministériel qui n'eût pas été de son ressort. En ce cas, nous entendons que l'action doit être porté au tribunal *du lieu* où les frais ont été faits, tribunal seul investi du droit de régler la taxe et de surveiller la conduite de l'officier ministériel.

Pour les tribunaux de commerce, un arrêt de la cour de Caen, du 16 août 1811, jugea qu'un huissier du tribunal de commerce n'avait pu traduire une partie devant ce tribunal pour des frais d'exécution d'un jugement commercial, parce que ce tribunal ne connaît pas de l'exécution de ses jugements ; mais aujourd'hui que tous les huissiers sont sous la surveillance du tribunal d'arrondissement, que le tribunal de commerce n'a que le droit de taxer les frais de ses jugements, mais non celui de punir les huissiers par des amendes ou la suspension, nous estimons qu'en aucun cas les huissiers ne peuvent traduire pour leurs frais devant un tribunal de commerce, parce que le double but de la loi ne serait pas rempli.

Les huissiers du juge de paix peuvent traduire leurs clients devant ce magistrat pour le payement des frais de la citation et de la signification du jugement : le double but de l'art. en ce cas sera rempli; mais s'il ne s'agit point de frais faits pour la justice de paix, ce sera au tribunal de l'arrondissement que la demande devra être soumise lors même qu'elle serait au-dessous de 100 fr. Il n'appartient point au juge de paix de vérifier le mémoire des frais qui n'ont pas été faits pour son tribunal et d'en régler la taxe; il ne lui appartient point de réprimander ou de punir des officiers ministérels pour des faits étrangers à sa juridiction.

Il est juste qu'un avoué ou un huissier ne soit pas distrait de ses occupations pour aller au loin réclamer ses frais; il convient aussi qu'il ne porte point sa demande à un tribunal éloigné du lieu où les frais ont été faits , à un tribunal où il serait difficile de connaître les distances et de vérifier les autres éléments de sa taxe, où d'ailleurs il ne pourrait pas être réprimandé ou puni pour les surtaxes qu'il aurait commises.

Donc, si un avoué ou un huissier de Caen, qui aurait occupé ou instrumenté pour un huissier de Paris , s'avisait d'assigner pour ses frais devant le tribunal de la Seine , le particulier, quoique traduit devant le juge de son domicile, pourrait opposer l'exception d'incompétence et demander le renvoi devant le tribunal de Caen. »

A annoter aux mots **Compétence**, n° 289; — **Frais et Dépens**, n° 51.

ART. 98.

PATENTE.

HUISSIERS. — EXEMPTION.

Les huissiers doivent être exempts de l'impôt de la patente.

Nos efforts, réunis à ceux de quelques communautés d'huissiers, et plus que tout cela, la justice de la cause que nous défendions, ont obtenu un plein succès. La chambre des députés a, en effet, déchargé les huissiers de la contribution de la patente.

Le projet de loi est déjà soumis à la chambre des pairs avec l'assentiment du gouvernement, et il est à peu près certain qu'aucun changement n'y sera apporté, du moins en ce qui touche l'exemption accordée aux huissiers.

Les motifs qui ont amené la décision de la chambre sont absolument les mêmes que ceux que nous avons fait valoir dans nos pétitions et observations, art. 15, 1re partie, et art. 16 et 80, 2e partie de ce journal.

Nous publions aujourd'hui la discussion qui a eu lieu à la chambre des députés en attendant le commentaire que nous donnerons des articles de la loi intéressant les huissiers, aussitôt qu'elle sera promulgée.

Séance du 26 février 1844, — Moniteur du 27.

M. Taillandier.... Quant aux officiers ministériels, la commission n'a pas suivi la marche qui lui était indiquée par le gouvernement; elle refuse d'assujettir à la patente les notaires, les avoués, les avocats aux conseils, les greffiers; et elle fait bien, car ces professions n'ont rien de commercial; elles n'exigent pas l'exploitation des capitaux, et c'est cette exploitation qu'a en vue le droit patenté.

Mais si elle exonère de cette imposition, ce que j'appellerai *les grands officiers ministériels, ceux qui appartiennent à des corporations puissantes et influentes*, elle la conserve à l'égard des petits; elle continue d'y assujettir les huissiers et les commissaires-priseurs, qui ont versé cependant, comme les notaires et les avoués, un cautionnement dans les caisses du trésor, qui ne leur paie que 4 pour 100 d'intérêt, et qui ne leur en payera bientôt que 3, si, comme il y a lieu de le croire, vous adoptez la disposition que présente à cet égard la loi des finances de 1843.

De plus on a, il y a quelques années, assujetti ces diverses professions à un droit d'enregistrement qui atteint tous ceux qui veulent en acquérir les offices.

Mais, dit-on, les commissaires-priseurs, les huissiers, les agents de change et les courtiers, sont sans cesse mêlés à des opérations commerciales.

C'est là une fausse appréciation de leur ministère. Ils sont de véritables fonctionnaires publics, préposés par la loi en certaines occasions à la vente d'effets mobiliers, mais jamais ils ne peuvent acheter ou vendre pour leur propre compte. D'ailleurs les notaires et les greffiers ne sont-ils pas chargés aussi, dans les localités où il n'existe pas de commissaires-priseurs, de présider aux ventes mobilières faites par la voie des enchères?

Il y a donc complète analogie, sous ce rapport, entre ces diverses professions; et si, comme je le crois fermement, les notaires et les avoués doivent être affranchis de la patente, tous les autres officiers ministériels doivent, par les mêmes motifs, en être affranchis également.

Séance du 7 mars 1844. — Moniteur du 8.

M. le Président. MM. Oger, Dessaignes et Taillandier proposent de comprendre les *huissiers* dans les exceptions du deuxième paragraphe de l'art. 12.

M. le garde des sceaux. C'est la même chose que pour les commissaires-priseurs.

De toutes parts. Oui, oui! Aux voix! aux voix!

L'amendement est mis aux voix et adopté.

A annoter au mot **Patente**, nº 61.

ART. 99.

CAUTIONNEMENT.

HUISSIER. — TAUX DE L'INTÉRÊT. — RÉDUCTION.

Doit-on réduire de 4 à 3 pour cent l'intérêt des cautionnements des officiers publics?

Le projet de loi de finances présenté à la Chambre des Députés le 12 janvier 1844 contient la disposition suivante :

Art. 6. « L'intérêt des cautionnements des officiers publics et ministériels mentionnés dans l'art. 91 de la loi du 28 avril 1816 est fixé à 3 pour 100 à compter du 1er janvier 1845. »

Et on lit dans l'exposé des motifs qui accompagne ce projet de loi : — « Sous l'empire, les cautionnements des officiers ministériels produisaient des intérêts moindres que ceux des autres titulaires. Pendant plusieurs années même, la classe la plus nombreuse de ces officiers, celle des notaires, n'a touché aucun intérêt à raison de ces cautionnements, auxquels on attribuait le caractère de dépôts. En présence des avantages que la loi du 28 avril 1816 a assurés à tous les titulaires d'offices transmissibles, il nous a paru qu'on pouvait sans injustice les replacer dans la position exceptionnelle qui leur était faite sous l'empire, et nous vous proposons une disposition qui fixe à 3 pour 100 l'intérêt des cautionnements de cette classe de titulaires. Il en résulte une économie de 800,000 francs sur la dépense de ces intérêts. »

A annoter au mot **Cautionnement des Huissiers,** n° 9.

ART. 100.

OFFICE.

RÉDUCTION DE PRIX. — CONTRE-LETTRE. — IMPUTATION DE PAYEMENT.

L'acquéreur d'un office ne peut obtenir une réduction de prix à raison d'un déficit dans les produits annoncés, alors qu'il n'établit pas qu'il a été victime de dol ou de fraude pratiqués contre lui.

Lorsqu'il existe un traité ostensible et une contre-lettre, les sommes payées à valoir, sans imputation expresse et spéciale, sont imputables sur le prix stipulé au traité ostensible, bien que la contre-lettre ait été remise acquittée à l'acquéreur.

FAITS.

Par un traité du 11 juillet 1838, le sieur Quinton, notaire à Fontainebleau, vendit son office au sieur Adhémar moyennant 120,000 fr.

Ce traité fut ainsi produit à la chancellerie, mais par une contre-lettre, le prix de la cession fut augmenté de 16,000 fr. et porté par conséquent à 136,000 fr.

Lors de la cession, un état des produits de l'étude pendant les sept années et demi d'exercice de Quinton avait été dressé par lui et Adhémar, vérifié par le juge de paix et remis au parquet, qui l'adressa à la chancellerie. Cet état donnait en moyenne un produit par année de 14,520 fr.

Appelées devant le parquet de Fontainebleau, les parties, suivant l'usage, affirmèrent sous la foi du serment, que leur traité, soumis à l'approbation de l'autorité, contenait l'expression sincère et complète des conventions intervenues entre elles.

Adhémar, nommé notaire, prêta serment le 1ᵉʳ octobre 1838, et le 30 du même mois il effectua le payement de 16,000 francs montant de la contre-lettre. Il paya ensuite successivement divers à-comptes; de telle sorte qu'en 1842 il ne redevait sur son étude qu'environ 25,000 fr.

Le 2 mars 1843, Adhémar forma une demande en réduction du prix de son office. Pour justifier son action, il a soutenu que les produits légitimes de l'étude, au lieu d'être de 14,520 fr. par année, n'étaient que de 11,500 fr.; plus tard il a même prétendu que ces produits n'étaient que de 9,787 fr. par année.

6 juillet 1843, jugement du tribunal de Fontainebleau en ces termes :

« Le tribunal, — Attendu qu'en cédant à Adhémar, le 11 juillet 1838, ses titres, office et clientèle de notaire à Fontainebleau, pour en commencer la jouissance à partir du jour de la prestation du serment, Quinton a fourni un état du nombre des actes par lui reçus et de leur produit pendant les sept ans et demi de son exercice, duquel il résultait qu'année moyenne, le nombre de ces actes s'était élevé à 476, et leur produit à la somme de 14,520 fr. 80 cent.; — Attendu que les évaluations portées en cet état ont servi de base au traité sus-énoncé, dans lequel le prix de ladite cession a été fixé à 120,000 fr., y compris quelques meubles de peu de valeur, garnissant l'étude et le cabinet de Quinton; — Qu'encore bien que les parties contractantes aient chacune affirmé sous la foi du serment, le 3 septembre 1838, devant le substitut de M. le procureur du roi, qui en a dressé procès-verbal, que le traité dont il s'agit contenait toutes les clauses et stipulations convenues entre elles, à raison de la cession des titre, office et clientèle de notaire, appartenant à Quinton, sans en rien excepter ni réserver, et sans qu'il existât de contre-lettre ou toute autre espèce de stipulation en dehors du traité, la vérité est que, par une contre-lettre non enregistrée, portant la même date que le traité sus-énoncé, du 11 juillet 1838, l'entrée en jouissance du successeur de Quinton avait été fixée au 1ᵉʳ dudit mois de juillet et le prix de cette cession élevé à 136,000 fr.; — Attendu que de l'examen fait par le tribunal des répertoires et du livre-journal de Quinton, il résulte que celui-ci n'a pu parvenir à élever la moyenne des actes par lui faits, pendant son exercice, au nombre de 476, et celle de leur produit à la somme de 14,525 fr. 80 cent., d'une part; — Qu'en inscrivant sans nécessité, sous plusieurs numéros sur son répertoire, certains actes qui ne devaient y être portés qu'une seule fois, tels que les procès-verbaux d'inventaires ouverts, continués et clos à des jours différents, et, d'autre part, qu'en dépassant dans ses per-

ceptions d'honoraires les émoluments applicables à certains de
ces actes, soit d'après le tarif, soit d'après l'usage, au risque
d'être soumis à des actions en répétition ; — Qu'en réduisant à
leur juste valeur les honoraires auxquels Quinton pouvait prétendre pour les actes par lui reçus comme notaire, pendant son
exercice jusqu'au 1er juillet 1838, on reconnaît que les produits
bruts de son étude n'ont pas dû dépasser, année moyenne, la
somme de 11,000 fr.; — Attendu que, dans ces circonstances,
Adhémar, induït en erreur sur les produits de l'étude de Quinton
par les documents inexacts à lui ainsi fournis par ce dernier, est
fondé à réclamer une réduction sur le prix de son traité ;—Que
vainement Quinton, en assimilant la cession de son office à la
vente d'un objet mobilier placé dans le commerce, prétend-il
qu'Adhémar, n'administrant la preuve d'aucun dol pratiqué par
le vendeur, est sans action pour réclamer cette réduction de
prix, et doit être déclaré non recevable dans sa demande, alors
même qu'il établirait avoir traité moyennant un prix plus élevé
que ne le comportaient les produits de l'office par lui acquis ;—
Qu'en effet, si, par l'article 91 de la loi du 28 avril 1816, les
officiers ministériels soumis, à cause des besoins de l'Etat, à
fournir des cautionnements, ont, par compensation, été autorisés à présenter à l'agrément de sa majesté des successeurs, ce
n'est pas à dire que les offices dont s'agit aient été par là jetés
dans le commerce ; — Que la dignité des fonctions attribuées à
ces officiers ministériels s'y oppose autant que l'intérêt des justiciables obligés de recourir à leur ministère ; — Qu'aussi le
gouvernement a-t-il prescrit des conditions pour la transmission de ces offices, et a-t-il toujours veillé à ce que le prix des
offices transmis fût en rapport avec leurs produits présumés, afin
que le nouveau titulaire ne fût pas exposé, par le besoin de remplir des engagements trop onéreux envers son prédécesseur, ou
à courir à sa ruine en se renfermant dans le cercle de ses fonctions et en n'exigeant qu'un légitime salaire, ou à se livrer à
des spéculations plus ou moins hasardeuses, presque toujours
incompatibles avec l'exercice de sa profession, en s'attribuant
d'ailleurs, au détriment des parties, des droits et émoluments
plus élevés que ceux fixés par la loi ; — Que, d'après ces considérations, on doit croire que si Quinton avait, en traitant avec
Adhémar, présenté un état exact du nombre des actes par lui
faits pendant son exercice, et de leur produit, le prix de ce
traité, porté, à l'aide d'une contre-lettre, à 136,000 fr., n'aurait
pas été accepté par Adhémar, et que, dans tous les cas, l'autorité aurait refusé d'y donner sa sanction ; — Qu'inutilement
Quinton oppose-t-il contre la demande d'Adhémar deux autres
fins de non-recevoir résultant, suivant lui : 1° du laps de temps
qui se serait écoulé entre la date du traité dont il s'agit et celle

de l'introduction de cette demande ; — 2° du payement de plusieurs à-comptes qu'aurait fait celui-ci dans cet intervalle de temps sur le montant du prix par lui dû, puisqu'il est constant, d'une part, qu'Adhémar a réclamé de Quinton une indemnité dès qu'il a été éclairé sur sa position, et, d'autre part, qu'il n'a payé des à-comptes à ce dernier qu'en renouvelant ses réclamations, sur lesquelles l'intérêt respectif des parties semblait devoir appeler une transaction ; — Attendu, d'ailleurs, qu'Adhémar n'a jamais refusé de tenir compte à Quinton d'une somme de 2,000 fr. que celui-ci lui avait prêtée depuis le traité sus-énoncé, et qui ne devra être remboursée qu'à l'époque fixée lors du premier règlement de compte à intervenir entre les parties, lequel règlement de compte n'a pas encore eu lieu ;—Qu'il suit de là que Quinton n'est pas, quant à présent, recevable à demander qu'Adhémar soit condamné à lui payer cette somme ;

Par ces motifs, sans s'arrêter aux fins de non-recevoir proposés par Quinton contre la demande principale d'Adhémar, dont il est débouté ; — Sans s'arrêter non plus à la demande reconventionnelle à fin de condamnation d'Adhémar au payement de la somme de 2,000 fr., dans laquelle il est déclaré, quant à présent, non recevable ;—Réduit à la somme de 110,000 fr. le prix de la cession faite à Adhémar par Quinton, fixé à 136,000 fr. par le traité et contre-lettre sus-énoncés ; — Condamne Quinton aux dépens, dans lesquels entreront les droits d'enregistrement applicables à la contre-lettre susdatée. »

Appel par Quinton et arrêt conforme aux conclusions de M. Tardif, substitut du procureur général.

ARRÊT.

COUR ROYALE DE PARIS. — 1er MARS 1844.

LA COUR, — En ce qui touche la demande en réduction de prix formée par Adhémar contre Quinton ;

Considérant qu'Adhémar, avant de traiter de l'étude de notaire appartenant à Quinton, a pris connaissance des registres, répertoires et livres d'étude, qui l'ont mis à portée d'apprécier les produits de la charge dont il se rendait acquéreur ;

Qu'il n'est point établi que Quinton ait pratiqué contre Adhémar aucun dol ni aucune fraude pour l'induire en erreur sur la valeur de sa charge ;

Qu'ainsi Adhémar ne peut-être admis, après cinq années d'exercice, à demander la réduction du prix stipulé entre lui et Quinton ;

En ce qui touche la somme de 16,000 fr., formant le supplément du prix stipulé en dehors du traité ostensible ;

Considérant que Quinton et Adhémar ont mensongèrement affirmé, sous la foi du serment, devant un magistrat de l'ordre judiciaire, qui en a dressé procès-verbal, que le traité du 11 juillet 1838, portant fixation du prix à 120,000 fr., contenait toutes les clauses et stipulations convenues entre eux, sans en rien excepter ni réserver, et sans qu'il existât de contre-lettre, ou toute autre espèce de stipulation en dehors du traité ;

Qu'il est établi que Quinton et Adhémar en imposaient sciemment à la justice et se parjuraient, puisqu'il existait entre eux une contre-lettre, élevant le prix du traité à 136,000 fr. ;

Que cette contre-lettre doit être considérée comme nulle et de nul effet ;

Qu'en supposant même que le supplément de prix de 16.000 fr., résultant de la contre-lettre, ne pourrait être réclamé, après avoir été volontairement payé par l'acquéreur, il n'en peut être de même des sommes payées sans imputation spéciale ;

Qu'à l'égard de ces sommes, il y a lieu d'admettre l'imputation sur le traité ostensible et non sur le traité secret ; que, s'il en était autrement, la nullité prononcée par la loi contre les stipulations secrètes, en matière de cession d'offices, deviendrait illusoire ;

Infirme, en ce que l'action en réduction de prix a été admise, et le prix réduit à 110,000 fr.;

Mais déclare Quinton mal fondé à réclamer le supplément du prix de 16,000 fr., formant l'objet de la contre-lettre; ordonne en conséquence que toutes les sommes payées par Adhémar seront imputées sur le prix porté au traité ostensible du 11 juillet 1838, lequel demeurera fixé à 120,000 fr. ;

Et compense les dépens.

Jurisprudence. — Première question. — Pour : Paris, 14 décembre 1832. — Deux arrêts, l'un de cassation du 13 août 1842 (rapporté art. 10, deuxième partie de ce journal), l'autre, de la Cour de Bourges, du 27 janvier 1843 (rapporté art. 65, deuxième partie de ce journal), ont réduit le prix stipulé à l'occasion de cessions d'offices, mais en se fondant uniquement sur le dol et les manœuvres frauduleuses.

Deuxième question.—Pour : Toulouse, 22 février 1840 ; Paris, 15 avril 1840 ; Metz, 6 avril 1843 (art. 44, deuxième partie de ce journal), qui décident que les à-comptes donnés sans imputation spéciale doivent être déduits de préférence sur le prix du traité ostensible, à l'exclusion de la contre-lettre. — Voir toutefois Cassation, 23 août 1842 (article 37, deuxième partie de ce journal.)

Il est à remarquer que dans l'espèce de l'arrêt que nous venons de rapporter, la contre-lettre avait été acquittée et remise à l'acquéreur; que depuis divers à-comptes avaient été donnés par lui sur le prix du traité ostensible; qu'il semblait résulter de ces faits, que l'intention des parties avait été d'éteindre l'obligation résultant de la contre-lettre; et que néanmoins la Cour n'a pas vu dans ces circonstances d'imputation spéciale, et a en conséquence ordonné que toutes les sommes payées seraient imputées sur le prix stipulé au traité ostensible.

Qu'entend donc la Cour par imputation spéciale? Elle entend sans doute que la volonté formelle des parties d'éteindre l'obligation naturelle résultant de la contre-lettre ne peut être constatée que par un acte quelconque, exprimant que la somme payée l'a été spécialement pour dégager le débiteur des liens de l'obligation naturelle, — ou que par le payement pour solde des sommes portées aux traités ostensible et secret, auquel cas l'intention des parties ne peut être douteuse, puisque le tout est payé ; d'ailleurs il n'y a plus lieu à imputation, et dans ce cas une seule action pourrait être intentée, celle en restitution de la somme contenue en la contre-lettre, contestation que notre arrêt lui-même semble proscrire.

En résumé, la jurisprudence résultant de l'arrêt du 1er mars 1844 exige que les sommes payées pour l'acquit des contre-lettres, sans imputation spéciale consignée par écrit, soient imputables sur ce qui reste dû sur le prix du traité ostensible.

A annoter au mot **Office**, n° 27.

ART. 101.

HUISSIER.

COMMANDEMENT TENDANT A SAISIE IMMOBILIÈRE. — PRÉSENTATION AU VISA. — OBLIGATION D'AGIR PERSONNELLEMENT.

L'huissier qui a fait un commandement tendant à saisie immobilière est tenu de présenter personnellement l'original de cet acte au visa du maire ou de l'adjoint.

En d'autres termes, l'art. 45 du décret du 14 juin 1813 est général et s'applique à tous les actes signifiés par les huissiers, et notamment au visa qu'ils doivent, dans certains cas, requérir des fonctionnaires publics.

FAITS.

L'arrêt de la Cour de cassation rapporté, deuxième partie, page 72, année 1843 de ce journal, qui, en cassant un arrêt de la Cour de Riom, du 3 août 1842, a renvoyé la cause devant la cour de Lyon, a été confirmé par l'arrêt du 18 décembre 1843, que nous allons rapporter.

La Cour de Lyon, adoptant les mêmes principes que la Cour de Riom, avait, par son arrêt du 9 mars 1843, donné gain de cause aux huissiers en ces termes :

La Cour ; — Vu l'art. 45 du décret du 14 juin 1813, portant

règlement sur l'organisation et le service des huissiers . — Attendu, en droit, que toute disposition pénale, quelle qu'elle soit, n'est jamais applicable qu'au cas spécial et déterminé qui s'y réfère, et qu'ici la peine de suspension et d'amende prononcée par l'article qui vient d'être cité ne s'appliquait très-évidemment qu'au cas où un huissier, étant chargé de signifier un exploit et des copies relatives à icelui, ne les aurait pas remises lui-même à personne ou à domicile ;

Attendu, en fait, que les deux huissiers Greliche et Didier, tous deux intimés, ont été poursuivis comme prévenus de contravention à l'article précité : l'un , qui est l'huissier Greliche, qui fut chargé, le 9 octobre 1841, de signifier aux époux Chalvot-Grand-Saigne un commandement tendant à saisie immobilière , pour n'avoir pas requis et fait apposer lui-même le visa du maire de la localité sur l'original dudit commandant, lequel original fut présenté au maire, non par l'huissier Greliche, mais par un tiers individu nommé Pouget, dit Marchi, habitant de Thiers ; le second, qui est l'huissier Didier, et qui, le 15 novembre suivant, fut chargé de dresser contre les mêmes individus un procès-verbal de saisie immobilière, pour s'être abstenu également d'aller lui-même requérir et faire apposer le visa du maire ou de son adjoint sur l'original de ce procès-verbal , lequel original fut présenté à l'adjoint , non par l'huissier Didier en personne , mais par ledit Pouget-Marchi ;

Attendu qu'avant les divers changements que la loi du 2 juin 1841 a introduits dans les tit. 12 et 13, Code de procédure , relatifs à la saisie immobilière, tout huissier qui était chargé soit de signifier un commandement à fin d'expropriation , soit de dresser et signifier le procès-verbal de saisie qui en était la suite , devait , en conformité des articles 673 et 676 dudit Code , non pas seulement faire viser l'original de ces sortes de significations par le maire ou l'adjoint de la localité où elles étaient faites, mais encore en laisser ou remettre copie au fonctionnaire public qui y avait apposé son visa ; d'où il suit bien qu'alors l'huissier exploitant ne pouvait se dispenser d'aller en personne auprès de ce fonctionnaire pour lui remettre copie de l'exploit dont il devait viser l'original, sans tomber ainsi en contravention à l'art. 45 du décret du 14 juin 1813, et sans encourir dès lors la peine portée par icelui ; mais qu'ici la date du commandement et du procès-verbal de saisie dont il s'agit est postérieure et non antérieure aux changements introduits, comme est dit ci-dessus, par la loi du 2 juin 1841, dans diverses dispositions des tit. 12 et 13, Code de procédure, relatifs à la saisie immobilière ;

Attendu qu'un de ces changements a consisté depuis la loi du 2 juin 1841 , et suivant les art. 673 et 676, Code de procédure, tels qu'ils sont maintenant rectifiés, en ce que l'huissier qui signifie un commandement à fin d'expropriation, ou qui dresse ensuite le procès-verbal de saisie, n'est plus tenu d'en *remettre une copie* au maire du lieu ou à son adjoint, mais qu'il l'est seulement de leur faire viser l'original de ces sortes d'exploits; — Attendu dès lors qu'à la réquisition de ce visa n'est nullement applicable la disposition pénale portée en l'art. 45 du décret de 1813 précité, car cette disposition ne se réfère qu'aux significations qu'un huissier est chargé de faire, et desquelles il doit remettre copie aux personnes à qui il les fait, copie dont la remise réelle a en effet besoin d'être garantie par la présence de l'huissier exploitant, puisqu'elle est souvent d'une telle importance que, si elle n'a pas lieu, et la partie qui devait la recevoir ignorant ainsi la signification qu'elle est censée avoir reçue, il peut en résulter à son préjudice des déchéances propres à causer, à entraîner sa ruine; — Attendu toutefois qu'on ne doit pas se dissimuler qu'il est peut-être du devoir de tout huissier chargé d'agir pour des actes de son ministère, tels que ceux dont il s'agit, d'aller lui-même et en personne requérir le visa du maire de la localité sur l'original d'iceux, mais que c'est là un devoir 'à l'accomplissement duquel aucune sanction pénale ne se trouve attachée, et qu'en matière de pénalité tout est de rigueur, c'est-à-dire, qu'il n'y a jamais de peine à appliquer, comme il a été dit ci-dessus, si ce n'est pour les cas spéciaux et déterminés que la loi a expressément prévus; qu'autrement, ce serait là un excès de pouvoir que ne peut se permettre aucune autorité judiciaire, et qu'ainsi il y a lieu en dernier résultat de confirmer pleinement la décision des premiers juges; — Par ces motifs, met l'appellation de M. le procureur du roi près le tribunal de Thiers au néant; ordonne, en conséquence, que le jugement dont est appel sortira son plein et entier effet, etc.

Mais nouveau pourvoi du ministère public et arrêt, conforme aux conclusions du procureur-général Dupin, rendu toutes les chambres réunies.

ARRÊT.

COUR DE CASSATION. — 18 DÉCEMBRE 1843.

LA COUR, — Vu l'art. 45 du décret du 14 juin 1813 portant réglement sur l'organisation et le service des huissiers;

Attendu que l'article précité s'applique par la généralité de ses dispositions à tous les actes qu'un huissier est chargé de signifier ou de remettre; que le visa des fonctionnaires publics, qui est ordonné en certains cas, a pour objet de donner une nouvelle garantie de la vérité des faits constatés par l'acte, et d'attester spécialement la présence et le transport de l'huissier; que ce visa est une partie intégrante, et comme le complément de la signification dans le cas où il est prescrit; que le fonctionnaire à qui il appartient de le délivrer ne le peut faire sans que l'acte ne lui ait été présenté ou remis; que par suite la remise ou la présentation préalable de l'acte doit être le fait personnel de l'huissier;

Attendu que, dans l'espèce, l'arrêt attaqué déclare qu'il est constant en fait qu'Antoine Didier et Germain Greliche, huissiers, ne se sont pas présentés eux-mêmes chez l'adjoint de la mairie de Celles, pour requérir le visa de deux actes de leur ministère, et que ledit arrêt les a relaxés de la poursuite dirigée contre eux à raison de ce fait, en se fondant sur ce que, d'après les dispositions de la loi du 2 juin 1841, l'huissier, lorsqu'il s'agit de poursuites en matière de ventes de biens immeubles par suite de saisie, n'est pas tenu de délaisser des copies aux fonctionnaires de l'ordre administratif, lorsqu'il se présente pour requérir le visa, et qu'il n'existe aucune loi pénale applicable à l'espèce;

Attendu qu'en jugeant ainsi, l'arrêt attaqué a formellement méconnu et violé les dispositions de l'art. 45 du décret du 14 juin 1813;

Casse.

Auteurs, jurisprudence et observations. — V. art. 22, 2ᵉ partie de ce journal.

A annoter aux mots : **Exploit**, nᵒ 135; — et **Saisie immobilière**, nᵒ 71.

ART. 102.

—

HUISSIER.

CITATION EN SIMPLE POLICE. — DISCIPLINE. — AMENDE. — JUGE DE PAIX. — COMPÉTENCE. — JURIDICTION CIVILE.

Depuis la loi du 25 mai 1838, les citations devant le tribunal de police peuvent être données par tous les huissiers du canton, de même que celles en matière civile.

En conséquence, le juge de paix qui, dans une ville divisée en plusieurs cantons, attribue aux huissiers audienciers attachés à son tribunal le droit exclusif d'instrumenter devant le tribunal de police pendant qu'il le préside, crée un privilége non accordé par la loi, et commet un excès de pouvoir.

L'amende contre un huissier pour faits relatifs à ses fonctions ne peut être prononcée que par le tribunal civil en audience publique, et non en la chambre du conseil, attendu que l'amende n'entre pas dans la classe des peines disciplinaires à infliger aux huissiers.

FAITS.

Par suite du pourvoi d'office effectué par le réquisitoire de M. le procureur général Dupin, rapporté 2ᵉ partie, art. 50 de ce journal, la Cour de cassation a été saisie des questions ci-dessus.

M. le conseiller Lasagni, rapporteur, a présenté sur ce pourvoi les observations suivantes :

« Est-ce en vertu de l'art. 80 ou bien en vertu de l'art. 88 de la loi du 27 ventôse an VIII que l'annulation du jugement en question doit être demandée? — La différence entre les dispositions de ces deux articles est, on ne saurait trop le répéter, immense en raison de la personne qui agit, du délai dans lequel l'action doit être intentée, des juges par-devant lesquels l'action doit être portée, et notamment du but et de la cause pour lesquels elle doit être exercée. — *En raison de la personne :* d'après l'art. 80, c'est le pouvoir exécutif, le gouvernement lui-même, qui, de son propre mouvement et de son propre chef, agit en ordonnant expressément au procureur général près de la Cour de cassation de provoquer la nullité de l'acte attaqué, tandis que, d'après l'art. 88, c'est le procureur général lui-même qui agit de son propre mouvement, de son propre chef, en son propre nom. — *En raison du délai :* d'après l'art. 80, point de délai; le gouvernement donne l'ordre d'agir au procureur général, quand il croit nécessaire ou utile de le donner, tandis que, d'après l'art. 88, le procureur général ne peut intenter l'action qu'après que le jugement ou arrêt est devenu inattaquable, de manière qu'aucune voie n'est plus ouverte aux parties intéressées pour le faire rétracter. — *En raison des juges :* d'après l'art. 80, l'action doit être portée par-devant la chambre des requêtes, tandis que, d'après l'art. 88, elle doit être portée par-devant la chambre civile de la Cour. — *En raison du but :* quoique, dans le cas même de l'art. 80, le gouvernement ne peut agir que sans préjudice du droit des parties intéressées; car, dans tous les cas, le grand principe conservateur de la propriété et des droits particuliers des citoyens doit être religieusement respecté; cependant, d'après cet article, le gouvernement agit pour faire disparaître l'acte attaqué comme s'il n'avait jamais existé, et il disparaît, en effet, et avec lui tout ce qui s'en est suivi. C'est un but absolu, tout en fait; tandis que, d'après l'art. 88, le jugement ou arrêt attaqué ne tombe que vis-à-vis de la loi, demeurant intact vis-à-vis des parties intéressées, et sortissant, quant à elles, son plein et entier effet. C'est un but relatif : tout en théorie. — *Enfin, en raison de la cause :* d'après l'art. 80, c'est dans l'intérêt général de l'ordre public, de la tranquillité et sécurité générales de la société tout entière directement ou blessée ou à blesser; bref, *ne quid reipublicæ detrimenti capiat*, que le gouvernement doit intenter l'action, et ainsi pour la violation de lois d'ordre public, de sûreté générale, d'intérêt social; tandis que, d'après l'art. 88, l'action est intentée pour la violation d'une loi quelconque. — En deux mots, c'est une mission judiciaire que le législateur vous confie par l'art. 80; mais c'est une mission judiciaire extraordinaire, souveraine, qui peut, même dans des circonstances données, l'art. 441, Code d'instruction criminelle se trouvant sans application, être souvent d'un grand secours au gouvernement. »

Venant au reproche d'excès de pouvoir adressé à la décision attaquée, M. le conseiller Lasagni poursuit ainsi : « Les dispositions des art. 80 et 88 frappent l'excès de pouvoir de la part des juges. Mais cet excès de pouvoir doit-il être considéré de la même nature, doit-il être pris dans le même sens, dans l'une et l'autre de ces deux dispositions? C'est une des question dont la solution a toujours paru à la Cour d'une grande difficulté. — Mais, tout en ne s'arrêtant pas à l'opinion du grand magistrat Henrion de Pansey, qui soutenait que, dans le sens de l'art. 80, on ne devait regarder comme excès de pouvoir que les actes extrajudiciaires et illégaux des juges, la Cour de cassation n'a vu d'excès de pouvoir, dans le sens de cet article, que dans les écarts des juges et dans les violations des lois portant une atteint principale et directe à l'ordre des juridictions, non dans l'intérêt privé des particuliers, mais dans l'intérêt général, et spécialement de la société, lorsqu'ils entreprenaient sur le pouvoir, soit législatif, soit exécutif, lorsqu'ils ne se constituaient pas selon les lois de leur organisation, lorsqu'enfin ils méconnaissaient leur compétence, au préjudice même d'une autre branche du pouvoir judiciaire. »

Appliquant ces principes à l'espèce, M. le rapporteur, après avoir donné lecture du jugement attaqué, se demande s'il ne renferme pas trois excès de pouvoir, et continue en ces termes : « En effet, ne résulte-t-il pas textuellement, 1° de l'art. 16 de la loi du 25 mai 1838, que généralement et sans distinction aucune entre le tribunal civil et le tribunal de police, et contrairement à l'art. 28 du décret du 14 juin 1813, les huissiers exploitent concurremment dans le ressort de la juridiction assignée à leur résidence, même dans les villes où il y a plusieurs justices de paix? N'en résulte-t-il pas, par conséquent, qu'en accordant aux huissiers audienciers le droit exclusif d'instrumenter au préjudice de tous les autres, dans le ressort de la juridiction assignée à leur résidence, le jugement attaqué leur a créé un privilége, qu'il a ajouté à la loi, et par là commis un excès de pouvoir? — 2° Tant d'après la disposition de l'art. 71 du règlement du 14 juin 1813 sur l'organisation et le service des huissiers, que d'après les dispositions des art. 50 , 60 et 61 de la loi du 20 avril 1810, relatives aux officiers ministériels et aux fonctionnaires du ressort des tribunaux et des Cours royales , parmi les peines disciplinaires, on ne rencontre pas la condamnation à une amende. Ne doit-on pas dire, après cela, que le jugement attaqué, en condamnant l'huissier Aubard à une amende comme peine disciplinaire, a créé une peine disciplinaire non prononcée par la loi ; qu'il a, par là, entrepris encore une seconde fois sur le pouvoir législatif, et commis un second abus de pouvoir. — Enfin , l'art. 73 du règlement du 14 juin 1813 porte : « Toutes condamnations des huissiers à l'amende, à la restitution et aux dommages-intérêts pour des faits relatifs à leurs fonctions seront prononcées par le tribunal de première instance du lieu de leur résidence. » Si donc, lorsque l'amende est prononcée contre des huissiers pour des faits relatifs à leurs fonctions , elle doit être prononcée en audience publique et par le tribunal de première instance , le jugement attaqué, en prononçant l'amende contre l'huissier Aubard, pour des faits relatifs à ses fonctions, comme tribunal de police, en la chambre du conseil, ne s'est-il pas illégalement constitué ? n'est-ce pas là un acte arbitraire que le juge de paix a fait, et non pas un jugement qu'il a rendu ? n'a-t-il pas par là commis un troisième et quatrième excès de pouvoir ?

ARRÊT.

COUR DE CASSATION. — 16 JANVIER 1844.

LA COUR, —Attendu en droit : 1° que, de la disposition générale de l'art. 16 de la loi du 25 mai 1838, il résulte que contrairement à celle de l'art. 28 du décret du 14 juin 1813, les huissiers, sans distinction aucune entre le tribunal civil et le tribunal de police, exploitent concurremment entre eux, dans le ressort de la juridiction assigné à leur résidence, même dans les villes où il y a plusieurs justices de paix ; — 2° qu'il résulte des dispositions de l'art. 71 du décret du 14 juin 1813 et des art. 50, 60 et 61 de la loi du 20 avril 1810, que l'amende n'entre pas dans la classe des peines disciplinaires à infliger aux officiers ministériels et aux fonctionnaires du ressort des tribunaux et des Cours royales ;—3° enfin qu'il résulte de l'art. 73 dudit décret du 14 juin 1813, que toute condamnation des huissiers à l'amende, à la restitution et aux dommages-intérêts pour faits relatifs à leurs fonctions, doit être prononcée par le tribunal de première instance du lieu de leur résidence ;

Et. attendu en fait que le jugement attaqué a reconnu en faveur des huissiers audienciers, au préjudice de tous les autres dans le ressort de la juridiction assignée à leur résidence, le droit exclusif d'instrumenter devant le tribunal de police ; qu'il a condamné *disciplinairement* l'huissier Aubard à une amende pour des faits relatifs à ses fonctions ; qu'enfin il l'y a condamné comme juge de police et en chambre du conseil ;

D'où il suit que le jugement attaqué a créé un privilége non accordé par la loi ; qu'il a infligé une peine disciplinaire non prononcée par la loi ; qu'il a empiété sur les attributions du tribunal de première instance ; qu'enfin il a méconnu le principe tutélaire de la publicité, et qu'il a par là, commis un quadruple excès de pouvoir ;

Procédant en exécution de la disposition de l'art. 80 de la loi du 27 ventôse an II, annule pour excès de pouvoir le jugement rendu par le juge de paix du canton nord de Castres, du 11 avril 1842.

Auteurs et jurisprudence. — Première et deuxième questions, V. art. 50, 2ᵉ partie de ce journal.

Troisième question. — Conforme : Cassation, 17 novembre 1830, 3 mars 1839, 28 août et 29 juin 1840.

A annoter au mot **Huissier**, nº 264.

ART. 103.

JUGE DE PAIX.

COMPÉTENCE. — CONVENTIONS. — CONCILIATION. — PROROGA-
TION DE JURIDICTION.

§ I.

Les juges de paix peuvent-ils, sans qu'il y ait différend, se constituer en bureau de conciliation, entendre les parties qui se présentent devant eux et rédiger procès-verbal de leurs conventions?

La négative résulte d'une circulaire du ministre de la justice du 29 brumaire an V, ainsi conçue :

L'ordre judiciaire serait imparfait si les bornes de chaque autorité n'avaient été circonscrites, si les fonctions des divers officiers publics avaient été confondues.

Les lois ont limité les attributions des bureaux de paix et de conciliation en affaires de *nature contentieuse ;* les seules transactions sur procès sont de leur ressort. Les parties amenées en vertu d'une citation devant des citoyens chargés de les concilier, peuvent, à raison de leur futur litige, faire entre elles tel accord que bon leur semble, et l'acte en est rédigé sur-le-champ.

Ce serait donc un grand abus si, sous prétexte de conciliation, les bureaux de conciliation pouvaient recevoir d'autres conventions, des actes en un mot qui ne seraient pas la suite d'une conciliation, le terme d'un procès. Ce serait de leur part envahir des fonctions qui leur sont étrangères et qui ont été départies à d'autres fonctionnaires, aux seuls notaires ; ce serait compromettre la plus belle des institutions, si jamais il était permis d'en abuser au point de blesser les intérêts de la société.

Tous ces désordres existent cependant. Dans divers cantons ruraux, des juges de paix méconnaissent leurs devoirs et confondent toutes les attributions. Couverts du masque du médiateur, et sous la forme de conciliation, ils reçoivent habituellement les conventions ordinaires des parties telles que ventes, baux, obligations, quittances. Il n'est pas jusqu'aux inventaires dans lesquels ils ne s'entremettent, quoique la conciliation ne puisse leur servir de prétexte et que l'art. 10 de la loi du 6-27 mars 1791 le défende expressément aux juges de paix. Leur auditoire est transformé en quelque sorte en une étude de notaire. Les citoyens, à leur insu, se trouvent ainsi privés de l'hypothèque, ce gage sacré de nos conventions.

D'après des motifs aussi puissants, j'ai dû rappeler les bureaux de conciliation à l'unité et à la simplicité de leur institution. Mieux éclairés, dorénavant, les juges de paix s'empresseront de rendre hommage aux lois qui fixent leurs attributions conciliatrices, et ils ne les exécuteront pas avec moins de fidélité et de respect que celles qui assurent leur compétence en matière judiciaire.

§ II.

Un juge de paix peut-il, en invoquant l'art. 7 du Code de procédure, sans qu'il y ait litige réel et sérieux entre les parties, rendre un jugement qui condamne l'une de ces parties, à payer à l'autre, le montant d'une dette reconnue?

FAITS.

Dans un ordre ouvert sur le prix d'immeubles ayant appartenu au sieur Philibert, les héritiers Lebarbey, porteurs d'un jugement rendu par le juge de paix du quatrième arrondissement de Paris, le 5 décembre 1827, sur compromis signé par les parties, et condamnant Philibert à payer à Lebarbey 20,000 francs, furent colloqués provisoirement pour cette somme.

Philibert étant décédé dans le cours de la procédure, sa veuve demanda par voie de tierce-opposition, la nullité du jugement pour cause de dol et de fraude, et par un dire de contestation, elle repoussa la collocation des héritiers Lebarbey, sur le motif que le prétendu jugement du 5 décembre 1827 était nul, comme ne contenant pas l'énonciation du litige sur lequel serait intervenu la prorogation de juridiction, et comme étant rendu en dehors des pouvoirs du juge, puisqu'en réalité aucun litige n'existait entre les parties.

20 mai 1840, jugement du tribunal de la Seine, qui repousse cette prétention. — Appel.

ARRÊT.

COUR ROYALE DE PARIS. — 19 AOUT 1841.

LA COUR, en ce qui touche le chef du jugement du 20 mars 1840, qui attribue l'autorité de la chose jugée au prétendu jugement rendu par le juge de paix du quatrième arrondissement de Paris, contre Philibert au profit de Lebarbey :

Considérant en droit, — 1° que, si aux termes de l'art. 7 du Code de procédure civile, les parties, même celles domiciliées hors des limites de la juridiction d'un juge de paix, peuvent le constituer juge en dernier ressort des contestations existantes entre elles, et si la jurisprudence a étendu en ce cas la prorogation de juridiction des juges de paix et des litiges dont l'objet est d'une valeur excédant la compétence en dernier ressort des tribunaux civils, il est incontestable qu'à la différence des arbitres qui ne sont point astreints à juger d'après les règles du droit lorsqu'ils sont amiables compositeurs, les juges de paix, magistrats institués par la loi, ne peuvent ni en la forme ni au fond, s'écarter des règles tracées par la loi, et qu'ils ne le peuvent pas surtout lorsqu'une prorogation de juridiction leur soumet en dernier ressort des litiges qui, sans cette prorogation, ne pourraient être jugés souverainement que par un tribunal civil, et même en appel, par une Cour royale.

2° Que l'art. 141 du Code de procédure civile, aux termes duquel tout jugement doit contenir quatre parties distinctes : les noms des parties, l'objet du litige et les conclusions des parties, les motifs du jugement et son dispositif, est, comme l'était l'art. 15, tit. 5, L. 16-24 août 1790, applicable aux jugements des justices de paix ; que, même dans le cas où ces quatre parties ne devraient point, à peine de nullité, être distinctes dans les jugements des juges de paix, toujours serait-il indispensable qu'ils énonçassent clairement dans leurs jugements les points litigieux ainsi que les conclusions et moyens des parties, quelle que soit la partie du jugement où ils les énoncent ; qu'autrement il serait impossible de connaître la difficulté qui divisait les parties et leurs moyens sur la manière de les résoudre ; que lorsque les juges de paix ne les énoncent pas dans leurs jugements, les jugements manquent de leur caractère essentiel, celui d'une décision sur un litige réel ; qu'en conséquence, de tels jugements n'en ont que la forme extérieure ; que les parties intéressées, les créanciers et les héritiers bénéficiaires sont recevables, lorsqu'on les leur oppose, à en demander la nullité.

Considérant en fait, 1° que le prétendu jugement, du 5 décembre 1827, qui énonce la prorogation de juridiction conférée par les parties au juge de paix, ne fait nullement connaître en quoi consistait la difficulté à raison de de laquelle les parties se soumettaient à sa décision souveraine ;

2° Qu'il n'énonce pas les moyens et conclusions des parties contractantes, moyens et conclusions d'autant plus essentiels à connaître qu'il s'agissait du prêt manuel d'une somme du 20,000 fr., et que le devoir du juge était de vérifier comment un prêt manuel de cette importance avait pu être fait par une des parties à l'autre.

3° Qu'à la vérité, et pour motif unique de sa décision, le juge de paix énonce que le défendeur a reconnu devoir au demandeur la somme de 20,000 fr. pour prêt manuel, mais que ce motif qui devait être nécessairement précédé de l'objet de la difficulté, soit sur l'existence de la dette, soit sur sa quotité, soit sur les à-comptes payés, si elle eût été réelle, est exclusif d'une difficulté sérieuse et antérieure sur la créance et sa quotité ; que le juge de paix ne mentionne même pas qu'une seule pièce ou une simple note ait été déposée sur le bureau par l'une des parties ou toutes deux ; d'où il résulte évidemment qu'il n'y avait pas litige réel entre les parties, et qu'elles se sont présentées devant le juge de paix, comme elles l'auraient fait devant un notaire pour constater la reconnaissance du prêt de 20,000 fr.

Qu'ainsi le prétendu jugement dont il s'agit n'est point un acte de la juridiction contentieuse du juge de paix, mais une sorte de procès-verbal dressée nonobstant les apparences contraires, hors de l'exercice des fonctions de juge de paix, procès-verbal par lequel le juge de paix a empiété sur les fonctions des notaires et auquel ne s'attachent ni l'authenticité ni une hypothèque judiciaire.

Infirme au principal, déclare nul le prétendu jugement du 5 décembre 1827.

§ III.

Un jugement ainsi rendu et qui n'a point été l'objet d'un recours en temps utile, est un titre authentique et exécutoire, suffisant pour servir de base à une saisie immobilière.

FAITS.

Le sieur Pougner et les époux Triaud se présentèrent volontairement devant le juge de paix du canton de Lajarrie, auquel ils déclarèrent qu'ils venaient solliciter un jugement en dernier ressort, à raison d'une demande que Pougner voulait former contre Triaud et femme en payement de 640 fr., somme reconnue par ces derniers, qui demandaient un délai de quatre mois, accordé par Pougner.

Le 12 juillet 1838, après avoir régulièrement prorogé sa juridiction, le juge de paix rendit un jugement par lequel, « considérant que la réclamation du demandeur est reconnue juste les défendeurs; que n'y ayant pas de contestation sur l'objet de la demande, et le sieur Pougner ayant accordé les délais sollicités, il ne s'agit que de prononcer les condamnations requises; » il condamna les époux Triaud à payer les 640 francs faisant l'objet de la demande, en leur accordant le délai consenti par le sieur Pougner.

Les époux Triaud n'ayant point payé furent saisis immobilièrement par Pougner; mais ils demandèrent la nullité de la saisie, comme faite sans titre exécutoire. Ils fondèrent cette demande sur ce que n'y ayant pas de contestation entre eux et leur créancier lorsqu'ils s'étaient présentés devant le juge de paix, ce magistrat n'avait pas eu de jugement à rendre, et n'avait en réalité constaté qu'une convention à laquelle il n'avait pu donner le caractère de l'authenticité et la force exécutoire, qui n'appartiennent, en matière de contrats, qu'aux actes des notaires.

Jugement du tribunal civil de Niort, du 27 juillet 1842, qui ordonne la continuation des poursuites : « Attendu que l'acte en vertu duquel Pougner a fait saisir les biens des époux Triaud, est un jugement rendu par un magistrat compétent, du consentement des parties, conformément à l'art. 7 Code proc. civ.; que pour lui ôter cette puissance d'exécution, il faudrait arriver à en déclarer la nullité, ce qui excède les pouvoirs du tribunal; — Attendu qu'il est définitif, et passé en force de chose jugée, etc... »

Appel; mais, le 23 août suivant, arrêt de la cour royale de Poitiers qui confirme, en adoptant les motifs des premiers juges.

—Pourvoi en cassation par les époux Triaud, pour violation des articles 2213 et 1317 C. civ.

ARRÊT.

COUR DE CASSATION. — 13 NOVEMBRE 1843.

LA COUR; — Attendu que la saisie dont il s'agit a été pratiquée en vertu d'un acte émané d'un juge de paix, qui, en qualité de juge prorogé, aux termes de l'art. 7 du Code de procédure, a condamné le demandeur à payer une certaine somme au défendeur éventuel;—Attendu que cet acte portant la qualification de jugement, et revêtu de toutes les formes constitutives d'une décision judiciaire, n'aurait pu être invalidé que par un tribunal régulièrement et compétemment saisi de l'un des recours que la loi autorise à former contre ces décisions; — Attendu qu'en l'absence de tout pourvoi de ce genre, le caractère et l'authenticité du jugement ci-dessus précité ne pouvaient être mis en doute incidemment à une instance de pure exécution : et qu'en le décidant ainsi, l'arrêt attaqué, loin de violer les lois citées, s'y est exactement conformé. — Rejette.

OBSERVATIONS.

Les documents que nous venons de transcrire établissent les trois points suivants :

1° Les juges de paix ne peuvent, sur l'invitation des parties, se constituer en bureau de conciliation lorsqu'il s'agit, non de concilier ceux qui se présentent sur une contestation qui est sur le point de naître, mais d'enregistrer des conventions arrêtées avant d'arriver devant ces magistrats.

2° Dans le cas de l'art 7 du Code de procédure, le juge de paix ne peut rendre un jugement qu'autant qu'il y a difficulté sérieuse, réelle entre les parties au moment où elles comparaissent devant lui; il ne pourrait les recevoir, entendre ni juger, si elles se présentaient seulement pour réaliser une transaction arrêtée d'avance entre elles. — On comprend que le juge de paix doit rester dans ses fonctions de juge, et qu'il en sortirait pour usurper celles des notaires s'il se prêtait à être rédacteur de conventions arrêtées à l'amiable et sans l'apparence de la plus petite difficulté. S'il en était autrement, rien ne serait plus facile que d'obtenir une hypothèque générale frappant même les biens à venir du débiteur, et peu de prêts auraient lieu sans que le prêteur s'arrangeât de manière à avoir cette garantie, préférable de beaucoup à l'hypothèque spéciale d'une obligation notariée.

3° Néanmoins un tel jugement, s'il n'est pas réformé dans les délais prescrits, c'est-à-dire s'il acquiert l'autorité de la chose jugée, peut servir de base à toutes saisies mobilières ou immobilières et en général à toutes sortes d'exécutions.

A annoter au mot **Conciliation**, n° 55; et **Tribunal de paix**, n° 7.

ART. 104.

—

DISCIPLINE.

COMPÉTENCE DES CHAMBRES DE DISCIPLINE. — FAITS D'INDÉLICATESSE. — FAITS D'IMMORALITÉ.

Les faits d'indélicatesse et d'immoralité commis par des officiers ministériels, en dehors de leurs fonctions, sont-ils de la compétence des chambres de discipline, et punissables, par conséquent, de peines disciplinaires?

JUGEMENT.

TRIBUNAL DE NANTES. — 21 AOUT 1843.

« LE TRIBUNAL, ouï en ses audiences des 1er, 7, 8, 10 et 17 de ce mois, les témoins dans leurs dépositions, Me F... dans son interrogatoire, M. Ménard, substitut du procureur du roi, dans son réquisitoire, concluant à la peine disciplinaire de la destitution, l'avocat de Me F... dans ses moyens de défense; après avoir ordonné le dépôt des pièces, a renvoyé à ce jour le prononcé du jugement et délibéré suivant la loi :

» Attendu que les notaires ne sont pas seulement restreints à la stricte exécution des lois et règlements; que les honorables fonctions dont ils sont revêtus leur imposent encore le devoir d'une exacte probité et d'une scrupuleuse délicatesse; — Que, suivant l'orateur du gouvernement chargé d'exposer les motifs de la loi du 25 vent. an XI, le législateur a entendu exiger plus des notaires que des simples particuliers; qu'à ses yeux, de la part d'un notaire, le manque de délicatesse devient un délit, et le défaut de probité un crime; — Que, sous ce rapport, l'intérêt des familles veut que la personne des notaires soit indivisible, et qu'en dehors de l'exercice, de même que dans l'exercice de leurs fonctions, les notaires ne cessent pas de se montrer des hommes irréprochables ;

» Attendu qu'on ne peut certes pas faire à M. F... un reproche pour avoir recherché la main de mademoiselle M...; mais qu'après avoir été plusieurs fois éconduit par cette jeune personne, ainsi que par ses parents, il a eu le tort grave de lui conseiller et de lui faciliter une démarche qui devait inévitablement avoir pour résultat de porter la désolation au sein d'une famille honnête, de compromettre la demoiselle M... elle-même, et de donner dans la localité l'exemple d'un grand scandale ;

» Attendu, en effet, qu'après l'extrême répugnance que cette jeune personne avait témoignée pour Me F..., il n'est pas naturel de croire qu'afin d'arriver à l'union qu'elle avait si énergiquement repoussée, elle se fût d'elle-même portée à fuir la maison paternelle, où, loin d'être tyrannisée, elle était l'objet des plus tendres sollicitudes; — Qu'il résulte de la déposition du sieur Séché, et même de celle de la demoiselle M..., qu'à l'instigation de Me F..., une personne qui ne devrait se mêler des mariages que pour les bénir, aurait pris au succès des recherches de Me F... un intérêt beaucoup trop vif;

— Qu'il résulte également de la déposition du sieur Tiger, que le projet d'enlèvement était arrêté dans la famille F..., et qu'on y regardait comme chose toute simple de soustraire une jeune fille à la puissance paternelle;

» Attendu qu'il est prouvé que M° F... a coopéré, autant qu'il l'a pu, à la fuite de la demoiselle M...; — Que, le jour de cette fuite, il fit conduire, par voie détournée, son cabriolet dans le lieu convenu; que là, accompagné de sa sœur, il attendit la demoiselle M..., qui vint l'y rejoindre;

» Attendu qu'au lieu de la déposer dans l'une des nombreuses maisons où l'on reçoit toutes les jeunes personnes honnêtes, il la fit voyager d'auberge en auberge, à Nantes, à Clisson, à Saint-Laurent-sur-Sèvre, à Cholet, à Beaupréau, qu'en un mot si M° F... avait eu l'intention de compromettre la demoiselle M..., il n'eût pas agi autrement;

» Attendu que, sans une influence blâmable, la demoiselle M..., qui n'avait pas à sa disposition d'argent et qui ne connaissait personne dans les diverses localités où on la conduisait, n'eût pas eu l'idée de ces fréquents et nombreux voyages; — Que l'influence de M° F... s'est fait remarquer jusqu'à l'audience, où il n'a pas craint de faire comparaître la demoiselle M..., qui a parlé de ses respectables parents dans des termes qui ne peuvent pas être l'expression de ses propres sentiments;

» Attendu enfin qu'il résulte de l'ensemble des circonstances de cette affaire que M. F... a sacrifié à ses intérêts personnels des convenances sociales et même des devoirs qu'un notaire, jaloux de sa considération, aurait tenu à respecter; — Qu'il importe à la morale et à la paix des familles que les mariages ne soient pas déterminés par des suggestions et instigations qui rendraient nulle l'autorité si naturelle et si légitime des parents;

» Par ces motifs et vu l'art. 53 de la loi du 25 ventôse an XII, déclare blâmable la conduite de M° F..., et ordonne que durant dix jours il demeurera suspendu de ses fonctions de notaire. »

OBSERVATIONS.

Le jugement que nous venons de transcrire, quoique rendu au sujet de faits reprochés à un notaire, n'en est pas moins applicable aux huissiers, car ici, comme en matière de propriété et de cession d'office, les notaires et les huissiers sont régis par les mêmes principes.

En effet, l'art. 50 de la loi du 25 ventôse an XI, et les art. 1, 2, 9, 10 et 11, de l'arrêté réglementaire de nivôse an XII, concernant l'établissement des chambres de discipline des notaires, pas plus que l'art. 70 du décret du 14 juin 1813, organisant les chambres de discipline des huissiers, en constituant ces différentes chambres de la même manière, en leur accordant des pouvoirs de la même nature et de la même étendue, ne posent, dans un cas ou dans l'autre, aucun principe, aucune règle sur les faits de nature à entraîner l'exercice du pouvoir disciplinaire dont ces chambres sont revêtues.

A ne consulter que le texte de l'arrêté de nivôse an XII, et celui du décret du 14 juin 1813, on serait naturellement porté à penser que les fautes commises par les officiers ministériels dans l'exercice ou à l'occasion de l'exercice de leurs fonctions, seraient seules punissables de peines disciplinaires. Ne peut-on pas dire, à l'appui de cette opinion, que les chambres de discipline sont des tribunaux d'exception dont les pouvoirs doivent être spécialement restreints aux cas prévus ; — que l'arrêté de nivôse an XII, ni le décret de 1813, promulgués dans le but d'assurer l'exercice régulier des fonctions de notaire et d'huissier, n'ont eu en vue que les faits reprochables commis par ces officiers ministériels dans l'exercice ou à l'occasion de l'exercice de leurs fonctions ; — qu'il n'a pu être dans l'intention du législateur d'accorder aux chambres de discipline le droit de se livrer à des investigations sur les actes de la vie privée des fonctionnaires, et celui de punir ces actes par des peines créées uniquement en vue du fonctionnaire, et qui ne peuvent atteindre que les fonctions ; — que les fautes commises par un fonctionnaire doivent être divisées en deux classes distinctes, comprenant l'une celles relatives aux fonctions, l'autre celles consommées par le citoyen, en dehors des fonctions de notaire ou d'huissier ; — que les premières seules sont justiciables des chambres de discipline, les autres des tribunaux ordinaires ; — qu'attribuer ces dernières aux chambres de discipline c'est changer l'ordre des juridictions, dépouiller les tribunaux ordinaires au profit d'un tribunal d'exception, et appliquer à un fait une peine qui ne lui était pas destinée.

Assurément ces considérations ne manquent pas d'une certaine force, et le principe que les faits de profession seuls peuvent entraîner des peines disciplinaires, a été adopté par le procureur général près la cour royale de Paris, dans une lettre à l'un de ses substituts du 21 mars 1821, ainsi conçue :

« La conduite du notaire D... est très-répréhensible, mais je ne crois pas que la liberté de mœurs qu'on lui reproche soit assez saillante pour motiver le recours à la discipline, soit de la chambre des notaires, soit des tribunaux. Il y a sans doute tel acte d'immoralité si odieux et si flétrissant, que, bien qu'il ne soit pas un fait de profession, les communistes de profession, et encore plus les magistrats, ont le droit de s'en occuper.

» Mais au delà des faits de profession, il ne faut pas vouloir porter l'autorité trop loin. Il y aurait à craindre qu'on ne fournît aux esprits ombrageux des prétextes de crier à l'inquisition. Dans le siècle où nous vivons, l'action d'obtenir des faiblesses d'une jeune personne de dix-neuf ans, toute blâmable qu'elle est fort justement aux yeux des hommes moraux et religieux, n'est pas malheureusement assez extraordinaire quand elle n'est pas préparée par des manœuvres, elle n'est pas assez scandaleuse pour qu'on doive s'en occuper à l'égard d'un notaire autrement qu'à l'égard de tout autre.

» Je crois donc qu'il n'y a rien à faire en cette occasion qu'à punir de son mépris un homme qui, certainement, s'il commettait d'ailleurs quelque faute de profession, ne deviendrait plus digne de faveur par sa conduite privée, mais dont la conduite privée toute seule ne peut pas devenir dans les circonstances l'objet de la sollicitude des tribunaux. »

Mais si l'on considère que les chambres de discipline sont gardiennes de l'honneur et de la considération du corps qu'elles représentent, si l'on veut bien se rendre compte de l'effet que produisent sur le fonctionnaire et de la déconsidération que lui impriment les actes d'immoralité, d'improbité et d'indélicatesse commis par lui dans ses relations de la vie privée, ne sera-t-on pas amené à penser qu'il est de l'intérêt des notaires et des huissiers d'étendre les pouvoirs des chambres de discipline à certains faits d'une improbité ou d'une immoralité telle qu'elle attire sur l'homme qui s'en est rendu coupable une réprobation qui rejaillit sur le fonctionnaire, et peut jusqu'à un certain point porter atteinte à l'honneur de la corporation dont il fait partie.

C'est ce que professe Rolland de Villargues, *Rép. du Not.*, V. *Discipl. not.*, n°s 38 et 43, et qu'autorisent à admettre :

1° Un arrêt de la cour royale de Bordeaux, du 6 juin 1833, qui a décidé que lorsqu'un notaire se rend coupable d'un délit qui blesse les bonnes mœurs, sans cependant porter atteinte à sa probité dans l'exercice de ses fonctions, il y a lieu de lui appliquer des peines disciplinaires, par exemple, la suspension ;

2° Un arrêt de la même cour, du 24 juin 1828, qui juge qu'un notaire condamné pour habitude d'usure a encouru, sans contredit, des peines disciplinaires qui pourraient aller jusqu'à la suspension ;

3° Un arrêt de Toulouse, du 13 juin 1836, qui décide qu'un notaire qui a mis le désordre dans ses affaires, qui ne peut payer ses nombreux créanciers, et qui est sous le coup de la contrainte par corps, doit être suspendu de ses fonctions ; enfin un arrêt de Metz du 14 juin 1825, qui admet que les notaires sont soumis aux peines de discipline, non-seulement pour les fautes commises dans le cerc e de leurs fonctions, mais encore pour celles commises dans la gestion des affaires particulières qui leur sont confiées.

Ainsi la jurisprudence admet que les officiers ministériels qui, en dehors de leurs fonctions, commettent des actes d'immoralité ou d'improbité, sont justifiables des chambres de discipline, et passibles des peines disciplinaires établies par les règlements de leur corporation.

A annoter au mot Chambre de discipline, n° 27.

ART. 105.

—

OFFICE.

RÉSOLUTION DE TRAITÉ. — CLAUSE A RETRANCHER. — REFUS DE CONSENTEMENT. — DOMMAGES-INTÉRÊTS.

Le refus par le cessionnaire de consentir au retranchement, exigé par le ministère, d'une clause insérée au traité d'un office, peut, suivant les circonstances, le rendre passible de dommages-intérêts envers son cédant.

FAITS.

Le 1ᵉʳ août 1843, la veuve Vigneau a cédé au sieur Brossard l'office de notaire, vacant à Laferté Vidame par le décès de son mari.

Une clause du traité portait que, « dans le cas où par une des causes indépendantes de la volonté ou du fait de l'acquéreur, celui-ci n'aurait pas obtenu sa nomination dans le délai de deux mois du jour du traité, il serait résolu de plein droit, sans indemnité de sa part. »

Le ministère demanda la suppression de cette clause, qui, suivant lui, portait atteinte à la liberté d'action dont le gouvernement devait jouir dans les nominations à faire. Madame Vigneau donna de suite son adhésion à ce retranchement, mais le sieur Brossard refusa d'y consentir, sous le prétexte que la prolongation du délai fixé pour sa nomination pourrait lui causer préjudice, en éloignant la clientèle de l'étude. Par suite la nomination n'eut pas lieu.

En cet état, la dame Vigneau a formé une demande en résolution du traité et en dix mille francs de dommages-intérêts contre le sieur Brossard.

Jugement du tribunal de Dreux, qui prononce cette résolution et renvoie les parties devant la chambre des notaires, pour la fixation des dommages-intérêts.

Appel de la part du sieur Brossard. — Son avocat s'est attaché à démontrer que la clause en question n'avait rien d'illicite ; que si l'autorité avait cru devoir, par des raisons de haute convenance peut-être, en exiger la suppression, le sieur Brossard avait un trop grand intérêt à son maintien pour y consentir ; qu'en effet, devant succéder à un titulaire mort, il lui importait au plus haut degré que la charge restât vacante le moins de temps possible ;

que son refus, basé sur un intérêt aussi légitime, avait bien pu entraîner la résolution du traité, mais non motiver contre lui une condamnation en dommages-intérêts. Enfin, l'avocat s'élevait contre la disposition du jugement qui déférait à la chambre des notaires de Dreux la fixation des dommages-intérêts. Cette chambre, disait-il, intéressée au maintien du haut prix des charges, ne manquerait pas de ne voir rien d'exagéré dans le prix qu'en avait donné le sieur Brossard, et de proportionner à ce prix les dommages-intérêts.

Pour la dame Vigneau l'on répondait, en faisant d'abord ressortir des termes mêmes de la clause la preuve qu'elle avait été stipulée bien plus encore dans son intérêt que dans celui du sieur Brossard, car il lui importait bien plus encore à elle que la clientèle ne se perdît pas par une trop longue vacance. Et cependant elle n'avait pas hésité à consentir à la suppression demandée par l'autorité supérieure ! C'était donc par le fait seul du sieur Brossard que la résolution avait été encourue, à la grande satisfaction de celui-ci ; car, et voici le mot du procès, le sieur Brossard regrette beaucoup d'avoir signé le traité. Il sera résolu, soit ; mais qu'au moins le sieur Brossard porte la peine de son refus, que rien ne légitimait.

M. Monsarrat, avocat-général, a fait connaître que le refus du sieur Brossard avait eu pour principal motif le trop haut prix auquel il prétendait avoir acheté. Il a conclu néanmoins à la confirmation.

ARRÊT.

COUR ROYALE DE PARIS. — 18 NOVEMBRE 1843.

« LA COUR ; — Considérant que la clause relative au délai dans lequel la nomination de Brossard devait avoir lieu était stipulée principalement dans l'intérêt de la veuve Vigneau ; — Que, *dans les circonstances de la cause*, la radiation de cette clause ne pouvait causer de préjudice à Brossard ; — Que Brossard, en exigeant le maintien de cette clause, malgré le refus de l'autorité, et en refusant également la résolution du traité, a été, par son fait, la cause de la non-exécution du traité, et a forcé la veuve Vigneau d'en demander la résolution à la justice ; — Adoptant les motifs des premiers juges, mais considérant que les premiers juges ont eu tort de renvoyer à la chambre des notaires de Dreux la fixation des dommages-intérêts, qu'ils devaient se réserver ; — Infirme sur ce chef, renvoie les parties devant la chambre des notaires de Dreux, laquelle donnera son avis sur les dommages-intérêts réclamés, d'après les bases fixées par les premiers juges, pour ledit avis rapporté à la cour, être statué ce qu'il appartiendra ; la sentence, au résidu, sortissant effet. »

Auteurs. — Pour : A. Dalloz, *Dict. gén.* Supplément, v° *Office*, n°s 95-11° Si, en général, dit-il, on ne doit pas rendre le cessionnaire responsable du refus de l'admettre, prononcé par le gouvernement, il doit en être autrement si, après sa présentation, le candidat usait de manœuvres et parvenait ainsi à anéantir un traité dont il s'est repenti. — Contre : Rolland de Vill. v° *Office* n° 256, qui pense que le refus de l'une des parties d'adhérer à la suppression demandée par le gouvernement d'une clause du traité, ne peut servir de fondement à une demande en dommages-intérêts contre elle par la raison que l'inexécution du traité ne peut lui être imputée.

Jurisprudence. — Pour : Douai, 26 janvier 1839, qui décide que le successeur désigné et non accepté peut être passible de dommages-intérêts, si le défaut d'accomplissement du contrat lui est imputable.

A annoter au mot **Office**, n° 31.

ART. 106.

OFFICE.

RÉSOLUTION. — CLAUSE ILLICITE. — REJET DU TRAITÉ PAR LE GOUVERNEMENT.

Est rejetée comme gênant la liberté d'action du gouvernement, la clause insérée dans le traité d'un office, et portant que si, par des causes indépendantes de sa volonté, le cessionnaire n'a pas obtenu sa nomination dans tel délai, la cession sera résolue de plein droit et sans indemnité.

C'est ce qui a été décidé par le Garde des sceaux, dans l'espèce dont nous avons rendu compte sous l'article qui précède.

A annoter au mot **Office**, n° 27.

ART. 107.

OFFICE.

DOMMAGES-INTÉRÊTS. — FIXATION. — CHAMBRE DE DISCIPLINE.

Les tribunaux peuvent bien renvoyer devant la chambre de discipline pour avoir son avis sur les dommages-intérêts réclamés en cas de résolution du traité d'un office, mais non pour qu'elle en fixe irrévocablement le montant.

C'est ce que la Cour de Paris a jugé par son arrêt du 18 novembre 1843, rapporté art. 105 ci-dessus.

A annoter au mot Office, n° 32.

—

ART. 108.

—

PROTÊT.

REFUS DE PAYEMENT LE JOUR DE L'ÉCHÉANCE.—PAYEMENT AU MOMENT DU PROTÊT. — FRAIS.

Lorsque, le lendemain de l'échéance et au moment de faire le protêt, le débiteur offre de payer, l'huissier doit-il recevoir et dresser un protêt contenant quittance ?

Ou bien doit-il refuser de recevoir et dresser un protêt circonstancié, si le débiteur ne veut lui consigner le coût du protêt ?

Qui doit payer les frais de cet acte ?

Dans l'usage, les personnes chargées du recouvrement d'un grand nombre d'effets de commerce se présentent le jour de l'échéance au domicile indiqué pour le payement. Les effets payés sont remis aux souscripteurs, les autres sont confiés à un huissier pour les protester.

La plupart des huissiers, ceux surtout qui tiennent à ménager leur clientèle, se présentent une seconde fois le lendemain de l'échéance et reçoivent sans difficulté, sans exiger aucune rétribution et sans dresser aucun acte, les effets échus qu'on veut bien leur payer. Quant à ceux pour lesquels il n'y a pas de fonds, ils sont protestés.

Mais l'huissier qui veut user de la plénitude des droits que ses fonctions lui confèrent, peut-il dresser un protêt encore que le débiteur offre de payer ? Nous le pensons.

D'une part, l'accepteur d'une lettre de change ou le souscripteur d'un billet à ordre est suffisamment averti par le titre qu'il a signé, du lieu et du jour où il devra effectuer le payement du montant de son effet de commerce. Tout ce qu'il est en droit d'exiger, c'est que le porteur se fasse connaître le jour de l'échéance et vienne par lui ou un mandataire recevoir et remettre le titre valablement acquitté. Dès qu'il y a eu présentation, sans payement, le débiteur est en faute, et s'il veut éviter un protêt il doit se transporter au domicile du porteur et y retirer son titre, s'il ne veut s'exposer à un protêt dès le matin du lendemain de l'échéance.

D'une autre part, un huissier n'est tenu de prêter son ministère que moyennant un salaire déterminé par la loi. Chaque fois qu'il est chargé d'une mission quelconque, par exemple de protester un effet de commerce, il doit dresser un acte constatant ce qu'il a fait pour deux raisons ; la première afin de justifier que la mission qu'il a acceptée a été remplie ou n'a pu l'être à raison de tels obstacles, et la seconde, dans le but de réclamer la juste rétribution qui lui est due.

Ainsi nulle difficulté : l'huissier, dans l'hypothèse que nous avons prévue, a le droit — ou de dresser un protêt constatant le payement ; — ou, s'il l'aime mieux, dans le cas où il exigerait que le débiteur payât le coût du protêt et où celui-ci refuserait, rédiger un protêt, en ayant soin de constater que le débiteur a offert le principal et refusé de payer le protêt.

Les frais du protêt seront à la charge du débiteur qui aura refusé de payer au moment de la présentation, le jour de l'échéance. — S'il conteste que l'effet lui ait été présenté, le porteur devra prouver la présentation, et cela sera d'autant plus facile, que la plupart du temps, les effets sont présentés par des tiers susceptibles d'être entendus comme témoins.

Il y aurait un moyen bien simple de constater la présentation des effets de commerce le jour de l'échéance, et qu'on pourrait employer s'il n'engendrait pas des frais dont on peut se dispenser : ce serait de faire présenter tous les effets de commerce par un huissier, lequel constaterait, par un procès-verbal, ceux qui ont été refusés le jour de l'échéance. De cette manière, les frais du protêt tomberaient, sans objection possible, à la charge du débiteur.

Notre opinion sur le point principal de cette discussion, c'est-à-dire, sur la question de savoir qui doit payer le protêt, est conforme à celle de Pardessus (*Droit commercial*, 5ᵉ édition, nº 419) et de Bioche (*Journal de procédure*, art. 4268).

« Il est rare, dit Pardessus, que lors du protêt celui sur qui la lettre est tirée paye ; cependant cela est possible : les frais sont alors à sa charge, parce qu'il devait s'acquitter le jour de l'échéance. — Il pourrait, il est vrai, prétendre qu'on ne s'est pas présenté ; il pourrait aussi, en avouant qu'on s'est présenté, prétendre que le porteur n'ayant aucun endossement qui lui attribuât la propriété de la lettre, ou du moins mandat pour recevoir....., les frais ne doivent pas être à sa charge, et il aurait évidemment raison. — Dans ce cas, les tribunaux statueraient suivant les preuves, les probabilités et les circonstances. »

« Cette distinction, ajoute M. Bioche, est généralement admise.
— Ainsi, un jugement assez récent du tribunal d'Amiens, considérant que le porteur, en se présentant au domicile du débiteur pour toucher le montant de l'effet, avait pleinement satisfait au vœu de la loi, et que le débiteur aurait dû, pour y satisfaire, payer au moment même de la présentation, ou tout au moins se rendre au domicile du porteur pour lui remettre les fonds, ce qu'il n'avait point fait avant l'arrivée de l'huissier, a condamné le débiteur aux frais du protêt. »

Rolland de Villargues, en rapportant ces opinions (*Jurisprudence du notariat*, art. 5917), semble également les approuver.

A annoter au mot **Effet de commerce**, n° 189.

ART. 109.

—

CONTRAINTE PAR CORPS.

NOTAIRE. — SOMMES REÇUES POUR EN FAIRE LE PLACEMENT.
— SOMMES REÇUES EN VERTU D'UN MANDAT.

TROISIÈME ESPÈCE.

Un notaire n'est pas contraignable par corps pour la restitution d'une somme à lui confiée pour en faire le placement et à la charge par lui d'en payer l'intérêt jusqu'au remboursement.

FAITS.

Mᵉ G..., notaire, a remis au sieur F..., son client, une reconnaissance ainsi conçue :

« Je reconnais devoir au sieur F... la somme de 2,000 fr., qu'il m'a remise pour en faire le placement. Dans cette somme il est entré celle de 1,600 fr., qui lui était due par mon père. Du tout il lui sera payé intérêt jusqu'au remboursement. »

Les intérêts n'ayant pas été payés régulièrement, le sieur F... a actionné Mᵉ G..., afin de restitution des 2,000 fr., et de payement des intérêts échus, et il a conclu à la contrainte par corps.

Jugement du tribunal de Tours qui accueille ces conclusions. — Appel.

ARRÊT.

COUR ROYALE D'ORLÉANS. — 22 JUILLET 1843.

« LA COUR ; — Attendu que le § 7 de l'art. 2060 C. civ. ne soumet les notaires à la contrainte par corps que dans le cas où ils ne restitueraient pas les deniers qu'ils ont reçus pour leurs clients par suite de leurs fonctions, ou comme une espèce de dépôt, soit que la remise en ait été faite par eux-mêmes, soit qu'elle l'ait été par un tiers dans leur intérêt ; — Que la remise de 2,000 fr. faite par l'intimé à l'appelant l'a été à charge d'intérêts à partir du jour de cette remise jusqu'au remboursement ; — Que ce contrat emporte l'idée d'un prêt fait à G..., notaire, et la faculté par celui-ci de disposer de la somme remise ; qu'à la vérité le billet d'obligation contient de la part de G... l'engagement de faire un placement de cette même somme, mais qu'il n'indique ni une époque ni un mode quelconques pour effectuer ce place-ment ; d'où la conséquence qu'entre les parties il n'y avait pas dépôt fait à un notaire en raison de ses fonctions, mais un prêt sous la condition éventuelle d'un mandat ; - Que ce fait ne rentre donc pas dans les termes de l'art. 2060 du Code et qu'aucune extension ne saurait être admise dans l'application d'un texte rigoureux et de droit étroit, comme celui qui admet la prise de corps.

» Par ces motifs, la cour décharge l'appelant de la condamnation de la contrainte par corps contre lui prononcée. »

Auteurs. — Pour : Delvincourt, 3, p. 397 ; Duranton, t. 18, n° 459 ; Dalloz, t. 3, p. 725 ; Coin Delisle, *Contrainte par Corps,* n° 26. — Contre : Rolland de Villargues, v° *Contrainte par corps,* n° 91.

Jurisprudence. — Pour : Cass. 15 avril 1813 ; Paris, 6 janvier et 22 mai 1832. — Contre : Paris, 26 janvier et 31 juillet 1835 ; Douai, 28 mars 1839 ; Bourges, 11 décembre 1839. Cass., 20 juillet 1821.

DEUXIÈME ESPÈCE.

La contrainte par corps ne peut être prononcée contre un notaire pour la restitution de prix d'adjudications qu'il a reçus comme mandataire du vendeur et que depuis il a détournés.

FAITS.

Le sieur Jorand, notaire, avait reçu pour le compte d'un sieur Boitel, et en vertu d'un pouvoir de ce dernier rempli au nom de son maître clerc, des sommes importantes provenant du prix d'immeubles vendus par adjudication devant lui.

Jorand tombé en déconfiture est constitué débiteur de Boitel de 120,826 francs. En cet état les parties consentirent la cons-titution d'un tribunal arbitral chargé de statuer sur la contrainte par corps que Boitel requérait contre Jorand.

29 novembre 1842, sentence des arbitres ainsi conçue : *Con-*

sidérant qu'aux termes des art. 408 et 52 du Code pénal, celui qui détourne des fonds qu'il possède à titre de mandat, est contraignable par corps à la restitution ; — qu'aux termes de l'art. 3 du Code d'instruction criminelle, celui qui se prétend victime d'un délit peut à son choix exercer son action soit devant les juges de l'action publique, soit séparément, c'est-à-dire devant les juges de l'action civile ; — Que dans ce dernier cas les mêmes voies d'exécution lui appartiennent ; — Considérant que la contrainte par corps ayant été requise contre Jorand et Legrand, son maître-clerc, le juge peut, sans outrepasser ses devoirs, rechercher et appliquer la disposition de la loi qui peut la motiver ; — Considérant en fait que si ce n'est pas en qualité de notaire, et par suite de ses fonctions de notaire, que Jorand a reçu les sommes dont il s'agit, il est constant, d'après ce qui précède, qu'il est d'ailleurs reconnu et avoué par Jorand, que c'est comme mandataire de Boitel qu'il les a encaissées ; que de son aveu il les a détournées et appliquées à ses affaires personnelles, et se trouve dans l'impossibilité de les restituer ; — Considérant que l'offre et le dépôt faits par M. Legrand, depuis la clôture des débats, de la somme de 5,994 fr. 15 c., ne le libèrent point envers M. et Mme Boitel, mais qu'ils ne permettent point de le considérer comme reliquaire, et comme ayant appliqué à son profit, sans pouvoir en rendre compte, les sommes par lui touchées en qualité de mandataire ; qu'ainsi la contrainte par corps ne peut être prononcée contre lui... »

Appel par Jorand.

ARRÊT.

COUR ROYALE DE PARIS. — 15 NOVEMBRE 1843.

« LA COUR ; — Sur les conclusions conformes de M. l'avocat-général Nouguier, — Considérant que les tribunaux ne peuvent prononcer la contrainte par corps que dans les cas déterminés par la loi ; que Jorand ne se trouve dans aucun de ces cas ; qu'en effet, ce n'est pas par suite de ses fonctions de notaire, mais bien comme mandataire, qu'il a reçu les sommes dont Boitel lui demande aujourd'hui la restitution ; — Considérant que la loi civile n'attache pas la contrainte par corps à la restitution des sommes détournées par un mandataire ; que les premiers juges, en l'absence d'un texte formel de loi, n'ont pu recourir aux articles 52 et 408 C. pénal sans transformer leur juridiction civile en juridiction correctionnelle ; — Infirme au chef de la contrainte par corps ; au principal, ordonne qu'à l'égard de Jorand la sentence sera exécutée par les voies de droit seulement, la sentence au résidu sortissant effet. »

Auteurs et jurisprudence. — Voy. ci-dessus, 1re espèce.

Les deux arrêts que nous venons de rapporter, et qui interprètent l'art. 2060, n° 7, du Code civil, lequel prononce la contrainte par corps contre les notaires, avoués et *huissiers*, pour la restitution des deniers par eux reçus pour leurs clients par suite de leurs fonctions, sont également applicables aux huissiers.

La contrainte par corps ne peut-elle être prononcée contre les notaires et huissiers que pour la restitution des fonds qu'ils ont reçus en leur qualité de fonctionnaires publics? L'affirmative est décidée par les arrêts que nous avons transcrits ci-dessus, et par les auteurs cités à l'appui; — L'opinion contraire, adoptée par l'arrêt de cassation du 20 juillet 1821, et les arrêts de Paris, Douai et Bourges, admet qu'il suffit, pour prononcer la contrainte par corps, que les fonds aient été remis par suite de la confiance qu'inspirent les fonctions pour arriver à des actes à passer, ou pour l'exécution d'actes passés.

A annoter au mot Contrainte par corps, n° 27.

ART. 110.

SAISIE-ARRÊT.

PRESCRIPTION. — INTERRUPTION. — INTÉRÊTS.

La saisie-arrêt a pour effet non-seulement de suspendre la prescription au profit du débiteur saisi contre le tiers-saisi, mais encore de l'interrompre.

Cette interruption empêche la prescription quinquennale des intérêts, alors même qu'ils n'ont pas fait expressément l'objet de la saisie-arrêt.

ARRÊT.

COUR ROYALE DE TOULOUSE. — 24 DÉCEMBRE 1842.

LA COUR ; — Attendu que les héritiers Bal invoquent la prescription de cinq ans qui atteint les termes échus des rentes constituées, mais que les appelants leur imposent, comme en ayant interrompu le cours, les saisies-arrêts faites le 28 déc. 1821 par les héritiers Cornus;

Attendu, en droit, que les premiers juges ont commis une erreur quand ils ont déclaré que la saisie-arrêt ne doit exercer aucune influence sur la prescription qui s'acquiert au profit du tiers saisi contre le débiteur saisi; que, dans le cas où il s'agirait de rechercher si elle a opéré la suspension, nul doute ne saurait exister lorsqu'il est certain qu'au terme de l'art. 1242 Cod. civ., le payement fait par le débiteur à son créancier, au préjudice d'une saisie ou d'une opposition, n'est pas valable; et qu'ainsi le saisi contre qui une somme est saisie-arrêtée dans les mains de celui qui la lui doit, est placé dans un état d'impuissance qui, en l'empêchant d'agir pour le payement de sa créance, crée par ce fait même un obstacle au cours de la prescription;—

Mais que ce n'est pas seulement une suspension qui résulte d'une saisie-arrêt; qu'elle a également pour effet d'interrompre la prescription commencée;

Que ce caractère interruptif lui est expressément attribué par les termes de l'art. 2244 Cod. civ., qui comprend la saisie parmi les actes qui ont cette vertu; que l'on ne saurait faire entre les diverses manières indiquées par la loi au créancier pour saisir les biens de son débiteur une distinction qu'elle n'a point faite elle-même, et qu'il suffit de rappeler que le Code de procédure civile a rangé la saisie-arrêt parmi les moyens d'assurer l'exécution forcée des jugements, pour conclure avec certitude qu'elle doit interrompre la prescription, par application de l'art. 2244 Cod. civ.;

Attendu que cette application a également lieu sous un autre point de vue, puisqu'il dispose que la prescription est interrompue par une citation en justice, et que la saisie-arrêt suivie d'effet amène une véritable interpellation judiciaire à l'égard du tiers saisi qui est assigné devant le tribunal en déclaration, et qui est tenu du payement en exécution du jugement qui prononce la validité;

Qu'aussi, pour échapper aux conséquences de l'art. 2244 Cod. civ., on est amené à soutenir que l'interruption ne pouvant résulter que des actes de celui qui veut exercer son droit, le saisi ne peut se prévaloir d'actes faits contre le tiers saisi par le créancier, qui, d'ailleurs, n'a pas agi dans l'objet d'empêcher la prescription de courir;

Mais qu'un semblable raisonnement repose sur une fausse appréciation de la qualité en laquelle le créancier a fait des poursuites : que, si elles ont eu lieu dans son intérêt, il n'a pu agir qu'au nom de son débiteur aux droits duquel l'art. 1166 Cod. civ., l'a subrogé, qu'il a donc exercé les actions de celui-ci dont il était l'image; que, dès lors, ce débiteur peut se prévaloir de tout ce qui a été fait, comme on le peut toujours des actes qui émanent de son ayant-cause;

Que vouloir que l'interruption ne résulte que des actes qui ont pour objet spécial d'arrêter le cours de la prescription, ce serait méconnaître les principes généraux, et en particulier les motifs qui ont inspiré l'art. 2277 Cod. civ.; que l'on ne saurait penser, en effet, que celui qui a agi pour arriver au payement de son capital n'a pas voulu s'assurer également les accessoires, et que la justice ne peut pas permettre que les poursuites relatives au principal n'atteignent pas les intérêts; que lorsque la prescription de cinq ans a été admise surtout pour punir le créancier de sa négligence, on ne saurait lui infliger cette peine dans une occasion où ses diligences pour rentrer dans son dû ont tenu le débiteur en éveil;

Qu'ainsi les saisies-arrêts ayant pour conséquences légales d'interrompre la prescription, il faut rechercher quel a dû être, dans la réalité, l'effet de celles qui ont été faites sur Bal au préjudice de Saint-Léonard....

Que le premier acte, qui ait pu interrompre la prescription est la saisie-arrêt faite à la requête des héritiers Cornus; mais qu'elle doit incontestablement produire cet effet sans qu'il faille s'arrêter à l'objection prise de ce que les titres constitutifs de la rente n'ont point été notifiés; que cette signification exigée pour le commandement n'est point nécessaire pour la saisie-arrêt, et que, dès que le créancier qui use de cette dernière voie se conforme, dans la procédure qui s'y rapporte, à la loi qui règle ces sortes d'exécutions, il conserve les droits de son débiteur direct par les motifs qui ont déjà été déduits;

Attendu que cette saisie-arrêt a été régulièrement faite le 28 déc. 1821, et valablement entretenue jusqu'au jugement qui l'a vidée le 8 mai 1824; que, dès lors, l'effet de l'interruption, qui n'a cessé qu'à cette dernière époque, doit remonter à cinq ans avant sa date, c'est-à-dire au 28 déc 1816;

Attendu que Saint-Léonard a assigné les héritiers Bal en payement des arrérages le 15 janv. 1828, c'est-à-dire moins de cinq ans après le jugement prémentionné ; que l'instance introduite par cet exploit n'est pas tombée en péremption ; qu'ainsi les héritiers Bal doivent faire compte de tous les arrérages de la rente, échue depuis le 28 déc. 1816 jusqu'à ce jour, qu'ils ne justifieront point avoir payés ;

Par ces motifs, etc.

Auteurs. — Pour : Roger, *De la Saisie-Arrêt*, n° 452 ; Troplong, *Prescription*, t. 2, n° 570 ; — Vazeille, *Prescription*, n° 205.

Jurisprudence. — Pour : Nîmes, 6 mars 1832. — Contre : Bordeaux, 13 mars 1828, critiqué par Troplong.

A annoter au mot Saisie-arrêt, n° 147.

ART. 111.

DISCIPLINE.

CONDAMNATION A UNE PEINE DISCIPLINAIRE. — DROIT DE GRACE.

Le droit de grâce ne peut être réclamé pour des peines disciplinaires.

DÉCISION.

GARDE DES SCEAUX. — 10 AOUT 1843.

Le sieur D..., notaire, a été condamné disciplinairement par un arrêt du 13 février 1843 à trois mois de suspension.

Il a sollicité du roi, par l'intermédiaire du garde des sceaux, la remise de cette peine.

Mais cette demande a été repoussée par le motif que le droit de grâce ne s'applique pas aux condamnations disciplinaires, qui, par leur nature, sont purement civiles.

Cette décision est conforme à une autre du même ministre en date du 12 avril 1839.

A annoter au mot Discipline, n° 31.

ART. 112.

RÉCUSATION.

ARBITRES. — EXPLOIT. — SIGNATURE. — NULLITÉ.

Les arbitres forcés peuvent être récusés par exploit à eux signifié, mais il faut que cet acte soit signé du récusant.

A défaut de cette formalité, la récusation est nulle et les arbitres peuvent passer outre.

FAITS.

Par suite de contestations élevées entre eux, relativement à une société qu'ils avaient formée, les sieurs Campi et Calisti furent renvoyés devant des juges arbitres par jugement du tribunal de commerce de l'île Rousse, Corse, attaqué, mais confirmé sur appel.

Calisti, sommé à deux reprises différentes, ne comparut pas; il fit, au contraire, signifier par exploit d'huissier, aux arbitres, qu'il entendait les récuser sous le prétexte que précédemment ils avaient donné des conseils à son adversaire. Cet exploit n'était pas signé par Calisti.

Les artistes passèrent outre, procédèrent au jugement et condamnèrent Calisti au payement de 5,000 francs.

Appel par ce dernier, qui demande la nullité, du jugement arbitral et la nomination de nouveaux arbitres.

ARRÈT.

COUR ROYALE DE BASTIA. — 11 AVRIL 1843.

LA COUR; Sur la nullité de la sentence arbitrale. — Attendu que si en matière de récusation d'arbitres on ne peut suivre toutes les formes prescrites par le Code de procédure civile, il faut au moins se conformer à celles qui peuvent être employées; qu'en combinant les art. 45 et 384 du Code de procédure civile, il y a lieu de reconnaître que des arbitres peuvent être récusés au moyen d'un exploit d'huissier portant la signature du récusant ou d'un fondé de pouvoir; que les récusations signifiées aux arbitres ne portant pas ladite signature, il n'y avait pas lieu de s'arrêter à un acte informe et incapable de produire aucun effet légal; d'où il suit que les juges arbitres ont pu passer outre au jugement; — Sans s'arrêter à la nullité du jugement arbitral, renvoie toutes les parties devant le sieur Antoine-Joseph Guarco, notaire, que la Cour nomme à l'effet d'entendre les parties, examiner leurs comptes, les concilier si faire se peut, sinon donner son avis.

Auteurs.—Conforme à notre *Encyclopédie des Huissiers*, au mot *Arbitrage*, n° 60. — Pour : Merson, page 50; Mongalvy, page 78, n° 87; Dalloz, t. 1, page 693; Goubeau, t. 1 page 251; Carré, quest. 3318; Boitard, t. 3, page 444. — Tous ces auteurs, qui admettent que les arbitres, étant des juges, ne peuvent être récusés que pour les causes énoncées en l'art. 378 du Code de procédure, se fondent pour autoriser la signification aux arbitres directement sur l'impossibilité qu'il y a de la proposer par acte au greffe, suivant le vœu de l'art. 384, les arbitres n'ayant ni greffe ni greffier. — Contre : Chauveau sur Carré, quest. 3318, qui exige que la récusation ait lieu par l'intermédiaire du greffier du tribunal, dont le président revêt la sentence arbitrale de l'ordonnance d'exequatur.

Jurisprudence. Un arrêt de la Cour de cassation du 28 février 1838, dont la jurisprudence est partagée par un arrêt de Bourges, du 3 décembre 1813, et un arrêt de Paris, du 25 avril 1839, décide qu'on doit suivre pour la récusation des experts la forme tracée pour la récusation des juges. — Dans ce cas, il faudrait donc notifier aux arbitres, au greffe et en parlant au greffier du tribunal, dont le président a le droit de rendre exécutoire la sentence arbitrale.

A annoter au mot Arbitrage, n° 60.

ART. 113.

JUGEMENT PAR DÉFAUT.

PÉREMPTION. — PROCÈS-VERBAL DE CARENCE. — EXÉCUTION.

Est réputé exécuté, et par suite à l'abri de la péremption de six mois, un jugement par défaut, rendu contre partie, lorsqu'il a été notifié un procès-verbal de carence, en parlant à la femme de cette partie.

ARRÊT.

COUR ROYALE DE TOULOUSE. — 3 AOUT 1843.

LA COUR; —Attendu que Péchieux fondait, devant le tribunal, sa demande en nullité de l'emprisonnement sur ce que l'huissier avait refusé de le conduire en référé devant le président, et sur ce que le jugement qui avait prononcé par défaut la contrainte par corps n'avait pas été exécuté; qu'il ne renouvelle pas devant la Cour le premier moyen sur lequel le premier juge lui a donné satisfaction, en l'admettant à la preuve qu'il avait articulée; qu'il faut donc rechercher si le jugement avait conservé toute sa force;

Vu les art. 156, 158 et 159 Cod. pr.;

Attendu que les deux premiers se confondent en une disposition commune, en ce sens qu'ils veulent qu'une décision par défaut soit considérée comme non avenue si elle n'a pas été exécutée dans les six mois, et qu'elle soit susceptible d'opposition jusqu'à l'exécution; que la difficulté consiste donc à savoir quels sont les actes qui constituent cette exécution;

Que nul doute ne peut exister sur ce point; que le législateur a voulu qu'elle résultât de la main mise par le créancier sur les effets mobiliers du débiteur; mais que l'art. 159 donne naissance à l'objection faite par Saint-Laurent, qui prétend que la vente des meubles peut seule donner au jugement par défaut un caractère définitif;

Que les termes de l'article sembleraient, il est vrai, devoir conduire à cette interprétation, mais qu'elle devient toute différente si l'on veut se placer aux diver points de vue où peut se trouver le débiteur ; que le législateur qui dispose pour les cas généraux a dû prévoir les situations ordinaires où les biens de celui qui doit et qui a été condamné, offrent un gage à son créancier ; que, dans ce cas, il était naturel qu'une simple saisie ne fût pas considérée comme un acte d'exécution suffisante ; que tant qu'elle n'est pas arrivée, en effet, au résultat définitif qu'elle doit avoir, la présomption est que le créancier qui n'a pas voulu entrer en tout ou en partie dans ce qui lui est dû, par la perception du produit de la vente des meubles, a entendu ne pas utiliser le jugement ; que, dans cette situation, il est censé avoir abandonné son droit ;

Que si tel est le véritable, l'unique motif de cette disposition, il faut reconnaître que la loi a voulu que la saisie ne constituât un acte d'exécution qu'autant qu'elle est sérieuse, ce que pouvait seulement prouver la réalisation en argent de la valeur des objets saisis ;

Que, dès lors, cette précaution n'étant prise que contre celui qui, ayant pu utiliser des poursuites, ne les aurait pas conduites jusqu'à leur entier accomplissement, le texte de l'art. 159 ne saurait être opposé à celui qui n'a pas trouvé des meubles sur lesquels il pût agir ; que quand le créancier n'a qu'une chose à prouver, c'est qu'il a fait une saisie sérieusement, les démarches qu'il a faites dans ce but doivent lui valoir, lorsque l'impossibilité seule l'a empêché de suivre la procédure dans ses diverses phases ;

Que l'on peut dire que, dans cette situation, il a réellement pratiqué une saisie, puisqu'il a fait tout ce qui était en lui pour l'opérer ; que, tandis que dans les cas ordinaires elle doit être suivie des affiches et de la vente, celle-ci est constatée par un procès-verbal qui, dès qu'il a fait connaître que les objets sur lesquels le créancier aurait pu poursuivre l'exécution du jugement manquent, est par cela même dispensé de procéder plus avant ; Que vouloir davantage aurait été exagérer outre mesure les garanties que le législateur a voulu assurer au débiteur contre les abus que la pratique avait signalés dans les suites données aux jugements par défaut ; que cet excès de précaution aurait été contraire à la justice, puisqu'elle pourrait mettre le créancier dans l'impuissance d'arriver à la réalité de son droit ; Qu'il suffit de supposer un débiteur qui, absent au moment où un jugement aurait été prononcé contre lui, en même temps qu'il aurait soustrait sa personne à l'effet des condamnations, dans les cas où elles pourraient l'atteindre, aurait fait disparaître tous les meubles qui garnissaient les locaux par lui occupés ; que, dans cette situation, la prolongation de son absence pendant six mois ferait tomber en péremption le jugement qu'il aurait fait prononcer en défaut, lui permettrait de se jouer des poursuites de celui contre qui il se serait engagé ; — Que la loi qui aurait ménagé un semblable recours à la mauvaise foi serait injuste, mais qu'aucun reproche ne saurait être adressé au Code de la procédure civile ; — Que, dans l'art. 156, il a posé le principe qui veut qu'une décision par défaut devienne définitive quand elle a été exécutée ; que si, dans l'art. 159, quand il a dû indiquer les modes de cette exécution il a voulu que la saisie mobilière fût suivie de la vente, la saine entente de cette disposition prouve que c'est le fait même de la saisie qui constitue l'exécution même ; que s'il faut accomplir la procédure en son entier dans les cas qui le permettent, le créancier qui a saisi autant qu'il était en lui peut, quand il est porteur d'un procès-verbal de carence, dire que son jugement est exécuté, que la péremption ne peut plus lui être opposée ; — Qu'en vain Péchieux a dit que ce procès-verbal aurait dû au moins lui être notifié personnellement ; que cela serait vrai si Péchieux, se prévalant, pour faire déclarer l'opposition irrecevable, de la disposition finale de l'art. 159 C. pr. civ., avait voulu induire de cette notification un fait de nature à prouver que Péchieux a eu connaissance de l'exécution dont il excipe ; mais qu'alors qu'il dit seulement que le procès-verbal de carence a eu pour effet d'exécuter le jugement, la notification qui en a été faite à Péchieux, dans son domicile, en parlant à sa femme, est suffisante ;

Par ces motifs, démet de l'appel.

Auteurs. — Conforme à notre *Encyclopédie des Huissiers*, au mot *Jugement par défaut*, n° 89. — Boitard, *Lec. procéd. civ.* t. 1, p. 433 ; — Chauveau sur Carré, t. 2, p. 112 ; Thomine Desmazures, t. 1, p. 303 ; Boncenne *Théorie procéd. civ.* t. 3, p. 81, admettent qu'un procès-verbal de carence connu du débiteur suffit pour empêcher la péremption, mais ne s'expliquent pas sur la question de savoir s'il suffit que cet acte soit signifié à la femme de la partie contre laquelle on l'exécute.

Jurisprudence. La jurisprudence admet généralement qu'un procès-verbal de carence empêche la péremption, mais elle paraît exiger qu'il soit signifié à la personne du défaillant. Cass. 21 mai 1834, 27 mai 1840 ; Douai, 8 juin 1841 ; Paris, 8 déc. 1830. — Quelques arrêts néanmoins ont validé des procès-verbaux de carence signifiés au domicile du débiteur, en son absence. Poitiers, 25 février et 21 mars 1823 ; Toulouse, 28 avril 1828 ; Paris, 3 mai 1825 et 14 janvier 1824. — D'autres arrêts, confirmant cette dernière jurisprudence, ont décidé, comme celui que nous venons de rapporter, que le procès-verbal de carence signifié au domicile du mari, en parlant à sa femme, devait produire le même effet que s'il avait été notifié au mari. Cass. 3 avril 1816 ; Aix, 16 nov. 1824 ; Orléans, 27 janvier 1829. — En tous cas, il est certain que le procès-verbal serait nul s'il avait été laissé au maire ou remis au parquet du procureur du roi. Cass. 7 décembre 1836 ; Bordeaux, 20 mars 1835, 9 juillet 1830.

A annoter au mot Jugement par défaut, n°s 89 et 122.

ART. 114.

OFFRES RÉELLES.

INDICATION D'UN LIEU DE PAYEMENT. — DOMICILE ÉLU. — ASSIGNATION EN VALIDITÉ. — COMPÉTENCE.

Les offres réelles sont valablement faites au lieu indiqué pour le paiement de la somme offerte, par exemple, en l'étude du notaire rédacteur de l'acte.

Mais peut-on assigner en validité devant le tribunal du lieu fixé pour le payement, alors que le défendeur n'est pas domicilié dans le ressort de ce tribunal et que l'acte, outre la stipulation d'un lieu pour la libération, ne contient pas élection de domicile ?

ARRÊT.

COUR ROYALE DE BOURGES. — 6 DÉCEMBRE 1842.

LA COUR; — Considérant qu'aux termes de droit, le payement doit se faire au lieu indiqué par l'acte; — Que les offres réelles, aux termes du § 6 de l'art. 1258 C. civ., doivent être faites au lieu dont on est convenu pour le payement; — Que, dans l'espèce, l'acte de vente du 28 fév. 1824 indique pour lieu de payement l'étude du notaire de Luzy; — Que c'est a ce lieu indiqué que les offres ont été faites à la D^lle Genty, créancière, par l'intimé, que le jugement du 20 août 1841 avait autorisé à payer le prix de la vente au lieu et place de l'acquéreur; qu'ainsi ces offres, dont la suffisance n'est pas contestée, sont valables; — Qu'on oppose en vain que le notaire n'avait aucun mandat pour recevoir; que la D^lle Genty ayant indiqué le lieu de payement, devait y faire trouver un mandataire, ayant parfaite connaissance que l'intimé, aux termes du jugement du 20 août 1841, était autorisé à payer dans les deux mois; — Que le délai écoulé depuis la vente ne faisait pas cesser l'effet de ces conventions, l'une des parties ne pouvant, de son propre mouvement, apporter de modifications à la loi du contrat qui doit s'exécuter, conformément à son texte, tant qu'il n'est pas prescrit; — Dit bien jugé mal appelé, etc.

Auteurs et jurisprudence. L'arrêt que nous venons de transcrire résout la première des questions posées en tête de notre article. Il considère avec quelque raison que la stipulation d'un lieu, c'est-à-dire l'indication d'un domicile dans une ville pour effectuer le payement, équivaut à une élection de domicile suffisante pour y faire des offres réelles. Ce n'est là, ce semble, que l'application littérale des termes de l'art. 1258, § 6, du Code, qui exige que les offres soient faites au lieu dont on est convenu pour le payement. Conf. Toullier, t. 7, n° 196; Roll. de Vill. v° *Off. réelles*, n° 22; Poth. n° 542. — Il n'en serait pas de même, bien entendu, si au lieu de dire *le paiement aura lieu dans telle ville et à tel domicile*, on se bornait à stipuler qu'il sera effectué dans telle ville, sans indication d'un domicile. Dans ce cas, il faudrait procéder comme nous l'avons dit au mot *Offres réelles*, n° 57.

Il ne faut pas confondre l'indication d'un lieu pour le payement avec l'élection de domicile attributive de juridiction; c'est afin de faire sentir la différence qui existe entre ces deux stipulations que nous avons posé notre seconde question. — Si la première autorise les offres, elle ne peut évidemment emporter l'élection de domicile, prévue par l'art. 111 du Code civil, ni en produire les effets, en matière civile : c'est ce qui a été jugé d'une manière toute spéciale par un arrêt de la Cour de cassation du 29 octobre 1810. — En matière commerciale, V. au mot *Domicile,* n° 44.

Ainsi, si l'on peut faire des offres au domicile indiqué pour la libération, on ne peut assigner, en cas de refus, le créancier refusant, devant un tribunal autre que celui de son domicile réel, si l'acte ne contient pas élection de domicile attributive de juridiction à un autre tribunal.

A annoter aux mots **Domicile**, n° **47**, et **Offres réelles**, n° 47.

ART. 115.

OFFICE.

ENREGISTREMENT. — SUPPRESSION. — DROIT DE DEUX POUR CENT.

Est passible du droit de deux pour cent, et non de celui de dix, le traité par lequel des titulaires s'obligent de payer une indemnité à la veuve d'un de leurs confrères, s'ils obtiennent la suppression de l'office vacant.

FAITS.

Par acte sous seing-privé, du 3 février 1843, les avoués près le tribunal civil de Toul s'obligèrent payer à la veuve du sieur Tisserand, ancien avoué près le même tribunal, une indemnité de 5,000 fr., dans le cas où ils obtiendraient la suppression de l'office vacant.

Cette suppression ayant été prononcée, la régie perçut sur l'acte du 3 février un droit de 260 fr. montant du dixième du cautionnement de 2,600 francs, qui était attaché à l'office supprimé.

Sur la réclamation formée par les avoués, le droit a été réduit à deux pour cent par la délibération ci-après :

DÉLIBÉRATION.

RÉGIE DE L'ENREGISTREMENT. — 10 OCTOBRE 1843.

L'application du minimum du dixième du cautionnement paraît devoir être renfermée dans les cas prévus par les art. 7, 8, 9 et 12 de la loi du 25 juin 1841, c'est-à-dire dans les cas où :

1° l'acte de cession qui, d'après l'art. 6 doit être enregistré avant d'être produit à l'appui de la demande de nomination du successeur désigné, opère un droit inférieur au dixième du cautionnement ; 2° le droit à percevoir sur les transmissions gratuites ou à cause de mort, soit sur les sommes à payer par les titulaires de charges nouvellement créées, est également inférieur au dixième du cautionnement.

L'article 10 de la loi porte bien que, dans aucun cas, le droit de transmission ne pourra être inférieur au dixième du cautionnement ; mais il s'agit uniquement du droit déterminé par les art. 7, 8 et 9. Aussi dès qu'il a été question d'un autre droit, la loi n'a pas manqué de reproduire dans l'art. 12 la disposition de l'art. 10 relative à l'*application du minimum*. Or, il n'est fait nulle mention de ce minimum dans l'art. 13, qui se borne à dire qu'en cas de suppression le droit de deux pour cent sera perçu sur le montant de l'indemnité ; et si le législateur avait eu l'intention d'établir aussi un minimum pour le cas de suppression, on doit croire qu'il l'aurait exprimé, comme il l'a fait dans l'art. 12.

Ce qui porte encore à penser qu'il n'y a pas lieu de percevoir le minimum sur les traités qui ont pour objet le règlement de l'indemnité pour les cas de suppression des offices, c'est que, outre que l'art. 13 ne l'impose pas, l'article 10 ne paraît applicable que lorsque le traité doit être constaté par écrit et enregistré avant d'être produit à l'appui de la demande de nomination du successeur désigné. Or, dans le cas d'extinction, il n'es pas nécessaire que le traité soit écrit ou enregistré, puisque l'article 13 porte qu'à défaut de traité, l'ordonnance qui prononcera l'extinction fixera l'indemnité, et que l'expédition de cette ordonnance devra être enregistrée, dans le mois de la délivrance, sous peine du double droit.

A annoter au mot Office, n° 27.

ART. 116.

OFFICE.

ENREGISTREMENT. — ÉVALUATION. — CAUTIONNEMENT.

Lorsque les receveurs de l'enregistrement présument que le droit de deux pour cent sur le prix de la cession de l'office est inférieur au dixième du cautionnement attaché à l'office, ils ont le droit de se faire justifier du montant de ce cautionnement.

CIRCULAIRE.

DIRECTEUR GÉNÉRAL DE L'ENREGISTREMENT. — 8 AOUT 1843.

D'après l'art. 10 de la loi du 25 juin 1841, monsieur, le droit d'enregistrement de transmission des offices, déterminé par les articles 7, 8 et 9, ne peut dans aucun cas être inférieur au dixième du cautionnement attaché à la fonction ou à l'emploi.

Dans les cantons ruraux certains offices ont peu de valeur; il est arrivé assez souvent que des receveurs, en enregistrant les traités de cession de ces offices, n'ont perçu qu'un droit de deux pour cent, lequel, à raison du peu d'élévation du prix de cession, était inférieur au minimum déterminé par la loi.

De semblables irrégularités de perception ont été relevées dans les bureaux du ministère de la justice; il importe qu'elles ne se renouvellent plus,

Vous voudrez bien, monsieur, rappeler aux préposés sous vos ordres la disposition de l'art. 10 de la loi du 25 juin 1841. Ils sont autorisés à se faire justifier du montant du cautionnement attaché à l'office, toutes les fois qu'ils ont lieu de penser que le droit de deux pour cent du prix porté dans le traité de cession serait inférieur au minimum fixé par cet article.

A annoter au mot **Office, nº 106.**

ART. 117.

HUISSIER.

ASSEMBLÉE GÉNÉRALE. — DÉLIBÉRATION. — DÉLÉGATION DES POUVOIRS DE LA CHAMBRE A QUELQUES-UNS DE SES MEMBRES. — ILLÉGALITÉ. — COMPÉTENCE.

La délibération prise par une assemblée générale de notaires (ou d'autres officiers ministériels) — qui établit, sous peine de confiscation d'honoraires, un mode de vider les différends élevés entre notaires sur un point quelconque, lequel consiste à déléguer à quelques membres de la chambre de discipline et même à des tiers en dehors de la chambre de discipline, le pouvoir de juger qui n'appartient qu'à la chambre en corps, — est nulle, comme portant atteinte aux droits des justiciables.

La réformation d'une telle délibération appartient, non aux

tribunaux, mais au Garde des sceaux, cette délibération constituant un acte administratif.

FAITS.

La décision du 2 juin 1843, que nous allons rapporter, bien que rendue à l'occasion d'une délibération prise par des notaires, n'en concerne pas moins toutes celles adoptées par d'autres officiers ministériels ; en effet, elle établit en principe qu'il n'est pas permis aux assemblées générales de déléguer à quelques membres les pouvoirs qui appartiennent à la chambre de discipline toute entière ; elle qualifie en outre les délibérations générales d'actes administratifs, dont la connnaissance appartient exclusivement au garde des sceaux.

Le 28 janvier 1842, l'assemblée générale des notaires de Rouen a pris, sur la proposition de la chambre de discipline, la délibération suivante :

« A l'avenir, tous différends entre notaires sur des questions de réception ou garde de minutes et autres cas prévus par l'article 2, § 2, de l'arrêté du gouvernement du 2 nivôse an XII, que les contestants ne voudraient pas, vu l'urgence, déférer à la chambre de discipline, seront soumis à la décision des membres de la chambre résidant à Rouen. — Les notaires ainsi saisis des différends prononceront l'application des dispositions du règlement sur la matière arrêtée par la chambre de discipline, le 22 février 1839, dans tous les cas où cette application sera possible. — Dans les cas contraires, ils décideront par analogie. — Dans tous les cas leur décision sera souveraine et sans appel. — Elle sera transcrite sur le registre des délibérations de la chambre, avec un énoncé succinct des faits et les motifs de la décision. — Dans le cas où la question n'aurait été décidée que par analogie, sa solution sera soumise à l'appréciation de la chambre de discipline dans la plus prochaine réunion, par les membres qui en auront connu, sans y appeler les notaires contestants ; et cette solution ne fera règle pour l'avenir, et ne pourra être invoquée comme précédent qu'autant qu'elle aurait été sanctionnée par l'approbation de la chambre. — Les membres de la chambre saisis du différend, étant en nombre pair, auront, au cas de partage, le droit de s'adjoindre un tiers, même en dehors de la chambre, pour se départager. — En cas de conflit entre un notaire de Rouen et un notaire de canton, celui-ci pourra réclamer l'adjonction de notaires de canton, même en dehors de la chambre, en nombre égal à celui des notaires de la ville. — Dans le cas, nonobstant ce qui précède, où un référé serait introduit, et un des notaires contestants désigné par le tribunal, les honoraires, vacations et rôles profiteront à la bourse commune de la chambre. »

Un inventaire donna lieu à l'application de cette délibération. Les héritiers ne s'accordant pas sur le choix d'un notaire, un référé fut introduit, et le notaire représentant le plus grand nombre des héritiers fut désigné pour être dépositaire de la minute.

Les deux notaires furent cités devant la chambre, qui rendit le 3 juin 1842 la décision suivante :

« Considérant que, si les deux notaires avaient dès le commencement reconnu les droits de M⁰ F..., M⁰ H... se serait retiré; qu'au contraire, il résulte de la représentation d'un procès-verbal dressé par le juge de paix, que des débats très-vifs eurent lieu devant ce magistrat, en présence de Mᵉˢ F... et H...; que chaque partie a fait valoir les raisons qui la guidaient dans son choix, et que, par suite, M. le juge de paix a renvoyé les parties en référé devant M. le président, lequel a statué par son ordonnance du...; — Attendu que MMᵉˢ H... et F... ont contrevenu à la délibération du 28 janvier 1842 en ne se référant pas, soit devant la chambre, soit devant ses membres arbitres, pour prendre leur avis sur leurs prétentions respectives; — Vu ladite délibération *en la pénalité qu'elle établit*, décide, le syndic entendu, que la copie du procès-verbal du juge de paix sera déposée aux archives, ce qui a eu lieu; — Et que M⁰ F... sera tenu de verser à la bourse communale de la chambre la totalité des honoraires, des vacations et des rôles de l'inventaire dressé par lui. »

Refus de M⁰ F... d'exécuter cette délibération. Cité devant la chambre pour avoir à rendre compte de ce refus, elle rendit, le 14 octobre 1842, contre M⁰ F..., une décision ainsi conçue : — « Attendu que la délibération du 28 janvier dernier a été régulière et prise en assemblée générale, comme moyen de réglementer la discipline intérieure entre notaires; — Attendu que le refus d'exécution de cette délibération est une infraction à cette discipline passible de peines prononcées par l'art. 10 de l'arrêté du 2 nivôse an 12, la chambre dit que, par son refus de rapporter les honoraires de l'inventaire, M. F... a manqué à la discipline; — Néanmoins, usant d'indulgence, elle lui accorde jusques et y compris le 20 de ce mois pour verser entre les mains du trésorier de la chambre le montant des honoraires de l'inventaire; — Arrête que, dans le cas où ledit M⁰ F... persisterait dans son refus, il sera cité de nouveau par le syndic pour voir prononcer contre lui telle peine disciplinaire que la chambre croira devoir appliquer. »

M⁰ F..., cité de nouveau devant la chambre de discipline, refusa de comparaître. — Le 14 novembre 1842, la chambre prononça contre lui la peine de privation de voix délibérative, tant qu'il n'aurait pas versé à la bourse commune les émoluments de l'inventaire Létellier.

Mᵉ F... a porté alors, devant le tribunal civil de Rouen, une action tendant à faire prononcer la nullité de la résolution réglementaire du 28 janvier 1842 et des délibérations des 3 juin, 14 octobre et 14 novembre, qui l'ont suivie. — Jugement du 9 janvier 1843, par lequel le tribunal se déclare incompétent. Ce jugement est ainsi motivé : — « Attendu que la délibération du 28 janvier, qui a servi de base aux poursuites dirigées contre Mᵉ F... a été prise par les notaires de l'arrondissement en assemblée générale ; qu'elle avait pour but, ainsi qu'elle l'exprime, de prévenir et de concilier les différends sur le choix des notaires, dans les cas prévus par l'article 2 de l'arrêté du gouvernement du 2 nivôse an VII ; — Que tous les notaires avaient été convoqués ; que vingt seulement sur trente-un étaient présents ; que quinze ont voté pour la délibération, et cinq contre ; que cette délibération, soit par la qualité des personnes qui y ont participé, soit par la nature de ses dispositions, soit par l'exécution qui lui a été donnée, n'avaient évidemment aucun des caractères d'une convention ordinaire ; que les membres présents agissaient, en effet, comme notaires et non comme hommes privés, au nom de leur compagnie et non dans leur intérêt particulier et individuel ; qu'ils puisaient le droit qu'ils prétendaient exercer, dans une des lois de leur organisation ; qu'ils n'ont pu songer à rendre obligatoire une pareille délibération en ne la considérant que comme une simple convention ; qu'ils entendaient l'appliquer, et l'ont appliquée en effet d'une manière générale et absolue aux membres absents comme aux membres présents, à ceux qui auraient refusé leur consentement comme à ceux qui l'auraient donné ; que, dans son but et son application, elle formait un véritable règlement, considéré comme obligatoire pour tous, parce qu'il aurait été sanctionné par la majorité des votants.

Qu'envisagée sous ce rapport, elle ne pourrait être déférée au tribunal par la voie contentieuse ; qu'elle ne lui appartient point par les règles générales du droit, qui fixent sa compétence, et ne lui est d'ailleurs attribuée par aucune loi spéciale ; qu'il y aurait lieu d'examiner, sans doute, si les notaires de l'arrondissement de Rouen pouvaient procéder par voie réglementaire, modifier la compétence de la chambre de discipline telle qu'elle avait été déterminée par la loi, s'ils pouvaient choisir d'autres conciliateurs de leurs différends que ceux qui leur auraient été donnés, les prendre au hasard ou sur la seule désignation de leur domicile, et leur conférer un pouvoir, qui n'eût pas appartenu à la chambre de discipline elle-même, de décider souverainement et sans appel s'ils pouvaient, laissant de côté les intérêts et les droits des parties, déclarer le notaire déchu de ses honoraires par cela seul qu'il eût été indiqué par la justice, et encore bien qu'il eût été étranger aux contestations portées devant elle; que l'intérêt public exige, sans doute, que des officiers publics ne puissent substituer des règles purement arbitraires à celles tracées par la loi; mais que ces abus ne pouvaient être déférés au tribunal par action ordinaire; que les notaires sont bien, comme les officiers ministériels, sous la surveillance et la discipline des tribunaux; que de ce pouvoir, attesté par l'assemblée des dispositions sur la matière, résulte encore le droit d'annuler les délibérations générales et réglementaires prises en violation des lois; mais qu'en principe, les tribunaux n'exercent le pouvoir disciplinaire qu'en assemblée générale et en la chambre du conseil; — Que si quelques exceptions ont été portées à cette règle, et spécialement dans le cas de poursuites disciplinaires contre un notaire, ces exceptions n'ont aucune analogie avec l'espèce du procès, qui ne présente qu'une mesure d'ordre public, sans inculpé et sans application de peine; qu'il suit de là que l'action de Me F..., quant à la délibération du 28 janvier, a été irrégulièrement introduite par la voie contentieuse, et incompétemment portée devant le tribunal par action directe; qu'il eût dû déférer cette délibération au ministère public, afin que le tribunal, chambres assemblées, pût en être légalement saisi; que l'annulation de cette délibération eût fait tomber les décisions du 3 juin et du 14 octobre, qui n'en sont que la conséquence, et qui n'ont, d'ailleurs, aucun caractère disciplinaire.

Attendu, en ce qui concerne la délibération du 4 novembre 1842, qu'elle a été prise par la chambre de discipline, en vertu des art. 9 et 10 de l'arrêté du gouvernement du 2 nivôse an XII, et qu'elle porte contre Me F... privation de voix délibérative dans les assemblées générales; — Attendu que les chambres des notaires sont investies d'une juridiction disciplinaire; qu'elles sont autorisées à prononcer certaines peines qui s'arrêtent à la suspension; qu'au-delà, les tribunaux sont seuls compétents: — Qu'en ne consultant que les termes et l'esprit de la législation, le droit accordé aux chambres de discipline est souverain et sans appel, et que la divergence des opinions et l'incertitude de la jurisprudence ne proviennent que de ce qu'on s'est plus occupé des inconvénients qui pourraient résulter d'un arbitraire sans contrôle que de l'appréciation de la loi elle-même; — Que ce pouvoir est qualifié de *pouvoir de police* et de *discipline intérieure* par les art. 1 et 9 de l'arrêté de nivôse an XII; qu'il ne s'agit que de réprimer des fautes légères par des peines qui n'emportent qu'une sorte d'avertissement moral, sans atteindre l'état, la personne ou l'honneur de l'inculpé ; que tout est secret et se passe dans le sein même de la chambre ; qu'on cherche en vain dans ces décisions le caractère de jugements ; que tout indique, au contraire, qu'il ne s'agit que d'une juridiction de famille dont les actes, concentrés dans des mesures disciplinaires intérieures, ne sont soumis à aucun contrôle, comme ils sont affranchis de toute publicité ;

Attendu que si l'on y rencontre quelques formes judiciaires, elles ont principalement pour objet d'assurer le droit de défense, respecté partout où il s'agit d'une inculpation, quelque légère qu'elle soit ; que si ces décisions n'ont pas le caractère de jugements, ainsi d'ailleurs que l'a reconnu la cour de cassation, elles ne sont ni susceptibles de pourvoi, ni susceptibles d'appel ; que le pourvoi est repoussé en effet par l'article 2 de la loi du 27 novembre 17 0, qui ne l'autorise que contre les jugements rendus en dernier ressort, et non contre toutes les délibérations disciplinaires, sous prétexte de violation des formes ou d'excès de pouvoir ; — Que l'appel ne pourrait être justifié par les principes généraux du droit qui règlent la compétence des tribunaux ; qu'on pourrait l'induire seulement de la haute surveillance qui leur est accordée sur les notaires, et du pouvoir disciplinaire qui en résulte ; mais qu'il ne s'agit pas, comme dans la délibération du 28 janvier, d'une mesure prise en assemblée générale, ou par voie réglementaire, mais d'une décision émanée de la chambre des notaires, en vertu de sa juridiction disciplinaire ; — Que les tribunaux ne pourraient être saisis de la connaissance de ces décisions qu'en vertu d'un droit de juridiction supérieure, et non par suite du droit de surveillance, d'où suit que ce droit de surveillance est sans valeur pour justifier l'appel devant les tribunaux ; — Qu'on a dû prévoir, sans doute, que les formes et la loi ne seraient pas toujours respectées, et que les faits pourraient être mal appréciés ; mais qu'on a dû supposer en même temps que ces erreurs ne pourraient être que fort rares parmi les hommes d'élite choisis par les notaires eux-mêmes, et qu'elles seraient moins graves dans leurs conséquences que des débats publics qui s'élèveraient perpétuellement entre les chambres de discipline et les notaires, au grand détriment de leur autorité et de leur considération ; que les inconvénients signalés ne sont d'ailleurs ni plus réels ni plus graves à l'égard des notaires qu'à l'égard des avoués, et que ceux-ci n'ont cependant aucun recours contre les décisions rendues par leurs chambres de discipline ; qu'on objecte, il est vrai, que le silence de la loi dans un cas, et sa disposition formelle dans l'autre, prouvent qu'elle n'a pas voulu soumettre aux mêmes règles les décisions des deux chambres, mais que la comparaison des deux législations démontre que cette objection ne re-

pose que sur une erreur, et détruit toute incertitude sur la solution du procès; — Qu'en effet, les chambres de discipline des avoués ont été constituées par règlement des consuls, du 13 frimaire an XII, et celles des notaires par arrêté du 2 nivôse an XII; que ce dernier arrêté est la reproduction textuelle du premier, dans toutes les parties qui concernent les moyens de discipline et le mode de procéder; qu'ils ne contiennent ni l'un ni l'autre aucune disposition sur les voies de recours contre les décisions diciplinaires; — Que les avoués n'en ont été privés expressément ni par cette loi ni par aucune autre postérieure, introductive d'un droit nouveau; que, seulement, un arrêté des consuls du 2 therm. an X, statuant sur avis du Conseil d'état, par suite des difficultés qui s'étaient élevées, et par interprétation du règlement du 13 frim. an XII, a déclaré que les décisions disciplinaires rendues par les chambres des avoués devaient être exécutées sans appel et sans recours aux tribunaux, et a défendu en même temps l'impression des arrêtés de police et de discipline intérieure, voulant aussi proscrire toute publicité; — Qu'il s'agit aujourd'hui de la même question; qu'il y a mêmes raisons de décision sur des dispositions identiques dans leur texte, leurs motifs et dans leur but; que l'interprétation déjà donnée par le législateur lui-même devient ainsi la plus sûre et la meilleure règle de décision, et doit recevoir toute son application, justifiée d'ailleurs pas toutes les raisons qui précèdent; — Attendu que les décisions du 3 juin et du 14 octobre, en les considérant comme décisions disciplinaires (caractère qu'elles n'ont pas), seraient régies par les mêmes principes, et ne seraient ainsi susceptibles d'aucun recours.

DÉCISION.

GARDE DES SCEAUX. — 2 JUIN 1843.

« Vu les délibérations des 28 janv., 8 juin et 14 oct. 1842; — Vu la loi du 26 vent. an II, l'arrêté du 2 niv. an XII, et les art. 805, 807 et suiv., C. pr.; — Attendu que les délibérations dont il s'agit sont des actes administratifs dont il nous appartient de connaître; attendu que, par sa délibération du 28 janv. 1842, la chambre a délégué à quelques-uns de ses membres un pouvoir de vérification et de discipline qu'il n'est permis qu'à elle seule d'exercer; attendu qu'elle les a, en outre, autorisés, sans qu'aucune disposition de la loi lui donne ce droit, à s'adjoindre dans certains cas des notaires de la ville ou du canton;

» Attendu que ces mesures ont pour but d'interdire aux notaires de cet arrondissement, et même aux parties, le recours au président du tribunal pour le règlement de certaines difficultés dont la loi lui attribue la connaissance; attendu que, pour rendre ces mesures plus efficaces, la chambre y a attaché la peine de la confiscation des honoraires auxquels les actes litigieux pourraient avoir donné lieu; attendu qu'elle s'est ensuite permis d'appliquer cette confiscation par ses délibérations des 3 juin et 14 oct. 1842, qui n'ont aucun caractère disciplinaire et ne sont que la conséquence de celle du 28 janv. sus-énoncée; attendu que ces diverses délibérations excèdent les pouvoirs de la chambre, et portent une atteinte directe aux droits des justiciables et aux attributions régulières conférées par la loi au président du tribunal civil et au tribunal lui-même;

» Nous avons arrêté et arrêtons ce qui suit. Art. 1er. Les delibérations de la chambre de discipline des notaires de Rouen, en date des 28 janv., 3 juin et 14 oct. 1842, sont et demeurent annulées. Art. 2. Leur radiation sera opérée par les soins et sous la surveillance de M. le procureur général, qui fera en outre transcrire le présent arrêté en marge desdits registres. »

À annoter au mot **Chambre de discipline des huissiers**, nos 27 et 82.

ART. 118.

—

EXPLOIT.

SOMMATION DE PRODUIRE A UN ORDRE. — DOMICILE ÉLU. — REFUS DE RECEVOIR LA COPIE. — REMISE AU MAIRE. — NULLITÉ.

La sommation de produire à un ordre est valablement signifiée au domicile élu par le créancier dans son inscription, quoique le créancier soit décédé, et que cette circonstance ait été révélée à l'huissier, lorsqu'il s'est présenté pour remettre l'exploit.

L'exploit refusé par le portier de la maison où domicile était élu doit, à peine de nullité, être présenté au voisin, avant d'être remis au maire.

FAITS.

Par suite de l'expropriation poursuivie contre le sieur Saucède, plusieurs immeubles furent adjugés à diverses personnes, notamment des terrains et bâtiments situés à Paris, rue Saint-Maur, et une maison sise à Paris, rue Fontaine-au-Roi, à la dame Corbineau, qui était créancière hypothécaire du sieur Saucède.

Un ordre fut ouvert le 20 fév. 1835, pour parvenir à la répartition du prix de ces deux immeubles. — Au nombre des créanciers hypothécaires et inscrits, sommés de produire à cet ordre, figurait le sieur Chambon, qui avait élu domicile, par son inscription, en sa demeure à Paris, rue du Petit-Vaugirard, n° 11, dans une maison qui fait actuellement partie de la rue du Cherche-Midi, où elle porte le n° 97.

Sommation fut donc faite au sieur Chambon à ce domicile élu, par un exploit en date du 14 mai 1835 , dans lequel se trouve l'énonciation suivante : — « En parlant à la portière, qui m'a déclaré qu'il était décédé (le sieur Chambon); qu'en conséquence, elle ne pouvait se charger de la copie du présent; qu'aucun de ses héritiers ne demeurait dans ladite maison. Pourquoi, vu l'élection de domicile et ledit refus, je me suis transporté à la mairie du 10ᵉ arrondissement de Paris, où étant, j'ai remis la copie à M. le maire, etc. »

Après le règlement provisoire et la discussion qui s'ensuivit, il fut procédé au règlement définitif de cet ordre par le juge-commissaire, le 5 janv. 1837, et comme aucune production n'avait été faite pour le sieur Chambon, ni par ses représentants, il fut déclaré forclos, et la radiation de son inscription fut ordonnée.

Des bordereaux de collocation furent délivrés aux créanciers colloqués en ordre utile, notamment à la dame Corbineau, et tout était disposé pour leur acquittement, lorsqu'on fut arrêté par une opposition formée à la requête des sieurs Ardouin et consorts, se disant représentants du sieur Chambon, et prétendant que le règlement définitif était nul, aussi bien que les bordereaux auxquels il servait de base, parce que la sommation de produire faite au domicile élu par le sieur Chambon n'était pas régulière.

29 août 1837, jugement du tribunal de la Seine qui déclare cette opposition mal fondée.

Appel par les sieurs Ardouin et consorts ; mais le 15 mars 1838, arrêt de la Cour royale de Paris qui confirme.

Pourvoi fondé sur les deux moyens suivants : 1° fausse application de l'art. 2156 C. civ.; 2° violation de l'art. 68 C. pr., en ce que l'arrêt attaqué a déclaré que les sieurs Ardouin et consorts avaient été valablement appelés à l'ordre ouvert sur le prix provenant de la vente des terrains situés rue Fontaine-au-Roi, par une sommation faite à leur auteur, le sieur Chambon, bien que ledit sieur Chambon étant alors décédé, ce fût à ses héritiers et non à lui que la sommation devait être faite au domicile élu par l'inscription; et qu'en outre l'exploit a été remis au maire, sur le refus de le recevoir fait par la portière de la maison, sans l'avoir proposé au préalable à un voisin, ainsi que la loi l'exige.

Il est de principe, a-t-on dit, pour les demandeurs, qu'on ne peut instrumenter ni suivre une procédure contre une personne décédée, alors surtout qu'on est averti de son décès ; il n'existe aucun motif pour qu'il en soit autrement, lorsqu'il s'agit d'une sommation de produire dans un ordre. La loi, en exigeant une élection de domicile en matière d'inscription hypothécaire, a voulu deux choses : premièrement que le créancier inscrit fût instruit légalement et sûrement de l'ouverture de l'ordre ; secondement que le créancier poursuivît et pût en tout temps faire facilement les notifications exigées par la loi. Faut-il induire des expressions qui terminent l'art. 2156 que l'élection de domicile obligée autorise le créancier à suivre son action contre une personne décédée? Non, car l'élection de domicile est un mandat qui finit, comme tous les mandats, par la mort du mandant. Toutefois, il faut reconnaître que la loi a introduit ici une exception aux principes généraux, en ce sens que l'élection de domicile continue à subsister après le décès de celui de qui il émane ; mais de ce que certains actes peuvent être signifiés *au lieu indiqué*, il ne s'ensuit pas qu'ils puissent être dirigés contre la personne du défunt. Il faut distinguer le *lieu* où l'exploit peut être déposé, de la *personne* contre laquelle il doit être dirigé. Les principes relatifs à l'élection de domicile en cette matière se concilient donc avec ceux qui ne souffrent pas qu'on puisse suivre de procédure contre une personne dont le décès a été connu, et ce fait résulte de la mention même de l'exploit que l'huissier, sur le refus de la portière de la maison, est allé illégalement remettre au maire, tandis que les voisins du sieur Chambon n'auraient assurément pas refusé de le recevoir et l'auraient fait parvenir en temps utile aux héritiers bien connus d'eux, et complétement inconnus du maire. — C'est par cette double violation de la loi que les demandeurs ont été mis dans l'impossibilité de produire à l'ordre, et ont vu périr leurs droits.

On a répondu pour les défendeurs : 1° Dès que le législateur a voulu entrer dans la voie de publicité des hypothèques, il sentit qu'il convenait de faciliter et de simplifier l'exercice des actions auxquelles les hypothèques donneraient ouverture. L'ordonnance de mars 1673, ouvrage de Colbert, révoquée dès l'année suivante, astreignait les créanciers à faire connaître leurs droits par des oppositions signifiées aux greffiers ou conservateurs chargés de les consigner sur des registres. L'art. 14 prescrivait que l'opposition contiendrait élection de domicile dans le lieu où se ferait l'opposition, et l'art. 20 ajoutait que ce domicile élu par acte d'opposition demeurera, nonobstant tous changements, s'il n'en est fait nouvelle élection, et qu'elle ne soit enregistrée à la marge de l'opposition, datée et signée par l'opposant ou son mandataire, ensemble par le greffier, et paraphée par le juge au premier arrêté qu'il fera du registre.

Ces précautions multipliées révèlent toute la force de ces mots : *le domicile élu demeurera nonobstant tous changements;* et l'art. 42 voulait que les acquéreurs d'immeubles signifiassent leurs titres à tous les opposants, et l'art. 47, que cette signification eût lieu à ces domiciles élus, qui devaient tenir nonobstant tous changements. — L'édit de 1771 reproduisit le même esprit adapté aux moyens de publicité qu'il créait ; mais la loi du 11 brumaire an VII exigea, dans son art. 17, que les bordereaux d'inscription continssent élection de domicile ; et si l'art 20 disait qu'il était loisible de la changer, c'était à la charge d'en indiquer une autre dans l'étendue du bureau, avec cette addition que les actions auxquelles les inscriptions donneront lieu contre le créancier seront intentées par exploits faits à sa personne ou à son domicile, dernier indiqué par le registre, et ce nonobstant le décès du créancier et de celui chez lequel le domicile aurait été élu. Nous voilà donc revenus aux termes énergiques de l'édit de 1673, le domicile élu tiendra nonobstant tous changements. — Le code civil et le code de procédure ont à peu près reproduit le sens et les mêmes termes de la loi de l'an VII, notamment, le premier dans les art. 2148, 2152, 2156, et enfin 2183 ; le second dans les art. 695 et 753. — Ce n'est pas seulement dans l'intérêt de l'inscrivant que la loi a disposé, mais pour économiser les frais et prévenir les longueurs de procédure. Tout est simplifié en actionnant le créancier au domicile par lui élu, nonobstant tous changements postérieurs dans les personnes ou dans les choses. D'ailleurs la loi laisse au créancier la faculté de changer son domicile élu, si son intérêt l'exige ; il n'est donc pas admis à se plaindre, et l'arrêt attaqué, en validant la sommation de produire à l'ordre faite au sieur Chambon au domicile élu par son inscription , a fait une saine application des art. 2148, 2152, 2156 C. civ., et 753 C. pr.

2° L'arrêt attaqué n'a pas violé davantage les art, 68 et 70, ni aucune autre disposition légale, en déclarant valable la sommation signifiée au domicile élu, et dont la copie a été remise au maire, sur le refus de recevoir cette copie, fait par la portière de ce domicile ; et, en effet, l'obligation de s'adresser préalablement à un voisin a été imposée par l'art. 68, uniquement en cas *d'absence* de la partie assignée, de ses parents ou serviteurs ; elle se justifie alors par les rapports de bon voisinage, et au contraire briserait peut-être ces rapports , si la même obligation de s'adresser au voisin existait, lorsqu'il y a eu refus par la partie de recevoir la copie. D'ailleurs , il n'existe aucun inconvénient à rendre le maire dépositaire de la copie qu'il recevrait régulièrement en cas d'absence. Enfin, annuler, dans l'espèce, la sommation dont il s'agit, ce serait créer une nullité là où la loi n'en prononce pas, et cela par voie de simple analogie.

ARRÊT.

COUR DE CASSATION. — 14 FÉVRIER 1843.

LA COUR ; — Sur le 1er moyen : — Attendu que, d'après l'art. 2148 Cod. civ., tout bordereau d'inscription doit contenir l'élection d'un domicile pour l'inscrivant dans un lieu quelconque de l'arrondissement du bureau ; — Que, d'après l'art. 2152, il est loisible à celui qui a requis une inscription, ainsi qu'à ses représentants ou cessionnaires, par acte authentique, de changer, sur le registre des hypothèques, le domicile par lui élu, à la charge d'en choisir et indiquer un autre dans le même arrondissement ; qu'ainsi l'intention formelle et bien expresse du législateur est que le domicile de tout créancier hypothécaire inscrit soit constamment indiqué sur le registre du conservateur ;

Attendu que, d'après la disposition générale de l'art. 2156 Cod. civ., reproduite de l'art. 20 de la loi du 11 brum. an 7, les actions auxquelles les inscriptions peuvent donner lieu contre les créanciers, doivent être intentées, par exploits faits à leur personne ou au dernier des domiciles élus sur les registres, et ce nonobstant le décès, soit des créanciers, soit de ceux chez lesquels ils auront fait élection du domicile ; — Que cette disposition générale et sans distinction a pour objet spécial de simplifier et de faciliter les procédures auxquelles les inscriptions peuvent donner lieu ; — Que, s'agissant d'une matière urgente, la loi n'a pas voulu soumettre ces actions à des recherches longues et difficiles pour connaître tous les changements qui ont pu s'opérer parmi les créanciers inscrits ; et que, nonobstant tous changements, les actions ont pu être introduites par exploits faits au dernier des domiciles élus sur les registres ; — Qu'en déclarant, dès lors, valable la sommation faite à ce dernier domicile, l'arrêt attaqué n'a point fait une fausse application de l'art. 2156 qui dispose pour la matière spéciale des hypothèques ; — Rejette ce 1er moyen ;

Mais, sur le 2me moyen, et vu les art. 68 et 70 Cod. pr. civ. : — Attendu que l'objet évident de ces deux articles et d'assurer, autant qu'il est possible, la remise aux parties intéressées des exploits qui leur sont adressés ;

Attendu que, d'après l'art. 70, ce qui est prescrit par l'art. 68 doit être observé, à peine de nullité ;

Attendu que cet article n'autorise le recours au voisin ou au maire, que dans le cas où l'huissier ne trouve au domicile ni la partie, ni aucun de ses parents ou serviteurs ;

Attendu, d'après l'arrêt attaqué lui-même, que l'exploit constate que l'huissier a parlé à la portière de la maison, et qu'à juste titre il a dû considérer cette femme comme étant serviteur de la personne qui avait élu domicile dans cette maison ; que, d'après les dispositions combinées des art. 2156 C. civ. et 68 C. pr. civ., c'était dans ce lieu que devait être laissée la copie de la sommation, sans recourir ni au voisin ni à l'intervention du maire ; — Qu'en supposant même que l'huissier pût être fondé à regarder le refus de la portière comme équivalent au cas d'absence de tout serviteur, il devait remettre *de suite* la copie à un voisin, et ne recourir au maire ou adjoint que dans les cas spécifiés audit art. 68 ;

Attendu que l'huissier, qui est tenu de faire mention de toutes ses démarches, n'énonce pas, dans son acte, qu'il s'est adressé au voisin et que l'arrêt reconnaît qu'il a déposé directement à la mairie la copie de son exploit ;

Attendu qu'en agissant ainsi, il a formellement contrevenu à l'art. 68 et a fait encourir à son acte la nullité prononcée par l'art. 70 ; — Qu'en validant cet acte, la cour royale s'est approprié cette contravention ; — Par ces motifs, casse, etc.

Jurisprudence. — Première question. — Pour : Bruxelles, 6 février 1810, qui admet la validité d'une sommation faite au domicile élu dans l'inscription, bien que le créancier soit décédé.

Seconde question. — Pour : Cass., 24 janvier 1816. — Un arrêt de la cour de Bourges, du 16 décembre 1828, a validé un exploit dont la copie refusée au domicile n'avait pas été présentée au voisin avant d'être remise au maire.

Sur cette seconde question, voyez notre réponse aux demandes qui nous avaient été faites, art. 53, 2ᵉ partie de notre Journal.

A annoter au mot **Exploit**, nᵒˢ 161 et 180; et **Ordre** nᵒ 35.

ART. 119.

—

EXPLOIT.

§ I.

DOMICILE INCONNU. — MENTION. — OPINION DE L'HUISSIER. — ERREUR.

La mention faite dans un exploit que celui à qui la copie doit être remise n'a ni domicile ni résidence connus en France, n'est que l'expression de l'opinion de l'huissier et non la constatation, par cet officier ministériel, d'un fait matériel soumis à sa vérification.

Par suite la Cour royale a pu, sans violer la foi due aux actes authentiques, déclarer que cette énonciation était erronée, et anéantir l'effet des actes ainsi signifiés.

ARRÊT.

COUR DE CASSATION. — 10 JANVIER 1843.

LA COUR; — Sur les troisième et quatrième moyens : — Attendu que les trois commandements dont il s'agit ne constatent pas un fait matériel qui ait pu être vérifié et constaté par l'officier ministériel, mais seulement son opinion sur un fait négatif. à savoir, que le sieur Pernelle n'avait ni domicile ni résidence connus en France; — D'où il suit, qu'en déclarant, d'après les faits et circonstances de la cause, que cette opinion de l'huissier était erronée, ladite cour royale n'a violé ni les principes sur la foi due aux actes authentiques, ni, par suite, l'art. 2244 C. civ.; — Par ces motifs, rejette, etc.

Auteurs. — Conforme à l'*Encyclopédie des Huissiers*, au mot *Exploit*, nᵒ 250, où nous avons énuméré les seules mentions qui dans un exploit fassent preuve jusqu'à inscription de faux; parmi ces mentions ne se trouve point celle constatant si ou non le défendeur a un domicile connu. — Aucun autre auteur n'a traité la question.

Jurisprudence. — Aucun précédent.

A annoter au mot **Exploit**, nᵒˢ 250 et 254.

§ II.

SIGNIFICATION. — REMISE D'EXPLOIT. — OMISSION. — ÉQUIVALENT.

L'omission par un huissier, dans la notification, à un accusé, de la liste des jurés, d'énoncer que c'était copie de cette liste qui était signifiée, n'entraîne pas la nullité de l'exploit, s'il résulte de l'ensemble des énonciations que la copie a réellement été remise.

ARRÊT.

COUR DE CASSATION. — 6 OCTOBRE 1842.

LA COUR ; — Sur le 1er moyen, tiré d'une prétendue violation de l'art. 395 C. instr. crim. : — Attendu que, malgré l'omission du mot *copie* que l'huissier a évidemment voulu écrire et n'a point écrit dans le *parlant à* de l'exploit destiné à constater la notification de la liste des jurés, il résulte de l'ensemble des énonciations dudit exploit que cette notification a été faite, et que copie de cette liste a été laissée à chacun des accusés et par exprès au demandeur ; qu'ainsi ce premier moyen de cassation manque en fait.

Jurisprudence. — Cet arrêt confirme une jurisprudence constante ; il est en effet admis que toutes les fois que l'omission qui existe dans un exploit peut être suppléée par l'ensemble des énonciations qui se trouvent soit dans le corps de l'exploit, soit même dans les pièces signifiées avec la copie, l'exploit ne doit pas être annulé. — *Voy.* à cet égard les nombreux arrêts cités dans notre *Encyclop. des Huiss.*, au mot *Exploit*, sect. 1.

A annoter au mot **Exploit**, n° 112.

§ III.

ÉLECTIONS. — DEMANDE EN RADIATION. — LIBELLÉ.

Il n'est pas nécessaire, à peine de nullité, que la notification de la demande en radiation qui doit être faite avant le dépôt de cette demande, en contienne le libellé textuel ; il suffit qu'elle énonce les moyens, les actes et les faits qu'on se propose de faire valoir contre l'inscription.

ARRÊT.

COUR DE CASSATION. — 4 AVRIL 1843.

LA COUR ; — Attendu qu'après avoir consacré par l'art. 25 de la loi du 19 avril 1831, le droit de réclamer la radiation de tout individu que l'on prétend indûment inscrit, l'art. 26 porte que la demande ne sera reçue qu'autant que le réclamant y joindra la preuve qu'elle a été par lui notifiée à la partie intéressée, laquelle aura dix jours pour y répondre à partir de celui de la notification ;

Attendu qu'il résulte clairement de l'art. 26 que la notification a pour objet direct et principal de faire connaître les moyens, les actes et les faits sur lesquels est fondée la demande en radiation, afin que l'électeur incriminé puisse justifier son inscription sur la liste, d'où l'on doit conclure que l'objet de la loi est rempli lorsque, sans notifier le texte de la demande, tous les motifs en sont clairement énoncés, et que la demande qui doit, non pas précéder, mais suivre la notification, n'en contient aucun autre;

Attendu, en fait, que la demande formée le 30 sept. 1842 a été précédée par un exploit du 29 contenant textuellement tous les griefs sur lesquels elle était fondée, avec sommation d'y répondre dans le délai de la loi; et que, dès lors, la cour d'Orléans a pu, dans l'espèce, déclarer la demande régulière sans violer la loi; — Rejette.

Jurisprudence. — Aucun précédent.

A annoter au mot **Élections**, n° 1.

§ IV.

APPEL. — SIGNIFICATION. — DOMICILE ÉLU.

L'appel d'un jugement peut valablement être notifié au domicile élu dans la signification de ce jugement, si le requérant a consenti la validité de tous actes notifiés à ce domicile.

FAITS.

Le 15 juin 1842 les frères Asbron ont été condamnés envers Giboudot, par jugement contradictoire et définitif du tribunal civil de Beaupréau.

Par la signification du jugement, faite requête de Giboudot, celui-ci a élu domicile chez son avoué, où il a *consenti la validité de tous actes.*

Giboudot n'ayant pas été trouvé au domicile qu'il s'était faussement attribué à Paris, l'appel du jugement lui a été notifié à son domicile d'élection.

Il en a demandé la nullité aux termes de l'art. 68 du Code de procédure, la notification ayant dû avoir lieu au procureur général, et être affichée conformément à l'art. 69, n° 8, et 70 C. procéd.

ARRÊT.

COUR ROYALE D'ANGERS. — 31 MARS 1843.

LA COUR; — Sur la nullité de l'appel; — Attendu que Giboudot avait élu domicile dans la signification du jugement à parties, et consenti, en termes exprès, la validité de tous actes qui y seraient faits; qu'un appel était le seul acte auquel pût donner lieu, de la part des parties adverses, la signification d'un jugement contradictoire, laquelle ne contenait point de commandement, ni aucun commencement d'exécution, auquel il pût échoir de s'opposer; que cette élection de domicile de sa part, et la signification d'appel à ce domicile élu étaient l'une et l'autre nécessitées par la position de Giboudot, puisque c'est le 7 septembre qu'il faisait faire la signification, et que, quand on s'est présenté, le 23 du même mois, à la maison qu'il avait indiquée comme son domicile réel, rue Chaptal, n° 2, à Paris, pour signifier l'appel, on n'y a trouvé ni sa personne, ni même aucun document sur son existence; — Rejette le moyen de nullité; déclare l'appel régulier, etc.

Auteurs. — Conforme à l'opinion que nous avons émise dans notre *Encycl. des Huiss.*, au mot *Domicile*, n° 49; — Pour : Chauveau sur Carré, t. 4, p. 146.

Jurisprudence. — Pour : Cass., 8 août 1821; Nîmes, 27 mai 1840; Cass. de Brux. 11 juin 1828.

Remarquez que l'appel serait nul, si, par la signification du jugement, l'intimé n'avait pas *consenti au domicile par lui élu dans cet acte la validité de tous exploits y signifiés.* La jurisprudence est en effet uniforme pour proscrire la signification de l'appel au domicile élu dans la notification du jugement dont on demande la réformation. Les derniers arrêts sont : Metz, 26 mai 1820; Bourges, 19 déc. 1815, et 26 nov. 1839; Bordeaux, 16 août 1832; Bruxelles, 7 juillet 1832; Cass., 28 oct. 1811.

A annoter aux mots **Domicile**, n° 49; et **Appel**, n° 45.

§ V.

CITATION EN POLICE CORRECTIONNELLE. — DÉLAI TROP ÉLOIGNÉ. — VALIDITÉ. — FACULTÉ D'ANTICIPER.

La citation en police correctionnelle donnée à un délai exagéré, est néanmoins valable, bien qu'il suffise qu'il y ait trois jours entre la citation et le jugement, d'après l'art. 184 du Code d'instruction criminelle. — Il était loisible au prévenu d'anticiper ce délai.

ARRÊT.

COUR ROYALE D'ORLÉANS. — 26 DÉCEMBRE 1842.

LA COUR; — En ce qui touche la recevabilité de l'action intentée par l'administration des forêts de la couronne: — Attendu qu'aux termes de l'art. 184 C. inst. crim., rendu applicable aux matières forestières par l'art. 187 C. for., il doit y avoir au moins un délai de trois jours, outre un jour par trois myriamètres, entre la citation et le jugement, à peine de nullité de la condamnation; — Attendu que cette disposition spéciale a eu tout à la fois pour objet de faciliter la prompte répression des délits, et d'assurer la défense des prévenus; — Mais attendu que ni l'art. 184 précité, ni aucun autre texte de loi n'ont prononcé la peine de nullité contre la citation qui accorderait au défendeur, pour comparaître devant ses juges, un plus long délai que celui de trois jours; que cette nullité ne peut, dès lors, être suppléée; — Attendu, en fait, que la citation donnée le 18 janv. 1841 à Henri Mathieu, pour comparaître le 30 nov. suivant devant le tribunal de police correctionnelle de Montargis, est régulière en la forme; — Qu'elle a donc mis le prévenu légalement en demeure de se présenter devant ses juges au jour indiqué; que celui-ci eût pu d'ailleurs, s'il l'eût jugé convenable à l'intérêt de sa défense, abréger la longueur exagérée du délai fixé pour la citation en sommant l'administration des forêts de venir à l'audience aussitôt après l'expiration du délai ordinaire de trois jours; — Qu'il suit de là que les premiers juges ont excédé leurs pouvoirs et violé les dispositions de l'art. 1030 C. pr. civ. en prononçant d'office la nullité de la citation prédatée; — Que c'est aussi à tort qu'ils ont par suite déclaré prescrit le délit imputé à Henri Mathieu, puisque l'action en réparation de ce délit, commis et constaté dans la journée du 23 octobre 1841, a été formée le 18 janv. 1842, c'est-à-dire dans les trois mois fixés par l'art. 185 C. for., et qu'aucune péremption n'était acquise au jour du jugement; — En ce qui touche l'action au fond : — Attendu qu'il résulte du procès-verbal, etc.; — Par ces motifs, condamne Henri Mathieu à 18 fr. d'amende envers l'État, et à 9 fr. de dommages-intérêts au profit de l'administration des forêts de la couronne.

Auteurs et jurisprudence. L'arrêt que nous venons de transcrire est conforme à l'opinion des auteurs et à la jurisprudence en matière civile. Pigeau, *Comment.*, 1, p. 14; Chauveau sur Carré, quest. 17; l'art. 42, 2ᵉ partie de notre journal; — Rennes, 14 juillet 1813.

A annoter au mot citation , n° 78.

§ VI.

REMISE DE COPIE. — DOMICILE INCONNU. — FUITE AVEC PROJET DE REVENIR.

On doit réputer sans domicile connu l'individu qui a quitté son domicile depuis plusieurs mois, sans qu'on sache ce qu'il est devenu; et par suite, afficher l'exploit qui lui est destiné à la principale porte du tribunal, et en remettre copie au procureur du roi. — L'exploit serait nul si la copie avait été remise à un voisin ou au maire. — Jugé dans la première espèce.

Mais il ne peut en être de même de l'individu qui, se trouvant en fuite, n'avait pas pris d'autre domicile, et avait l'intention de revenir à celui qu'il avait quitté. En ce cas la signification faite dans les formes de l'art. 68 est régulière. — Jugé dans la deuxième espèce.

PREMIÈRE ESPÈCE.

ARRÊT.

COUR DE CASSATION. — 11 AOUT 1842.

LA COUR; — Vu l'art. 187, Cod. inst. crim., et les art. 68, 69, § 8, et 70, Cod. proc. civ.; — Attendu que l'art. 187, Cod. inst. crim., en fixant le délai pendant lequel le condamné par défaut serait admis à se pourvoir par opposition, et en faisant courir ce délai du jour de la signification du jugement, n'a entendu parler que d'une signification régulière au condamné, du jugement par défaut rendu contre lui; — Attendu que, pour qu'une signification soit valable, il faut qu'elle soit faite conformément aux prescriptions de la loi sur la forme des actes; — Attendu que lorsqu'un individu n'est pas trouvé au domicile indiqué, il faut distinguer si ce domicile est toujours celui de la personne à laquelle la signification est faite, ou si cette personne n'y demeure plus; que, dans le premier cas, l'huissier doit, aux termes de l'art. 68, Cod. proc. civ., remettre la copie à un parent, à un serviteur ou à un voisin, qui signera l'original; et en cas de refus de recevoir la copie, l'huissier doit la remettre au maire de la commune, qui visera l'original; que, dans le second cas, c'est-à-dire si la partie n'a plus son domicile au lieu indiqué, et que l'huissier ne puisse découvrir le lieu de son domicile, l'art 69, § 8, veut que la signification soit affichée à la principale porte du tribunal, et que copie en soit remise au procureur du roi; — Attendu que l'art. 70 ordonne l'accomplissement des formalités prescrites par les art. 68 et 69, à peine de nullité:

Et attendu, en fait, que la signification faite, le 28 mai 1838, au demandeur, du jugement par défaut rendu contre lui par le tribunal correctionnel de Montpellier, le 5 du même mois de mai 1838, constate que l'huissier s'est présenté au domicile indiqué rue de Beaune, n° 3, qu'il a été déclaré a l'huissier, non que le nommé Lefeuvre fût absent, mais que depuis le mois d'août précédent, il avait quitté l'appartement qui lui avait été sous-loué rue de Beaune, n° 5, et qu'on ne savait ce qu'il était devenu; — Que, dans cette position, le domicile du demandeur était inconnu, et que l'huissier devait se conformer a l'art. 69, § 8, Cod. proc., et remettre la copie au parquet du procureur du roi, après en avoir affiché une autre copie à la principale porte du tribunal; — Que l'huissier, au lieu de suivre cette marche prescrite par le § 8 de l'art. 69, Cod. proc., a remis la copie de la signification, conformément à l'art. 68 du même Code, comme si le nommé Lefeuvre fût seulement absent; Qu'ainsi, la signification était nulle, et n'avait pu faire courir le délai de l'opposition fixé par l'art. 187, Cod. inst. crim.; que cependant la cour royale Montpellier a déclaré, par l'arrêt attaqué, que cette signification était régulière, et qu'elle a fait courir le délai d'opposition fixé par l'art. 187, Cod. inst. crim.; en quoi elle a violé formellement cet art. 187 et les art. 68 et 69, § 8, Cod. procéd.; — Casse, etc.

DEUXIÈME ESPÈCE.

ARRÊT.

COUR DE CASSATION. — 1er DÉCEMBRE 1842.

LA COUR; — Attendu qu'il a été déclaré, en fait, par l'arrêt attaqué, que si, à l'époque de la signification du jugement par défaut rendu contre lui, Gaudry était en fuite, son projet était cependant de revenir dans le même domicile, et qu'il n'en avait pas pris un autre; — Que, dans cet état des faits, le demandeur ne pouvait être considéré comme n'ayant aucun domicile connu en France; que dès lors la signification à lui faite le 10 août 1841, dans les formes de l'art. 68, Cod. proc. civ., a été régulière et a fait courir les délais de l'opposition; — D'où il suit qu'en déclarant non recevable l'opposition du demandeur, faite seulement le 19 août 1842, la Cour royale de Bourges n'a violé aucune loi; — Rejette, etc.

Auteurs et jurisprudence. — 1re espèce; conforme à l'*Encycl. des Huiss.*, au mot *Exploit*, n° 212. — Pour : Carré sur Chauveau, quest. 355. — Cass., 2 mai 1832; Paris, 3 février 1812, Cass., 28 nov. 1837. 2e espèce, aucun précédent.

A annoter au mot **Exploit**, n° 212.

§ VII.

ÉPOUX SÉPARÉS DE BIENS. — COPIE UNIQUE. — NULLITÉ. — ORDRE.

Est nulle la signification d'un jugement, sur contredit d'ordre faite par copie unique à l'avoué occupant pour le mari et la femme séparés de biens, et dont les intérêts sont distincts. Ici ne s'applique pas l'art. 760 du Code de procédure.

FAITS.

Dans un ordre ouvert sur le prix de biens appartenant au sieur Goret, sa femme, séparée de biens, y figurant comme créancière de ses reprises matrimoniales, éleva un contredit sur le règlement provisoire, lequel fut écarté par jugement du 21 décembre 1837, sur la poursuite du sieur Pellagaud, créancier.

Le jugement fut signifié le 12 mai 1838 aux époux Goret, par une seule copie adressée à l'avoué qui les représentait tous deux, et ce ne fut que le 27 suivant que la dame Goret interjeta un appel qui fut critiqué par Pellagaud, comme n'ayant point été effectué dans les délais voulus par l'art. 763 C. de proc.

30 mars 1840, arrêt de la cour royale de Dijon, qui annulle la signification du jugement, et, par suite, écarte la fin de non-recevoir élevée contre l'appel, sous prétexte de tardiveté, dans les termes suivants : — « Considérant que la fin de non-recevoir contre l'appel du jugement du 22 décembre 1837, fondée sur ce que cet appel n'aurait pas été interjeté dans les délais de l'art. 763 C. pr., n'est pas admissible..... parce que la femme Goret, séparée de biens de son mari, et ce même mari ayant des intérêts distincts et séparés, une seule copie, une seule notification au même avoué pour tous les deux, ainsi que cela a eu lieu dans l'espèce, n'était pas suffisante, et ne pouvait, dès lors, faire courir contre eux le délai d'appel. »

Pourvoi du sieur Pellagaud, admis au rapport de M. le conseiller Félix Faure, sur les conclusions de M. Pascalis, avocat général, pour violation de l'art. 763 C. pr., en ce que l'arrêt attaqué a déclaré valable l'appel d'un jugement d'ordre interjeté plus de dix jours après la signification de ce jugement aux époux Goret, sous prétexte que cette signification aurait dû être faite à leur même avoué par deux copies séparées.

ARRÊT.

COUR DE CASSATION. — 12 JUILLET 1843.

LA COUR ; — Attendu qu'il est constant, en fait, que le jugement sur l'appel duquel l'arrêt attaqué a statué, n'avait point été signifié par copies séparées à l'avoué des sieur et dame Goret, desquels il est reconnu qu'ils étaient contestants et contestés, que leurs intérêts étaient distincts, et qu'il y avait même un jugement de séparation de biens ; — Qu'à la vérité, les sieur et dame Goret étaient représentés par le même avoué, mais que cette circonstance n'autorisait pas à ne signifier à cet avoué qu'une seule copie pour les deux parties ;

Attendu, en effet, qu'aucune règle dérogatoire au droit commun n'autorise à signifier, en cette matière spéciale, une copie unique ; — Que, si l'art. 760 Cod. pr. civ., placé au titre de l'ordre, veut que les créanciers postérieurs aux collocations contestées soient représentés par un seul avoué, c'est parce qu'ils forment alors une masse ayant un intérêt commun, mais que tel n'est point le cas de l'espèce, où la créance de la dame Goret était contestée ;

Attendu qu'il résulte clairement de l'art 763 que la copie signifiée à l'avoué doit être par lui transmise à chacune des parties ayant un intérêt distinct à interjeter appel ; que c'est à cet effet que le délai de dix jours a été augmenté d'un jour par trois myriamètres de distance au domicile réel de chaque partie ;

D'où il suit que l'arrêt attaqué, en rejetant la fin de non recevoir élevée contre l'appel, loin d'avoir violé l'art. 763, en a fait, au contraire, une saine interprétation ; — Par ces motifs, rejette, etc.

Auteurs. — Pour : *Encycl. des Huiss.*, au mot *Exploit*, n° 231 ; Chauveau sur Carré, *quest.* 348 *bis.*

Jurisprudence. — Pour : Cass., 7 sept. 1808, 17 nov. 1823, 10 janvier 1826 ; Limoges, 8 mai 1816, 2 et 10 déc. 1821 ; Bourges, 6 mai, 1822 ; Pau, 14 juillet 1832 ; Nancy, 7 juin 1833. — Contre : Bourges, 1er juin 1814 ; Limoges, 5 février 1817 ; Bruxelles, 1er juin 1836.

A annoter aux mots : **Exploit**, n° 231.

§ VIII.

HUISSIER. — DEMEURE. — OMISSION. — VALIDITÉ.

L'omission dans un exploit d'ajournement ou d'appel, de la demeure de l'huissier, n'emporte pas nullité, lorsque les énonciations contenues dans l'exploit la font suffisamment connaître, par exemple, lorsque l'huissier se dit patenté à la mairie de la ville de.....

ARRÊT.

COUR DE CASSATION. — 17 MAI 1843.

LA COUR ; — Attendu, en droit, que les erreurs et les omissions dans les exploits, notamment en ce qui concerne la demeure de l'huissier, n'entraînent pas la nullité de ces actes, quand ils renferment des énonciations qui rectifient ces erreurs ou suppléent à ces omissions ; — Attendu, en fait, qu'il est constaté par le jugement attaqué que l'huissier a énoncé dans l'exploit qu'il était patenté à la mairie de la ville de Boussac ; — Attendu que les huissiers étant patentés à la mairie de la commune dans laquelle ils demeurent, cette mention indiquait que l'huissier demeurait dans cette même commune ; — Rejette.

Auteurs. — Pour : Favard de Langlade. 1, p. 137 ; Thomine, 1, p. 159 ; Pig. *Comment.*, 1, 177 ; Chauveau sur Carré, *quest.* 305 *quater.*

Jurisprudence. — Pour : Lyon, 12 février 1835 ; Toulouse, 3 juin 1835.

A annoter au mot **Exploit**, n° 67.

§ IX.

CO-CRÉANCIERS. — MÊME DOMICILE ÉLU. — COPIE UNIQUE. — NULLITÉ.

Les exploits signifiés à domicile élu doivent, de même que ceux notifiés à domicile réel, être adressés à chacune des parties par copies séparées, encore qu'ils concernent des co-créanciers procédant ensemble, et ayant un même domicile élu.

FAITS.

La dame Mayer a été assignée en payement de 2,169 fr., par les frères Magnier, propriétaires, agissant conjointement, et ayant élu un même domicile.

Jugement qui condamne la dame Mayer, laquelle se pourvoit par appel signifié en une seule copie aux frères Magnier, au domicile par eux élu.

Les intimés tirèrent de là un moyen de nullité repoussé par l'appelante, qui opposait unité d'action, d'intérêt et de domicile élu des appelants.

ARRÊT.

COUR ROYALE DE PARIS. — 10 AOUT 1843.

LA COUR ; — Considérant qu'à supposer que l'élection de domicile fût valable pour la signification de l'acte d'appel, il existait dans la clause deux intimés ; que la signification aurait dû être faite à chacun d'eux par copies distinctes ; qu'elle ne l'a été que par une seule copie ; qu'on ignore auquel des deux frères Magnier la signification s'adressait ; qu'en cet état l'appel interjeté contre les frères Magnier est inadmissible ; — Déclare l'appel nul, etc.

Auteurs. — Pour : Carré sur Chauveau, *quest.* 348 *bis.* — Conforme à notre *Encyclop. des Huiss.*, au mot *Exploit*, n° 225.

Jurisprudence. — Pour : Cass., 15 février 1815, 14 mars 1821 ; Grenoble, 10 juin 1817, et 28 juin 1821 ; Orléans, 25 mars 1831 ; Agen, 14 déc. 1832. — Contre : Bruxelles, 4 oct. 1815, et Caen, 8 janv. 1827.

A annoter au mot **Exploit**, n° 225.

ART. 120.

—

ACTION POSSESSOIRE.

COMPLAINTE. —DÉNONCIATION DE NOUVEL OEUVRE. — TRAVAUX SUR LE TERRAIN DU DÉFENDEUR. — DOMMAGE. — NON-RECEVABILITÉ.

L'action en destruction de travaux achevés sur le terrain du défendeur et en dommages-intérêts pour réparation du préjudice causé, constitue une ACTION POSSESSOIRE ORDINAIRE, *dont le fondement est subordonné à l'existence du dommage allégué, et non une action en* DÉNONCIATION DE NOUVEL OEUVRE, *telle que l'admettait le droit romain.*

La seule différence qu'il y ait entre un action en complainte et un action en dénonciation de nouvel œuvre, c'est que le trouble qui autorise la première résulte d'actes exécutés sur la propriété du demandeur, et que celui qui donne lieu à la seconde découle de travaux accomplis sur la propriété du défendeur.

FAITS.

Le sieur Mouline, propriétaire d'usines mises en mouvement par un canal, fit voûter ce canal et l'arrangea de telle sorte que les eaux d'un ravin, dit de Plagniol, au lieu de tomber dans le canal, comme ci-devant, devaient passer par-dessus la voûte et s'écouler dans l'ancien lit d'une petite rivière desséchée.

Le sieur de Sampigny, propriétaire de la rive du canal opposée à celle sur laquelle se trouvait le ravin de Plagniol, cita, à raison de ce fait, le sieur Mouline devant le juge de paix d'Aubenas, et « attendu, disait-il dans son exploit, que le sieur Mouline s'était permis de troubler le demandeur dans sa possession annale, en construisant une voûte sur le canal, laquelle, outre qu'elle privait le demandeur de l'avantage qu'il tirait des eaux de ce canal, soit pour en puiser, soit pour la fraîcheur que leur passage donnait aux plantes, aurait pour effet inévitable de faire déverser dans ses prairies les eaux du ravin de Plagniol, qui se jetaient dans le canal avant l'existence de cette voûte, et qui en arrêtaient le cours, et de lui occasionner par suite des dommages,.... s'entendre condamner à démolir la voûte, à remettre les lieux dans l'état où ils étaient avant les nouvelles œuvres, et en même temps à payer une somme de 50 fr. à titre de dommages-intérêts.... »

Le sieur Mouline répondit : Que les travaux qu'il avait fait faire ne causaient aucun préjudice au sieur de Sampigny, et que, conséquemment, sa demande en dommages-intérêts n'était pas fondée.

13 août 1841, sentence du juge de paix, qui, après enquête et descente sur les lieux, accueille ce moyen de défense, et sur l'appel du sieur de Sampigny, jugement du tribunal de Privas, du 21 février 1842, qui confirme:—« Attendu, en fait, qu'il résulte de l'enquête que les travaux de Mouline n'ont occasionné aucun dommage au sieur de Sampigny ; que ce nouvel état de choses ne change en rien la position du sieur de Sampigny, obligé, par l'effet d'une servitude légale, de recevoir les eaux qui s'écoulent du terrain supérieur ;—Attendu, en droit, qu'il n'est point contesté que Mouline est propriétaire du terrain sur lequel coule son canal ; qu'il a donc pu modifier à son gré les travaux qu'il avait faits sur son propre fonds, alors que le sieur de Sampigny n'a acquis contre lui aucune servitude. »

Pourvoi en cassation par le sieur de Sampigny, pour violation des art. 6 de la loi du 25 mai 1838 ; 23, 24 et 25, Cod. proc., et 640, Cod. civ., en ce que le jugement attaqué a déclaré le demandeur mal fondé dans son action, sous prétexte que les travaux faits par le sieur Mouline ne lui causaient aucun préjudice, bien que cette action constituât une *dénonciation de nouvel œuvre*, dont le fondement n'était pas subordonné à l'existence d'un préjudice actuel, mais dépendait seulement de la possession annale articulée par le demandeur; et non contestée contre lui, et des travaux nouvellement faits, contrairement à cette possession. — On soutenait pour le demandeur que son action n'était pas une complainte ordinaire, fondée sur le trouble résultant d'un préjudice actuel, mais une dénonciation de nouvel œuvre, c'est-à-dire une action fondée sur ce que le sieur Mouline avait, par ses travaux, changé un état de choses au maintien duquel le sieur de Sampigny avait droit, parce qu'il en avait la possession annale. Objecter que le sieur Mouline pouvait changer l'état du canal, attendu qu'il en était propriétaire, c'est juger la question par la question, puisqu'il s'agissait précisément de savoir si la possession annale invoquée par le demandeur n'avait pas modifié les droits du défendeur, si celui-ci pouvait encore changer l'état de son canal, et si le sieur de Sampigny pouvait le contraindre à laisser subsister l'état antérieur. En jugeant comme il l'a fait, le jugement attaqué a donc dénaturé la demande du sieur de Sampigny, et violé par suite les lois invoquées.

« Si l'on admettait, a dit M. le conseiller-rapporteur, que, sous notre législation, la dénonciation de nouvel œuvre a conservé une existence distincte et quelques-uns des caractères généraux qui, dans le droit romain, empêchaient de la confondre avec les actions possessoires proprement dites ; si l'on admettait, en même temps, que c'est une dénonciation de nouvel œuvre ainsi caractérisée qui a été formée par le demandeur, il faudrait reconnaître que la critique qu'il a faite du jugement attaqué ne serait pas dépourvue de fondement. N'aurait-il pas raison, en effet, de soutenir, dans une pareille hypothèse, que les juges du fait ne pouvaient se décider par le motif que les travaux du défendeur n'avaient occasionné aucun dommage actuel au sieur de Sampigny, parce qu'en cas de dénonciation de nouvel œuvre, la crainte seule du dommage autorise l'action ? N'aurait-il pas encore raison de prétendre que la décision attaquée ne saurait se soutenir, par le double motif : 1° Que le nouvel état de choses ne change rien à la position du sieur de Sampigny ; 2° que Mouline, auteur des travaux, était propriétaire du terrain dans lequel coule le canal par lui voûté, et qu'il a pu modifier à son gré les travaux qu'il avait faits dans son propre fonds ? De pareils motifs eussent été insuffisants pour justifier le rejet de l'action en dénonciation de nouvel œuvre, qui en admettant qu'elle ait été conservée avec son caractère primitif, a plutôt trait aux conséquences éventuelles de l'innovation qu'à son effet présent, en même temps qu'elle s'adresse plus directement aux travaux opérés sur le fonds du défendeur qu'aux entreprises tentées sur celui du complaignant. Mais si l'on se reporte aux conclusions que le demandeur a prises devant le juge de paix, et qui ont déterminé irrévocablement le caractère du litige, on voit qu'il y articulait : 1° Que les travaux étaient faits sur le terrain du défendeur ; 2° que ces travaux étaient achevés ; 3° qu'ils lui causaient un préjudice actuel ; 4° qu'il entendait que ce préjudice fût réparé immédiatement par la destruction des travaux et par le payement de la somme de 50 fr., à titre de dommages-intérêts. — Reconnaît-on là les caractères et le but tout spécial de la dénonciation de nouvel œuvre ? Une semblable action, en lui supposant toujours une existence distincte, pourrait-elle se concilier, 1° avec la circonstance que les travaux étaient terminés ; 2° avec l'allégation d'un préjudice actuel et consommé ; 3° avec l'exigence d'une destruction immédiate et d'une réparation évaluée à une somme déterminée ?.... Au contraire, tous les caractères constitutifs de l'action possessoire ne se rencontrent-ils pas dans la demande originaire, telle qu'elle a été formulée par les conclusions si précises du sieur de Sampigny ? Articulation de la possession annale et de trouble actuel porté à cette possession ; demande en maintenue ; par suite, conclusions tendantes à la destruction des travaux portant trouble et dommage, et une réparation immédiate de ce dommage. Il est vrai que les travaux, dans l'espèce, ont été faits dans le terrain du défendeur ; mais votre jurisprudence n'a-t-elle pas établi que cette circonstance

ne formait pas obstacle à la complainte possessoire ? Cass.,
13 avril 1819 ; 28 avril 1829 ; 14 avril 1830.—S'il était reconnu
que l'action du demandeur n'était, en effet, autre chose qu'une
action possessoire ordinaire..., le juge n'avait alors qu'à vérifier
l'existence des deux faits que met en mouvement toute action
possessoire, c'est-à-dire *la possession* annale du demandeur et le
trouble causé à cette possession de la part du défendeur, et il est
fort clair que, si la preuve de l'un de ces faits vient à défaillir,
l'action ne pourra pas être accueillie. En vain le demandeur
justifierait de l'existence d'un trouble, s'il ne prouvait en même
temps sa possession ; de même, et réciproquement, la preuve de
la possession serait inutile, s'il ne s'y joignait celle de fait ou
de l'acte par lequel il prétend avoir été troublé dans cette possession.... »

M. le rapporteur fait ensuite remarquer que, dans l'espèce, le
juge concentrant d'abord toute son attention sur le point de
savoir s'il y a eu trouble ou dommage quelconque occasionné
par les travaux de Mouline, parce que c'est là le fait décisif du
procès, déclare que rien n'a été changé à la position du sieur de
Sampigny ; qu'ainsi, il n'est pas vrai que le ravin du Plagniol
ait été obstrué ou comblé; et c'était là le fait dommageable allégué ; que, par conséquent, le fait matériel, sur lequel repose
l'action possessoire, n'existe pas, et qu'enfin (ce qui semble
répondre à tout genre de préjudice), il résulte de l'enquête que
les travaux de Mouline n'ont occasionné *aucun* dommage au
sieur de Sampigny. En présence de telles déclarations, ajoute en
terminant M. le rapporteur, que devient l'action possessoire du
demandeur ?....

ARRÊT.

COUR DE CASSATION. — 26 JUIN 1843.

LA COUR ;—Attendu que les conclusions du demandeur, le juge de paix,
tendaient : 1° à la destruction des travaux achevés sur le terrain du sieur
Mouline ; 2° à la réparation actuelle, par voie de dommages-intérêts , du
préjudice causé et du trouble apporté à sa possession par lesdits travaux ;
qu'en cet état, sa demande ne constituait qu'une action possessoire ordinaire ;
Attendu que le jugement attaqué, après avoir déclaré, en fait, que les travaux
du sieur Mouline n'avaient causé aucun préjudice au demandeur, et qu'ils
n'avaient rien changé à l'état primitif des lieux, a dû par suite décider,
comme il l'a fait, que l'action possessoire du demandeur ne pouvait être
accueillie, puisque l'existence du fait dommageable qui lui servait de fondement n'était pas prouvée; qu'en le décidant ainsi, le jugement attaqué, loin
de violer les lois invoquées, en a fait, au contraire, une juste application ;—
Par ces motifs, rejette, etc.

Auteurs et Jurisprudence.—L'arrêt que nous venons de transcrire, et qui, dans le seul cas où l'on puisse intenter une action

en dénomination de nouvel œuvre, celui où le trouble résulte de travaux faits sur la propriété du défendeur, assimile cette action à celle en complainte pure, proscrit l'opinion qui veut que, dans notre droit actuel, la dénonciation de nouvel œuvre subsiste telle que l'avaient constituée le droit romain et l'ancien droit français.

Peu de propositions, plus que celles que nous venons d'énoncer, ont donné lieu à tant de controverses.

Suivant certains auteurs, la dénonciation de nouvel œuvre ne peut être intentée que pour le cas où il s'agit de constructions ou travaux entrepris par un voisin sur son propre fonds ; elle n'a pour objet que la conservation d'un droit réel ou de préserver d'un dommage futur ; elle n'est recevable qu'autant que les travaux ne sont pas achevés ; enfin, le juge de paix ne peut que défendre ou permettre la continuation des travaux ; il ne pourrait, dans aucun cas, en ordonner la destruction. — V. Henrion de Pansey, *Compét. des juges de paix*, chap. 38 ; Guichard, *Quest. possess.*, p. 218 ; Berriat Saint Prix, *Cours, de procéd.*, I. p. 128 ; Carré, *Just. de paix*, II, p. 235 ; Caron, *Traité théor. des actes pos.*, p. 62, 1re édit., lequel s'est retracté 2e édit., p. 45 et 46 ; Foucher, *Comment.*, L. 25 mai 1838, p. 284 ; Benech, *Des justices de paix*, p. 242.—Cass. 15 mars 1826, 14 mars 1827 et 5 mars 1828.

Suivant d'autres auteurs, la dénonciation de nouvel œuvre n'est autre que la complainte appliquée au cas où le trouble résulte d'un fait commis sur la propriété du défendeur. Ainsi elle est recevable dans l'année du trouble, même après l'achèvement des travaux, et le juge de paix peut, s'il y a lieu, ordonner la destruction des travaux. C'est cette opinion que nous avons apoptée dans notre *Encyclopédie*, au mot *Action possessoire*, n° 61. —V. Pigeau, *Comment.*, quest. 1, 55 ; Merlin, *Quest. de droit*, v° *Den. de nouv. œuv.*, Garnier, *Des actes poss.*, chap. 1, § 2, art. 1, p. 12 et suiv. ; Favard, *Rép. v° Compl.* ; David, *Cours d'eau*, t. 1, p. 471 ; Curasson, *Compét. des juges de paix*, t. 2, p. 21 : Chauveau sur Carré, *Loi procéd. ord.*, quest. 109 bis ; Belini, *Du droit de possession*, n° 361 ; Aug. *Encyclop. des juges de paix*, v° *Den. de nouv. œuv.* — Cass. 27 juin 1827, 28 août 1829, 9 janv. 1833, 27 mai et 17 juin 1834, 28 mars et 25 juillet 1836, 30 janvier 1837 et 5 février 1838.

L'arrêt que nous venons de transcrire admet cette dernière opinion. — Il est à remarquer qu'il exige, pour qu'on puisse intenter une action en dénonciation de nouvel œuvre, que les travaux accomplis sur le terrain du voisin causent un *préjudice actuel* au demandeur.

A annoter au mot **Action possessoire**, n° 61.

ART. 121.

RÉFÉRÉ.

ASSIGNATION A BREF DÉLAI. — CÉLÉRITÉ. — HUISSIER COMMIS.

L'assignation en référé, donnée à bref délai, dans les cas requérant célérité, en vertu de la permission du président, ne peut être signifiée que par un huissier commis, à peine de nullité.

ARRÊT.

COUR ROYALE DE MONTPELLIER. — 27 JANVIER 1843.

LA COUR ; — Attendu que le sieur Dardé, gardien des objets saisis, en présentant au juge des référés une requête tendant à obtenir l'autorisation de faire assigner à bref délai le saisissant et le saisi, pour obtenir sa décharge, conformément à l'art. 606, Cod. proc. civ., s'est fondé sur l'urgence de la demande ; que le juge a reconnu cette urgence et l'a prise en considération pour ordonner le bref délai demandé ; — Que le demandeur, s'étant placé dans le cas de l'art. 808, Cod. proc. civ., et en ayant réclamé les avantages, devait en observer les dispositions ;

Attendu qu'aux termes de cet article, si le cas requiert célérité, l'assignation ne pourra être donnée qu'en vertu de l'ordonnance du juge, qui commettra un huissier à cet effet ; — Qu'il résulte évidemment de ces termes que l'assignation n'est alors valable qu'à une double condition ; c'est-à-dire, que lorsqu'elle aura été précédée de l'ordonnance du juge, et que l'assignation aura été signifiée par l'huissier qu'il aura commis à cet effet ; — Que s'il en était autrement, cette sage garantie, donnée par la loi à la partie assignée, n'aurait aucune sanction et serait impunément éludée ;

Attendu que l'ordonnance sur requête du 22 novembre 1842, n'ayant désigné aucun huissier, l'assignation en référé n'a point été signifiée par huissier commis ; que cette assignation est donc nulle et entraîne la nullité de tout ce qui l'a suivie ;

Par ces motifs, disant droit à l'appel, annulle l'assignation en référé du 22 novembre 1842, ainsi que l'ordonnance du 24 novembre et tout ce qui en a été la suite ; ordonne, en conséquence, que les parties seront remises au même état qu'avant cette assignation, etc.

Conf. à l'*Encycl. des Huiss.* au mot *Référé*, n° 20.

Auteurs. — Pour : Chauveau sur Carré, quest. 2770 bis ; Berriat, p. 377, note 7 ; Demian, art. 808 ; Bilhard, *Des référés*, p. 346.

Jurisprudence. — Pour : Bourges, 7 avril 1832 et 29 août 1838. — Contre : Paris, 8 février 1834.

A annoter au mot Référé, n° 20.

ART. 122.

SAISIE-ARRÊT.

ACTEUR. — TRAITEMENT. — INSAISISSABILITÉ.

Les appointements d'un acteur peuvent être frappés de saisie-arrêt.

Néanmoins et bien que ces appointements ne soient pas compris au nombre des valeurs déclarées insaisissables par la loi, les tribunaux peuvent réduire la saisie à une quotité seulemennt desdits appointements.

FAITS.

Un jugement du tribunal civil de la Seine avait résolu ces deux points dans les termes suivants : — « Attendu que si, en principe, les sommes que touche un acteur de l'administration du théâtre auquel il est attaché, ne sont pas rangées par le législateur dans la classe des valeurs insaisissables, il est constant du moins que les tribunaux, pour conserver aux acteurs le moyen d'exercer leur art, et par suite dans l'intérêt même des créanciers, décident habituellement qu'une partie des appointements d'un acteur doit être considérée comme insaisissable ; — Attendu que ce caractère d'insaisissabilité, qui ne doit être que la conséquence d'une décision judiciaire, n'est pas de nature en principe à autoriser un caissier ou un directeur de théâtre à disposer, au mépris d'oppositions, de tout ou partie de ce qui doit être payé à l'acteur, soit au profit de l'acteur lui-même, soit au profit de tout autre ; que cependant, lorsque les tribunaux, après le décès de l'acteur, sont appelés à apprécier la conduite du tiers saisi et la validité des payements qu'il a faits, il y a lieu, prenant en considération ce qui aurait été décidé du vivant de l'acteur, de valider les payemens qui auraient été faits jusqu'à concurrence de la somme qui aurait pu être déclarée insaisissable par les tribunaux ; — Attendu que la première opposition dont il soit justifié entre les mains du caissier du théâtre, et qui ait pu arrêter le payement des sommes dues à Francisque, est celle qui a été formée par Vogt le 17 juillet 1839 ; — Attendu que depuis le mois d'août 1839 jusqu'au décès de Francisque, arrivé le 17 juin 1842, il a été payé à Francisque des appointements sur le pied de 4,000 fr. par an, lesquels se sont élevés, au moyen des retenues, à 9,500 fr. et des feux, qui, d'après les documents produits au procès, forment une somme de 3,266 fr.;—Attendu que, sur les sommes qui devaient être payées à Francisque à partir de l'opposition jusqu'au décès dudit Francisque, la moitié seulement aurait pu être déclarée insaisissable; qu'ainsi le caissier du théâtre de la Gaîté, auquel était attaché Francisque, doit être tenu de déposer à la caisse des consignations la moitié qui, à tort, a été payée entre les mains de Francisque, à partir du 17 juillet 1839, jour de l'opposition du sieur Vogt; que cette moitié s'élève à 6,383 fr.; que dans ces circonstances, il n'y a pas lieu à s'arrêter à la déclaration affirmative faite par Montigny, au greffe, à la date du 21 juillet 1842;—Par ces motifs, sans avoir égard à la déclaration dont s'agit, laquelle au besoin est déclarée nulle, déclare que, sur les payements faits à Francisque depuis le 17 juillet 1839, il a été indûment payé une somme de 6,383 fr.; —Condamne en conséquence les sieurs Meyer et Montigny, ès noms qu'ils agissent, à déposer dans la quinzaine de la signification du présent jugement, à la caisse des dépôts et consignations, ladite somme de 6,383 fr. à la charge des oppositions qui auraient été formées entre leurs mains, si mieux n'aiment lesdits sieurs Montigny et Meyer payer aux créanciers opposants le montant de leurs oppositions en principal, intérêts et frais, etc. »

Appel par les sieurs Montigny et Meyer.—Dans leur intérêt, on a soutenu en droit que le décret du 21 ventôse an IX, sur l'insaisissabilité du traitement des employés dans certaines limites, était applicable aux artistes dramatiques; que, d'ailleurs, l'usage constant à Paris, surtout dans les petits théâtres de la capitale, était de ne retenir, en cas d'opposition, que le *cinquième* de la totalité des appointements et des feux. A l'appui de cette allégation, on rapportait divers certificats délivrés par un grand nombre de directeurs et caissiers d'entreprises de théâtres.

ARRÊT.

COUR ROYALE DE PARIS. — 7 JUILLET 1843.

LA COUR; — Adoptant les motifs des premiers juges; — Confirme.

Auteurs. — Pour : Vivien et Blanc, *Législation des Théâtres*, n° 298; Roger, *De la saisie arrêt*, n° 103.—Contre : Chauveau sur Carré, quest. 1924 *quater*.

Jurisprudence. — Pour : Paris, 29 juillet 1811; Lyon, 18 juin 1837.

A annoter au mot **Saisie-arrêt**, n° 63.

ART. 123.

—

CONTRAINTE PAR CORPS.

HUISSIER - COMMIS. — TRIBUNAL DE COMMERCE.

Les tribunaux de commerce ont le droit de commettre, par leurs jugements, un huissier pour la signification de ces jugements avec commandement, à fin de contrainte par corps.

ARRÊT.

COUR ROYALE DE NANCY. — 23 MARS 1843.

LA COUR ; — Attendu, en droit, que l'art. 780, Cod. proc. civ., confère positivement au tribunal qui prononce la contrainte par corps, et *sans distinction de juridiction*, la faculté de commettre un huissier pour la signification, avec commandement, de son jugement ; — Que ce n'est pas là connaître de l'exécution du jugement, mais seulement pourvoir dans les termes de la loi au mode d'exécution dont il est susceptible ;

Attendu, du reste, que la signification du jugement qui prononce la contrainte par corps n'est pas un acte d'exécution, mais seulement une formalité préliminaire qui manifeste l'intention de l'exécuter ;

Attendu, en fait, que le jugement du tribunal de commerce de Mirecourt, en date du 2 janvier 1839, rendu par défaut contre Jean-Baptiste Paternotte, commet l'huissier Guérin, tant pour la signification du jugement que pour le commandement, à fin de contrainte par corps au défaillant, le cas échéant, et qu'il satisfait ainsi pleinement au prescrit de l'art, 780 précité ;

Met l'appellation et ce dont est appel au néant ; émendant, déclare Paternotte mal fondé dans sa demande en élargissement et nullité d'emprisonnement, etc.

Auteurs. — Pour : Thom. Desm., t. 2, nº 901 ; Favard, *Rep.* vº *Cont. par corps*, § 4 ; Coin Delisle, *Comment.* art. 2069, nº 10. —Contre : Delaporte, 2, p. 352 ; Hautefeuille, p. 431 ; Carré, *L. procéd.*, quest. 2631.

Jurisprudence. — Pour : Nancy, 23 juillet 1813 ; Rouen, 20 juillet 1814 ; Toulouse, 28 juillet 1824 ; Aix, 23 août 1826 et 6 déc. 1834 ; Lyon, 23 mai 1827 ; Douai, 23 nov. 1839.—Contre : Orléans, 26 décembre, 1810 ; Toulouse, 21 mai 1824 ; Lyon, 10 avril 1826.

A annoter au mot **Contrainte par corps**, nº 118.

ART. 124.

—

ENQUÊTE.

TÉMOIN. — DOMESTIQUE. — REPROCHE. — NOTIFICATION. —
DÉLAI. — DÉCHÉANCE.

*Un témoin ne peut être reproché comme domestique lorsqu'il a
cessé d'être au service de la partie lors de l'enquête, bien qu'il y fût
encore lors du jugement qui l'a ordonnée.*

*En matière sommaire, comme en matière ordinaire, il doit y
avoir, à peine de déchéance, trois jours entre la notification du nom
des témoins à l'adversaire et le jour primitivement fixé pour l'audition : peu importe que cette audition ait été ensuite prorogée à un
autre jour.*

ARRÊT.

COUR ROYALE DE ROUEN. — 26 FÉVRIER 1843.

LA COUR ; — En ce qui concerne le reproche contre le témoin Vanier,
reproche fondé sur ce qu'il était domestique de Roussel, partie au procès en
première instance, au moment où le jugement interlocutoire a été prononcé ;
— Attendu que Vanier avait cessé d'être domestique de Roussel à l'époque
où il a été entendu comme témoin ; que cette seule circonstance suffit pour
faire rejeter ce reproche ;
En ce qui concerne la nullité invoquée contre les témoins Sevestre, Berrier
et Bloquet, fondée sur ce que les noms de ces témoins n'auraient pas été
notifiés à Leloutre dans le délai légal : — Attendu qu'en matière ordinaire, la
notification des noms des témoins doit être faite à la partie adverse trois
jours au moins avant celui de l'audition ; — Que cette règle a été rendue
commune aux matières sommaires par les dispositions de l'art. 413, Code
proc. civ. ; — Attendu que, par le jour de l'audition, on doit évidemment
entendre le jour fixé pour l'audition des témoins et pour la comparution des
parties, par le juge-commissaire dans les matières ordinaires, et par le jugement qui ordonne l'enquête dans les matières sommaires ; — Attendu qu'a-
près le jour indiqué pour cette audition, aucun témoin ne peut plus être
cité, à moins que, dans les délais et dans les formes prescrits par la loi, les
parties aient demandé et obtenu une prorogation d'enquête ; — Attendu
qu'il est constant, en fait, que le jour indiqué pour l'audition des témoins
dans la cause dont il s'agit, avait été fixé par le tribunal au 4 janvier dernier ;
— Qu'à ce moment la notification des noms des trois témoins ci-dessus indiqués n'avait pas été faite à Leloutre, et que ce n'est que parce que la continuation de cette enquête fut renvoyée par les premiers juges au 10 janvier, que,
dans cet intervalle, et le 6 du même mois, les noms de ces témoins furent
notifiés à l'appelant ; — Mais qu'à cette période de la procédure, Massiel était

déchu du droit de faire entendre ces nouveaux témoins, par cela seul qu'il n'en avait pas notifié les noms dans le délai prescrit par la loi, et qu'il n'avait pas cherché à se soustraire à cette déchéance par une demande en prorogation ;—Qu'en effet, la continuation de l'enquête ordonnée d'office par le juge a été une mesure dictée seulement par l'expiration du temps consacré aux audiences et qui ne peut donner aux parties plus de droits qu'elles n'en avaient au moment où a été ouverte cette enquête dont le commencement et la fin doivent être considérés comme un seul acte et un seul tout, accompli au même instant ;—Qu'on ne peut assimiler une telle mesure à une prorogation d'enquête qui a pour but d'éviter la déchéance prononcée par la loi, et qui forme ainsi un incident sur lequel les parties sont appelées à contester, et sur lequel le juge statue, en appréciant les motifs particuliers qui peuvent le déterminer à admettre ou à repousser cette demande en prorogation :— Rejette le reproche élevé contre le témoin Vanier, sauf à avoir à sa déposition tel égard que de raison ; déclare nulle la notification faite à Leloutre du nom des témoins Sevestre, Berrier et Bloquet ; juge que ces témoins ne devaient pas être entendus ; en conséquence, ordonne que leurs dépositions ne seront pas lues, etc.

Première question. — *Auteurs.* — Pour : Thom. Desmaz., t. 1, n. 333 ; Boncenne, t. 4, p. 361. — Contre : Carré et Chauveau, quest. 1116 ; Bioche et Gouget, vᵒ *Enquête*, nᵒ 203.

Jurisprudence. — Pour : Bourges, 30 novembre 1830 ; Riom, 28 novembre 1828 ; Bruxelles, 9 novembre 1818. — Contre : Rennes, 30 juillet 1840.

Seconde question.—V. art. 58, 2ᵐᵉ partie de ce Journal.

A annoter au mot **Enquête**, nᵒˢ 54 et 78.

ART. 125.

COMPÉTENCE.

CONSEIL DE PRÉFECTURE.—TRIBUNAUX.—TRAVAUX PUBLICS. — DOMMAGES-INTÉRÊTS.

Les conseils de préfecture ne sont compétents pour connaître du préjudice provenant du fait personnel des entrepreneurs de travaux publics, qu'autant que ces entrepreneurs se sont strictement conformés aux actes administratifs fixant leurs droits.

Dans le cas contraire, l'entrepreneur est justiciable des tribunaux ordinaires et même du tribunal de police, si le fait constitue une contravention punissable.

ARRÊT.

COUR DE CASSATION. — 1ᵉʳ JUILLET 1843.

LA COUR ;—Vu les art. 408 et 413, lesquels prescrivent l'annulation des jugements en dernier ressort qui présentent violation des règles de la compétence ;—Vu pareillement l'art. 4 de la loi du 28 pluv. an viii ;—Attendu, en droit, que ce dernier article n'attribue aux conseils de préfecture la connaissance *des torts et dommages procédant du fait personnel des entrepreneurs de travaux publics*, que dans le seul cas où ces entrepreneurs se sont conformés strictement aux termes du contrat qui existe entre eux et l'administration, et n'ont donné lieu en s'y renfermant qu'à la poursuite dont ils sont l'objet;

Et attendu, dans l'espèce, que les art. 2 et 3 de l'arrêté par lequel le préfet du département de l'Aisne a autorisé l'extraction des pierres meulières dont il s'agit, interdisaient expressément à Liétot de la commencer avant de s'être entendu avec les propriétaires, pour le règlement de l'indemnité, ou d'avoir fait fixer celle-ci par le conseil de préfecture —Qu'il est constant néanmoins que cette condition irritante n'a point été accomplie; que ledit Liétot n'ayant pu s'accorder à l'amiable avec le maire de Treloup, ainsi qu'il l'a reconnu par son acte d'offres du 7 novembre 1842, devait, selon l'art. 3 précité, recourir à la juridiction administrative, et n'entreprendre ses travaux que lorsqu'elle aurait prononcé ;—Que le tribunal de simple police de Condé a donc compétemment constaté et réprimé la contravention résultant de l'inaccomplissement de cette obligation ;— Qu'il suit de là que le tribunal correctionnel de Château-Thierry, en infirmant son jugement par le motif qu'il était incompétemment intervenu, a faussement appliqué l'art. 4 de la loi du 28 pluv. an viii, et commis une violation expresse des règles de la compétence ;— Casse, etc.

Jurisprudence.—La jurisprudence de la cour de Cassation est constante. Ses derniers arrêts sont du 1ᵉʳ et du 21 octobre 1841.

A annoter au mot **Compétence**, sect. 1, § 2, et **Travaux publics**, nº 2.

ART. 126.

—

ACTION POSSESSOIRE.

CHEMIN VICINAL. — CLASSEMENT. — DÉPOSSESSION.

L'arrêté du préfet qui classe un chemin vicinal et en fixe la largeur, a pour effet de déposséder les riverains de l'emplacement reconnu pour être celui du chemin.

Par suite ces riverains, ne peuvent s'opposer par voie d'action possessoire, à ce que l'administration, ou son cessionnaire, se mette en possession du terrain cédé ; les tribunaux étant incompétents pour critiquer soit l'arrêté de classement, soit les actes administratifs en vertu desquels la prise de possession a eu lieu.

FAITS.

Le préfet du Tarn, après avoir, par un arrêté du 20 juin 1837, déclaré la vicinalité et fixé la direction et la largeur d'un chemin appelé la Coutarie, en ordonna, par un autre arrêté du 31 juillet 1840, le redressement, et pour y parvenir disposa qu'une portion de ce chemin, longeant la propriété des dames Jougla, et se complétant sur cette propriété, de laquelle portion ces dames n'avaient pas encore pris possession, serait supprimée et cedée au sieur Rivals. La cession eut lieu suivant les formes prescrites, et Rivals se mit en possession de la portion à lui transmise, en prenant, bien entendu le surplus de la largeur donnée au chemin sur la propriété des dames Jougla, selon que l'arrêté du 20 juin 1837 le prescrivait.

Les dames Jougla actionnèrent Rivals au possessoire pour faire cesser son entreprise, qu'elles considéraient comme un trouble à leur possession. Ce dernier, auquel la commune de Verdalle se joignit, opposa que l'arrêté du préfet, parfaitement connu des dames Jougla, les avait dépossédées de toute la portion affectée au sol du chemin, tel qu'il était désigné au plan annexé audit arrêté.

Sentence du juge de paix, qui accueille ce système ; —Appel de la part des dames Jougla.

26 juillet 1843, jugement du tribunal de Castres, qui confirme en ces termes : — « Attendu que le terrain dont il s'agit dans le procès, formant une partie de l'ancien chemin de la Coutarie à Verdalle, a été compris dans l'état des chemins vicinaux par un arrêté du préfet du département du 20 juin 1837, et que sa largeur a été fixée à cinq mètres ; — Attendu que, suivant un 2me arrêté du préfet, du 31 juillet 1840, cette partie du chemin a été supprimée, une nouvelle direction a été donnée au chemin, et le maire de la commune a été autorisé à céder ledit terrain au sieur Rivals en échange du terrain que ce dernier abandonnait pour le nouveau chemin ; — Attendu qu'après toutes les formalités voulues par la loi, cet échange a eu lieu suivant un acte passé devant Me Abriel, notaire à Dourgue, le 25 décembre 1840 ; — Attendu que ces divers actes ne laissent aucun doute sur l'emplacement du terrain dont s'agit, puisque, dans l'état des chemins vicinaux, approuvé par l'arrêté du 20 juin 1837, il est expliqué que le chemin arrive à la Coutarie en suivant le ruisseau dans toute sa longueur ; que ce chemin fut même inspecté le 7 mars 1839 par l'agent de Puilaurent ; que dans le plan joint au second arrêté du 31 juillet 1840, ledit terrain se trouve par-

faitement désigné par une teinte jaune, etc. ;—Attendu que les arrêtés précités ont été rendus en vertu des art. 13 et 19 de la loi du 25 mai 1836, sur les chemins vicinaux, et précédés de toutes les formalités exigées par cette loi ;—Attendu que l'effet de l'acte administratif qui reconnaît et déclare un chemin vicinal, est de mettre le public en jouissance, et que, par suite, le terrain formant l'emplacement de ce chemin n'est plus susceptible d'une possession privée ;—Attendu que, sous ce premier rapport, les dames Jougla ne pouvant invoquer aucune possession du terrain litigieux, lorsque la propriété en fut transmise au sieur Rivals, l'action possessoire qu'ils ont portée devant le juge de paix du canton de Dourgue devait être rejetée ; — Attendu, d'un autre côté, qu'il est évident que cette action n'aurait pu être accueillie sans porter atteinte aux arrêtés dont il vient d'être parlé, pris par le préfet dans les limites de ses attributions , et sans violer les règles qui prescrivent la séparation des pouvoirs judiciaire et administratif. »

Pourvoi des dames Jongla pour excès de pouvoir, violation de l'art. 23, C. pén., fausse application de l'art. 545 du C. civ. des art. 15-19 de la loi du 25 mai 1836, en ce que l'action possessoire des dames Jougla a été déclarée non recevable , sous prétexte que lors de cette action, les demanderesses avaient été dépossédées depuis plusieurs années , en vertu d'actes administratifs.— On soutenait que rien dans l'arrêté de 1837 n'indiquait si les cinq mètres affectés au sol du chemin vicinal de la Contarie devait être pris sur la propriété des dames Jougla ou sur celle du sieur Rivals ; que d'ailleurs, cet arrêté n'avait reçu aucune exécution, et avait même été rapporté par le second arrêté de 1840 ; que dès cette dernière époque, les dames Jougla avaient cessé d'être placées sous la menace d'expropriation résultant du premier arrêté ; qu'elles étaient donc restées en possession du terrain dont s'était emparé le sieur Rivals ; que les actes administratifs intervenus ne les en avaient point dépouillées ; que d'ailleurs, s'ils l'avaient fait, les dames Jougla auraient droit à une indemnité, et pour cela, étaient fondées à s'adresser aux tribunaux pour faire reconnaître préalablement leur possession et leur propriété ; qu'il était indifférent que la vicinalité du chemin eût été déclarée par l'autorité administrative, les tribunaux restant toujours compétents pour statuer sur les questions de possession et de propriété relatives aux chemins vicinaux ; qu'ainsi le jugement attaqué avait écarté à tort, comme non recevables, l'action possessoire des dames Jougla.

ARRÊT.

COUR DE CASSATION. — 27 NOVEMBRE 1843.

LA COUR ; — Attendu qu'il s'agissait, dans la cause, d'une action possessoire ; que, pour faire triompher l'action en complainte, il faut justifier d'une possession paisible remontant au moins à une année ; — Attendu que le jugement attaqué constate que les demanderesses avaient été dépouillées de la possession depuis plus d'un an au moment de l'action ; — Attendu que la prise de possession par la commune a été faite en vertu d'actes administratifs qu'il n'appartient aux tribunaux ni d'apprécier ni de critiquer ; qu'en le décidant ainsi, le jugement attaqué, loin de violer les lois invoquées, s'y est strictement conformé ; — Rejette.

Jurisprudence. — Pour : Cass., 21 février 1842 ; 6 juillet 1841. — Contre : Cass., 26 février 1833 ; 10 janvier 1827 et 8 juillet 1829.

Inutile de faire observer que les droits du riverain dépossédé se résolvent en une indemnité qu'il a le droit de réclamer suivant les formes prescrites par la loi du 25 mai 1836.

A annoter au mot Action possessoire, n° 250.

ART. 127.

—

OFFICE.

NOMINATION. — PIÈCES A PRODUIRE. — TIMBRE.

Doivent être sur papier timbré les pièces produites à l'appui des demandes en nomination des successeurs désignés par les titulaires des offices, telles que démission, certificats de stage, de capacité et moralité, extraits ou copies des délibérations des chambres disciplinaires.

INSTRUCTION.

RÉGIE DE L'ENREGISTREMENT. — 20 JUILLET 1843, N° 1694.

« Aux termes de l'art. 6 de la loi du 25 juin 1841, tout traité ou convention ayant pour objet la transmission d'un office, en vertu de l'art. 91 de la loi du 28 avril 1816, doit être enregistré, avant d'être produit à l'appui de la demande de nomination du successeur désigné. Cet acte est, à plus forte raison, sujet au timbre, conformément à l'art. 12 de la loi du 13 brum. an VII.

» Mais, indépendemment du traité de cession, les cessionnaires des offices produisent, à l'appui de leur demande de nomination, différentes pièces, notamment la démission du titulaire de l'office, des certificats de stage, de capacité et de moralité, des extraits ou copies de délibérations des chambres disciplinaires ou syndicales, etc. ; on a demandé si ces pièces doivent être timbrées.

» L'affirmative n'est point douteuse : les pièces dont il s'agit sont produites pour *justification* de la capacité et des qualités des successeurs désignés, et à l'appui de leur *demande* de nomination ; elles sont donc soumises au timbre d'après la disposition générale de l'art. 12 de la loi du 13 brumaire an VII. En ce qui concerne spécialement les certificats de stage, de capacité et de moralité, et les extraits ou copies des délibérations des chambres de discipline, il résulte des décisions du ministre des finances, des 28 sept. 1829 et 27 décembre 1830, insérées dans les instructions, nᵒˢ 1303, § 11, et 1354, § 8, que ces actes et pièces, émanés des chambres de notaires et d'avoués, sont passibles du timbre; la même règle doit être appliquée pour toutes les chambres disciplinaires ou syndicales.

» M. le ministre des finances a décidé, le 30 juin 1843, que toutes les pièces produites à l'appui des demandes de nomination de cessionnaires des offices, désignés dans l'art. 91 de la loi du 38 avril 1816, doivent être sur papier timbré.

» Il a été donné avis de cette décision à MM. les ministres de la justice et du commerce. »

A annoter au mot Office, § 2, et Huissier, nᵒ 117.

—

ART. 128.

—

POIDS ET MESURES.

ACTE AUTHENTIQUE. — FRACTION DÉCIMALE.

L'officier ministériel qui emploie dans un acte qu'il rédige une fraction autre que la moitié, dans l'expression des nouvelles mesures, contrevient à l'art. 5 de la loi du 4 juillet 1837.

JUGEMENT.

TRIBUNAL DE COMPIÈGNE. — 18 JANVIER 1843.

LE TRIBUNAL ;—Attendu qu'à partir du 1ᵉʳ janvier 1840 ont été interdits tous poids et mesures autres que ceux qui ont pour base le système métrique ou décimal, et que par là même ont été proscrites toutes fractions de ces poids et mesures autres que les fractions décimales ; — Attendu que, si la loi qui a prescrit l'application de ce système, a autorisé pour les poids et mesures de capacité l'emploi du double et de la moitié de chacune des mesures décimales, et si la loi nouvelle a maintenu cet emploi, ce n'est qu'une exception qui ne peut s'étendre d'un cas à un autre, et que, par cela même qu'il a été fait une exception pour cette fraction ordinaire, a été interdit l'usage de toutes les autres; — Attendu que celles-là surtout sont prohibées qui ne sont autre chose qu'un nouveau nom donné à d'anciennes mesures, et qui ont pour but et pour résultat d'en conserver l'usage; — Attendu que l'emploi de toutes autres fractions que les fractions décimales est impérieusement proscrit dans les actes publics ;—Attendu que, dans un acte du 25 juillet 1843, reçu par Mᵉ Legrand, notaire à Carlepont, a été contracté entre la femme Capelle et Désiré Gallet un échange de deux tiers de mètre à prendre dans un jardin avec deux mètres un tiers de terrain, et qu'aux termes d'un autre acte du même notaire, du 27 juillet, il a été donné par la veuve Sezille quittance de dix-huit hectolitres deux tiers de blé;—Attendu que par ces énonciations il a été contrevenu aux dispositions de la loi du 4 juillet 1837, et que la contravention est surtout manifeste dans l'acte du 25 juillet, où la double quantité de deux tiers de mètre et de deux mètres un tiers n'est rien autre chose que la reproduction exacte d'une ancienne mesure usuelle calculée par deux et par sept;—Attendu que chacune de ces contraventions est de nature à entraîner contre le notaire, rédacteur des actes où elles ont lieu, une amende de 20 fr.;—Attendu que, si l'opposition formée par Me Legrand à la contrainte contre lui décernée est régulière en la forme, elle est mal fondée;—Déboute, etc.

Auteurs et jurisprudence. — V. art. 48, 2e partie de ce journal.

A annoter au mot Poids et mesures, no 15.

ART. 120.

—

QUESTIONS PROPOSÉES [1].

§ I.

JUGEMENT PAR DÉFAUT.

NON-EXÉCUTION. — PÉREMPTION. — ACQUIESCEMENT. — TIERS.

L'acquiescement à un jugement par défaut, périmé faute d'exécution dans les six mois de son obtention, fait-il revivre ce jugement, sinon à l'égard des tiers, du moins à l'égard de la partie condamnée?

L'affirmative de cette question a été adoptée par nous dans notre *Encyclopédie des Huissiers*, au mot *Jugement par défaut*, no 120, en ces termes :

« La péremption prononcée par l'art. 156 étant acquise de plein droit, il est inutile de se pourvoir pour la faire prononcer; mais comme elle n'est pas d'ordre public, ni opposable en tout état de cause, on doit la faire valoir dès que, par un acte quelconque, on veut mettre le jugement à exécution.

» La péremption *est couverte* par l'appel et *par l'acquiescement, lequel rend au jugement périmé toute sa force, sauf toutefois les droits des tiers.* »

Cette opinion est professée :

1º Par Carré, *Lois de la procéd. civ.*, quest. 665 : Il est cer-

---

[1] Par M. Léonard, huissier à Stenay.

tain, dit-il, que les motifs d'après lesquels l'art. 156 a été porté ne se rapportent qu'à l'intérêt privé du condamné, et nullement à l'ordre public ; dès lors il est permis à celui-ci de renoncer à un droit qui n'a été introduit qu'en sa faveur.

Carré, quest. 665, à la note, après avoir énoncé un arrêt de Metz, du 26 mai 1819, qui adopte une opinion contraire à la sienne, le critique ainsi qu'il suit : — Cet arrêt supposait que la péremption dont il s'agit serait d'ordre public, et que le juge serait tenu de forcer le débiteur à en profiter malgré la déclaration formelle que ferait celui-ci de ne pas entendre user d'un semblable moyen. Le simple bon sens suffit, à notre avis, pour repousser de telles assertions si elles n'étaient pas proscrites par l'art. 2223 du Code civil.

Au reste, le cas prévu d'un acquiescement à un jugement par défaut se réalise tous les jours, et le plus souvent le jugement n'est pas exécuté dans les six mois de son obtention. Il faudrait donc, pour être conséquent dans la doctrine consacrée par la cour de Metz, regarder cet acquiescement comme nul. Il n'est pas douteux cependant que ce même asquiescement confère au jugement la même force que s'il était contradictoire.

2° M. Boncenne, *Théorie de la procéd. civ.*, tom. 2, p. 57 : Celui qui a été condamné par défaut, dit-il, a la faculté d'acquiescer au jugement, afin d'éviter l'éclat et les frais d'une exécution rigoureuse et de solliciter un délai qui sauve son crédit et le reste de sa fortune. De même il est libre de faire revivre la condamnation après les six mois, en se soumettant à subir ses effets. La bonne foi n'est pas prohibée. Toutefois un jugement éteint, à défaut d'exécution dans les six mois, ne pourrait être ravivé au préjudice des tiers.

3° Et par Thom.-Desmaz., *Comm. Cod. procéd. civ.*, t. Ier, p. 297, qui admet également que le condamné peut renoncer à la péremption établie en sa faveur par l'art. 156, Cod. procéd. civ., sauf les droits des tiers.

Et la même opinion a été adoptée par arrêts des cours de Rennes, 2 janvier 1823, et d'Orléans, 12 décembre 1811. — Deux arrêts de la Cour de cassation, des 9 janvier 1827 et 1er juillet 1844, ont reconnu que la partie condamnée avait renoncé à la péremption en formant opposition et plaidant au fond, et qu'elle ne pouvait plus en conséquence opposer le défaut d'exécution du jugement dans les six mois. — Un autre arrêt de la même cour, du 22 mars 1837, a appliqué les mêmes principes en matière de péremption en justice de paix, bien que le demandeur soutînt qu'il n'avait pu, par ses conclusions en nouvelle expertise, renoncer à la péremption établie par l'art. 15, Cod. pr. civ.

A annoter au mot Jugement par défaut, n° 120.

§ II.

SAISIE IMMOBILIÈRE.

COMMANDEMENT. — SIGNIFICATION DU TITRE DÉJA SIGNIFIÉ
EN VERTU DE L'ART. 877 DU CODE CIVIL.

Lorsque le titre en vertu duquel on veut procéder à une saisie immobilière a déjà été signifié aux héritiers du débiteur en vertu de l'art. 877 du Code civil, doit-on, de nouveau, donner copie de ce titre dans le commandement tendant à expropriation?

Oui, sans nul doute, c'est notre opinion déjà énoncée dans notre *Encyclopédie des Huissiers*, au mot *Saisie immobilière*, n° 58. — C'est aussi celle de Carré, *Lois de la procéd. civ.*, et de Chauveau sur Carré, quest. 2200 *bis*, et celle de Bioche et Gouget, *Dict. de procéd.*, n° 39.

Les art. 673 et 715 du Cod. de procéd. révisé sont en effet très-explicites : ils obligent le poursuivant de donner en tête du commandement copie entière du titre en vertu duquel la saisie est faite à peine de nullité ; ils ne dispensent pas de remplir cette formalité lorsque ce titre a déjà été signifié, et dès lors il n'est pas permis de créer une exception là où la loi n'en crée pas, et de s'affranchir d'une obligation qu'elle prescrit dans l'intérêt du débiteur poursuivi.

Il est vrai que lorsqu'il s'est agi de réviser le Code de procédure au titre de la saisie immobilière, la commission, instituée par le gouvernement à l'effet d'élaborer le projet de loi, avait proposé de dispenser de la signification du titre dans le commandement, lorsque déjà il aurait été signifié en vertu de l'art. 877 du Code civil ; mais cette disposition, critiquée par les avoués du tribunal de la Seine, et dont la modification avait été demandée par les cours de Nîmes et Montpellier, fut abandonnée. Elle n'a été, en conséquence, reproduite ni dans le projet présenté aux chambres, ni dans le cours des discussions ; on doit donc supposer que l'intention du législateur est qu'en tout cas le commandement doit contenir copie du titre en vertu duquel on procède, à peine de nullité.

Remarquons que l'obligation de donner une seconde copie de pièces avec le commandement expropriatif est seule favorable aux huissiers, puisqu'elle leur procure un bénéfice qui se répète souvent et ne laisse pas que d'être considérable ; ils doivent donc, autant par prudence que pour obtenir un gain légitime, ne pas omettre cette formalité essentielle.

A annoter au mot **Saisie immobilière**, n° 58.

ART. 130.

QUESTIONS PROPOSÉES [1].

HUISSIER.

TRANSPORT A JOUR FIXE DANS UN LIEU DE SON ARRONDISSEMENT. — INDICATIONS PAR AFFICHES. — CONTRAVENTION. — PEINES DISCIPLINAIRES.

Un huissier peut-il, sans encourir une peine disciplinaire, faire apposer dans les communes de son canton, des avis annonçant qu'il se rendra dans telle commune, à jours et heures fixes, pour satisfaire les personnes qui auront besoin de son ministère ?

Nous ne le pensons pas.

Une chambre de discipline n'est autre chose qu'une espèce de tribunal de famille chargé par la loi de veiller à l'honneur et à la considération du corps qu'elle représente.

Tous les actes, quels qu'ils soient, commis par un fonctionnaire, soit dans l'exercice, soit à l'occasion de l'exercice de ses fonctions, qu'ils soient ou non interdits par le droit commun, sont de la juridiction de la chambre de discipline.

Les faits sur lesquels l'action de cette chambre peut s'exercer n'ayant point été limités par la loi, il s'ensuit qu'elle est l'arbitre de ce qui est bien ou mal, de ce qui peut ou non blesser l'honneur du corps.

L'huissier qui se trouve dans le cas prévu par notre question porte-t-il atteinte ou non à la considération de la communauté à laquelle il appartient ? C'est à la chambre qui sera saisie à décider souverainement. Sa décision, pas plus que notre opinion, ne peut servir de règle, car tel fait accompli isolément peut être innocent, tandis que le même fait consommé avec telles ou telles circonstances peut être très-blâmable.

Quoi qu'il en soit, et puisque nous sommes consultés, nous devons faire connaître ce que nous penserions d'un huissier qui irait, à certains jours, s'installer dans un cabaret, afin d'attirer vers lui, par ce moyen, la clientèle de la contrée.

Nous croyons que la conduite de ce fonctionnaire serait on ne peut plus indélicate, et que la chambre ne pourrait se dispenser de déployer contre lui la plus grande sévérité. En effet, en se

---

[1] Par M. Héautme, huissier à Carvin (Pas-de-Calais).

déplaçant de son cabinet pour aller mendier une clientèle qui ne viendrait pas le trouver sans cela, et chercher à augmenter ses produits aux dépens de ceux de ses confrères, il leur porte ainsi un préjudice réel, et qui peut être considérable si l'on envisage que le capital d'une étude est basé sur les produits de chaque année.

L'intention du législateur en laissant aux tribunaux le soin et en leur imposant l'obligation de fixer la résidence des huissiers, a été d'abord que ces fonctionnaires fussent répartis selon les besoins de service, et ensuite qu'ils restassent au lieu de leur résidence, et y attendissent la confiance des justiciables, sans pouvoir la solliciter autrement que par leur capacité et la manière dont ils accomplissent leur ministère.

Est-il rien de plus déplorable que la conduite de certains fonctionnaires faisant de leur profession métier et marchandise, allant à jour fixe s'attabler dans un cabaret au milieu d'ivrognes et de gens tarés, se mêler aux jeux et quelquefois aux orgies dont ces lieux sont le théâtre, et tout cela dans le but d'*attraper* un exploit dont ils ne sont pas payés la plupart du temps? On conviendra sans peine que celui qui avilit ainsi les fonctions dont il est revêtu, et qui, pour un misérable lucre, s'expose volontairement au mépris des honnêtes gens, doit être sévèrement réprimandé par ses pairs.

Et qu'on ne s'y trompe pas! le chemin le plus court, même pour arriver à la fortune, est toujours la ligne droite. Le fonctionnaire intègre finit par acquérir une solide clientèle; celui, au contraire, qui met tout en œuvre pour augmenter son répertoire, est sûr tôt ou tard de perdre la confiance de ses concitoyens et d'arriver à une grande diminution de produits. Combien en avons-nous vu se conduire ainsi, et, au bout de quelques années, être obligés de quitter le pays pour aller planter leur tente ailleurs! On a dit: Pierre qui roule n'amasse pas de mousse; nous pouvons ajouter: Et fonctionnaire qui se déplace acquiert rarement fortune et considération.

A annoter au mot Huissier, n° 130.

ART. 131.

—

PURGE.

NOTIFICATION. — EFFETS. — OBLIGATION PERSONNELLE. — PRESCRIPTION. — CRÉANCIERS. — TIERS ACQUÉREUR.

La notification par un tiers acquéreur de son contrat aux créan-

*ciers inscrits, avec offre de payer son prix, ne le rend pas débiteur
personnel envers ceux-ci du montant de ce prix.*

*Par suite, le tiers acquéreur peut invoquer la prescription de
dix ou vingt ans qui avait commencé à courir à son profit, lors
de la notification, sans qu'on puisse lui opposer cet acte comme reconnaissance de la dette hypothécaire.*

ARRÊT.

COUR ROYALE DE BOURGES. — 3 FÉVRIER 1843.

LA COUR; — Considérant qu'aux termes de l'art. 2180, C. civ., les priviléges et hypothèques s'éteignent par la prescription; que, quant aux biens
qui sont dans la main d'un tiers détenteur, cette prescription lui est acquise
par le temps réglé pour celle de la propriété à son profit, mais à dater seulement du jour où son titre a été transcrit sur le registre du conservateur;

Considérant que, le 24 septembre 1818, de Lenfernat a acquis de Claude-
François deux pièces de prés situées l'une dans l'arrondissement d'Avallon,
l'autre dans l'arrondissement de Clamecy; que le prix de cette acquisition a
été payé comptant; qu'ayant fait inscrire son titre au bureau des hypothèques d'Avallon le 3 octobre 1818, et à Clamecy le 19 du même mois, la
prescription introduite en sa faveur contre les créanciers hypothécaires a commencé à courir du jour de cette transcription, et qu'elle lui est acquise si,
pendant les dix ou vingt ans qui l'ont suivie, aucunes poursuites hypothécaires n'ont eu lieu de la part des créanciers, et s'il n'est survenu quelque
circonstance particulière qui l'ait interrompue;

Que ce n'est que par la signification de l'exploit du 30 avril 1839 qu'ont
commencé les poursuites hypothécaires des créanciers inscrits;

Qu'il résulte des pièces produites que Pierre-Lazare Marquet, auteur des
appelants, est décédé le 7 octobre 1828; qu'à cette époque, la prescription
était acquise au profit de Lenfernat, à l'égard de l'immeuble situé à Avallon,
dans l'étendue du ressort de la cour royale de Paris, dans lequel ressort habi-
tait Marquet; mais qu'il n'en est pas de même à l'égard du pré situé dans
l'arrondissement de Clamecy, dans l'étendue du ressort de la cour royale de
Bourges; qu'à son décès, Pierre-Lazare Marquet ayant laissé, comme héritier
pour un quart, par représentation de son père, Hippolyte Marquet, son petit-
fils mineur, la prescription n'a pu courir au préjudice des droits de ce dernier, qui, dès lors, est fondé à demander le maintien de la collocation à son
profit pour le quart des deux tiers ou deux douzièmes de la somme de 854 fr.
32 c., mais seulement sur la somme de 1200 fr., et accessoires appliqués par
la ventilation à l'immeuble situé dans l'arrondissement de Clamecy;

Qu'en vain les appelants prétendent-ils que, par la notification de son
contrat aux créanciers inscrits, avec offre de payer son prix, de Lenfernat a
contracté un engagement qui le rend personnellement débiteur envers eux
de ce prix, et que l'effet de cette obligation personnelle est d'étendre la
prescription à trente ans;

Qu'aucune disposition de la loi n'a donné à la notification faite dans les
termes de l'art. 2184, C. civ., l'effet d'empêcher la prescription créée en faveur
du tiers détenteur par l'art. 2180, même code;

Que cette notification ne peut être considérée soit comme une renonciation
de la part du tiers détenteur à se prévaloir de la prescription qui avait commencé à courir à son profit, soit comme une reconnaissance de la dette hypothécaire, emportant renonciation tacite et substitution de l'action personnelle à l'action réelle;

Que la transcription et la notification n'ont, de la part du tiers détenteur, d'autre but que de parvenir à purger la propriété par lui acquise des hypothèques existantes sur cette propriété ; qu'elles ne sont, relativement aux créanciers, qu'un avertissement que la propriété affectée à leur créance a changé de mains, et qu'ils doivent prendre les précautions nécessaires pour assurer et conserver leurs droits sur l'immeuble, dont la valeur demeurera définitivement fixée au prix stipulé dans le contrat, à défaut de surenchère de leur part dans le délai et les formes prescrites ; qu'en faisant transcrire et notifiant son contrat, le tiers détenteur ne reconnaît ni la validité des créances ni celle des inscriptions ; qu'il ne contracte, à l'égard des créanciers, aucune obligation personnelle dont ils puissent exciper pour exiger indéfiniment de lui le payement de leurs créances, quels qu'en soient le montant, le mérite et la validité ; que dès lors il conserve toujours le droit de se prévaloir de tous les moyens militant en sa faveur pour repousser leurs prétentions, notamment de la prescription qui a commencé à courir du jour de la transcription ;

Confirme, etc.

Auteurs. — Contre : Persil, *Rég. hypoth.*, art. 2184 ; Troplong, *Des Hypoth.*, t. IV, n° 981 ; Rolland de Villargue, n° 56 ; Grenier, t. II, n° 458.

Jurisprudence. — Pour : Cass., 6 mai 1840 ; — Contre, Bordeaux, 18 décembre 1832.

A annoter au mot **Purge des hypothèques**, n° 20.

ART. 132.

—

CONTRAINTE PAR CORPS.

ALIMENTS. — CONSIGNATION. — QUALITÉ PERDUE.

La consignation d'aliments faite par un créancier, dont le droit de contrainte est éteint, ne profite pas aux autres créanciers.

En conséquence elle n'est pas un obstacle à l'élargissement du débiteur, si au moment de sa demande à fin de mise en liberté, les autres créanciers n'avaient pas fait d'autres consignations d'aliments.

ARRÊT.

COUR ROYALE DE ROUEN. — 30 AOUT 1843.

LA COUR ; — Attendu qu'un jugement du tribunal du Havre, passé en force de chose jugée, a déclaré que Constant, au moment de sa consignation, n'était plus créancier, ayant droit de contrainte contre le débiteur incarcéré ; — Que la consignation faite par un créancier ne profite aux autres, qui ne sont pas obligés, dès lors, de faire une consignation particulière, que parce

que le créancier qui consigne est réputé le mandataire de tous et agir dans
un intérêt commun ; — Que Constant, au moment de la consignation, ayant
perdu le droit de contrainte, n'avait plus de titre pour consigner au nom de
tous ; — Qu'on ne peut admettre que celui qui n'avait pas le droit de contrainte par corps aurait eu néanmoins celui de maintenir le débiteur en pri-
son par une consignation d'aliments ; — Que la nullité de la recommandation
doit nécessairement entraîner la nullité de la consignation ; — Réformant,
dit qu'au moment où Cannevaro a intenté son action, il n'y avait pas consignation d'aliments ; ordonne en conséquence qu'il soit mis immédiatement
en liberté ; dit qu'il n'y a lieu d'accorder des dommages-intérêts.

Jurisprudence. — Aucun précédent spécial.— Cet arrêt paraît
s'écarter d'un arrêt de la Cour royale de Paris, du 1ᵉʳ décembre
1834, qui a validé une consignation d'aliments faite par un tiers,
sans mandat et désintéressé dans l'affaire. Conf. Limoges,
3 septembre 1835.

A annoter au mot **Contrainte par corps**, nᵒ 220.

ART. 133.

VENTE DE RÉCOLTES.

CONCURRENCE. — NOTAIRES. — HUISSIERS.

*Il est nécessaire de faire une loi sur la vente des récoltes pen-
dantes par racines.*

CHAMBRE DES PAIRS.

RAPPORT. — SÉANCE DU 20 MARS 1844.

« Messieurs, des huissiers de Rouen, au nombre de neuf ; les membres de
la chambre de discipline de l'arrondissement de Dieppe, ceux de la chambre
de Versailles, ceux de la chambre de Sens, appellent l'attention des pairs sur
la nécessité d'une loi qui fasse cesser le conflit existant entre les notaires et
les autres officiers ministériels pour la vente des récoltes pendantes par racines. Cette question a été plusieurs fois soulevée dans des projets de loi
présentés ; mais elle n'a point reçu de solution législative.

» L'état actuel de la jurisprudence est favorable au privilége des notaires
pour les ventes volontaires de récoltes pendantes par racines. Les pétitionnaires y exposent les arrêts du conseil du 8 décembre 1728 et du 22 mars 1763,
les lois de 1790 et 1793, qui admettaient la concurrence, et quelques décisions des tribunaux qui résistent à l'opinion commune. Ils allèguent que
l'augmentation des mutations et des transactions accroît chaque jour le produit des études des notaires, tandis que celles des huissiers éprouvent une
tendance contraire par l'effet des lois du 25 mai 1828 sur les justices de

paix, et du 23 juin 1841 sur les ventes judiciaires d'immeubles ; ils invoquent enfin l'intérêt public.

» On ne peut nier que la concurrence ne fût plus favorable aux intérêts des parties. Elle est propre, en effet, à restreindre pour les honoraires les exigences de l'officier public. L'habitant des campagnes trouve d'ailleurs plus commode de s'adresser à l'huissier, au greffier ou au notaire, suivant les rapports qu'il a eus précédemment avec eux. Il résulte un inconvénient grave du privilége des notaires. Les ventes de récoltes et de bois se font vers la même époque, les unes à l'approche de la maturité des récoltes, les autres à l'entrée de l'hiver ; et dans plusieurs provinces elles n'ont chance de succès que si elles ont lieu le dimanche. Souvent les notaires d'un canton, au nombre de deux ou trois, ne peuvent faire toutes les ventes pour lesquelles ils sont requis au jour qui serait le plus favorable aux intérêts des vendeurs, ou ils manquent à leurs devoirs en s'y faisant remplacer par leurs clercs ou même par des étrangers.

» Cette dernière considération n'est point présentée dans la demande des pétitionnaires ; mais elle ajoute du poids à celles qu'ils font valoir. Votre comité, messieurs, a l'honneur de vous proposer le renvoi de la pétition à M. le garde des sceaux. »

(Le renvoi est ordonné.)

A annoter au mot **Huissier**, n° 234.

ART. 134.

—

OFFICE.

DÉCÈS DU TITULAIRE. — HÉRITIERS. — CRÉANCIERS. — PRÉSENTATION DU SUCCESSEUR.

Les créanciers d'un officier ministériel ne peuvent, même concurremment avec ses héritiers, être admis à présenter un successeur à l'agrément du roi.

DÉCISION.

GARDE DES SCEAUX. — 13 OCTOBRE 1843.

Me L..., notaire, étant décédé, ses créanciers se sont adressés à M. le garde des sceaux pour être autorisés à présenter un successeur.

Cette demande a été rejetée le 13 octobre 1843 : « Attendu que la présentation ne pourrait être faite par les créanciers seuls qu'au détriment des héritiers du notaire, qui tiennent ce droit de la loi ; que les créanciers ne pourraient être admis à faire cette présentation concurremment avec les héritiers, parce que, selon la jurisprudence constante de la chancellerie, ils ne peuvent être considérés comme les *ayant cause* du titulaire décédé, dans le sens de l'art. 91 de la loi du 28 avril 1816. »

Conforme. — Décis. garde des sceaux, 8 juillet 1835.

Il en serait autrement, bien entendu, si les héritiers négligeaient de faire la présentation ; alors les créanciers pourraient se faire subroger à l'exercice de ce droit. — Dard, *Des offices,* p. 214 ; Colmar, 29 mai 1835 ; Paris, 17 novembre 1838.

A annoter au mot Office, n° 14.

ART. 135.

RESPONSABILITÉ DES HUISSIERS.

HUISSIER. — PROTÊT NUL. — ACTION DIRECTE. — SUBROGATION. — DOMMAGES-INTÉRÊTS.

L'huissier qui a fait un protêt nul n'est responsable qu'à l'égard du porteur qui l'a chargé de faire l'acte, et non à l'égard de l'endosseur qui a remboursé sans être assuré de la validité du protêt.

Cette négligence emporte la renonciation à faire valoir la nullité du protêt et toute espèce de recours contre l'huissier, alors même que l'endosseur invoquerait sa subrogation dans les droits du tiers porteur.

FAITS.

Un arrêt de la Cour royale de Paris, du 15 janvier 1834, consacrant une doctrine contraire à ces propositions, fut cassé par la Cour de cassation, suivant arrêt du 17 juillet 1837, lequel renvoya les parties devant la Cour royale de Rouen.

Cette Cour rendit, le 4 mai 1842, un arrêt par défaut ainsi conçu :

LA COUR ; — Attendu que l'huissier Cabure n'avait pas été chargé par Grenet de faire le protêt dont la nullité est reconnue ; qu'ainsi il ne pourrait être responsable de cette nullité qu'à l'égard de celui qui l'avait chargé de faire ce protêt ; — Attendu, d'ailleurs, que Grenet, en remboursant l'effet protesté sans s'assurer de la validité de ce protêt, est censé avoir renoncé à se prévaloir de cette nullité ; — Prononce défaut sur le sieur Grenet, faute d'avoir constitué avoué, et, pour le profit, réformant, déclare Grenet non recevable dans son action, décharge Cabure des condamnations contre lui prononcées.

Opposition de la part du créancier, et arrêt définitif en ces termes :

ARRÊT.

COUR ROYALE DE ROUEN. — 1er JUIN 1843.

LA COUR ; — Persistant dans les motifs qui ont déterminé l'arrêt par défaut du 4 mai 1842 ; — Et attendu, en outre, que si Grenet, en payant volontairement le billet dont il s'agit, s'est rendu non recevable à demander, en son nom, la nullité du protêt dont le vice était intrinsèque et apparent, il ne peut davantage invoquer cette nullité en se prétendant subrogé aux droits du sieur Chartier. tiers-porteur; — Qu'en effet, la renonciation de Grenet à faire valoir la nullité du protêt est générale et absolue, et qu'il ne pourrait faire revivre, à l'aide d'une prétendue subrogation, des droits définitivement abandonnés; — Que, d'ailleurs, si Grenet était réellement subrogé au tiers porteur, il ne pourrait faire valoir que les droits personnels qui appartiendraient à celui-ci, et qu'il est constant, en fait, que le tiers porteur a été complétement désintéressé; d'où il suit que Grenet ne pourrait, au nom de Chartier, actionner l'huissier Cabure en responsabilité d'un préjudice que ce tiers porteur n'a pas éprouvé; — Rejette l'opposition. »

Jurisprudence. — Pour : Rouen, 4 mai 1842; Cass., 17 juillet 1837. — Contre : Paris, 15 janvier 1834.

A annoter aux mots **Effets de commerce**, nº 191. — **Responsabilité des huissiers**, § II, art. 1er.

—

ART. 136.

—

COMPÉTENCE.

HUISSIER. — RESPONSABILITÉ. — DOMMAGES-INTÉRÊTS. — TARDIVETÉ DE NOTIFICATION.

L'action en dommages-intérêts formée contre un huissier, à raison du retard par lui apporté dans la notification d'une cession, et du préjudice qui en est résulté, est de la compétence du tribunal civil de la résidence de l'huissier, encore bien qu'elle soit formée par voie de garantie et incidemment à une demande principale pendante devant un autre tribunal.

FAITS.

M. Fleschelle, huissier à Gisors, chargé de notifier un acte contenant cession de créances, retarda de quelques jours cette notification; cependant le jour même de la cession intervint une opposition sur la somme cédée de la part d'un créancier du cédant.

Procès entre le cédant et le sieur Treifouse, cessionnaire, qui appela l'huissier en garantie devant le tribunal de la Seine, saisi de la contestation principale.

M. Fleschelle opposa un déclinatoire fondé sur l'art. 73 du décret du 14 juin 1813, portant que toute condamnation des huissiers à l'amende ou à des dommages-intérêts pour des faits relatifs à leurs fonctions doit être prononcée par le tribunal de leur résidence.

Le sieur Treifouse répondit que ce décret était applicable au seul cas où l'huissier est actionné par voie directe et principale, et n'avait pas dérogé au principe de droit commun qui oblige les personnes appelées en garantie à procéder devant le tribunal saisi de la demande originaire.

Jugement qui admet ce système et rejette le déclinatoire proposé. — Appel.

ARRÊT.

COUR ROYALE DE PARIS. — 30 MARS 1842.

LA COUR; — Considérant que l'action dirigée contre l'huissier Fleschelle avait pour objet d'obtenir des dommages-intérêts, en raison du retard apporté par lui dans la signification d'un transport; — Considérant qu'aux termes de l'art. 73 du décret du 14 juin 1843, l'action en responsabilité ou en dommages-intérêts contre un huissier pour un fait ou un acte de son ministère, doit être portée devant le tribunal dans le ressort duquel l'huissier a sa résidence; — Infirme, etc.

Auteurs. — Conforme à l'*Encyclopédie des Huissiers* au mot *Responsab. des huissiers*, n° 60.

Jurisprudence. — Pour : Bourges, 22 décembre 1828 ; Riom, 6 décembre 1830.

A annoter au mot Responsab. des Huissiers, n° 60.

ART. 137.

COMPÉTENCE.

NOTAIRE. — HONORAIRE. — ACTES SOUS SEING PRIVÉ.

L'action d'un notaire en paiement d'honoraires d'actes ne rentrant point dans ses attributions, et, par exemple, d'actes sous signature privée, doit être portée devant le tribunal du domicile du défendeur, et non devant celui de la résidence du notaire.

ARRÊT.

COUR ROYALE DE BOURGES. — 22 FÉVRIER 1842.

LA COUR; — Considérant qu'aux termes de l'art. 59 C. proc. en matière personnelle le défendeur doit être assigné devant le tribunal de son domicile; — Que cette règle reçoit cependant quelques exceptions, notamment celle consacrée par les art. 60 C. prod. et 173 du tarif décrété le 16 février 1807, relativement aux frais et actes faits par les officiers ministériels et par les notaires; — Mais que ces exceptions doivent se renfermer dans les termes mêmes;

Qu'il résulte des circonstances du procès que c'est bien à cause de sa qualité de notaire que la dame de Mériage et le sieur de Villeux se sont présentés chez l'intimé et l'ont chargé de la rédaction de l'acte qui sert de base à la demande formée par ce dernier; qu'il est dès lors nécessaire d'apprécier si cet acte rentre dans les attributions des notaires;

Qu'aux termes de l'art. 1er de la loi du 25 ventôse an XI, les notaires sont des fonctionnaires publics établis pour recevoir tous les actes et contrats auxquels les parties doivent ou veulent donner le caractère d'authenticité attaché aux actes de l'autorité publique; qu'il suit de ces dispositions et de l'ensemble de celles de la loi du 22 frimaire an VII, en ce qui concerne les obligations des notaires à l'égard du fisc, que la mission des notaires est de faire des actes authentiques, et que les actes sous seings privés n'entrent point dans leurs attributions;

Que, dans l'espèce, il ne s'est point agi d'un acte authentique, mais seulement d'un acte sous signatures privées, et dans des circonstances telles que cet acte ne pouvait pas recevoir ultérieurement d'authenticité; qu'en effet, l'objet du sous-seing était la vente d'une propriété immobilière dont une partie appartenait à des mineurs; qu'une pareille vente ne pouvait être effectuée que dans les formes prescrites par la loi, au titre *des partages et licitations;*

Qu'ainsi, l'acte en raison duquel des honoraires sont demandés ayant été fait en dehors des fonctions de notaire, l'intimé ne peut, pour obtenir ces honoraires, se prévaloir du privilége qui n'est accordé aux notaires que pour les actes qui rentrent dans leurs fonctions ordinaires;

Par ces motifs, a mis au néant le jugement dont est appel; émendant, et faisant ce que les premiers juges auraient dû faire, déclare la demande incompétemment formée, en renvoie l'appelant, sauf à l'intimé à se pourvoir devant qui de droit et ainsi qu'il avisera.

Jurisprudence. — Aucun précédent.

A **annoter** au mot **Honoraires**, n° 17.

ART. 138.

—

CONTRAINTE PAR CORPS.

PRIVILÉGE PARLEMENTAIRE. — CLOTURE. — DISSOLUTION.

La défense d'exercer la contrainte par corps contre un député pendant la durée de la session, et dans les six semaines qui la suivent, est applicable au cas où la session prend fin par la dissolution de la chambre, comme à celui où elle se termine par la clôture ordinaire.

JUGEMENT.

TRIBUNAL DE LA SEINE. — 1er JUILLET 1842.

LE TRIBUNAL; — Attendu qu'aux termes de l'art. 43 de la Charte de 1830, aucune contrainte par corps ne peut être exercée contre un membre de la chambre des députés, durant la session et dans les six semaines qui l'auront précédée ou suivie; que cette disposition constitutionnelle ne distingue pas entre la fin des sessions par voie de clôture ou par voie de dissolution; que si, en droit, il n'est pas permis de distinguer, c'est alors surtout que, comme dans l'espèce, la liberté individuelle en serait affectée;

Attendu que l'ordonnance de clôture de la session de 1841 et de 1842 est du 11 juin dernier; que l'ordonnance de dissolution de la chambre des députés est du lendemain 12; que d'après la première de ces ordonnances, G.... avait un droit acquis à l'immunité des six semaines que la seconde n'a pu lui ravir;

Attendu qu'en pénétrant l'esprit du législateur, on comprend qu'il a eu en vue tant la dignité de celui qui, la veille même, en quelque sorte, était revêtu des grandes fonctions de député de la France, que les intérêts particuliers de ce citoyen nécessairement négligés pendant l'exercice d'un mandat tout d'intérêt public;

Par ces motifs, au principal, renvoie les parties à se pourvoir, et cependant, dès à présent et par provision, dit qu'il n'y a lieu à passer outre à l'écrou; en conséquence, ordonne que ledit G... sera sur-le-champ mis en liberté, ce qui sera exécuté par provision, nonobstant appel et sans y préjudicier, et sur minute.

Jurisprudence. —Aucun précédent.

A annoter au mot **Contrainte par corps**, n° 46.

ART. 139.

CHEMIN VICINAL.

EXPROPRIATION PUBLIQUE. — ÉLARGISSEMENT. — INDEMNITÉ PRÉALABLE. — OPPOSITION.

L'art. 15 de la loi du 21 mai 1836, qui porte que les arrêtés du préfet fixant la largeur d'un chemin vicinal attribuent définitivement au chemin le sol compris dans les limites qu'ils déterminent, déroge au principe de l'indemnité préalable consacré par la Charte et par la loi du 7 juillet 1833.

En conséquence, un propriétaire ne peut s'opposer à la prise de possession de son terrain compris dans les limites du chemin, sous le prétexte que la valeur de ce terrain doit lui être préalablement payée.

ARRÊT.

COUR DE CASSATION. — 2 FÉVRIER 1844.

LA COUR; — Vu l'art. 9 de la Charte constitutionnelle, la loi du 7 juillet 1833, et l'art. 15 de celle du 21 mai 1836; — Attendu que cette dernière disposition a virtuellement, pour tous les cas où il ne s'agit, comme dans l'espèce, que de l'élargissement des chemins vicinaux, dérogé aux formes déterminées par la loi du 7 juillet 1833, concernant l'expropriation pour cause d'utilité publique ; — Qu'en décidant donc que les prévenus n'ont commis ni délit ni contravention, sur le motif que l'indemnité préalable à laquelle ils ont droit n'avait pas été fixée lorsqu'ils s'opposèrent à la confection des travaux exécutés sur leur propriété, le même jugement a faussement appliqué tant l'art. 9 de la Charte constitutionnelle que la loi du 7 juillet 1833, et violé expressément l'art. 15 ci-dessus transcrit ; — Casse.

Jurisprudence. — Pour : Cassation, 21 février 1842, 27 novembre 1843, 1er juillet 1841, 7 juin 1838.

A annoter au mot Chemins, n°s 7 et 51.

ART. 140.

—

SAISIE-EXÉCUTION.

OBJETS DÉTOURNÉS. — GAGE. — DÉLIT. — COMPLICITÉ.

La remise par le saisi d'objets saisis, à titre de gage, à l'un de ses créanciers, constitue le délit puni par l'art. 400 du Code pénal.

L'individu qui donne sciemment son assistance au détournement, par le saisi, d'effets saisis, se rend coupable de complicité, bien qu'il ne soit ni conjoint ni ascendant ni descendant du saisi.

ARRÊT.

COUR DE CASSATION. — 17 FÉVRIER 1844.

LA COUR ; — Sur le premier moyen, fondé sur la fausse application des art. 400 et 401, C. pén. : 1°... 2° en ce qu'une saisie valable eût-elle été interposée, la remise qui avait été faite par la partie saisie à l'un de ses créanciers, mais à titre de gage seulement, des objets compris dans cette saisie, ne constituerait pas le détournement : — Attendu... sur la seconde branche du même moyen, que le détournement des objets saisis compromet la responsabilité du tiers préposé à leur garde, et préjudicie aux créanciers, soit que le but de la partie saisie ait été, en pratiquant ce détournement, de reprendre la possession de la chose saisie, d'en opérer la distraction, ou seulement de la transmettre à l'un de ses créanciers particulièrement, afin de lui conférer le droit de se faire payer sur cette chose, de préférence à tous autres ; — Qu'ainsi, dans la qualification des faits ainsi constatés et appréciés, l'arrêt attaqué n'a fait qu'une juste et légale application desdits art. 400 et 401 ;

Sur le deuxième moyen tiré de la fausse application des art. 59 et 60, C. pén., en ce qu'on aurait étendu l'application des dispositions de l'art. 400, C. pén., dans l'arrêt attaqué, à d'autres qu'au complice qui aurait recélé sciemment, ou au conjoint, aux ascendants et aux descendants qui auraient aidé dans le détournement : — Attendu que la loi du 28 avril 1832, en assimilant au vol, par des dispositions nouvelles formant le dernier paragraphe de l'art. 400, C. pén., le détournement ou la destruction de la chose saisie, a par là rendu applicable à cette infraction les dispositions générales de l'art. 59, C. pén., qui veut que le complice du délit soit puni de la même peine que l'auteur de ce délit, sauf les *cas où la loi en aurait disposé autrement;* — Qu'on ne peut trouver cette exposition, notamment dans la disposition de l'art. 401 précité, qui punit la coopération du conjoint, des ascendants et des descendants du saisi; qu'en effet, cette disposition qui n'est nullement restrictive, a eu pour unique objet de constater que l'art. 380, même Code, serait, dans le cas prévu, sans application; — Rejette, etc.

Auteurs. — Pour: Chauveau, *Code pénal progressif,* p. 318-320; Villeneuve, *Rec. gén.,* année 1844, 1re partie, p. 282.

Jurisprudence. — Aucun précédent.

A annoter au mot **Saisie-exécution**, n° 185.

ART. 141.

—

ACTION HYPOTHÉCAIRE.

TIERS DÉTENTEUR. — COMMANDEMENT AU DÉBITEUR ORIGINAIRE. — PÉREMPTION.

Le commandement fait au débiteur originaire, et qui doit précéder la sommation au tiers détenteur de payer ou de laisser, se périme s'il n'est pas suivi de cette sommation dans les trois mois.

FAITS.

« La question, a dit M. Mestadier, conseiller rapporteur, est fort controversée. Elle présente par conséquent des difficultés sérieuses. La poursuite contre le tiers détenteur est-elle soumise aux règles prescrites littéralement à la poursuite contre le débiteur? Pourquoi n'en serait-il pas ainsi? Au point de vue et de la raison et du bon sens, on s'étonne de trouver des objections de quelque valeur, car il y a dans les deux hypothèses un créancier qui veut être payé, un débiteur à poursuivre et des immeubles à faire vendre. L'analogie est parfaite, le tiers détenteur est même plus favorable que le débiteur direct. Mais il s'agit de questions de procédure : la loi est littéralement formelle pour un cas, elle ne s'explique pas littéralement sur l'autre.

» L'art. 2169, Code civil, dit que chaque créancier hypothécaire a droit de faire vendre par un tiers détenteur l'immeuble hypothéqué, trente jours après commandement fait au débiteur originaire et sommation au tiers-détenteur de payer la dette exigible ou de délaisser l'héritage. On veut, dans le système du pourvoi, que cet article soit seul applicable. Il fait partie du tit. 18. Vient le tit. 19 *de l'Expropriation forcée*, composé de quatorze articles. Le législateur semble avoir oublié l'art. 2169, qui autorise cependant une expropriation forcée. Il paraît ne s'occuper, dans les treize premiers articles, que du créancier et du débiteur direct; puis l'art. 2217, rédigé en termes généraux et applicables à tous les cas d'expropriation, porte (remarquez les termes) que toute poursuite en expropriation d'immeubles doit être précédée d'un commandement de payer fait à la diligence et requête du créancier, à la personne du débiteur ou à son domicile... toute poursuite en expropriation : dès lors, la poursuite contre le tiers-détenteur, comme celle contre le débiteur direct. L'article ajoute que les formes du commandement et celles de la poursuite sur l'expropriation sont réglées par les lois sur la procédure.

« Le titre 12 du Code de la procédure est intitulé *de la Saisie immobilière*. L'art. 673 détermine les formes du commandement, et l'art. 674, que la saisie immobilière ne pourra être faite que trente jours après le commandement. Il ajoute que si le créancier laisse écouler plus de trois mois entre le commandement et la saisie, il sera tenu de le réitérer. Viennent ensuite toutes les formes à suivre, sur les placards, sur leur apposition, sur l'adjudication.

» Est-ce que la vente sur le tiers-détenteur est affranchie de toutes ces formes? Elle ne peut pas être faite sur une simple affiche. Mais si les dispositions du titre 12 y sont applicables, comment pourrait-on la soustraire aux art. 673 et 674 ; sauf qu'il y a deux personnes à poursuivre : l'une, le débiteur direct, par un simple commandement; l'autre, le tiers-détenteur, par une sommation préalable? C'est une conciliation qui semble facile entre les art. 2169, 2217, Cod. civ. ; 673 et 674, Cod. proc.

» Cependant, vous avez jugé trois fois (deux arrêts de rejet, 9 mars 1836, 23 mars 1841, et un arrêt d'admission) que l'art. 2169 était seul applicable; qu'en conséquence, la péremption du commandement ne pouvait pas s'entendre d'un commandement préalable à une poursuite contre le tiers-détenteur. Mais par arrêt du 14 mai 1839, la chambre civile a rejeté le pourvoi dont vous aviez admis la requête et jugé que le commandement était dans le deuxième cas, comme dans le premier, sujet à péremption. Croirez-vous devoir adhérer à cet arrêt ou soumettre de nouveau la question à la chambre civile?... »

14

ARRÊT.

COUR DE CASSATION. — 16 MAI 1843.

LA COUR ; — Sur le 1er moyen : — Attendu que, loin de présenter un système complet, l'art. 2169, Cod. civ., consacre seulement en faveur des créanciers hypothécaires le droit de faire vendre l'immeuble sur le tiers détenteur ; l'art. 2217 rédigé en termes généraux, et applicable à tous les cas d'expropriation, porte ensuite que toutes poursuites en expropriation d'immeubles sont réglées par les lois sur la procédure ; d'où il résulte que les art. 673 et 674, C. pr., sur la forme et la péremption du commandement, sont applicables à la poursuite contre le tiers détenteur comme à la poursuite contre le débiteur direct ; il y a en effet dans les deux hypothèses un créancier qui veut être payé, un débiteur à poursuivre, et des immeubles à faire vendre ;

Attendu, en fait, que le commandement étant du 25 janvier 1840, et la sommation du 30 décembre, la Cour royale a fait à la cause une juste application de l'art. 674, C. proc.; — Rejette, etc.

Auteurs. — Pour : Persil, Rapp. L., 2 juin, 1841 ; Chauveau, sur Carré, quest. 2218 ; Fav. Langl., t. 5, p. 47, n° 1 ; Thom. Desm., t. 2, p. 205 ; Devillen., an. 1836, 1re partie, p. 277. Tous ces auteurs décident que le commandement au débiteur originaire et la sommation au tiers-détenteur se périment par trois mois.

Jurisprudence. — Pour : Cassation, 14 mai 1839 ; Montpellier, 29 novembre 1824 ; Nîmes, 12 février 1833 ; Rouen, 8 mars 1839 ; Amiens, 31 décembre 1839 ; Douai, 14 décembre 1840. — Contre : Cass., 9 mars 1836 ; Limoges, 24 août 1821 et 5 mars 1842 ; Bordeaux, 23 avril 1831 ; Amiens, 10 mai 1837.

A annoter au mot Action hypothécaire, n° 24.

ART. 142.

—

ENREGISTREMENT.

ACTE D'AVOUÉ A AVOUÉ.—DÉSISTEMENT.

L'huissier qui signifie un acte d'avoué à avoué contenant un désistement signé de la partie, sans que ce désistement ait été préalablement enregistré, contrevient-il à l'art. 41 de la loi du 22 frimaire an 7 ?

Le droit fixe de deux francs est-il exigible pour le désistement, indépendamment du droit auquel la signification est assujettie ?

Non. Aux termes de l'art. 402 du Code de procédure civile, le désistement peut être fait et accepté par de simples actes signés des parties ou de leurs mandataires, et signifiés d'avoué à avoué. Le désistement n'est donc pas une disposition distincte de l'acte d'avoué à avoué. C'est l'objet même de cet acte dont la signification est seule passible du droit d'enregistrement. Il s'ensuit que le désistement ne donne pas ouverture à un droit particulier, et que l'huissier, en le signifiant, ne contrevient pas à l'art. 41 de la loi du 22 frimaire an 7.—(*Journal de l'enregistrement*, rédigé par une société d'employés supérieurs de l'administration, n° 13,466.)

A annoter aux mots Désistement, n° 25 ; et Enregistrement, n° 99.

ART. 143.

ENREGISTREMENT.

BUREAU.—SIMPLE BILLET NON PROTESTÉ.

Lorsque dans une ville il existe un bureau pour l'enregistrement des actes civils publics et sous signatures privées, les huissiers sont-ils tenus d'y faire enregistrer les billets qui ne sont pas protestés?

Nous le croyons. Les huissiers ne peuvent présenter au bureau où leurs actes doivent être enregistrés que les effets négociables annexés aux protêts et désignés au n° 6 du § 2 de l'art. 69 de la loi du 22 frimaire an 7, plus les lettres de change qui, aux termes de l'art. 50 de la loi du 28 avril 1810, peuvent n'être soumises à l'enregistrement qu'avec l'assignation. Les simples billets doivent être enregistrés avant que les huissiers puissent agir en conséquence ; dès lors, ce ne sont pas des annexes à présenter au bureau de l'enregistrement des actes d'huissiers lorsqu'il existe un autre bureau pour l'enregistrement des actes sous signatures privées.

(*Journal de l'enregistrement*, rédigé par une société d'employés supérieurs de l'administration, n° 13, 466.)

A annoter au mot Enregistrement, n° 74.

ART. 144.

ENREGISTREMENT.

EXPLOITS.—DISPOSITIONS DIVERSES.—DROIT.

Un acte d'huissier contient : 1.° commandement de payer une somme due en vertu d'un jugement ; 2° procès-verbal de carence ; et 3° acquiescement par le débiteur au jugement rendu contre lui. Cet acte donne-t-il ouverture à un droit particulier pour l'acquiescement ?

Oui. Il nous semble que cet acquiescement forme une disposition indépendante de l'acte de poursuite, et que le droit fixe de deux francs est exigible, indépendamment de celui auquel l'exploit est assujetti par sa nature.—
(*Journal de l'enregistrement*, n° 13,466.)

A annoter au mot **Exploit**, n° 291.

ART. 145.

—

ENREGISTREMENT.

RAPPORT D'EXPERTS. — DÉPÔT AU GREFFE. — ACTE DE JUSTICE DE PAIX.

Le dépôt au greffe de la justice de paix d'un rapport d'experts, est-il assujetti au droit fixe de deux francs?

Par application de l'article 68, § 1, n°s 46 et 51 de la loi du 22 frimaire an VII, les actes de dépôt aux greffes des tribunaux de paix n'étaient passibles que du droit fixe d'un franc. On objecte que le n° 26 du même paragraphe a tarifé, il est vrai, au droit d'un franc *les dépôts d'actes et pièces chez des officiers publics*, mais que ce droit a été élevé à deux francs, par l'art. 43, n° 10, de la loi du 28 avril 1816 ; d'où l'on conclut que le droit fixe de deux francs est exigible, même sur un acte de dépôt fait au greffe d'une justice de paix. Nous croyons que, lorsqu'il s'agit, comme dans l'espèce, d'un acte de greffe, la quotité du droit d'enregistrement est réglée selon le degré de juridiction, et qu'ainsi ce droit n'est que d'un franc lorsque l'acte de dépôt est rédigé au greffe de la justice de paix. Il ne s'agit point là de ce dépôt volontaire d'actes et pièces tarifé à deux francs par le n° 10 de l'art. 43 de la loi du 28 avril, mais d'un dépôt nécessaire, d'un acte du greffe qui le constate.
(*Journal de l'enregistrement*, n° 13,460.)

A annoter au mot **Expertise**, n° 66.

ART. 146.

—

ENREGISTREMENT.

ACTE. — COLONIES. — USAGE. — CONTRAVENTION.

Des actes passés dans les colonies où l'enregistrement est établi.

1° Les actes passés dans les colonies où l'enregistrement est établi, et translatifs d'immeubles situés en France, doivent être soumis à l'enregistrement dans le royaume dans les délais déterminés par l'art. 20 de la loi du 22 frimaire an 7.

2° Il ne peut être fait aucun usage en France, soit par acte public, soit en justice, ou devant toute autre autorité constituée, d'actes passés dans ces mêmes colonies, qu'ils n'aient été préalablement enregistrés dans le royaume.

3° Les notaires et autres officiers publics ou ministériels qui rédigent des actes en vertu d'actes passés dans les colonies ou les reçoivent en dépôt sans les avoir préalablement fait enregistrer en France, contreviennent à l'art. 42 de la loi du 22 frimaire an 7, — « Qui défend aux notaires, huissiers ou autres officiers publics de faire ou rédiger un acte, en vertu d'un acte passé en pays étranger, s'il n'a été préalablement enregistré, à peine de 50 fr. d'amende et de répondre personnellement du droit, » — sauf la faculté accordée aux notaires par l'art. 13 de la loi du 16 juin 1824.

4° Les actes passés dans les colonies où l'enregistrement est établi, et translatifs de biens situés dans ces colonies, ne sont sujets en France qu'au droit fixe d'un franc.

5° Les actes fait dans les colonies, et translatifs de biens meubles ou immeubles sis en France, sont passibles, suivant leur nature et celle des biens, des droits déterminés par le tarif de la métropole.

6° Enfin les actes faits dans les colonies, et sujets seulement au droit fixe, doivent acquitter ce droit en principal et décime, d'après le tarif de la métropole, mais sous l'imputation du droit perçu pour le même acte ou la même disposition lors de l'enregistrement dans la colonie.

(Résumé de l'Instruction générale, n° 1703, du 29 janvier 1844. Solutions arrêtées, le 28 novembre, 1843 par l'administration.)

A annoter au mot **Enregistrement**, n° 101.

ART. 147.

—

EXPLOIT.

OFFRES RÉELLES. — VENTE DE MEUBLES. — DROIT
PROPORTIONNEL.

*Lorsque l'acheteur offre le prix de marchandises qui lui ont été
vendues et livrées sans acte enregistré, cette offre, quoique non
acceptée par le vendeur, donne-t-elle ouverture au droit proportionnel de deux pour cent?*

FAITS.

Les sieurs Deleuze et Girard, débiteurs, pour prix de douilles,
de 6,843 fr. envers le sieur Condon, firent offre de cette somme
à ce dernier par exploit du 16 décembre 1841.

Sans refuser formellement ces offres, le sieur Condon déclara
qu'il fournirait ultérieurement sa réponse.

L'exploit n'énonçant pas que la vente des douilles eût été
faite par acte enregistré, il en résultait une reconnaissance de
dette, et le droit de deux pour cent fut perçu sur le prix de la
vente.

Deleuze et Girard ont réclamé, mais leur réclamation a été
rejetée par le jugement ci-après.

JUGEMENT.

TRIBUNAL CIVIL DE MARSEILLE. — 23 NOVEMBRE 1843.

LE TRIBUNAL ; — Attendu que l'acte du 16 décembre 1841 non-seulement
est évidemment un procès-verbal d'offres, et ne peut être considéré autrement, mais qu'il porte avec lui une confession de la dette résultant pour
Deleuze et Girard de leur aveu de la livraison de douilles, dont la somme
offerte, dans le système des acquéreurs, représente le prix; — Que, s'il y a eu
livraison, et si cette livraison, même dans leur système, constitue Deleuze et
Girard débiteurs non-seulement d'une somme de 6,843 fr. en principal, mais
encore d'une somme indéterminée pour les frais, Deleuze et Girard ne sont
devenus ou même n'entendent devenir propriétaires de la marchandise livrée
que par l'effet d'une vente ou par tout autre contrat à titre onéreux ; — Que la
déclaration de ce fait, jusque-là inconnu de l'administration de l'enregistrement, et qui est manifesté exclusivement par l'acte du 16 décembre 1841,
suffit pour grever cet acte d'un droit proportionnel de deux pour cent, en
même temps qu'il confère au créancier titre suffisant pour faire reconnaître
l'existence réelle de la vente et l'obligation pour Deleuze et Girard d'en payer
le prix en l'état, surtout les frais que les demandeurs offrent de rembourser;

—Qu'il ne faut pas considérer le litige existant sous le point de vue général et dans les règles du droit commun d'une offre faite en payement d'une créance déjà établie par un jugement ou par un acte préalablement revêtu de la formalité de l'enregistrement. Dans l'hypothèse de la cause actuelle, la dette repose uniquement et sur la confession qui en est faite par le débiteur et sur les causes que celui-ci lui assigne, par conséquent et taxativement dans l'exploit du 16 décembre 1841, et cette confession, quoique extrajudiciaire tant qu'elle n'a pas été formellement rétractée, fait même, et dans les principes du droit commun, foi pleine et entière contre le débiteur: car, dit Pothier, au *Traité des obligations*, au titre *De la confession extrajudiciaire*, « lorsque c'est à moi-même (au créancier) que le débiteur a confessé la dette, et que sa confession en exprime la cause, cette confession fait une preuve complète de la dette, et elle fait titre pour le créancier;

Par tous ces motifs, le tribunal maintient la perception contestée, etc.

A annoter au mot **Offres**, n° 95.

ART. 148.

ENREGISTREMENT.

§ I.

DÉLAI PENDANT LEQUEL LE RECEVEUR A LE DROIT DE CONSERVER LES ACTES.

Lorsqu'un acte est présenté à l'enregistrement, le receveur a-t-il le droit de le conserver pendant vingt-quatre heures pour l'enregistrer, sans égard à la sommation qui lui serait faite de l'enregistrer immédiatement ?

Dès que les droits ont été payés, l'enregistrement ne peut être différé, à moins qu'il n'y ait des obstacles indépendants de la volonté du receveur. (V. art. 56 de la loi du 22 frimaire an 7.) Aucun délai n'est accordé par la loi au receveur ; il doit s'attacher à concilier ses travaux avec l'urgence qui peut exister pour l'enregistrement d'un acte. L'art. 56 de la loi du 22 frimaire an 7 est précis à cet égard ; on peut seulement retenir les actes vingt-quatre heures dans le cas que cet article prévoit, mais non pour leur enregistrement.

§ II.

EXPLOIT. — RÉPERTOIRE. — DATE. — OMISSION.

Un exploit porté au répertoire à la date du 10 a été enregistré comme daté du 11. Si cet exploit n'est représenté ni par l'huissier

*ni par l'administration, doit-on tenir pour certain qu'il est du 11,
et que l'huissier a omis d'inscrire le 10 les actes répertoriés entre
cet exploit et ceux ayant la date du 11, en sorte qu'il a contrevenu
à l'art. 49 de la loi du 22 frimaire an VII, et qu'il est passible de
plusieurs amendes?*

Nous croyons que le registre n'établit qu'un commencement
de preuve par écrit, ou, en d'autres termes, qu'une présomption,
et qu'à défaut par l'administration de prouver positivement
l'existence des contraventions présumées, on ne saurait insister
pour obtenir le payement des amendes auxquelles ces contraventions donneraient ouverture.

(*Journal de l'enregistrement*, art. 13445.)

§ III.

ACTES DE PROCÉDURE. — ADMINISTRATION DES POSTES. — TIMBRE ET ENREGISTREMENT.

*Les actes de procédure faits dans l'intérêt de l'administration des
postes doivent être visés, pour timbre, et enregistrés au comptant.*

Les actes de poursuite et de procédure en matière de transport illicite de dépêches, comme tous ceux qui intéressent l'administration des postes, doivent être visés pour timbre et enregistrés au comptant. Les préposés pourront être forcés en recette du
montant des droits qu'ils auraient omis de percevoir, en donnant
la formalité en débet.

(Inst. gén., n° 1702, du 15 janvier 1844.)

A annoter aux mots Enregistrement, n°s 23 et 63, et Répertoire, n° 14.

ART. 149.

SAISIE-ARRÊT.

VALIDITÉ. — VENTE DE LA CRÉANCE AVANT L'EXIGIBILITÉ.

*Le créancier qui a fait pratiquer une saisie-arrêt déclarée
valable, peut-il poursuivre la vente en justice de la créance saisie-
arrêtée qui n'est pas exigible?*

FAITS.

La dame Tassin, créancière d'un sieur Pionnier, avait fait
pratiquer une saisie-arrêt sur ce dernier, ès-mains du sieur

Mignot, son débiteur de vingt mille francs pour prix d'un office ministériel.

Cette saisie-validée, la veuve Tassin a demandé à être autorisée à vendre la créance saisie.

Jugement du tribunal de Fontainebleau, qui rejette la demande en ces termes :

« Attendu que la créance dont il s'agit ne peut être assimilée à un de ces effets mobiliers dont, suivant l'art. 578 Code pr. civ., le tiers saisi est tenu de joindre à sa déclaration un état détaillé, et qui, d'après l'art. 579 du même Code, doit être vendu pour que le prix en soit distribué aux créanciers opposants ;—Qu'elle ne peut pas non plus être assimilée au gage dont parle l'art. 2078 Code civ. ; qu'il ne s'agit point ici d'une rente constituée, mais d'une créance à terme, dont les intérêts et le principal peuvent être distribués au fur et à mesure des échéances ;—Que la vente d'une pareille créance aurait infailliblement pour effet de diminuer le gage des créanciers ;—Que les conclusions de la veuve Tassin sont donc inadmissibles ;—Qu'il y a seulement lieu, eu égard à l'existence de plusieurs oppositions sur le sieur Pionnier, d'ordonner le dépôt à la caisse des consignations des sommes à lui dues par les tiers saisis pour être distribuées entre les créanciers opposants. »

Appel de la dame Tassin.—Tous les biens du débiteur, dit-elle, sont le gage des créanciers, et spécialement les meubles incorporels, les titres ou les créances appartenant au débiteur. Cette dernière espèce de meubles est susceptible de saisie et de vente. Il y a analogie entre la saisie et la détention du gage que le détenteur peut réaliser faute de payement ; le créancier non-détenteur de la créance peut aussi la faire saisir pour arriver à payement.—En fait, l'échéance de la créance dans l'espèce est pour 1851 et 1853 ; si elle n'est pas réalisée dès maintenant, les chances de solvabilité du tiers saisi peuvent la rendre plus tard sans valeur.

ARRÊT.

COUR ROYALE DE PARIS. — 5 AOUT 1842.

LA COUR ; — Considérant que la créance est le gage des créanciers qui ont le droit d'en disposer, a ordonné la vente dans les formes de droit.

Auteurs. —Contre : Carré (3ᵉ édit.), t. 4, p. 537 ; Thom. Desmaz., t. 2, p. 157 ; Rolland de Villargues, *Jurisp. des Not.*, art. 3918 et 5925 ; Roger, *De la Saisie-arrêt*, nᵒ 168 ; Bioche, *Journal de Procédure.*

Jurisprudence.—Aucun précédent.

A annoter au mot Saisie-arrêt, nᵒ 145.

ART. 150.

—

OFFICE.

EXPLOITATION. — SOCIÉTÉ. — CONVENTION ILLICITE.

L'exploitation d'un office peut-elle être l'objet d'une société?

PREMIÈRE ESPÈCE.

FAITS.

Le sieur Legrip vendit sa charge de garde de commerce, en 1828, au sieur Moreau, avec stipulation d'une société de deux ou quatre années, pendant lesquelles les bénéfices devaient être partagés par portions égales.

Par suite de difficultés survenues entre les parties, Moreau réclama de Legrip 26,858 fr., pour les bénéfices touchés par ce dernier pendant les dix mois qu'avait duré la société, que, d'ailleurs, il disait être nulle.

JUGEMENT.

TRIBUNAL DE LA SEINE. — 21 DÉCEMBRE 1843.

« LE TRIBUNAL ; — Attendu que, d'après le compte établi entre les parties et ses conclusions, Legrip se prétend créancier de 13,092 fr. 05 cent., indépendamment des intérêts courus depuis le mois de janvier 1837 ; — Que, de son côté, Moreau soutient être libéré de cette somme dès 1829, par la retenue de pareille somme que Legrip a faite, à son profit, sur 26,858 fr. de produits de la charge de garde de commerce qu'il lui avait cédée ;

» Attendu que les documents de la cause constatent qu'en effet Legrip a touché, perçu et conservé les 26,858 fr. sus énoncés, mais qu'il soutient que la moitié de ces 26,858 fr. lui appartient comme représentant sa part dans les bénéfices produits pendant dix mois par l'association formée entre lui et Moreau pour l'exploitation de ladite charge de garde de commerce ; — Que, dans l'état constant des faits, la seule question à examiner consiste donc à savoir si l'association invoquée par Legrip lui permet de retenir et conserver à son profit la moitié des bénéfices du titre par lui cédé ;

» Attendu que, d'après les jugement et arrêt intervenus entre Moreau et Legrip, le traité de cession de la charge de garde de commerce soumis à l'approbation du gouvernement a été seul reconnu légitime et maintenu pour être exécuté ; que toutes les autres conventions secrètes et cachées ont été frappées de nullité comme contraires à l'ordre public ; que Legrip ne saurait, en présence des décisions judiciaires rendues avec lui, invoquer une association qui aurait pour but et résultat de placer indirectement, et par une voie déguisée, un prix supérieur au prix fixé et approuvé par l'autorité comme représentant la véritable valeur du titre cédé ; qu'admettre une association secrète de la nature de celle invoquée par Legrip serait enlever au gouvernement et détruire dans ses mains le pouvoir de surveillance qu'il importe de lui conserver intact sur la transmission des offices, dans un but de moralité et d'intérêt général ;

» Attendu, au surplus, qu'en principe il n'existe de société légitime et valable qu'autant que la chose qui en est l'objet se trouve dans le commerce et susceptible d'être mise en société ;

» Attendu que par sa nature, son caractère, la charge de garde de commerce est essentiellement attachée au titulaire, qui seul peut l'exercer, parce que seul il peut accomplir les devoirs qu'elle lui impose ; — Qu'il serait contraire à l'ordre public que l'officier ministériel pût former une société pour l'exercice d'un titre que le gouvernement confie spécialement et uniquement à sa moralité, à sa capacité et aux garanties que donne sa personne ; — Que de là il suit qu'à tort Legrip entend retenir la moitié des 26,858 fr. sus-énoncés, et qu'ainsi Moreau s'est trouvé, dès 1829, libéré des 13,092 fr. 05 c. qui lui sont réclamés, et par suite des intérêts ; — Que, de son côté, Legrip se trouve également libéré, de sorte que les parties sont mutuellement quittes l'une envers l'autre ;

» Attendu que l'instance a eu lieu dans leur intérêt commun, qu'il est donc juste que les frais soient supportés entre elles par égales parties :

» Par ces motifs, sans s'arrêter aux fins, demandes et conclusions de Legrip, dont il est débouté, déclare Moreau quitte et libéré définitivement envers Legrip ; déclare Legrip également libéré envers Moreau ; en conséquence, dit que Legrip et Moreau n'ont jusqu'à ce jour aucune répétition à exercer l'un contre l'autre. »

DEUXIÈME ESPÈCE.

FAITS.

Le 21 mars 1838, une société a été formée pour l'exploitation de la charge d'agent de change dont était titulaire le sieur Chaulin, entre celui-ci et le sieur Herman-Lippus, Dupont et Louis de Bruges. La chambre syndicale des agents de change fut constituée arbitre-juge en cas de difficultés, et il fut stipulé que, lors de la dissolution, Chaulin seul en serait le liquidateur.

Bientôt la société tomba en déficit. Marcel de Bruges, créancier de Louis de Bruges, l'un des associés, forma des oppositions entre les mains de Chaulin, du ministre des finances et de la chambre syndicale. Sur la demande en validité, Chaulin et consorts opposèrent l'incompétence du tribunal en se fondant sur l'acte social ; mais le demandeur a soutenu que l'acte était nul, en ce qu'il avait pour objet une charge à la nomination du roi.

18 août 1842, jugement du Tribunal de la Seine, qui annulle ce dernier système :

« Attendu que si, d'après l'art. 15 de l'acte du 21 mars 1838, en cas de dissolution de la société, la liquidation devait en appartenir à Chaulin, et si, par suite, seul il devait avoir qualité pour toucher les fonds en dépendant, cette clause ne peut avoir plus de valeur que la société elle-même constatée par ledit acte ; —

—Attendu qu'aux termes des lois et règlements qui régissent la profession d'agent de change, ces fonctions sont essentiellement et exclusivement personnelles, et que toute société qui a pour objet l'exploitation de cette charge est radicalement nulle, comme contraire à l'ordre public ;—En ce qui touche la demande en liquidation de la société et l'exception d'incompétence proposée à cet égard par Chaulin :—Attendu que, par les motifs précédemment déduits, la clause de l'acte du 21 mars 1838 qui soumet à la juridiction arbitrale toutes les difficultés qui pourraient s'élever à l'occasion de la société doit être réputée nulle et non avenue ; —Que les opérations qui ont eu lieu entre Chaulin et consorts ne constituent ni une société régulière, ni un fait industriel ou commercial, mais une simple association de capitaux, fait purement civil, et dont les conséquences doivent être appréciées dès lors par la juridiction commune :—Déclare les oppositions dont il s'agit bonnes et valables, etc. ;—Et sans s'arrêter ni avoir égard au moyen d'incompétence proposé par Chaulin, ordonne que les parties plaideront au fond sur la demande en liquidation formée par Marcel de Bruges du Ménil. »

Appel de la part de Chaulin et autres.

ARRÊT.

COUR ROYALE DE PARIS. — 17 JUILLET 1844.

LA COUR ;—Adoptant les motifs des premiers juges, met l'appellation au néant, ordonne que la sentence dont est appel sortira son plein et entier effet.

Auteurs et Jurisprudence.—V. art. 17, 2me partie de ce journal.

A annoter au mot **Office**, n° 11.

—

ART. 151.

—

VENTE DE RÉCOLTES.

CONCURRENCE. — NOTAIRES. — HUISSIERS.

Il est indispensable de faire une loi sur la vente des récoltes pendantes par racines.

CHAMBRE DES PAIRS.

RAPPORT. — SÉANCE DU 4 JUIN 1844.

La question des ventes de récoltes, si intéressante pour les huissiers, vient d'être de nouveau portée à la tribune de la chambre des pairs.

Voici le rapport fait dans la séance du 4 juin 1844 par M. le comte Daru :

Les huissiers de l'arrondissement de Clermont (Oise) sollicitent l'intervention de la chambre pour faire régler par une loi la vente des récoltes pendantes par racines.

Trois pétitions tendantes au même but ont été rapportées par M. le président Boullet, dans la séance du 20 mars dernier, et renvoyées à M. le garde des sceaux. (Voir *l'art.* 133, *deuxième partie de ce Journal.*)

Les motifs si bien développés par notre honorable collègue ne nous laissent rien à ajouter à l'appui de la demande des huissiers de Clermont.

Votre commission doit donc se borner à vous proposer le renvoi de cette pétition à M. le ministre de la justice. (Ces conclusions sont adoptées.)

A annoter au mot **Huissier**, n° 234.

ART. 152.

—

HUISSIER.

RÉSIDENCE. — DÉPLACEMENT. — CONTRAVENTION. — PEINE DISCIPLINAIRE.

L'officier ministériel qui quitte sa résidence pour se transporter les jours de marché au chef-lieu de son canton, afin d'y obtenir des actes qu'il n'aurait pas eus s'il fût resté à son étude, est passible d'une peine disciplinaire.

ARRÊT.

COUR ROYALE DE POITIERS. — 2 FÉVRIER 1844.

LA COUR ; — Attendu qu'il résulte des déclarations des témoins, qu'en effet le notaire M... se rend à Pont-l'Abbé les jours de foire, et à Saint-Porchaire les mercredis, jours de marché et d'audience du juge de paix, et qu'il a reçu un certain nombre d'actes qu'il n'aurait pas passés s'il était resté dans sa résidence, et enfin que plusieurs de ces actes ont été reçus dans des cabarets ; — Attendu qu'il importe de rappeler à leurs devoirs, par des peines disciplinaires, les notaires qui s'en écartent et nuisent non-seulement à leur considération personnelle, mais encore à celle de tout le corps auquel ils appartiennent; — Attendu que, tout en connaissant le mal jugé du tribunal de Saintes, il y a lieu de tenir compte au notaire M... de sa bonne réputation comme homme privé, et, par ce motif seulement, de modérer la peine prononcée par la chambre de discipline; — Par ces motifs, émendant, réformant et faisant ce qui aurait dû être fait, prononce la censure avec réprimande contre le notaire M..., le condamne en outre aux dépens de première instance et d'appel.

Nota. Cet arrêt confirme l'opinion que nous avons émise art. 130, deuxième partie de notre journal, au sujet d'un huissier se rendant à jour fixe dans une commune, sans y être demandé, pour y satisfaire les personnes ayant besoin de son ministère.

A annoter au mot Huissier, n° 130.

ART. 153.

—

VENTE DE MEUBLES.

FAILLITE. — HUISSIER. — COURTIER. — MARCHANDISES NEUVES. — CONCURRENCE DANS LE LIEU DE L'ÉTABLISSEMENT DES COMMISSAIRES-PRISEURS.

Le juge commissaire à une faillite a-t-il le droit de désigner la CLASSE DES HUISSIERS *tout aussi bien que celle des courtiers de commerce et des commissaires-priseurs, pour procéder à la vente des marchandises dépendant de la faillite, dans les lieux où résident des courtiers ou des commissaires-priseurs?*

Cette question, importante pour les huissiers résidant aux chefs-lieux d'arrondissement, s'est présentée deux fois devant la cour royale de Caen, et a été résolue par deux arrêts en sens contraire.

PREMIER ARRÊT.

Solution favorable aux commissaires-priseurs.

FAITS.

24 déc. 1842, jugement du tribunal de Vire, ainsi conçu : — « Considérant que les commissaires-priseurs vendeurs ont été institués pour Paris par la loi du 27 vent. an 9; que l'art. 1er de cette loi détermine en ces termes leurs attributions : « Les prisées

des meubles et ventes publiques aux enchères d'effets mobiliers, qui auront lieu à Paris, seront faites par des commissaires-priseurs vendeurs de meubles. » — Considérant que la loi du 28 avril 1816, art. 89, a permis d'étendre à toute la France l'institution que la loi de l'an 9 avait créée pour Paris, et que par ordonnance du roi du 26 juin, cette institution a été étendue à tous les chefs-lieux d'arrondissement; qu'en fait, dans cette cause, Gohier est commissaire-priseur à Vire; considérant que, d'après les deux lois ci-dessus, et cessant les dispositions des art. 486 C. com. et 4 de la loi du 25 juin 1841, il ne pouvait être douteux que dans les villes où il existe des commissaires-priseurs, les ventes de marchandises et effets après faillites ne pouvaient être faites par le ministère des huissiers, qu'il faut donc examiner si le Code de commerce et la loi du 25 juin 1841 ont dérogé aux dispositions des art. 1er et 9 des lois précitées; — Considérant qu'il est évident que l'intention du législateur n'a pas été de réglementer dans l'art. 486 C. com., ni dans l'art. 4 de la loi du 25 juin 1841, les attributions des différents officiers publics appelés à procéder aux ventes mobilières, que seulement le législateur a voulu appeler à la concurrence les courtiers de commerce; — que l'art. 486 porte en effet: « Le juge-commissaire pourra, le failli appelé, autoriser les syndics à la vente des effets mobiliers ou marchandises. Il décidera si la vente se fera soit à l'amiable, soit aux enchères publiques par l'entremise de courtiers ou de tous autres officiers publics préposés à cet effet. » Considérant que la latitude qui est donnée au juge-commissaire par le dernier paragraphe de cet article est de choisir, en se renfermant dans la légalité, la classe des officiers publics qu'il voudra, mais qu'il ne peut pas pour le choix se placer en dehors des lois qui régissent les attributions des différents officiers publics; que cela résulte de ces dernières expressions : *préposés à cet effet*; — Qu'ainsi dans les lieux où il n'existe pas de commissaires-priseurs, le juge-commissaire peut choisir la classe des officiers publics qu'il voudra, mais que dans les villes où il en existe, il ne peut se soustraire aux dispositions de la loi du 28 avril 1816; — Considérant quant à l'art. 4 de la loi du 25 juin 1841, que cet article rentre dans toutes les dispositions de l'art. 486 C. com.; qu'il résulte seulement du dernier paragraphe de cet article que le mobilier du failli ne pourra être vendu par entremise des courtiers, que l'art. 486 avait admis à la concurrence pour la vente des marchandises; qu'il résulte encore de cet article la preuve bien évidente que le législateur n'a pas voulu déroger aux lois d'attribution, puisque cet article se termine en disant : *conformément aux lois et règlements qui déterminent les attributions de ces différents officiers;* — Considérant que dans l'art. 5 de cette même loi, le législateur a imposé formellement aux tribunaux de commerce l'obligation de se conformer aux lois et règlements d'attribution; qu'il n'est pas possible de concevoir le motif pour lequel le législateur aurait donné en cas de faillite à un juge-commissaire un droit que dans tous les autres cas il refuserait aux tribunaux tout entiers; — Considérant que si l'on admettait en concurrence avec le commissaire-priseur, les huissiers, il faudrait aussi y admettre les notaires et les greffiers de justice de paix; qu'ainsi il dépendrait, dans le cas de faillite, des juges-commissaires de réduire à rien les attributions des commissaires-priseurs; qu'un pareil système ne peut être admis; — Considérant quant à la somme de dommages-intérêts dus à Gohier, que Legeay a pu croire agir dans le cercle de ses attributions, d'après l'ordonnance du juge-commissaire, qu'il y a donc lieu de réduire les dommages-intérêts au chiffre le plus bas, sauf, s'il y avait résistance de la part des huissiers, à l'élever plus haut, quand ils seraient mieux éclairés sur leurs attributions; — Par ces motifs, dit à bonne cause l'action de Gohier; condamne Legeay à lui payer à titre de dommages-intérêts la somme de 20 fr. seulement, etc.; » — Appel.

ARRÊT.

COUR ROYALE DE CAEN. — 26 AOUT 1843.

LA COUR; — Considérant que Gohier, prétendant avoir le droit exclusif de procéder à la vente des marchandises dépendant de l'actif de la faillite Carré Besnerais, était recevable à attaquer Legeay, huissier, qui y avait procédé à son préjudice, sans être obligé de recourir à aucune voie spéciale de rétractation contre l'autorisation du juge-commissaire qui lui était complétement étrangère, et que l'huissier n'avait exécuté qu'à ses périls et risques; — Adoptant au surplus les motifs des premiers juges; — Confirme.

SECOND ARRÊT.

Solution favorable aux huissiers.

COUR ROYALE DE CAEN. — 16 JANVIER 1844.

LA COUR; — Considérant que les commissaires-priseurs appelants, ayant vu l'huissier Lemercier procéder à la vente des marchandises de la faillite Lechevallier dans la ville d'Alençon, leur chef-lieu d'établissement, ont pu valablement intenter action audit Lemercier devant le tribunal d'arrondissement de cette ville pour faire statuer sur la prétention qu'ils élevaient d'avoir exclusivement le droit de procéder à cette vente, et sur les dommages-intérêts qu'ils réclamaient en raison de la violation de ce droit.

Considérant qu'à la vérité l'huissier Lemercier s'est prévalu de l'ordonnance du juge-commissaire à la faillite Lechevallier, en date du 27 mai 1843, qui avait désigné pour opérer cette vente la classe des huissiers, dans laquelle il a été choisi par le syndic.

« Mais considérant qu'en admettant la nécessité du rapport de cette ordonnance, pour que les appelants pussent réussir dans leur demande, tout ce qui pouvait en résulter était que le bien ou mal fondé de ladite ordonnance aurait constitué une question préjudicielle qu'il aurait fallu faire vider devant le tribunal compétent; mais que cela ne pouvait donner lieu qu'à un sursis, jusqu'à ce qu'il eût été statué à cet égard, et non à un dessaisissement radical de l'action : d'où il suit que le jugement dont est appel doit être infirmé en ce qu'il a déclaré l'incompétence d'une manière absolue;

» Considérant que les parties ont conclu et plaidé tout à la fois sur le fond et sur les exceptions, et que la cause est en état de recevoir décision sur le tout;

» Considérant, au fond, que d'après l'art. 488 C. comm., révisé par la loi du 28 mai 1838, le juge-commissaire à la faillite est appelé à décider si la vente aux enchères des marchandises du failli sera faite par l'entremise des courtiers ou de tous autres officiers publics préposés à cet effet, et que les syndics doivent choisir dans la classe d'officiers publics déterminés par le juge-commissaire celui dont ils veulent employer le ministère;

» Considérant que le choix du juge-commissaire n'étant limité à aucune classe d'officiers publics, et pouvant au contraire s'exercer sur tous autres que les courtiers, s'étend évidemment à toutes les classes d'officiers publics quelconques, pourvu qu'elles aient qualité pour procéder aux ventes, seule restriction qu'aient eu pour but d'établir les mots : *préposés à cet effet*, portés dans ledit art. 486.

» Considérant que les doutes que l'on élève sur le véritable esprit de la loi à cet égard disparaissent si l'on se reporte à ce qui s'est passé lors de sa discussion à la chambre des députés; qu'en effet, à la séance du 26 janv. 1835, le rapporteur de la commission déclare que les deux alinéas de l'art. 486 (alors l'art. 484 du projet), qui déféraient au juge-commissaire de la faillite la désignation de la classe d'officiers publics, et aux syndics le choix de l'individu de cette classe dont ils voudraient réclamer le ministère, avaient été conçus par le gouvernement dans la vue de mettre un terme aux contestations sans cesse renaissantes entre les courtiers de commerce, les commissaires-priseurs et autres *officiers publics* chargés de ces ventes; qu'il propose cependant la suppression de ces alinéas, jugeant qu'il valait mieux laisser la question dans le domaine du droit établi que d'adopter le moyen de la résoudre offert par le projet; mais qu'à la séance du 19 février, cette proposition fut rejetée, et que les deux alinéas furent réintégrés dans l'article, où ils ont été définitivement maintenus; qu'il devient dès-lors évident que c'est la pensée du gouvernement qui l'a emporté, et qu'en elle réside le sens de la loi;

» Considérant qu'à ces motifs de décision se joint la rédaction de l'art. 4 de la loi du 25 juin 1841, qui, distinguant les ventes des marchandises des faillis de celles de leur mobilier, veut que les premières soient faites, conformément à l'art. 486 C. comm., par un officier public de la classe que le juge-commissaire aura déterminée, tandis que les secondes n'auront lieu que par le ministère des commissaires-priseurs, notaires et greffiers de justice de paix, d'après les lois et règlements qui déterminent les attributions de ces différents officiers;

» Considérant que, par cela que l'art. 4 n'a prescrit l'obligation de se conformer aux lois et règlements sur les attributions respectives des officiers publics que pour les ventes du mobilier des faillis, il est clair qu'il n'a pas entendu l'imposer pour les ventes des marchandises de ces mêmes faillis, dont il fait un cas à part, régi par l'art. 486, ce qui frappe d'autant plus d'évidence, que la loi du 25 juin 1841, lorsqu'elle a voulu que l'ordre des attributions fût suivi, n'a pas manqué de s'en expliquer formellement, ainsi qu'en fournit une troisième preuve le troisième alinéa de son art. 5;

» Considérant que l'on soutiendrait en vain que le droit d'option donné au juge-commissaire par l'art. 486 ne s'appliquerait qu'à l'hypothèse où, le privilége exclusif des courtiers de commerce et des commissaires-priseurs cessant, il ne s'agirait que de régler la concurrence ouverte entre les diverses classes d'officiers ministériels; car d'une part, les textes précités accordent le choix de la classe au juge-commissaire dans des termes tellement larges et généraux qu'ils ne se prêtent nullement à une pareille distinction; et, d'autre part, cette distinction, si elle était admise, réduirait les deux alinéas du gouvernement à n'être plus qu'une redondance absolument inutile, puisque là où il n'y avait pas d'officiers publics pouvant prétendre à un privilége d'exercice, la liberté qui, d'après le droit commun, appartient aux personnes chargées de la direction des faillites d'en choisir les agents, offrait un moyen suffisant de trancher toute discussion entre les classes rivales;

» Considérant, d'ailleurs, que l'art. 486 C. comm. est une disposition spéciale introduite dans l'intérêt de la masse des créanciers du failli, à qui il importe souvent que ce soit plutôt par le ministère de telle espèce d'officiers publics que de telle autre que les marchandises soient vendues; qu'en présence de cet intérêt, la question des attributions respectives a dû s'effacer, parce qu'elle n'est que secondaire et que les attributions doivent en définitive être réglées pour le plus grand avantage du public.

» Par ces motifs, la cour joignant l'appel du jugement rendu par le tribunal d'Alençon le 24 juillet 1843, à l'appel du jugement du tribunal de commerce de la même ville, rendu le 27 septembre dernier, faisant droit sur le tout par un seul et même arrêt, confirme le jugement du tribunal de commerce qui a repoussé la tierce-opposition formée par les commissaires-priseurs Boistrineau et Alexandre à l'ordonnance du juge préposé à la faillite, et infirmant celui du tribunal civil d'Alençon, en ce que le tribunal s'est dessaisi d'une manière absolue du litige et évoquant le principal en état de recevoir jugement, dit à tort l'action d'Alexandre et de Boistrineau contre l'huissier Lemercier, concernant la vente des marchandises neuves par lui opérée en vertu de l'ordonnance du juge-commissaire à la faillite Lechevalier. »

OBSERVATIONS.

L'arrêt contenant la solution favorable aux huissiers est d'autant plus remarquable qu'il est le dernier par ordre de date, et que, comme celui du 26 août 1843, favorable aux commissaires-priseurs, il a été rendu par la seconde chambre de la cour royale de Caen. D'où l'on doit conclure que cette cour, après un examen plus approfondi de la question, abandonnant la jurisprudence résultant de son premier arrêt, a consacré une interprétation de la loi plus conforme aux vrais principes. Son second arrêt est en effet motivé de manière à détruire complétement les objections qui pourraient s'élever contre la doctrine qu'il a eu le mérite et le courage d'inaugurer.

M. Arm. Dalloz, soutenant une opinion par lui émise, critique en ces termes l'arrêt du 18 janvier 1844 :

« Cette décision est contraire à l'opinion que nous avions exprimée au suppl. du Dict. gén., v° Vente aux enchères, n. 57. « Il est hors de doute, disions-nous, que l'art. 486 C. com., en accordant au juge-commissaire le droit de décider si la vente aux enchères sera faite par les *courtiers ou par tous autres officiers ministériels*, n'entend pas que parmi ces officiers ministériels le juge-commissaire pourra choisir sans observer aucune règle ; il n'en peut être ainsi. Il devra, au contraire, se conformer dans son choix aux lois qui ont réglé les attributions respectives des courtiers, commissaires-priseurs, notaires, greffiers, etc. » — Si l'on consulte la législation sur la matière, on se convaincra de l'exactitude de cette observation. Avant la loi de 1838, le privilége des commissaires-priseurs n'était, à cet égard, l'objet d'aucune controverse : à défaut de courtiers, c'était à eux qu'appartenait le droit exclusif de faire les ventes de marchandises neuves. Les autres officiers ministériels, désignés plus haut, ne pouvaient être chargés de ces ventes qu'autant qu'il n'existait dans la localité ni courtiers, ni commissaires-priseurs. Cela était conforme à l'art. 1er de la loi du 17 sept. 1793, aux art. 1 et 2 de la loi du 27 ventôse an IX, à l'article 89 de la loi du 28 avril 1816 ; et la jurisprudence de la cour de cassation consacrait cette interprétation des lois citées (V. Cass. 24 août 1836 ; 13 févr. 1838 ; 30 janv. 1839 ; 10 mars 1840 ; 13 mai 1840 ; 11 août 1840 ; 9 déc. 1840 ; 8 nov. 1841 ; D. P. 37. 1. 143 ; 38. 1. 107 ; 39. 1. 79. 40. 1. 163, 219, 304 ; 41. 1. 40. 379).

» L'art. 486, revisé par la loi de 1838, a-t-il modifié cet état de choses ? Il est ainsi conçu : « Le juge-commissaire pourra, le failli entendu et dûment appelé, autoriser les syndics à procéder à la vente des *effets mobiliers* ou *marchandises*. Il décidera si la vente se fera, soit à l'amiable, *soit aux enchères publiques par l'entremise de courtiers ou de tous autres officiers publics* préposés à cet effet. —Les syndics choisiront dans *la masse d'officiers publics déterminés par le juge-commissaire* celui dont ils voudront employer le ministère. — Pour prétendre que le nouveau C. de com. a dérogé aux attributions respectives des commissaires-priseurs et des officiers publics chargés des ventes mobilières, on argumente de ces mots : *préposés à cet effet*, et on veut en induire que le juge-commissaire devient l'arbitre du choix de l'officier public qu'il désignera pour faire la vente. Or, cette interprétation est repoussée par l'examen de la discussion de la loi de 1838 (voir *Moniteur* du 13 déc. 1834, p. 2154, col. 2 ; *Monit.* du 31 janv. 1835, p. 218, col. 1re ; *Monit.* du 20 fév. 1835, p. 375, col. 3), de laquelle il résulte que les chambres n'ont point eu l'intention de modifier les attributions des commissaires-priseurs dans l'intérêt des huissiers, notaires ou greffiers.

» Cette pensée ne peut pas être prêtée avec plus de fondement au législateur du 25 juin 1841. L'art. 4 de cette loi, invoquée par ceux qui adoptent l'opinion contraire, dispose en ces termes :

— « Les ventes de marchandises après faillite seront faites *conformément à l'art. 486 du C. de com.* par un officier public *de la classe* que le juge-commissaire aura déterminée. — Quant au mobilier du failli, il ne pourra être vendu aux enchères que par le ministère des commissaires-priseurs, notaires, huissiers ou greffiers de justice de paix, *conformément* aux lois et règlements qui déterminent les attributions de ces différents officiers. » Comme le voit, cet article se réfère uniquement à l'art. 486, et n'ajoute rien qui puisse favoriser l'interprétation contraire aux prérogatives des commissaires-priseurs. D'ailleurs, M. le rapporteur de la loi du 25 juin 1841 explique d'une manière catégorique les intentions de la chambre des députés; il disait à la séance du 18 mars 1841 (*Monit.* du 20, p. 694, col. 2 et 3) : « Le projet de loi ne s'occupe que d'une manière secondaire des attributions et des droits respectifs des officiers publics qui doivent procéder aux ventes. Il se réfère aux règles établies dans *les lois existantes* pour la répartition de leurs attributions, qui sont déterminées comme les droits à percevoir d'après la nature des ventes, soit en gros, soit en détail. C'est en se conformant *à ces règles* que le tribunal de commerce décidera dans le cas prévu par l'art. 5 du projet, qui des courtiers ou des commissaires-priseurs ou autres officiers publics seront chargés de la réception des enchères. *Votre commission n'a point eu à se préoccuper du règlement de leurs attributions.* »

» La volonté de ne rien innover a été manifestée plusieurs fois dans le cours de la discussion de cette loi : et l'on peut se rappeler que plusieurs interpellations furent même adressées au gouvernement dans le but de hâter les travaux préparés à la chancellerie, sur la loi, encore attendue aujourd'hui, qui doit régler les attributions de ces officiers publics, et faire cesser les conflits que leurs fonctions occasionnent journellement. »

Cette critique est fondée, comme on le voit, sur ce seul motif, que la discussion devant les chambres législatives des lois de 1838 et 1841 est contraire aux considérations invoquées par l'arrêt du 18 janvier 1844.

Le résultat de la discussion sur l'art. 486 du C. com., révisé par la loi du 28 avril 1838, et l'adoption de cet article avec ses deux derniers alinéas, proposés d'abord par le gouvernement, retranchés par la commission de la chambre des députés, et réintégrés par cette chambre, prouvent au contraire, ainsi d'ailleurs que le démontre notre arrêt, que l'intention du législateur a été de n'apporter aucune entrave à la désignation que doit faire le juge-commissaire, et de laisser ce magistrat l'arbitre souverain du choix à faire parmi la classe de fonctionnaires ayant qualité pour procéder aux ventes de meubles.

Quant aux termes rapportés par M. Dalloz, de la discussion

qui a eu lieu au sujet de l'art. 4 de la loi du 25 juin 1841, ils nous paraissent se rapporter plutôt à la deuxième partie de cet article, qui concerne la vente du mobilier, qu'à la première, qui touche celle des marchandises ; en admettant qu'il se rapporte à la première partie, nous ferons observer que l'opinion du rapporteur d'une loi n'a de valeur qu'autant qu'elle ne s'éloigne pas du texte de la loi, et que dans le cas contraire elle ne peut modifier en rien une disposition formelle adoptée par la chambre. — Or le texte de l'art. 4, L. 25 juin 1841, est contraire aux expressions citées par M. Dalloz.

Voyons, en effet, comment le législateur a procédé : il a, chose importante à remarquer, divisé cet article 4 en deux parties.

Dans la première que voici : « *Les ventes de marchandises après faillite seront faites conformément à l'art. 486 du C. com. par un officier public de* LA CLASSE *que le juge-commissaire aura désignée;* » il ne parle des marchandises que pour dire que la vente en aura lieu d'après les prescriptions de l'art. 486 du Code de commerce, et s'il ajoute qu'elle sera faite par une classe d'officiers publics désignée par le juge-commissaire, c'est afin de rendre plus intime l'union des deux dispositions, et de ne pas exclure, du choix du juge-commissaire, pour la vente des marchandises, comme il l'a fait pour celle du mobilier, les courtiers de commerce, spécialement désignés dans l'art. 486 du C. com. Ici, pas plus que dans l'art. 486 du C. comm., aucune condition n'est imposée au choix du juge-commissaire. Il nous paraît donc impossible, en présence de textes aussi formels, qui accordent d'une manière si explicite la liberté la plus illimitée au juge-commissaire, de venir restreindre le droit de ce magistrat en s'appuyant sur l'opinion du rapporteur de la loi, qui, en définitive, ne peut ni modifier la loi, ni lui attribuer un sens que son texte condamne.

Cette proposition devient évidente si l'on veut considérer que dans sa seconde partie ainsi conçue : *Quant au mobilier du failli, il ne pourra être vendu aux enchères que par le ministère des commissaires-priseurs, notaires, huissiers ou greffiers de justice de paix,* CONFORMÉMENT AUX LOIS ET RÈGLEMENTS QUI DÉTERMINENT LES ATTRIBUTIONS DE CES DIFFÉRENTS OFFICIERS, l'art. 4, dérogeant, en cela, à sa première partie et à l'art. 486 du Code de commerce, a pris, en ce qui touche la vente du mobilier, le soin d'imposer l'obligation de respecter les lois et règlements déterminant les attributions des commissaires-priseurs, notaires, huissiers et greffiers. Que signifie cette condition, en ce qui regarde le mobilier, si ce n'est qu'à l'égard des marchandises, le droit du juge-commissaire est illimité ? Et d'ailleurs si le législateur eût voulu que le juge-commissaire se conformât aux lois et règlements sur les attributions des courtiers et autres officiers publics, il l'aurait exprimé d'une manière formelle, et se serait gardé du soin d'établir une distinction, inutile au point de vue de l'opinion de M. Dalloz, entre la vente des marchandises et celle du mobilier ; cela eût été très-simple, et il eût suffi de dire que la vente des marchandises *et celle du mobilier* auraient lieu par un officier public de la classe que le juge déterminerait, en se conformant, etc. — Ou les deux derniers alinéas de l'art. 486 du Code de comm. et le 1er alinéa de l'art. 4 de la loi de 1841 sont inutiles dans la plupart des cas, où ils ont apporté une dérogation au droit commun. Or, il est de principe d'appliquer la loi dans son sens le plus large et de ne la soumettre à d'autres restrictions que celles qu'elle indique ; ici elle n'en indique pas, et on ne peut en faire naître pour le besoin de la cause.

Les commissaires-priseurs d'Alençon ont demandé l'intervention de M. le garde des sceaux, qui l'a refusée en ces termes par une lettre du 26 décembre 1843, adressée à M. le procureur général près la cour royale de Caen :

« M. le procureur général, les commissaires-priseurs d'Alençon m'ont adressé un mémoire par lequels ils se plaignent de ce que le tribunal de commerce établi dans cette ville reconnaîtrait aux huissiers le droit de procéder à la vente des marchandises en cas de faillite. — Ce droit ne me paraît pas appartenir aux huissiers dans les villes où il existe des commissaires-priseurs, puisque ces derniers sont seuls autorisés, aux termes des art. 1er de la loi du 27 vent. an 9, et 89 de celle du 28 avril 1816, à faire les ventes publiques d'effets mobiliers au chef-lieu de leur établissement. — L'art. 486 C. de com., et l'art. 4 de la loi du 25 juin 1841, n'ont apporté aucune modification à cet état de choses, en permettant à tous les officiers publics chargés des ventes mobilières de concourir avec les courtiers de commerce à la vente des marchandises provenant de faillite, ces dispositions se référant implicitement à celles des lois organiques qui fixent d'une manière générale les attributions respectives de ces divers officiers. C'est seulement dans les localités où il n'y a pas de commissaires priseurs, que les notaires, les greffiers et les huissiers, peuvent être appelés concurremment avec les courtiers. Pour décider le contraire, il faudrait une disposition formelle, et il n'en existe pas. — Néanmoins, c'est aux tribunaux à résoudre en définitive cette question. — Je ne ne puis, en conséquence, intervenir ainsi que le demandent les commissaires-priseurs d'Alençon. Il leur appartient de se pourvoir par les voies de droit contre les décisions du tribunal de commerce qui seraient contraires à leurs intérêts. — Veuillez leur en donner avis. »

En résumé, nous croyons qu'un huissier, nommé pour faire

une vente de marchandises neuves après faillite, ne doit pas hésiter à procéder à cette opération.

A annoter aux mots Faillite, n° 84; et Vente de marchandises neuves, n° 4.

ART. 154.

RÉCUSATION.

FORMES. — TRIBUNAL DE SIMPLE POLICE.

Le juge de paix, siégeant comme juge de simple police, ne peut être récusé que dans les formes établies par le Code de procédure civile; une déclaration verbale faite à l'audience serait insuffisante.

ARRÊT.

COUR DE CASSATION. — 14 OCTOBRE 1843.

LA COUR; — Statuant sur le pourvoi en cassation formé par le maire de la commune de Froissy, arrondissement de Clermont (Oise), remplissant les fonctions du ministère public près le tribunal de simple police du canton de Froissy, contre le jugement rendu par ledit tribunal, le 13 mars 1843, par lequel le juge de paix tenant l'audience dudit tribunal a déclaré se récuser pour le jugement du procès intenté contre le sieur Laurens, ancien notaire, prévenu de contravention à l'art. 471, Cod. pén., pour avoir obstrué le chemin public de Noiremont à Troussure, en y plantant un arbre : — Vu le mémoire produit à l'appui du pourvoi; — Attendu que le jugement attaqué constate qu'à l'audience du tribunal de simple police susdit, du 13 mars 1843, l'avocat du sieur Laurens ayant demandé à M. le juge de paix s'il était vrai qu'il eût signé, conjointement avec les habitants de Noiremont, une pétition pour la conservation du chemin en question, qu'en ce cas, il pensait que M. le juge de paix voudrait bien se récuser, le juge de paix répondit qu'en effet, en sa qualité d'habitant de la commune de Noiremont, il avait signé ladite pétition ; — Attendu que, par suite de cette réponse, le juge de paix a déclaré se récuser et a renvoyé la cause devant qui le droit; — Attendu que la récusation adressée audit juge de paix à l'audience de simple police par lui tenue, était non-seulement contraire au respect dû à la justice, mais qu'elle se trouvait en opposition formelle avec les règles tracées par le Code de procédure civile pour la récusation d'un juge de paix, par les art. 45, 46 et 47; que, par conséquent, en statuant sur ladite récusation, et en y faisant droit, le tribunal de simple police susdit a excédé les bornes de sa compétence et violé les articles précités du Code de procédure civile;— Casse, etc.

Auteurs et jurisprudence. — Les auteurs et la jurisprudence sont unanimes pour reconnaître qu'en l'absense de règles spéciales sur la récusation, tracées par le Code d'instruction criminelle, on doit se conformer à celles inscrites au Code de procédure. — Carnot, *Comment. C. instruct. crim.*, art. 257, n°5; Legraverend, *Législ. crim.*, t. 2, p. 45.—Toulouse, 6 janv. 1835; Cass., 15 oct. 1829, 3 oct. 1835, 3 août 1838.

A annoter au mot Récusation, sect. 2.

ART· 155.

EXPLOIT.

EPOUX SÉPARÉS DE BIENS. — DOMICILE ÉLU. — COPIES SÉPARÉES.

Une assignation signifiée à deux époux séparés de biens, et dont par conséquent les intérêts sont distincts, doit, à peine de nullité, être donnée par copies séparées, alors même qu'elle est faite au domicile par eux élu en commun chez le même mandataire.

FAITS.

Les sieur et dame Bernard, séparés de biens, demeurant ensemble à Milan, en Italie, formèrent opposition au concordat obtenu par le sieur Plessier, leur débiteur, tombé en faillite, par exploit du 21 mai 1841, portant, qu'ils élisaient domicile dans le cabinet de M. Villette, jurisconsulte à Paris, où ils requéraient expressément et à peine de nullité de tout ce qui serait fait ailleurs, la signification de tous exploits, procès-verbaux et demandes généralement quelconques.

Le tribunal de commerce saisi ayant renvoyé devant le juge commissaire pour avoir son avis, sommation fut faite le 5 juin 1841, par copies séparées, au domicile par eux élu, aux époux Bernard de comparaître devant le juge-commissaire. Ils ne comparaissent point, et, le 14 juin, ils sont assignés au même domicile par eux élu, mais cette fois en une seule copie pour voir statuer sur leur opposition au jugement du 17 juin qui homologue le concordat et donne défaut contre les époux Bernard·

Appel par ceux-ci, qui demandent la nullité de l'assignation du 14 juin 1841, et de tout ce qui s'en est suivi, par la raison qu'elle n'a été signifiée qu'en une seule copie au lieu de l'être en deux.

23 sept. 1841, arrêt de la Cour royale de Paris, qui confirme le jugement de première instance après avoir validé l'exploit, « considérant que Bernard et sa femme avaient tous deux Vilette pour mandataire, et que l'assignation donnée par une seule copie à un mandataire commun les a suffisamment mis en cause. »

Pourvoi en cassation par les époux Bernard, pour, entre autres moyens, violation des art. 61 et 68, Cod. proc., en ce que la Cour royale a jugé que la constitution d'un mandataire commun par des époux séparés de biens, permettait de leur signifier, en une seule copie, au domicile de ce mandataire, les exploits qui les intéressaient l'un et l'autre. — On soutenait à l'appui de ce moyen que la constitution d'un mandataire commun par plusieurs parties, n'autorise les significations en une seule copie, que lorsque ces parties constituent un corps moral qui a le même intérêt; mais qu'il en est autrement lorsque les mandants ont un intérêt distinct, tel que celui d'époux séparés de biens, à chacun desquels le mandataire était tenu de rendre un compte distinct et séparé.

ARRÊT.

COUR DE CASSATION. — 15 MAI 1844.

LA COUR ; — Vu les art. 61 et 68, Cod. proc. : — Attendu que les époux Bernard étaient séparés de biens ; — Que sous ce rapport, ils avaient des intérêts distincts ; — Qu'ils ne pouvaient dès lors être valablement assignés pour procéder sur leurs oppositions qu'en laissant à chacun d'eux une copie de l'exploit d'ajournement ; — Attendu que la constitution d'un même mandataire ne confondait pas leurs intérêts et ne dispensait pas le défendeur de faire délivrer deux copies de son assignation ; — Attendu qu'en jugeant le contraire, l'arrêt attaqué a violé les art. 61 et 68, Cod. proc.; — Casse, etc.

Auteurs et jurisprudence. — V. art. 7 et 119, §§ 6 et 7, 2ᵉ partie de ce Journal. — Aux arrêts cités, ajoutez — Pour : Cass., 29 avril 1839 et 24 mars 1841.

A annoter au mot EXPLOIT, nᵒ 231.

ART. 156.

VICES RÉDHIBITOIRES.

EXPERTS. — SERMENT. — NULLITÉ. — GARANTIE DES BESTIAUX

ACHETÉS PAR LES BOUCHERS DE PARIS A SCEAUX ET POISSY.
— RÈGLEMENTS DE 1673, 1699 ET ORD. DU 1er JUIN 1782
EN VIGUEUR.

Les artistes vétérinaires nommés en vertu de l'ordonnance de police du 26 mars 1830, par le président du tribunal de commerce, à l'effet de constater les causes de la mort naturelle des bestiaux achetés par les bouchers de Paris aux marchés de Sceaux et de Poissy, et décédés dans les neuf jours de l'achat, doivent prêter serment avant de procéder à leurs opérations, à peine de nullité.

FAITS.

Le sieur Cardon vendit sur le marché de Poissy, le 2 mars 1843, un bœuf au sieur Avice, boucher. L'animal étant mort le 6 du même mois, celui-ci requit une expertise peur faire constater la cause de la mort, et les deux artistes vétérinaires nommés à cet effet par le président du tribunal de commerce, conformément à l'ordonnance de police, du 26 mars 1830, l'attribuèrent à une maladie antérieure à la vente. Il est à remarquer qu'il procédèrent sans avoir prêté serment.

De là, action en garantie de la part d'Avice contre Cardon, qui y répondit en concluant à la nullité de l'expertise fondée sur le défaut de prestation de serment préalable par les experts. Avice a soutenu que l'ordonnance du 26 mars 1830, et les règlements antérieurs, dérogeaient aux règles générales et ne prescrivaient pas le serment aux experts.

15 avril 1843, jugement du tribunal de commerce de Versailles qui annulle l'expertise en ces termes : « Attendu que, si le Code de commerce ne contient aucune disposition relative au serment des experts, on ne peut induire du silence de la loi rien autre chose, si ce n'est que les formalités prescrites par le Code de procédure, en matière d'expertise, doivent être observées, et que, par conséquent, les experts doivent prêter serment ; — Attendu que, dans l'espèce, l'une des parties qui avait intérêt à l'expertise était absente, et que dans ce cas, le serment des experts devait être pour elle une garantie de la conservation de ses droits ; — Déclare nul le procès-verbal des experts précités. »

Pourvoi en cassation par le sieur Avice pour fausse application des art. 303 et 305, Cod. proc., et de la loi du 20 mai 1838 sur les vices rédhibitoires, et pour violation des anciens règlements et ordonnnces sur les marchés de Sceaux et de Poissy. — On a dit pour le demandeur : Il ne s'agissait pas d'un cas régi par les principes du droit commun, et auquel fussent applicables les règles tracées par le Code de procédure et la loi de 1838 sur les vices rédhibitoires; mais d'une matière régie par des lois spéciales, et que des raisons d'intérêt public et de salubrité ont soustraite à l'empire des lois ordinaires. Dès le mois de février 1587, des lettres patentes de Henri III prescrivirent aux jurés-bouchers « de ne permettre qu'aucunes bêtes mortes ou malades ne soient vendues et débitées au peuple; » et un arrêt du parlement de Paris, du 4 sept. 1673, déclare le marchand forain responsable envers le boucher de la mort des bœufs arrivée dans les neuf jours de la vente, en disposant de plus que « deux jurés de la communauté des bouchers constateront le décès de ces bœufs, en vertu de l'ordonnance du lieutenant de police. » On voit qu'il ne s'agissait pas d'une expertise ordinaire, mais de la simple constatation d'un fait; et de plus que ni les lettres patentes, ni l'arrêt de règlement n'exigeaient que les experts prêtassent serment. Il est vrai que cet arrêt donne aux experts le titre de jurés; mais cela ne signifie pas qu'ils dussent prêter serment avant de procéder à leur opération; c'était une qualification que, sous le régime des jurandes et des maîtrises, on donnait à ceux des membres de la corporation qui étaient chargés des intérêts généraux de la communauté, sans doute parce qu'ils prêtaient serment avant d'entrer en fonctions; mais cette qualification, qui ne se rapporte nullement à leurs fonctions comme experts, n'autorise pas à dire qu'ils dussent être assermentés en cette qualité. Aussi est-il constant que jamais ce serment ne fut prêté. — Un autre arrêt de règlement du 13 juillet 1699 confirma les dispositions antérieures et ordonna que « les marchands forains seraient garants envers les marchands bouchers dans les neuf jours pour les bœufs de quelque pays qu'ils viennent, et pour toutes sortes de maladie, ainsi qu'il s'était pratiqué jusqu'à présent, et que les visites et rapports, en cas de mort dans les neuf jours, soient faits en la manière accoutumée de l'ordonnance du lieutenant de police. » C'était donc toujours d'une mesure de police qu'il s'agissait, et non d'une formalité judiciaire soumise aux formes ordinaires de la procédure. — Tous les règlements postérieurs ont conservé ce caractère à la vérification dont il s'agit. Ainsi des lettres patentes servant de statuts et de règlement aux marchands bouchers de Paris, enregistrées au parlement le 17 fév. 1743, portent, art. 30 : « Dans le cas de mort d'un bœuf, dans les neuf jours de la vente il sera fait, en vertu de l'ordonnance du lieutenant général de police, visite dudit bœuf, et rapport de la cause de sa mort. » Cette disposition est textuellement reproduite par l'art. 27 des lettres patentes du 1er juin 1782, enregistrées au parlement le 10 déc. suivant. — Tel était l'état des choses lorsque les jurandes et maîtrises furent abolies le 2 mars 1791. La corporation des bouchers disparut de même, et dès lors le rapport ne put plus être fait par des jurés. Néanmoins, comme le principe de la garantie des marchands forains resta intact, l'usage s'introduisit de s'adresser en cas de contestation au président du tribunal de commerce, qui désignait deux artistes vétérinaires pour constater la mort des bœufs décédés dans les neuf jours de la vente; et jamais, en fait, ces artistes vétérinaires ne furent soumis à un serment préalable avant de faire leur rapport. Cet usage fut consacré par l'ordonnance de police du 26 mars 1830, concernant le régime de la boucherie de Paris. L'art. 7 de cette ordonnance porte que si un bœuf vient à mourir de sa mort naturelle dans les abattoirs, le procès-verbal de sa mort sera transmis au tribunal de commerce, qui nommera deux artistes vétérinaires, l'un pour le boucher, l'autre pour le vendeur, aux fins de procéder à l'autopsie de l'animal et de constater les véritables causes de sa mort. Et l'art. 178 ajoute que si un bœuf vient à mourir dans les neuf jours de la vente, il sera procédé, d'après les règles établies en l'art. 7, au constatement des causes de la mort par un procès-verbal, pour assurer l'action en garantie contre le vendeur. Or, cette ordonnance qui confirme l'usage antérieur et le régularise, ne soumet les vétérinaires appelés à constater la mort de l'animal à aucun serment. — On comprend d'ailleurs que dans cette matière on se soit écarté des règles prescrites par le Code de procédure ou par le droit commun dans les expertises. Ici il s'agit d'une constatation urgente qui n'admettrait pas les délais indispensables d'une prestation de serment : les mesures prises par l'ordonnance du 26 mars ont pour objet la salubrité publique, qui ne permet pas de laisser un animal mort de maladie longtemps exposé, et d'attendre, pour que les artistes vétérinaires puissent régulièrement procéder, les longueurs de la procédure ordinaire. Donc, en jugeant qu'il y avait nécessité de soumettre les artistes vétérinaires au serment, le jugement attaqué a faussement appliqué les règles générales du Code de procédure et violé les lois spéciales qui régissent la matière.

ARRÊT.

COUR DE CASSATION. — 29 AVRIL 1844.

LA COUR ; — Attendu que, s'il est vrai que les lois et règlements sur la police sanitaire emportent en certains cas, dans leur exécution ou leur application, une dérogation aux lois générales, il n'en saurait être ainsi lorsque, soit dans le silence de ces lois et règlements, soit en cas d'abrogation des formes qu'ils indiquent, il s'agit de déterminer le mode de procéder qui doit être suivi; que le propre des lois de procédure est de comprendre dans leur généralité tous les actes qui, par une exception formelle, ne sont point placés hors de leur atteinte; que, par suite, la loi de procédure qui, par une mesure générale et d'ordre public, impose aux témoins, aux experts et aux gens de l'art, etc., l'obligation du serment, domine tous les cas où il y a lieu de recourir judiciairement à un témoignage, à une expertise ou à un rapport de gens de l'art; que, par cela seul, dans l'espèce, qu'il s'agissait de faire procéder par des artistes vétérinaires à une constatation de fait, cette constatation, qui n'est après tout qu'une des formes du témoignage, ne pourrait, aux termes du droit commun, être accréditée en justice, sans qu'au préalable, la sincérité n'en fût garantie par l'autorité qui s'attache à la formalité du serment; qu'en le décidant ainsi, le jugement attaqué, loin de méconnaître les dispositions de la loi, en a fait, au contraire, une juste application; — Rejette, etc.

Jurisprudence. — Un arrêt de la Cour royale de Paris, du 18 mai 1839, a déclaré que la loi du 20 mai 1838 n'a point abrogé le règlement du 13 juillet 1699.

Les textes que nous venons de rapporter sont d'autant plus importants qu'ils sont peu connus et ajoutent un vice rédhibitoire à ceux énumérés dans la loi de 1838; ils acquièrent une incontestable utilité en présence des voies de fer qui vont amener aux marchés de Sceaux et de Poissy des bestiaux de tous les points de la France.

A annoter au mot Vices rédhibitoires, n° 3.

ART. 157.

—

QUESTIONS PROPOSÉES.

§ I [1].

FAILLITE.

1° FRAIS PRIVILÉGIÉS. — COMMANDEMENT. — SAISIE-EXÉCUTION. — ANNONCES DE LA VENTE.

2° FRAIS PRIVILÉGIÉS. — PERMISSION DU JUGE. — SAISIE PROVISOIRE. — JUGEMENT DE VALIDITÉ PORTANT CONDAMNATION.

En cas de faillite les frais suivants, faits immédiatement avant l'ouverture de la faillite, sont-ils privilégiés comme frais de justice? savoir :

1° Commandement tendant à saisie-exécution, saisie-exécution, annonces de la vente;

2° Ou requête et ordonnance du juge autorisant une saisie provisoire, saisie provisoire et jugement qui, en la validant, prononce condamnation au profit du poursuivant.

[1] Par M. Roubalet, huissier à Nancy.

L'affirmative de cette question ne nous paraît pas douteuse.

L'art. 2101, n° 1er, du Code civ., élève au rang des créances privilégiées sur la généralité des meubles les *frais de justice,* c'est-à-dire ceux qui se font pour la cause commune des créanciers et pour la conservation ou liquidation du gage dans leur intérêt.

De cette définition (dit Troplong, *Des priviléges et hyp.*, t. I, n° 122, p. 169) suit la conséquence que pour décider si tels ou tels frais peuvent légitimement aspirer à primer certaines créances, il n'y a qu'à se demander s'ils ont été utiles aux porteurs de ces créances. Toute la théorie du privilége des frais de justice est là.

Tous les frais dont il est question ici, à l'exception cependant de la partie du jugement qui prononce condamnation et fait titre au poursuivant, ont évidemment été utiles aux créanciers et conservé leur gage, car sans eux le failli eût pu, soit soustraire à son profit la partie la plus précieuse de son mobilier avant la déclaration de faillite ou dans l'intervalle qui se serait écoulé entre cette déclaration et l'apposition des scellés, soit l'abandonner en secret à ses créanciers les plus exigeants, comme cela arrive dans presque toutes les faillites. Outre que ces frais ont empêché le divertissement du gage commun, ils ont encore produit un autre effet, celui d'accélérer l'ouverture de la faillite et d'empêcher le failli de continuer plus longtemps, au préjudice de ses créanciers, des opérations qui ne pouvaient que le ruiner davantage.

Au surplus il ne pourrait y avoir contestation sur le privilége des frais dont s'agit qu'autant que les exploits qui les ont occasionnés n'ont pas été suivis de vente; car dans le cas contraire le privilége ne souffrirait aucune difficulté, et l'huissier ne devrait même consigner le montant de la vente que déduction faite du coût du commandement, de la saisie, des annonces et de la vente (C. proc., 657). Or, il convient d'examiner, 1° si le poursuivant avait le droit de procéder à la vente après l'ouverture de la faillite; 2° si, n'ayant point usé de ce droit, il a perdu son privilége.

L'art. 443 du Code de commerce (loi du 28 mai 1838, sur les faillites), qui reproduit le sens de l'ancien article 494, dispose qu'à compter du jugement déclaratif de faillite, toute voie d'exécution, tant sur les meubles que sur les immeubles, ne pourra être *suivie* ou intentée que contre les syndics. Il semblerait résulter de ces termes que les poursuites d'exécution commencées avant l'ouverture de la faillite peuvent être suivies après le jugement déclaratif, à la condition de procéder contre les syndics; toutefois la question était controversée sous l'empire du Code de 1808, et deux arrêts, l'un de Paris, du 9 mars 1837, l'autre de Bordeaux, du 3 février 1838, refusaient le droit de donner suite aux poursuites de saisie exécution, tandis que deux autres arrêts de Paris, des 21 et 26 juillet 1837, l'accordaient.

Il y a donc doute, et dès lors la discontinuation des poursuites d'exécution, étant le résultat d'une disposition législative, est forcée ; on ne peut donc l'imputer au poursuivant et lui faire perdre un privilége qui lui était acquis au moment de la confection des actes qui y donnent lieu. Mais admettons que les poursuites puissent être continuées, croit-on qu'en renonçant à la continuation le poursuivant ait nui à la faillite ? Est-ce que dans ce cas la saisie a moins conservé le gage commun ? Est-ce qu'en laissant procéder les syndics à la vente à l'amiable et à crédit il n'y a pas avantage évident sur une vente forcée et au comptant ? Poser ces questions c'est les résoudre et décider que le privilége ne peut être refusé même en supposant que le poursuivant, en ne procédant pas à la vente, se soit désisté d'un droit qui lui était acquis.

En terminant faisons observer que les actes nécessaires à une seule saisie sont seuls privilégiés et que les frais des recolements ne le seraient pas. On comprend que la saisie seule profite à la masse, au lieu que les recolements ne la touchent pas, qu'ainsi aucun privilége ne peut être réclamé pour ces actes qui grèvent la faillite au lieu de lui profiter.

A annoter aux mots **Faillite**, n° 38 ; et à **Priviléges**, n° 12.

§ II [1].

CONSIGNATION.

OFFRES RÉELLES. — DÉLAI. — AUGMENTATION A RAISON DES DISTANCES. — SOMMATION.

L'huissier qui a fait des offres réelles doit-il, en cas de refus, verser la somme offerte à la caisse des consignations dans les vingt-quatre heures de la date de son procès-verbal d'offres ?

Ce délai est-il sujet à augmentation à raison de la distance qui se trouve entre le domicile du créancier et la caisse des consignations ?

En cas de non-augmentation, la consignation doit-elle être précédée d'une sommation ?

L'obligation de consigner les sommes offertes réellement n'est imposée au débiteur, ni par le Code civil, ni par le Code de

[1] Par un de nos abonnés du département de la Drôme.

procédure ; il résulte, au contraire, des dispositions combinées des art. 1257 et suiv. du Code civil, et 812 et suiv. du Code de procédure, que la consignation est facultative jusqu'à ce qu'elle ait été ordonnée par le jugement qui valide les offres.

Mais une ordonnance du 3 juillet 1816, dans un intérêt purement financier, et peut-être aussi afin de ne pas laisser longtemps entre les mains d'un officier ministériel des fonds à lui confiés pour l'accomplissement d'un acte de son ministère, a prescrit art. 5 : « Tout officier ministériel qui aura fait des offres réelles extrajudiciairement ou judiciairement sera tenu, si elles ne sont pas acceptées, d'en effectuer le versement, dans les vingt-quatre heures qui suivent l'acte desdites offres, à la caisse des dépôts et consignations, *à moins qu'il n'en ait été dispensé par écrit de celui qui l'a chargé de faire les dites offres.* »—L'art. 10 de la même ordonnance déclare « que tout huissier qui aura contrevenu à l'art. 5 pourra être révoqué, s'il y a lieu, sans préjudice des peines qui sont ou pourront être prononcées par les lois. »

Bien que l'article 5 de l'ordonnance du 3 juillet 1816 ne concerne que les huissiers, et qu'il ne puisse soumettre à une obligation nouvelle l'exercice d'une faculté accordée purement et simplement par une loi, il n'en est pas moins vrai qu'en obligeant les seuls fonctionnaires ayant capacité pour faire les offres à cosnigner, à moins d'une dispense, il oblige le débiteur à faire les frais de cette dispense, soit sous signature privée et sur timbre, soit devant notaire si ce dernier ne sait lire ; et si le débiteur se refuse à cette formalité qu'il ne trouvera point écrite dans la loi, il verra malgré lui et au mépris des dispositions du Code civil et du Code de procédure, ses fonds consignés et les frais de la procédure augmentés du coût de la consignation. On n'a pas fait assez attention que pour procurer momentanément quelques fonds au trésor on violait une disposition de notre droit commun.

Ainsi nul doute : la consignation doit être effectuée dans les vingt-quatre heures, à compter du procès-verbal d'offres si l'huissier n'en est dispensé.

Mais ce délai doit-il être augmenté, selon l'art. 1033 du C. pr., à raison des distances ? Nous ne le croyons pas. Cet article 1033 se réfère aux délais accordés parle Code de procédure, et ne peut être appliqué à d'autres cas qu'à ceux qu'il prévoit ; or, ici il s'agit d'un délai accordé par une ordonnance spéciale, promulguée depuis le Code, étrangère à ses dispositions, qu'elle n'a pu directement ni indirectement modifier ni changer, et dans ce document rien ne laisse supposer l'intention d'augmenter le délai fixé pour consigner ; on ne peut donc réclamer l'augmentation. Du reste elle serait peu utile, car avant de faire les offres, l'huissier sait si ou non il sera dispensé de consigner en cas de refus, et il peut d'autant mieux prendre ses mesures pour effectuer la consignation que si elle s'opère, elle aura toujours lieu à son chef-lieu d'arrondissement, centre de ses affaires, et, la plupart du temps, peu éloigné de sa résidence.

Avant de consigner, l'huissier sera-t-il tenu de faire la sommation prescrite par l'art. 1259 du Code? Oui, si l'huissier a reçu de son client l'ordre de consigner; non, si en refusant de donner une dispense à l'huissier le débiteur qui offre ne lui a pas donné mission de déposer la somme offerte à la caisse des consignations, ce qui peut se rencontrer à la rigueur. Dans le premier cas, l'huissier devra faire la sommation de manière à pouvoir consigner dans les vingt-quatre heures; et dans le second, il consignera en son nom et uniquement pour obéir aux dispositions de l'art. 5 de l'ordonnance du 3 juillet 1816.

A annoter aux mots Consignation, n° 18, 2°; et Offres réelles, n° 75.

EXÉCUTION.

TAXE A TÉMOINS. — COMMANDEMENT. — FORMULE EXÉCUTOIRE. — DÉPOT AU GREFFE.

Peut-on faire un commandement et les exécutions qui en sont la suite, en vertu d'une taxe à témoins, sans avoir préalablement déposé au greffe la copie et pris une expédition en forme exécutoire?

Oui.

L'art. 545 du Code de procédure, qui dispose qu'aucun acte ne peut être mis à exécution s'il ne porte le même intitulé des lois, et n'est terminé par un mandement aux officiers de justice, ne trace pas une règle tellement absolue qu'elle ne soit soumise à aucune exception. — *V. Encyclop. des Huiss.*, au mot *Exécution*, n° 83.

La preuve de cette proposition se trouve notamment dans l'art. 277 du même Code, qui déclare que la taxe faite par le juge-commissaire sur la copie de l'assignation *vaudra exécutoire*. Si cette rédaction ne paraît pas affranchir d'une manière formelle de l'obligation d'avoir recours à la formule exécutoire, les motifs qui ont dicté l'art. 277 dispensent suffisamment de cette formalité. En effet, en inscrivant dans l'art. 277 que la taxe vaudra exécutoire, l'intention du législateur a été de ne pas assujettir le témoin à des formes trop minutieuses et à des avances trop considérables pour le recouvrement de la taxe.

La position faite par la loi à toute personne appelée en témoignage, ne justifie que trop cette exception, et on conviendra sans peine que la facilité accordée au témoin pour arriver promp-

tement au payement de sa taxe est plus que compensée par le
droit qu'a tout plaideur, fût-il insolvable, d'appeler en justice
et de faire comparaître, sous peine d'amende et de contrainte
par corps, tout citoyen dont l'audition lui paraît utile dans son
intérêt.

Le but du législateur sera-t-il atteint si le témoin est obligé
de faire un premier voyage au chef-lieu du tribunal pour déposer sa taxe, et un second pour retirer l'expédition, et si en
outre il doit débourser le coût de l'acte de dépôt et de l'expédition? Et si le témoin ne peut faire l'avance de ces frais il perdra
donc sa taxe? S'il en était ainsi, l'art. 277, au lieu de départir
une faculté, imposerait plutôt une charge, car mieux vaudrait
assurément pour le témoin avoir recours à une action principale
devant le juge de paix que d'obtenir une formule exécutoire au
moyen du dépôt. N'est-ce pas ici le cas de désirer qu'une disposition législative mette en vigueur chez nous ce qui se pratique en Angleterre, où un témoin n'est tenu de déposer qu'après
qu'il a reçu effectivement la somme nécessaire pour l'indemniser de ses dépenses légitimes?

Notre opinion sur cette question est conforme à l'usage généralement adopté et à l'opinion de Carré, *L. prod. civ.*, quest.
1086; Chauveau *sur Carré*, quest. 1086; Pig. : *Comment.*, t. I,
p. 529; Thom.-Desm., t. I, p. 478; Boncenne, 4, p. 296; Fav.
Lang., t. 2, p. 369.

A annoter au mot Enquête, n° 94.

§ III. [1]

DÉLAIS DE GRACE.

**LETTRE DE CHANGE. — VIOLATION DE L'ART. 157 DU CODE DE
COMMERCE. — EXÉCUTION DU JUGEMENT AVANT L'ÉCHÉANCE
DU DÉLAI.**

*Lorsque, contrairement aux dispositions si formelles de l'art. 157
du C. comm., le tribunal accorde un délai au débiteur d'une lettre
de change ou d'un billet à ordre pour se libérer, le créancier peut-il
poursuivre l'exécution du jugement avant l'échéance du délai?*

L'abonné qui nous soumet cette question la fait suivre des
réflexions suivantes :

« Pour mon compte, dit-il, je serais disposé à adopter l'af-

[1] Par M. Courtois, huissier à Melun.

firmative, mais je ne croirais pas prudent de la conseiller en l'absence de dispositions précises.

» En effet, pour la négative on peut dire que la loi étant muette à cet égard, il faut employer les formes ordinaires pour faire confirmer le jugement : appeler, si on se trouve dans les limites de l'appel, sinon se pourvoir en cassation pour violation de l'article précité.

» De prime abord ce raisonnement paraît bien avoir quelque fondement ; mais je crois que tout spécieux qu'on puisse le voir, on reconnaît en entrant dans la discussion, sinon qu'il manque totalement de consistance, du moins qu'il est bien sujet à critique. En effet, quelle a été la pensée du législateur lorsque, dérogeant aux dispositions de l'art. 1244 du C. civ., il a dit aux juges, dans cet art. 157 du C. com. : « Vous n'accorderez pas de délai pour le payement d'un billet à ordre, d'une lettre de change, etc. » Bien évidemment la pensée du législateur a été celle-ci : que, comme condition essentielle à la prospérité, à la vitalité du commerce, les effets de commerce devaient être payés à jour fixe, un retard quel qu'il soit pouvant avoir des conséquences funestes pour un commerçant qui peut faire fonds sur ses rentrées pour payer lui-même. C'est pourquoi une disposition expresse est venue défendre aux juges d'user d'une faculté dont, même pour les cas ordinaires, ils ne doivent faire usage, suivant le vœu de la loi, qu'avec une extrême prudence.

» Que si, malgré cette intention si apparente, cette défense si nettement exprimée, le tribunal accorde un délai, et qu'il faille recourir à l'appel ou au pourvoi pour faire rapporter le jugement, il est évident que le but du législateur sera manqué ; car les délais de l'appel et du pourvoi dépasseront assurément presque toujours ceux que les juges auront illégalement accordés. On serait ainsi réduit à déplorer l'impuissance de la loi et l'imprévoyance du législateur de n'avoir pas ajouté une sanction pénale contre le juge pour assurer l'exécution de sa volonté. »

Tout en reconnaissant la justesse et la portée des observations de notre abonné, et en regrettant, avec lui, qu'un juge puisse violer impunément et d'une manière aussi évidente une disposition de loi qui touche à tant d'intérêts et dont, par conséquent, l'inexécution peut produire des conséquences désastreuses, nous ne pouvons adopter l'opinion qu'il émet, même avec la réserve qu'il a le bon esprit de conseiller.

En effet, dans toute difficulté il y a ceci :

Deux parties qui ne sont pas d'accord, l'une qui demande, l'autre qui refuse ;

Une disposition de loi à interpréter et appliquer ;

Un tribunal chargé, suivant la nature du procès, de faire cette interprétation et cette application.

Enfin, une décision qui consacre ces deux choses et qui, légalement parlant, est la loi des parties sur le différend qui les divisait, jusqu'à ce qu'elle ait été réformée.

Les juges peuvent se tromper de bonne foi, leur décision peut être entachée d'erreur, il peut même y avoir fraude, concussion de leur part. Dans ce cas quel sera le juge de l'erreur ou du dol du juge?

Sera-ce la partie lésée par le jugement? Évidemment non. C'est pourtant ce qui aurait lieu s'il lui était permis de ne pas respecter la décision rendue.

Le législateur a prévu l'hypothèse qui nous occupe, et c'est afin d'éviter autant que possible toute fausse application et toute violation de la loi qu'il a créé deux degrés de juridiction et placé au-dessus un pouvoir régulateur. De plus , et pour ne pas éterniser les procès, il a fixé les délais pendant lesquels l'erreur ou le dol pourraient être réformés, et tracé les voies à suivre pour obtenir ce résultat. Hors de ces délais et de ces voies tout est inutile.

Alléguez-vous l'erreur du juge : vous avez l'appel et le recours en cassation. Alléguez-vous le dol, la fraude, la concussion : vous avez la requête civile.

Dans la circonstance dont il s'agit il y a erreur, dès lors l'appel ou le pourvoi sont ouverts. Aucune autre procédure ne peut suspendre l'exécution du jugement ni par conséquent détruire le délai alloué au débiteur.

Admettez que le créancier veuille exécuter le jugement nonobstant le délai accordé. Qu'arrivera-t-il? le débiteur se pourvoira en référé ou par opposition, et dans un cas ou dans l'autre, provision étant due au titre et le tribunal civil étant incompétent pour réformer un jugement du tribunal de commerce, il fera ordonner la discontinuation des poursuites avec dépens et dommages-intérêts, s'il y a lieu, contre le créancier.

Il n'est pas sans exemple que les tribunaux de commerce aient violé l'art. 157 du Code de commerce, et un arrêt de Colmar, du 22 novembre 1815, a reconnu que dans des circonstances malheureuses un délai de grâce avait pu être accordé pour le payement d'une lettre de change souscrite entre parents. Il est même dans les usages du tribunal de commerce de Paris d'accorder au débiteur d'un effet de commerce, un délai de vingt-cinq jours, toutefois avec le consentement du porteur. Cela ne viendrait-il pas protester contre la rigueur de l'art. 157?

A annoter au mot **Effets de Commerce**, n° 197.

SAISIE IMMOBILIÈRE.

DÉLAI DE L'ART. 674 DU CODE DE PROCÉDURE CIVIL. — AUGMENTATION A RAISON DES DISTANCES.

Les délais de trente et quatre-vingt-dix jours, énoncés dans l'article 674 du Code de procédure civile, sont-ils sujets à augmentation à raison des distances ?

Non, aucun délai ne peut être ajouté à ceux fixés par l'article 674 du Code de procédure, parce qu'ils sont imposés non pour comparaître ni satisfaire à une sommation, mais pour modérer d'abord et ensuite pour hâter les poursuites de saisie immobilière. — Bruxelles, 28 janvier 1825, Chauveau sur Carré, quest. 2217.

Tous les auteurs qui ont écrit sur la saisie immobilière, et de nombreux arrêts de cours royales, dont le dernier est de Rouen, 16 mai 1842, en prononçant, d'accord avec l'art. 674, la péremption du commandement au bout de quatre-vingt-dix jours, reconnaissent implicitement qu'aucun délai ne doit être ajouté à ceux de trente et quatre-vingt-dix jours accordés entre le commandement et la saisie.

Au surplus, ces délais sont déjà trop longs, et il est à regretter que la disposition de l'ancien art. 674 ait été maintenue par la loi du 2 juin 1841 ; car, ainsi que le démontre péremptoirement Duvergier (*Collect. des Lois*, t. 41, p. 221), elle blesse à la fois les principes généraux, les justes droits du créancier, l'intérêt même du crédit foncier, et l'expérience atteste hautement l'inutilité du secours qu'elle accorde au débiteur.

A annoter au mot **Saisie immobilière,** n° 79.

VENTE DE MEUBLES.

MATIÈRES D'OR ET D'ARGENT. — FORMALITÉS A REMPLIR.

Quelles formalités l'huissier est tenu de remplir lorsqu'il vend des pièces d'orfévrerie en or ou en argent ?

La loi du 19 brumaire an VI, sur la garantie des matières d'or et d'argent, contient diverses dispositions sur la vente des pièces d'orfévrerie, c'est-à-dire de leur objet en or ou argent. Il est évident que cette loi, ainsi d'ailleurs que l'a reconnu de la manière la plus formelle un arrêt de la Cour de cassation du 25 février 1837, n'est applicable qu'aux marchands et fabricants, et ne concerne en rien les fonctionnaires publics procédant à des ventes d'argenterie ou de bijoux.

Aussi, une circulaire ministérielle du 28 juin 1823 dispense-t-elle les officiers qui procèdent à des ventes de meubles de faire marquer les objets d'or et d'argent avant de les mettre en vente.

Seulement et afin de mettre le Trésor à portée de percevoir les droits qui lui sont dus, la même circulaire oblige les mêmes fonctionnaires vendeurs de meubles, de déclarer aux employés de la garantie les objets d'or et d'argent qui seront mis en vente, lesquels ne peuvent être essayés, poinçonnés et soumis à la perception du droit qu'après leur adjudication, à moins que, pour se dispenser de ces obligations, l'adjudicataire déclare ne pas vouloir les conserver dans leur forme, auquel cas ils doivent être brisés par l'employé chargé d'assister à la vente.

Le fonctionnaire qui omet de faire cette déclaration encourt non une amende, mais une peine disciplinaire seulement. — Cass. 25 février 1837.

Ainsi l'huissier qui procède à une vente de meubles parmi lesquels il existe des bijoux ou de l'argenterie, doit déclarer au bureau de garantie dans la circonscription duquel la vente aura lieu, que tel jour, à telle heure et à tel endroit, il procédera à la vente de telles pièces de bijouterie ou argenterie ; il retirera une copie sur timbre de cette délaration qu'il fera enregistrer (aucune loi ne dispensant de cette formalité) au droit, comme acte innommé, d'un franc dix centimes, et qu'il annexera à son procès-verbal, en ayant soin de l'énoncer dans le cours de cet acte. Aucune autre formalité n'est à remplir et c'est aux employés à veiller à la perception et à l'acquit des droits.

A annoter aux mots **Vente de meubles,** n° 16, et **Saisie-Exécution,** § 6.

ART. 158.

VICES RÉDHIBITOIRES.

ANIMAL CONTAGIEUX. — DOMMAGES-INTÉRÊTS. — ACTION CIVILE. — DÉLAI. — DISSIMULATION.

L'acheteur d'un animal atteint d'une maladie contagieuse, et qui n'a exercé aucune action pour vices rédhibitoires dans les délais voulus par l'art. 3 de la loi du 20 mai 1838, est-il recevable à réclamer des dommages-intérêts par voie d'action civile résultant du délit énoncé en l'art. 459 du Code pénal?

Voici deux arrêts rendus en sens contraire sur cette question :

PREMIER ARRÊT.

FAITS.

Le sieur Alain a vendu au sieur Motte, le 14 septembre 1843, différents instruments aratoires et bestiaux ; parmi ces derniers se trouvait un cheval qui fut examiné une première fois le 6 novembre, et déclaré morveux par le sieur Dabrigeon, vétérinaire. Celui-ci fit son rapport au maire, et le cheval fut abattu.

Quelques jours après, Motte appela un second vétérinaire, et le cheval, après avoir été exhumé, fut visité une seconde fois par les sieurs Pétrin et Dabrigeon, qui reconnurent que le cheval était atteint de la morve, et que la maladie pouvait remonter à six semaines ou deux mois.

Par suite de cette expertise, Motte déposa entre les mains du procureur du roi une plainte fondée sur ce qu'Alain, détenteur d'un animal atteint de maladie contagieuse, n'avait pas fait à l'autorité municipale la déclaration voulue par l'art. 459 du Code pénal, et sur l'action du ministère public se porta partie civile, réclamant 952 fr. à titre de dommages-intérêts.

16 janvier 1844, jugement du tribunal de Versailles qui condamne Alain à 100 fr. d'amende et 700 fr. de dommages-intérêts. — Appel.

On a dit dans l'intérêt de l'appelant qu'il fallait avant tout faire la part de l'action civile et de l'action publique. — Examinant l'intervention de la partie civile, il a soutenu que les premiers juges auraient dû la déclarer non-recevable. En principe, l'action civile ne peut être suivie concurremment avec l'action publique et devant les juges de répression, que s'il existe entre elles une véritable connexité, si toutes deux ont leur base dans les mêmes faits et se justifient en droit par les mêmes moyens. Or, dans l'espèce, il n'existait entre elles aucun rapport direct et nécessaire. Le ministère public poursuivait en vertu de l'article 459 du Code pénal, pour avoir omis de prévenir l'autorité municipale. Était-ce sur ce délit que pouvait se fonder l'action civile ? Évidemment non ; le véritable préjudice venait pour l'acquéreur, non pas du non-avertissement donné au maire, mais uniquement de la *vente*, c'est-à-dire d'un contrat civil, régi par une loi spéciale, qui accordait dans ce cas une action soumise à des conditions particulières et devant être exercée dans un délai fatal, faute de quoi l'action périt et le droit est frappé d'une déchéance absolue. Or, cette action une fois éteinte par la prescription civile, pouvait-on la raviver en la présentant sous forme de dommages-intérêts et en l'annexant à une poursuite correctionnelle basée sur d'autres faits que celui de la vente ? Un pareil système serait le renversement de tous les principes. Il rendrait d'abord entièrement illusoire la loi du 20 mai 1838, si vivement réclamée par les conseils généraux et dans l'intérêt de l'agriculture ; tandis que cette loi exige une réclamation dans les neuf jours, on aurait le droit d'agir pendant plusieurs années jusqu'à l'accomplissement de la prescription criminelle. — L'intervention de la partie civile n'était donc pas recevable, puisque son action ne pouvait être basée que sur la vente et non sur le délit ; or, cette action était depuis longtemps prescrite, dès lors plus de garantie possible pour tout ce qui se rattachait à cette vente. — Les premiers juges ont distingué entre l'action civile en garantie et l'action en dommages par suite du délit de non-révélation ; mais cette distinction ne saurait être admise ; d'une part, en effet, le délit est étranger au préjudice ; dès lors, pas d'action civile. D'autre part, cette distinction conduirait aux plus bizarres conséquences. Il en résulterait qu'après avoir agi dans les neuf jours au civil et avoir succombé dans son action, l'acheteur ne serait pas déchu du droit de se porter plus tard partie civile, et obtenir même des dommages-intérêts devant les juges correctionnels ; ou bien encore, qu'après l'expiration du délai fixé par la loi de 1838, il pourrait introduire une action nouvelle en dommages-intérêts même devant les juges civils, en cas de silence ou d'inaction du ministère public, en se fondant sur le préjudice éprouvé par suite du non-accomplissement des formalités prescrites au vendeur par l'art. 459 du Code pénal. Avec un pareil système, quel serait le sort de la loi du 20 mai 1838 ?

Ce système a été entièrement adopté par M. l'avocat général Bresson, qui a reconnu que dans certains cas l'art. 459 du Code pénal autorisait une action civile, par exemple, si l'animal non dénoncé à l'autorité municipale avait communiqué sa contagion à des animaux appartenant à d'autres personnes ; mais dans l'espèce, il n'en était pas ainsi, la partie civile s'appuyait nécessairement non sur le délit, mais sur la vente, sur un contrat civil ; elle réclamait une garantie limitée à certains cas, et qui devait être réclamée dans un délai depuis trop longtemps expiré.

ARRÊT.

COUR ROYALE DE PARIS. — 16 MARS 1844.

LA COUR ; — En ce qui touche l'action civile ; — Considérant que la loi du 20 mai 1838 n'a eu pour objet que de fixer les délais dans lesquels pourraient être intentées les actions civiles résultant des vices rédhibitoires en dehors des cas où la dissimulation de ces vices constituerait un délit ;

Considérant que cette loi n'a point dérogé aux dispositions du Code d'instruction criminelle, qui autorisent toute personne lésée par un délit à en demander réparation ; que dans la cause, il est constant qu'Alain a vendu à Motte un cheval qui était atteint depuis plusieurs mois de la maladie contagieuse qui a nécessité l'ordre de le faire abattre, et qu'Alain l'avait fait traiter par un vétérinaire pour ladite maladie ; qu'ainsi Motte est recevable en sa demande ; — Confirme.

SECOND ARRÊT.

FAITS.

Ils sont suffisamment expliqués par le jugement du tribunal civil de Tarascon du 4 mai 1842, dont la teneur suit :

« Attendu que c'est le 11 novembre 1841 qu'ont eu lieu à la fois sur la foire de Salon, les vente et livraison des cent cinq moutons dont s'agit, par le défendeur ; — Que c'est le 1er avril 1842 qu'a été signifié l'ajournement contenant la demande en réparation du préjudice qui, d'après les demandeurs, résulte de cette vente ; — Que ni dans cet exploit, ni dans le cours de l'instance, il n'a été dénoncé la mort d'aucun des moutons vendus ; — Que nulle demande en résolution de la vente n'a été formée, nonobstant les vérifications assez rapprochées de l'époque de la livraison, et que dans la poursuite répressive exercée par le ministère public au tribunal correctionnel séant à Aix et terminée par arrêt de la cour royale, les demandeurs qui avaient connaissance de cette poursuite n'y sont pas intervenus comme parties civiles ;

» Attendu que les droits respectifs des vendeurs et acheteurs de certains animaux domestiques désignés sont l'objet de la loi du 20 mai 1838 ; — Que les dispositions qu'elle contient ont été préparées et attendues assez longtemps dans l'intérêt tutélaire de l'éducation et du commerce de ces animaux, précédées d'investigations et de discussions qui constatent la sollicitude du gouvernement et des chambres pour la sécurité des personnes qui se livrent à ces ventes et achats, et pour assurer l'activité et la circulation des capitaux ou sommes considérables qui sont employés dans cette partie du commerce ; — Que la spécialité de cette loi et sa date postérieure impriment aux différences qui se trouvent entre ses dispositions et le titre de la vente au Code civil, un caractère de dérogation qui ne permet pas d'appliquer, quant à ces différences, les dispositions de ce titre aux objets spécialement réglés par la loi nouvelle ;

» Attendu que l'art. 2 de cette loi déclare que l'action en réduction du prix ne peut plus être exercée en cette matière ; — Que cette disposition a été prescrite, ainsi qu'on le voit dans le rapport de la commission de la Chambre des députés, afin de protéger les vendeurs contre les prétentions que la menace de l'action rédhibitoire de la part de nombre d'acheteurs favorisait par l'intimidation des vendeurs amenés ainsi sans motifs sérieux à des compositions onéreuses et injustes ;

» Attendu que l'action en dommages-intérêts, telle que l'exercent et libellent les demandeurs, remplacerait avantageusement pour les acheteurs déchus de l'action rédhibitoire et privés généralement de l'action en réduction de prix, chacune de ces actions, et accuserait l'inutilité de la déchéance et de la suppression qu'établit la loi spéciale déjà citée ; — Qu'il est impossible de concilier avec cette action et la suppression de celle-ci et la déchéance après le délai de l'autre ; — Qu'ainsi il faut conclure que l'acheteur ne peut être reçu au moyen de l'action en dommages-intérêts à obtenir ce que la loi lui dénie absolument dans un cas et par l'événement du délai dans l'autre ; — Attendu que ce n'est que dans l'intérêt de la société qu'est intervenue la décision souveraine sur l'action répressive ; — Déclare la demande en réparation de préjudice en l'exploit du 1er avril 1842, contre Gilles, non recevable, condamne les parties de Barne aux dépens. » — Appel.

ARRÊT.

COUR ROYALE D'AIX. — 23 DÉCEMBRE 1843.

LA COUR, — Adoptant les motifs des premiers juges, — Confirme.

OBSERVATIONS.

Quel est celui des deux arrêts qui a fait l'application des vrais principes ? C'est, selon nous, celui d'Aix du 23 décembre 1843.

En matière d'action rédhibitoire au sujet d'animaux, on doit examiner et concilier les dispositions du Code civil avec celles de la loi du 20 mai 1838.

Le Code civil a imposé, par les art. 1641 et suivants, l'obligation générale au vendeur de garantir à l'acheteur les défauts ou vices cachés de la chose vendue ; la loi de 1838 a réglé l'exécution de cette obligation en ce qui touche les ventes et échanges d'animaux domestiques.

D'après le Code, la garantie n'a lieu que pour les vices cachés, ceux apparents n'engendrant aucune responsabilité ; elle est la même dans le cas où le vice est ignoré du vendeur (1641, 1642, 1643), comme dans celui où il est connu et dissimulé lors de la vente, seulement dans cette dernière hypothèse, le vendeur, outre la restitution du prix par lui reçu, est tenu à tous les dommages-intérêts envers l'acheteur (1645), tandis que dans la première il ne doit que la restitution du prix et les frais (1646).

Sous l'empire du code, l'acheteur lésé par un vice caché avait droit à deux actions : l'une appelée *rédhibitoire* ayant pour but la résolution de la vente avec ou sans dommages-intérêts selon que le vendeur se trouvait dans le cas de l'art. 1645 ou dans celui de l'art. 1646 ; l'autre appelée *quanti minoris* et ayant pour but l'obtention d'une indemnité égale au préjudice causé par le vice caché; il pouvait intenter l'une de ces actions seulement, mais non les deux, chacune d'elles excluant l'autre.

Enfin, et d'après l'art. 1648 du Code, l'action devait être intentée dans un bref délai, suivant la nature des vices rédhibitoires et l'usage du lieu où la vente avait été faite.

Les dispositions assez incomplètes du Code ont donné lieu à de nombreuses contestations judiciaires. D'une part, on n'était pas d'accord sur la question de savoir si les usages locaux devaient être invoqués non-seulement pour les délais de la garantie, mais encore pour la qualification des vices rédhibitoires; d'une autre part, ces vices et surtout les délais variaient à l'infini; tel vice réputé rédhibitoire ici ne l'était pas à deux lieues, telle action qui devait être formée ici dans la huitaine, à peine de déchéance, ne devait l'être dans la commune voisine que dans la quinzaine.

On reconnaissait également que l'action *quanti minoris*, juste dans les marchés de choses inanimées, ne l'était pas dans ceux d'animaux; qu'elle pouvait favoriser très-souvent un acheteur de mauvaise foi en lui fournissant le moyen d'amener plus facilement le vendeur à composition, et de le forcer à laisser pour un prix inférieur un animal qui peut avoir pour l'acheteur des qualités dont on ne tient pas compte dans l'estimation.

La loi de 1838 a remédié à ces inconvénients. Après avoir établi quels vices cachés donneraient lieu, dans toute la France, à la garantie déterminée par le Code, fixé les délais dans lesquels l'action doit être intentée, et aboli l'action *quanti minoris*, elle a tracé quelques formes abréviatives de procédure. Ainsi, à cela près, que les délais de garantie ont été déterminés et qu'il y a eu abolition de l'action en réduction de prix, la loi de 1838 n'a rien changé aux dispositions du Code civil.

Maintenant supposez la vente d'un animal contagieux. Pierre, propriétaire d'un cheval qu'il savait atteint de la morve, l'a vendu à Paul, son voisin, en lui dissimulant la maladie. Paul laisse expirer les neuf jours de garantie sans intenter aucune action.

Ici peuvent se présenter deux questions. Voici la première: La dissimulation de Pierre, qui a sciemment trompé Paul, entraîne-t-elle une augmentation des délais accordés à ce dernier pour exercer l'action rédhibitoire? Non. Le Code a prévu la dissimulation, par un vendeur de mauvaise foi, d'un vice pouvant entraîner la résolution de la vente, et il s'est borné à punir cette faute par des dommages-intérêts seulement dans l'art. 1645. Aucune autre faveur n'est accordée à l'acheteur victime de la non-révélation du vice rédhibitoire, et sous le Code comme sous la loi de 1838, les délais de l'action ont été fixés d'une manière générale et absolue, sans autres motifs que ceux puisés dans la nature de la maladie, et surtout sans avoir égard aux circonstances qui ont précédé ou accompagné la vente.

Deuxième question : À quelle action a droit l'acheteur d'un animal contagieux ? À l'action rédhibitoire ; c'est la loi de 1838 elle-même qui le déclare par son article 1er, lequel stipule de la manière la plus formelle que la morve, la clavelée, etc., donnent ouverture à l'action résultant de l'art. 1641 du Code. Remarquez que cet article 1er prévoit la vente d'un animal contagieux, et que, sans punir cette vente, sans renvoyer à aucune disposition pénale, il se borne à accorder l'action en garantie déterminée par le Code. Or, cette action doit, aux termes de l'art. 3 de la loi de 1838, être intentée dans les neuf jours, à peine de déchéance ; ce délai passé, le vendeur est libéré de toute action civile. La sécurité des transactions commerciales en ce qui concerne les animaux exigeait une prescription aussi courte.

Mais l'acheteur d'un animal contagieux peut-il, après l'expiration des délais de la loi de 1838, réclamer des dommages-intérêts par voie d'action civile en se fondant sur l'art. 459 du Code pénal, qui punit d'un emprisonnement de six jours à deux mois et d'une amende de 16 à 200 fr. tout détenteur ou gardien de bestiaux soupçonnés être infectés de maladie contagieuse qui n'a pas averti sur-le-champ le maire de la commune où ils se trouvent, et qui, même avant que le maire ait répondu, ne les a pas tenus renfermés ?

Nous ne le pensons pas. Pour pouvoir réclamer des dommages-intérêts par action civile, accessoirement à l'action publique, deux conditions nous paraissent indispensables : 1° il faut que le fait d'où résulte le préjudice soit classé au rang des délits par la loi ; or, l'art. 459 du Code pénal ne punit pas la vente d'un animal contagieux, mais seulement le défaut d'avertissement au maire et le défaut de séquestration, d'où il suit que l'action publique ne pouvant être mise en mouvement à raison de la vente, il ne peut dès lors y avoir lieu à action civile à cause du même fait ; 2° il faut, même en supposant que la vente d'un animal contagieux soit un délit, que l'action civile en résultant n'ait pas été soumise à une prescription plus courte que celle indiquée en l'art. 638 du Code d'instruction criminelle, ni à une procédure particulière. Or, dans l'espèce qui nous occupe, il est incontestable que l'action accordée à l'acheteur d'un animal atteint de maladie contagieuse, qu'elle ait sa naissance dans un fait civil ou criminel, est soumise à la prescription de neuf jours par la loi de 1838 et à la procédure établie par cette loi. L'expiration de ce délai emporte l'extinction de toute réclamation de la part de l'acheteur, et c'est à bon droit que le vendeur est pleinement libéré des suites de la garantie établie par l'art. 1641 du Code ; ce qui n'empêche pas, bien entendu, l'action du ministère public, pas plus que ne l'empêcherait une transaction sur un délit.

En admettant, d'une part, que l'action ait été intentée dans les délais, et de l'autre que l'animal atteint de la morve ait communiqué la maladie à plusieurs bestiaux de l'acheteur, ce dernier, pour obtenir des dommages-intérêts, ne pourra-t-il invoquer que l'art. 1645 du Code civil? Nous le croyons, car dès que l'acheteur est en possession de l'animal, il ne peut imputer qu'à lui la communication de la maladie résultant d'ailleurs de la réunion, postérieure à la vente, de l'animal vicié à des animaux sains. Son seul titre est dans la garantie qui existe non-seulement pour la vente, mais pour les suites de cette vente, et dont les effets sont réglés par les art. 1644, 1645, 1646 du Code civil, et non par le Code pénal.

Ce point établi, l'acheteur qui réclame le bénéfice de l'article 1645 du Code civil devra-t-il prouver que le vendeur connaissait la maladie? L'existence de la maladie nous paraît emporter nécessairement la preuve qu'elle était connue du vendeur, par cette raison bien simple que la morve est une maladie apparente qui se manifeste par l'échappement continuel des naseaux d'une humeur glaireuse et sanguinolente qui n'a pu être ignorée du vendeur, et que certainement il a dissimulée où arrêtée lors de la vente, sans quoi l'animal serait resté en sa possession, la plus simple inspection ayant démontré le vice.

En résumé, le Code civil et la loi de 1838 peuvent seuls être invoqués, et sont entièrement applicables à l'acheteur d'un animal contagieux, et cet acheteur, on doit le reconnaître, est absolument dans la même position, quant à l'action rédhibitoire, que celui qui achèterait un animal atteint d'un vice non contagieux.

A annoter au mot Vices rédhibitoires, n° 105.

ART. 159.

—

ENREGISTREMENT.

§ I.

SAISIE-BRANDON. — GARDE CHAMPÊTRE. — GARDIEN.

Le procès-verbal de saisie-brandon, qui établit gardien le garde champêtre de la commune où sont les récoltes saisies, est-il soumis à un droit particulier de 2 fr. 20 cent. en ce qui concerne le gardien?

Non. Dans ce cas, l'art. 628 du Code de procédure civile porte que le garde champêtre sera établi gardien. Dès lors la désignation de ce garde est de droit, et la remise qui lui est faite du procès-verbal de saisie ne donne pas ouverture à un droit particulier.

Mais si le procès-verbal de saisie est signifié et la copie remise au garde champêtre à une date ultérieure, et si le tout est constaté à la suite du procès-verbal?

Dans ce cas, la signification faite au garde champêtre absent lors de la saisie opère un droit particulier. C'est là un nouvel acte d'huissier; et quoiqu'il puisse être nécessaire pour compléter la saisie, il n'en est pas moins assujetti à l'impôt.

A annoter au mot **Saisie-Brandon**, *form.* 2.

§ II.

OPPOSITION. — CONTRAINTE. — JUGEMENT. — DERNIER RESSORT.

La partie qui a formé une opposition régulière à l'exécution d'une contrainte, et qui a été condamnée, sur le mémoire de l'administration auquel elle n'a point répondu, par un jugement en dernier ressort, n'est pas fondée à former opposition à ce jugement.

JUGEMENT.

TRIBUNAL DE LYON. — 25 MARS 1844.

« Attendu qu'en matière d'enregistrement il faut chercher les règles de l'opposition non dans le Code de procédure civile, mais dans la loi du 22 frimaire an VII, qui est le siége de la matière;

» Qu'aux termes de l'article 65, § 5, de ladite loi, le débat judiciaire est engagé contradictoirement par la contrainte et l'opposition à la contrainte; que les mémoires qu'il est loisible aux parties de produire postérieurement doivent être considérés comme un supplément de défense non indispensable; que dès lors l'opposition ne saurait être admise. »

A annoter au mot **Enregistrement**, n° 176.

§ III.

ENDOSSEMENT EN BLANC. — POUVOIR. — ENREGISTREMENT. — PROTÊT. — CONTRAVENTION.

L'endossement en blanc d'un effet de commerce, ne valant que comme procuration, est-il sujet au droit fixe de 2 fr. 20 cent., et l'huissier qui a protesté, sans le faire préalablement enregistrer, a-t-il contrevenu aux art. 23 et 42 de la loi du 22 frimaire an VII?

Aux termes de l'art. 70, § 3, n° 15, de cette loi, les endossements des lettres de change, des billets à ordre et d'autres effets négociables, sont *exempts de l'enregistrement*, et quoiqu'un endossement en blanc puisse ne valoir que comme mandat, nous ne croyons pas que l'on soit fondé à exiger son enregistrement. D'un autre côté, l'huissier qui a protesté un effet négociable portant un ou plusieurs endossements en blanc n'a pas contrevenu à l'art. 42 de la loi du 22 frimaire an VII, car il n'a point à examiner le mérite ou l'efficacité des endossements, s'ils sont réguliers ou incomplets, s'ils opèrent ou non transmission. Il suffit qu'il n'y ait sur l'effet de commerce que des endossements ou des espaces dans lesquels ils pouvaient être formulés pour que l'huissier ne soit pas tenu de les faire enregistrer.

A annoter au mot **Effets de commerce**, nᵒˢ 298 et 299.

§ IV.

EXPLOIT. — SAISIE-ARRÊT. — PLURALITÉ DES DROITS.

Un exploit de saisie-arrêt, portant citation devant le juge de paix en déclaration affirmative et assignation devant le tribunal civil en validité, est-il passible de deux droits?

Oui. Il est à la fois un acte de procédure devant le juge de paix (art. 571 du Code de procédure civile), et une assignation devant la juridiction qui doit connaître de la saisie-arrêt. Chaque partie de cet exploit a un but spécial, et elle donne ouverture à un droit particulier, par application tant de l'art. 68, § 1ᵉʳ, nᵒ 30, de la loi du 22 frim. an VII, que de l'art. 43, nᵒ 13, de la loi du 28 avril 1816.

A annoter au mot **Saisie-Arrêt**, nᵒ 148.

ART. 160.

EXÉCUTION.

FORMULE EXÉCUTOIRE. — AMENDE. — RECOUVREMENT.

L'administration de l'enregistrement peut-elle valablement poursuivre l'exécution des jugements de simple police sans qu'ils aient été revêtus de la formule exécutoire?

L'affirmative de cette question a été décidée ainsi qu'il suit, par jugement du tribunal de Lyon du 26 février 1844 : « Attendu que les règles tracées par le Code civil ne sont pas applicables aux jugements rendus en matière criminelle ; que ces jugements existent par eux-mêmes ; que la signification qui doit en être faite n'a pour but que de faire connaître à la partie condamnée la nature de la disposition qui l'a frappée, et que cette signification n'est pas assujettie par la loi à des règles générales. »

Une instruction de la régie, du 7 décembre 1822, n° 1059, porte que le recouvrement des amendes et frais en matière de simple police ne doit pas avoir lieu par voie de contrainte ; que le premier acte de poursuite doit être : « Quant aux jugements sujets à l'appel, la signification desdits jugements en entier ; pour les jugements non susceptibles d'appel, *la signification seulement de l'extrait du jugement remis au receveur par le greffier, et que ces significations doivent être faites avec commandement de payer.* » En ce qui concerne les jugements par défaut, la signification doit en être faite en entier.

Il est utile de faire observer ici que les poursuites en recouvrement des amendes et frais en matière de police correctionnelle et de simple police doivent avoir lieu : A la requête de M. le conseiller d'état, directeur général de l'enregistrement et des domaines, poursuite et diligence de M. ***, directeur à..., agissant au nom de M. le procureur du roi près le tribunal de..., et pour lequel domicile est élu au bureau de M. ***, receveur à... (Code d'inst. crim., art. 165 et 197 ; Cass., 30 janvier 1826. Inst. rég., 28 fév. 1822.)

A annoter au mot **Exécution**, n° 79.

— ART. 161. —

EXPLOIT.

ACTE D'AVOUÉ A AVOUÉ. — COUT. — AMENDE.

L'art. 67 du Code de procédure qui enjoint aux huissiers de mettre à la fin de l'original et de la copie de l'exploit, le coût d'icelui, à peine d'amende, est-il applicable aux actes d'avoué à avoué ?

Cette question est décidée pour l'affirmative par un jugement du tribunal de Narbonne du 25 avril 1844 : « Attendu que le mot exploit, employé dans l'art. 67 du Code de procédure civile, désigne en général tous les actes du ministère de l'huissier. »

Cette décision est conforme à une décision ministérielle du 21 février 1824, mais elle est contraire à l'opinion de Chauveau sur Carré, *Quest.* 345 *ter.* — La règle de l'art. 67, dit-il, a été introduite par le législateur principalement parce qu'il a craint que les huissiers n'exigeassent plus qu'il ne leur est dû. Mais une pareille crainte est-elle possible lorsqu'il s'agit de significations à faire à des avoués qui connaissent parfaitement le tarif, et lorsque, d'autre part, le coût de ces significations est tellement modique qu'il s'élève à peine à quelques centimes? — Cependant, ajoute M. Chauveau, comme l'usage contraire existe dans beaucoup de tribunaux, nous croyons devoir engager les huissiers à faire cette mention.

A annoter au mot Acte d'avoué à avoué, n° 4.

ART. 162.

—

OFFICE.

TRAITÉ SECRET. — NULLITÉ. — CONTRE-LETTRE. — ACTION EN RÉPÉTITION.

En matière de cession d'office, tout traité ou contre-lettre, ayant pour objet un supplément de prix, est entaché d'une nullité d'ordre public.

L'acquéreur qui a volontairement payé un pareil supplément est recevable à en réclamer la restitution.

Depuis quelques années une jurisprudence constante refusait toute action pour le payement des contre-lettres portant augmentation du prix énoncé aux traités de cession d'office soumis à l'approbation du gouvernement.

Néanmoins la plupart des cours royales décidaient que si, après son installation, l'acquéreur titulaire acquittait volontairement le supplément stipulé par la contre-lettre, il n'était plus recevable à en réclamer la restitution. (V. Metz, 14 fév. 1843, art. 37, 2ᵉ p. de ce journal, et la note.) Deux arrêts de la Cour de cassation, chambre des requêtes, des 7 juillet 1842 et 23 août 1842, avaient même consacré ce système. — V. art. 37, 2ᵉ partie, p. 121 de ce journal.

Les deux arrêts que nous allons rapporter reviennent sur cette jurisprudence. Le premier a été rendu par la chambre civile sur le pourvoi admis contre l'arrêt de Rouen du 18 février 1842 (V. art. 71, 2ᵉ p. de ce journal, et la note); le second par la chambre des requêtes sur le pourvoi contre un arrêt de la cour d'Aix qui avait ordonné la restitution de la somme payée pour l'acquit du prix stipulé au traité secret. Un troisième arrêt de la même chambre des requêtes, du 1er août 1844, a admis le pourvoi formé contre l'arrêt de la cour de Metz du 14 février 1843, rapporté, 2e partie, art. 37, p. 119 de ce journal.

Ces décisions uniformes nous paraissent avoir résolu définitivement la question de répétition des sommes payées pour l'acquit des contre-lettres en matière de cession d'office; la nouvelle jurisprudence qu'elles mettent au jour réalise nos prévisions. (V. art. 71, 2e partie de ce journal, à la note.) Nous ne pouvons toutefois nous empêcher de faire observer que si cette jurisprudence est conforme à l'esprit de la loi, elle pèche à l'encontre des prescriptions de la saine morale. En effet, le bon sens public blâmera toujours l'improbité de celui qui, abusant d'une nullité d'ordre public, viendra réclamer une somme qu'il a *librement promise et volontairement payée.*

PREMIER ARRÊT.

COUR DE CASSATION. — 30 JUILLET 1844.

« La COUR, — Vu les art. 6, 1131, 1133, 1235 et 1376 du Code civil,

» Attendu que les offices ne sont pas une propriété dont les titulaires peuvent disposer à leur gré et d'une manière absolue;

» Attendu que leur transmission intéresse essentiellement l'ordre public; qu'en effet, de ce que les titulaires sont institués pour avoir le privilége exclusif de faire les actes qui entrent dans leurs attributions, il importe à la société qu'ils présentent non-seulement des garanties d'aptitude et de moralité, mais encore que l'exagération du prix des charges, en leur enlevant le moyen d'y trouver une honnête existence, ne les entraîne pas hors de la ligne de leurs devoirs;

» Attendu que c'est dans ce but, éminemment social, que l'art. 91 de la loi du 28 avril 1816, au lieu de reconnaître que les titulaires auraient la libre disposition des offices, ne leur a conféré que la faculté de présenter des successeurs à l'agrément du roi;

» Attendu que l'agrément de l'autorité ne doit intervenir qu'en pleine connaissance soit des qualités personnelles des successeurs présentés, soit des conditions de la transmission des offices, et principalement avec la certitude d'un prix fixe qui ne peut être augmenté par des conventions clandestines;

» Qu'en un tel cas, toute contre-lettre ou traité secret blesse ouvertement l'intérêt public, en ce qu'il lui enlève les garanties que la loi avait placées sous la vigilance du pouvoir, et que dès lors de tels actes doivent être classés dans le nombre des conventions particulières que l'art. 6 du Code civil frappe d'une prohibition absolue, et qui aux termes de l'art. 1132 du même Code ne peuvent produire aucun effet comme ayant une cause illicite;

» Attendu que s'il est vrai que les traités secrets, en matière de transmission d'office, ne peuvent produire l'obligation civile entre les contractants, il doit être également vrai qu'ils ne sauraient engendrer une obligation naturelle dont la puissance serait de les soustraire à la prohibition de la loi;

» Que pour admettre, en effet, que le payement, volontairement fait, en exécution d'une semblable obligation naturelle, ne pût être répété, il faudrait nécessairement s'étayer de l'art. 1235 du Code, c'est-à-dire d'une dis-

position textuelle du droit civil; mais qu'alors on serait conduit à la cho-
quante inconséquence de supposer que le droit civil, qui prohibe le contrat,
se prêterait en même temps à en protéger l'exécution;

» Attendu qu'on objecterait en vain que, dans ce cas, ce n'est pas la convention illicite qui produirait effet, et que l'efficacité ne résulterait que du
fait même du payement volontaire; car le payement, considéré isolément de
la convention, ne pourrait se rattacher à aucune obligation ni civile ni naturelle, par conséquent, serait sans cause licite ou illicite, et comme tel serait
sujet à répétition;

» Qu'il faut donc reconnaître que le traité secret, ayant pour objet la vente
d'un office, ne peut se soutenir par l'art. 1235 du Code civil, sous le prétexte
d'une obligation naturelle à laquelle l'ordre public résiste ouvertement; et
qu'il ne peut pas davantage s'appuyer sur l'art. 1338, qui, mais seulement
en matière d'intérêt privé, couvre les vices d'un contrat par la ratification ou
l'exécution;

» Et qu'alors encore il faut reconnaître que, par le payement d'un supplément de prix d'office stipulé dans un traité secret, les parties. auxquelles il
est interdit d'alléguer l'ignorance de la loi, surtout d'une loi prohibitive,
tombent positivement sous l'application de l'art. 1376 du Code civil, qui dispose que « celui qui reçoit par erreur ou sciemment ce qui ne lui est pas dû
s'oblige à le restituer à celui de qui il l'a indûment reçu; »

» Attendu, en conséquence de ce qui précède, que l'arrêt attaqué, qui,
tout en reconnaissant que les traités secrets sur la vente d'un office sont frappés d'une nullité d'ordre public, a néanmoins repoussé la répétition des
sommes payées volontairement par suite de leur exécution, a en cela faussement appliqué l'art. 1135 du Code civil, et viole ouvertement les articles 6,
1131, 1133 et 1377 du même Code;

» Par ces motifs, casse et annule. »

DEUXIÈME ARRÊT.

COUR DE CASSATION. — 1er AOUT 1844.

« LA COUR, sur la nullité du traité secret :

» Attendu que l'art. 91 de la loi du 28 avril 1816 accorde au titulaire d'un
office, non pas la propriété dudit office, mais la simple faculté de présenter
son successeur;

» Que le même article réserve au gouvernement le droit d'agréer et de nommer le candidat proposé;

» Que ce droit d'agréer et de nommer implique nécessairement celui d'examiner les conditions imposées au postulant, et notamment de s'assurer si le
prix stipulé pour la transmission de l'office ne pourrait point, par son exagération, entraîner ledit postulant, devenu titulaire, à recourir, pour remplir
ses obligations envers son cédant, à des actes que désavouerait la délicatesse,
et dont l'intérêt public aurait à souffrir;

» D'où il résulte que tout traité secret ayant pour but de tromper le gouvernement sur le prix réel de l'office, en dissimulant une partie de ce prix,
est, aux termes de l'article 1131 du Code civil, radicalement nul, comme
contraire à la morale, à l'ordre public, et comme ayant une cause illicite;

» En ce qui touche la validité du payement de la partie cachée du prix;

» Attendu que la maxime *in pari causâ melior est causa possidentis* ne
peut s'appliquer à la cause, parce que, dans les hypothèses du droit romain,
peu importe à la société à qui des deux complices, également en faute, doit
appartenir la somme objet du payement consommé; tandis que, dans la
cause, où il s'agit du prix d'un office public, il en est tout autrement par le
double motif,

» 1º Que la faute n'est pas égale entre le postulant et le titulaire, puisque c'est le dernier fonctionnaire public, ayant en cette qualité des devoirs plus étroits, qui a fait subir la loi d'un prix exagéré au postulant;

» 2º Parce que c'est précisément le payement de cette partie du prix, cachée et exagérée, qui expose le postulant au danger de manquer à ses devoirs, le public à de graves dommages, et qui blesse par conséquent plus particulièrement l'ordre public;

» Que le payement étant ainsi entaché du même vice que le traité clandestin, dont il est l'exécution, ne peut être validé ni en vertu de la maxime du droit romain, ni sous prétexte d'une obligation naturelle que repoussent ici l'intérêt public et la loi;

» D'où il suit qu'en annulant dans la cause le traité du 24 octobre 1838 avec le payement qui l'a suivi, et en ordonnant la restitution des sommes payées au delà du prix réel stipulé dans l'acte public du 18 février 1839, la cour royale d'Aix n'a point violé les articles de loi invoqués à l'appui du pourvoi, et a fait des principes sur la matière une juste application. »

A annoter au mot **Office**, nº 27.

ART. 163.

HUISSIER.

AGENT D'AFFAIRES. — ASSOCIATION. — DISCIPLINE.

LETTRE

du procureur du Roi de la Seine au syndic des huissiers de la Seine, touchant les abus résultant des associations entre certains huissiers et des agents d'affaires.

Du 18 mars 1844.

Monsieur,

Il existe au sein de la communauté des huissiers un abus dont les conséquences fâcheuses n'ont point échappé à l'attention de la chambre et auquel il me paraît urgent de mettre un terme. Je veux parler de ces espèces d'associations qui s'établissent entre quelques huissiers et certains agents d'affaires, dans le but de se partager les bénéfices des actes préparés par ceux-ci et signés par ceux-là. Il est évident qu'une semblable participation doit avoir pour résultat nécessaire l'accroissement des frais, puisqu'il faut en définitive que l'huissier retrouve un produit équivalent à celui sur lequel il a dû compter en achetant sa charge. Il n'est pas moins certain que la confiance accordée par l'huissier au rédacteur de ses actes, confiance nécessairement très étendue, à cause de la part d'intérêts qui appartient à celui-ci dans l'affaire, prive les parties de la garantie que la loi exige avec tant de sollicitude des officiers ministériels, et qu'elle ne peut imposer à des individus sans caractère. Enfin les huissiers mêmes devraient comprendre qu'un tel état de choses les déconsidère aux yeux du public, qui s'habitue à ne plus voir en eux que les instruments et presque les serviteurs des agents d'affaires.

Le tribunal et M. le garde des sceaux viennent de prouver d'une manière non équivoque qu'ils partagent sur ce point les convictions du ministère public, lesquelles, je le sais, sont aussi celles de la chambre.

Dans son assemblée générale du 24 novembre dernier, pour le seul grief dont je viens de vous entretenir, le tribunal a cru devoir infliger à l'huissier S... la peine d'un mois de suspension, et sa délibération sur ce point a été récemment approuvée par M. le garde des sceaux. Je vous communique une ampliation de cet arrêté disciplinaire; je désire que la chambre le transcrive sur ses registres et se pénètre des motifs qui y sont exprimés. Je désire même qu'elle fasse parvenir à chacun des membres de la communauté la copie ou au moins l'analyse tant de ce même arrêté que de la présente instruction. Aucun huissier ne pourra plus dès lors prétexter cause d'ignorance, et il saura, dans le cas où il persisterait, quel est le sort qui l'attend inévitablement. La chambre aura soin de rendre compte de ce qu'elle aura cru devoir faire à ce sujet, et de me faire parvenir, suivant l'usage, deux exemplaires imprimés de sa circulaire.

Le procureur du roi,

Signé Félix BOUCLY.

Suit l'énoncé des faits qui ont donné lieu au jugement du 24 novembre 1843 et les motifs de ce jugement.

Le tribunal de la Seine, réuni en assemblée générale, sous la présidence de M. de Belleyme, a entendu le substitut du procureur du roi, lequel a exposé que, par acte d'huissier du 21 novembre 1843, il a fait donner assignation au sieur S..., huissier, à comparaître, pour :

Attendu qu'il est établi qu'un sieur M..., agent d'affaires, rue Traînée, s'occupe habituellement de la préparation des actes d'huissiers ; que par suite de cette complaisance répréhensible, et abusant d'ailleurs d'un homonyme favorable à ses calculs, M... se laisse attribuer la qualité d'huissier, et paraît même chercher à induire le public en erreur par la rédaction de ses têtes de lettres et autres moyens analogues ;

Attendu qu'il est pareillement établi, notamment par les aveux mêmes de S..., que cet huissier accorde à M... un tiers de remise sur ses bénéfices ;

Attendu que la nécessité où se trouve un officier ministériel de faire entrer un tiers en partage de ses émoluments doit inévitablement le porter à multiplier autant que possible les moyens d'émolumenter ; qu'en outre il est contraire à l'intérêt public que des individus qui n'offrent aucune garantie s'immiscent dans la direction des affaires confiées par la loi aux officiers ministériels ; qu'enfin, eu égard à l'élévation toujours croissante du prix des offices, il est du moins nécessaire que les éléments de produits soient exclusivement et sévèrement maintenus sous les mains des possesseurs de charges; que S..., averti par la chambre, se prétend néanmoins en droit de persister ;

Vu les art. 102 et 103 du décret du 30 mars 1808, se voir faire application des peines disciplinaires portées auxdits articles, et se voir en outre condamner aux dépens.

Le sieur S... a comparu et a déclaré qu'en effet il remettait à M... un tiers de ses émoluments, mais que c'était pour indemniser ce dernier de la préparation qu'il faisait des exploits qu'il remettait à signifier, ajoutant qu'il n'accomplissait aucune signification avant d'en avoir vérifié et approuvé la rédaction.

JUGEMENT du 24 novembre 1843.

« LE TRIBUNAL, après avoir délibéré :

» Considérant qu'il est reconnu par le sieur S... qu'il a admis un agent d'affaires à participer aux émoluments que la loi accorde à l'officier ministériel ; — Qu'il reconnaît en outre qu'il l'a laissé s'immiscer dans la rédaction des actes de son ministère ; — Qu'il est constant pour le tribunal que la confiance illimitée accordée par le sieur S... à cet agent d'affaires et le concours qu'il lui a prêté, et dont il a couvert ses actes, ont permis à celui-ci de s'attribuer faussement à l'égard du public des fonctions auxquelles il est étranger ; — Que le sieur S... frappé plusieurs fois de peines disciplinaires par la chambre des huissiers, n'en a pas moins persisté dans les mêmes torts ; — Qu'en agissant ainsi le sieur S... a manqué à ses devoirs et a contrevenu aux règlements de sa profession.

» Lui faisant application des art. 102 et 103 du décret du 30 mars 1808, le déclare suspendu de ses fonctions pendant un mois, et le condamne aux dépens.

OBSERVATIONS.

Les documents que nous venons de transcrire établissent en principe,

Que tout huissier qui remet une portion quelconque des honoraires que la loi lui alloue, ou qui laisse immiscer un tiers dans la rédaction des exploits qu'il signifie, et cela en lui accordant une confiance illimitée, encourt une peine disciplinaire.

Cette règle est générale et absolue plus peut-être qu'il ne le faudrait pour l'intérêt bien entendu des huissiers. Toutefois il en résultera un grand bien, car l'huissier étant averti qu'à défaut de l'observer il sera passible d'une peine qui peut aller jusqu'à la destitution inclusivement, réfléchira sérieusement avant de se compromettre d'une manière aussi grave.

Ainsi l'huissier qui laisse un tiers s'immiscer dans la rédaction de ses exploits et lui accorde une confiance telle qu'il se dépouille en quelque sorte d'une partie de ses fonctions pour en revêtir celui-ci, et qui, par là, s'interdit tout contrôle et se transforme de fonctionnaire en simple instrument, alors même que dans ce cas il n'accorderait aucun bénéfice, — de même que celui qui remet la portion la plus mince de ses émoluments, fût-ce à un avoué, — contrevient aux règlements sur l'exercice de sa profession, et s'expose à être atteint dans sa fortune et son honneur.

Comme on le voit, les huissiers ont en mains les moyens les plus efficaces de réprimer l'abus des remises d'honoraires dont ils sont victimes depuis un nombre infini d'années ; il suffit de *vouloir*, et pour eux *vouloir* est la chose du monde la plus simple et la plus facile à accomplir. Nous allons le démontrer.

Nous avons prêché la modération (V. art. 79, 2ᵉ partie de ce journal), et nous ne nous écarterons pas de celle qui doit présider aux résolutions d'hommes graves qui ont la volonté d'atteindre un but aussi sérieux qu'utile, et d'arriver à la répression de l'abus le plus monstrueux qui se soit perpétué au sein et au détriment d'une corporation de fonctionnaires et sous les yeux de magistrats dont la protection est acquise aux huissiers. Dieu veuille, hélas ! qu'à l'avenir on mette autant d'ardeur à défendre les huissiers qu'on en a mis jusqu'à présent à les inquiéter, et la plupart du temps pour des infractions qui avaient leur source plutôt dans l'inexpérience, la faiblesse ou la légèreté, que dans le vice ou l'improbité.

Pour que la corporation ne reçoive aucune atteinte des mesures à prendre, il faudrait autant que possible que tout se passât en famille, et que la chambre seule fût appelée à prononcer dans presque toutes les circonstances ; il faudrait en un mot ne saisir le tribunal que dans les cas tout à fait désespérés. Si nous paraissons craindre les tribunaux, ce n'est pas que nous redoutons la juste sévérité de leurs décisions, mais c'est que, bien que prises à huis clos, ces décisions sont cependant presque toujours entourées d'une certaine publicité ; elles transpirent dans le public, qui les dénature et grossit la peine outre mesure ; il résulte de là une défiance qui non-seulement peut ruiner le confrère atteint par une condamnation quelquefois légère, mais qui préjudicie toujours d'une manière grave aux intérêts généraux de la corporation. Un membre gangrené d'ailleurs ne doit pas toujours être un membre à couper impitoyablement.

Selon nous, voici ce qu'il conviendrait faire :

1° Chaque chambre de discipline prendrait une délibération portant interdiction de remises d'honoraires à partir d'un délai déterminé.

2° Cette délibération serait notifiée par le syndic à tous les membres de la communauté.

3° Si après le délai fixé un huissier opérait une réduction de ses droits au profit de qui que ce soit, le syndic l'appellerait officieusement, et dans le silence de son cabinet, essayerait, par tous les moyens possibles de persuasion, de le déterminer à se soumettre à la délibération, tout en ne lui laissant pas ignorer que la chambre est décidée à agir sévèrement au besoin.

4° Si malgré cet avis l'huissier continuait, il serait cité devant la chambre, qui, pour la première fois, appliquerait la peine la plus légère ; elle pourrait témoigner verbalement son regret d'avoir à sévir contre l'un de ses membres, et tâcher encore une fois, en stimulant l'amour-propre de celui-ci, de le ramener à des sentiments plus conformes à son véritable intérêt.

5° S'il y avait persistance, l'huissier serait cité une seconde fois, et on prononcerait la peine la plus sévère, avec avertissement qu'en cas de récidive plainte sera portée au procureur du roi.

6° Enfin, s'il n'y avait pas d'autre moyen de vaincre une résistance aussi obstinée, la chambre porterait plainte au ministère public, lequel certainement ferait appliquer au moins la suspension.

Voilà certes plus de moyens qu'il n'en faut pour mettre les récalcitrants à la raison, et s'ils sont employés comme nous conseillons de le faire, les huissiers punis n'auront à accuser que leur imprudence et leur obstination à persister dans des voies contraires à leur propre intérêt, à leur honneur et à ceux du corps dont ils font partie.

Les ennemis les plus à craindre pour les huissiers sont incontestablement les avoués ; ils voudraient continuer à tenir les huissiers actuels dans cette espèce de servage auquel les anciens huissiers ne se sont que trop généralement soumis, les uns par insouciance, les autres par défaut d'instruction. Que nos anciens confrères, actuellement en exercice, n'aillent donc plus chercher leurs inspirations sur la conduite d'une affaire au milieu des dossiers poudreux de leur avoué ; que par leur aptitude aux affaires et leur activité ils s'affranchissent de toute direction étrangère, et alors, au lieu de recevoir la loi, ils la donneront, et l'indépendance à laquelle ils seront arrivés les placera au niveau des autres corporations dans l'estime de leurs concitoyens, et leur procurera des bénéfices auxquels ils n'arriveront jamais en continuant de s'adresser aux avoués, lesquels manquent rarement l'occasion de préparer les exploits et d'enlever les copies de pièces.

Nous ne cesserons de répéter que notre journal est une tribune ouverte à toutes les idées sérieuses de réforme, à toutes les réclamations, à toutes les questions intéressant nos anciens confrères. Nous ajouterons que le rédacteur principal, M. Deffaux, est entièrement à la disposition des abonnés, et qu'il considère comme une de ses principales obligations celle de répondre immédiatement, soit par la voie du journal, soit particulièrement, aux questions qui sont faites et aux conseils qui sont demandés. De cette manière nos abonnés sont assurés de trouver gratuitement un guide aussi impartial et bienveillant qu'éclairé par la pratique des fonctions d'huissier et des études spéciales de cha-

que jour sur la procédure et surtout sur les droits et les obligations des huissiers.

A annoter au mot Chambre de discipline des huissiers, nos 30 et 35.

ART. 164.

QUESTIONS PROPOSÉES.

§ I [1].

COMPENSATION.

FAILLITE. — PRIX DE MARCHANDISES. — FRAIS D'HUISSIER.

*Le prix de marchandises fournies à un huissier entre-t-il en com-
pensation avec le coût d'exploits dus à ce fonctionnaire, de telle sorte
que, la faillite du commerçant arrivant, l'huissier ne soit tenu de
payer que l'excédant du prix des marchandises sur ses frais?*

La compensation n'étant qu'un payement réciproque, la loi a
imposé trois conditions à son accomplissement. Il faut 1° qu'il
y ait identité d'objet dans les deux dettes à éteindre, c'est-à-dire
que chacune d'elles ait pour objet une somme d'argent ou une
certaine quantité de choses fongibles de la même espèce ; 2° que
les deux dettes soient liquides, et 3° qu'elles soient exigibles.
C. civ. art. 1291.

Les deux dettes dont il s'agit dans notre question sont identiques ; puisque chacun d'elle sa pour objet une somme d'argent,
elles sont exigibles toutes deux ; la créance du marchand est liquide, mais celle de l'huissier l'est-elle? Nous le croyons.

Une dette est liquide quand il est constant, qu'il est dû et
combien il est dû. Or, il est constant qu'il est dû à l'huissier, la
représentation des exploits ferait preuve de la dette au besoin.
Quant à la quotité de cette dette, elle est déterminée par la taxe
des exploits telle qu'elle est faite par l'huissier sur les originaux.

On objectera peut-être que la quotité de la dette pouvant
être modifiée par la taxe du juge, cette dette n'est pas liquide
tant qu'il n'y a pas taxe régulière, et que dès lors elle ne peut
entrer en compensation.

Cette objection, la seule qui puisse être élevée contre notre
opinion, est facile à réfuter.

D'abord le droit de requérir la taxe est purement facultatif au

---

[1] Par M. Delau, huissier à Neufchâteau, Vosges.

débiteur; il peut dès lors en user ou y renoncer, et tant qu'il n'a pas manifesté l'intention d'exercer son droit, la dette est fixée à la somme énoncée par l'huissier au bas de ses exploits, aucune disposition de loi n'obligeant ce fonctionnaire à faire taxer ses actes avant d'en réclamer le coût. Ainsi la quotité de la dette est définitivement déterminée; seulement dans le cas où le débiteur le requerrait il y aurait lieu à une vérification prompte et facile.

Ensuite la question de savoir si une dette est liquide ou non étant un point de fait abandonné à l'arbitrage des juges, il est généralement admis que l'on doive considérer comme liquide une dette dont la quotité contestée peut être déterminée au moyen d'une liquidation très-sommaire. (Rennes, 13 janvier 1826.)

Telle est l'opinion de Pothier, *Traité des obligations*, n° 592. « Une dette contestée, dit-il, n'est pas liquide et ne peut être opposée en compensation, *à moins que celui qui l'oppose n'en ait la preuve à la main et ne soit en état de la justifier promptement et sommairement.* » Comme on le voit, l'huissier se trouve bien dans le cas prévu par Pothier, puisque d'une part il a la preuve de sa créance en main, et que de l'autre il peut la faire vérifier en très-peu d'instants, car pour cela il n'a qu'à requérir la taxe d'actes très-faciles à tarifer.

C'est aussi celle adoptée par un arrêt de la Cour de cassation du 3 février 1819 dont voici les motifs : « Vu l'art. 1291 du Code civil, attendu que le jugement dénoncé déclare constant, en fait, que la créance du sieur Chenenzac, pour le payement de ses visites et des soins par lui donnés en sa qualité de médecin au feu sieur Jourdain, n'est pas contestée au fond ; — que d'ailleurs cette créance était liquide et exigible sans aucun procès et sans autre retard que celui du règlement du mémoire par le jury médical ; — qu'ainsi il y a lieu à compensation jusqu'à due concurrence ; — attendu que cette compensation s'est opérée de plein droit par la seule force de la loi, même à l'insu des débiteurs; — qu'elle a eu l'effet d'éteindre la dette de Chenenzac sans qu'il ait été obligé de former sa demande en payement. » Ce qui écarte l'application de l'art. 2272 invoqué contre lui.

Enfin un autre arrêt de cassation du 17 juillet 1832 décide que le juge peut admettre la compensation, sauf à ordonner un examen des pièces ou compte préparatoire pour reconnaître les sommes qui doivent réellement entrer en compensation.

Notre opinion trouve encore sa justification dans le dernier alinéa de l'art. 1291 du Code civil, qui considère comme liquide les prestations en denrées dont le prix est réglé par les mercuriales. Cette disposition démontre en effet l'intention du législateur de considérer comme compensable toute dette dont la quotité non déterminée par les parties peut être fixée par un document public, tel, par exemple, qu'un registre de mercuriales.

L'huissier qui oppose des frais en compensation est même dans une position plus favorable que le vendeur de denrées, puisque le taux de ces frais est établi par une loi que nul n'est censé ignorer.

Nous pensons donc que la créance due à un huissier pour coût d'exploits de son ministère doive être considérée comme liquide, et conséquemment qu'elle doive entrer en compensation légale avec ce qui peut être dû par l'huissier à son débiteur. La compensation s'opère au fur et à mesure de la signification de chaque exploit, car c'est à partir de cet instant que le coût en est dû à l'huissier.

À annoter au mot **Compensation**, n° 12.

§ II [1].

HUISSIER.

AVOUÉ. — ACTES A SIGNIFIER. — COPIES DE PIÈCES. — RAP-PORTS ENTRE HUISSIERS ET AVOUÉS. — INJONCTIONS. — MOYENS DE RECOURS.

1.

Un avoué a-t-il qualité pour requérir un huissier de faire une signification lorsque cet avoué n'a pas le droit de certifier les copies de pièces mises en tête de l'acte?

2.

Un avoué a-t-il qualité pour requérir un huissier de signifier un ajournement en matière civile lorsqu'il n'est donné copie d'aucune pièce et qu'il ne justifie pas d'un mandat spécial?

3.

Dans le cours d'une instance l'avoué a-t-il qualité pour requérir un huissier de signifier un acte extrajudiciaire et spécialement un acte d'offres réelles lorsqu'il remet l'objet à offrir?

4.

Dans le cas où le ministère d'avoué n'est pas nécessaire, l'huissier peut-il refuser de signifier une copie de pièces préparée par un avoué ou la partie si l'on accorde à l'huissier l'intégralité des droits? Et si la question est résolue négativement, l'huissier peut-il exiger la remise en ses mains des originaux pour collationner?

5.

Un président de tribunal civil commet-il un excès de pouvoir en enjoignant à un huissier de signifier une assignation devant un tri-

[1] Par M. Richard, huissier à Theys, Isère.

bunal de commerce sur la remise des copies de pièces certifiées par un avoué ou par la partie, lorsque l'avoué ou la partie refuse la représentation des originaux?

6.

Un tribunal réuni en chambre du conseil peut-il enjoindre à tous les huissiers d'un arrondissement de faire, sans retard, toutes les significations qui leur seront représentées et de certifier les copies telles qu'elles leur seront remises?

7.

Quelles seraient les voies de recours contre ces injonctions faites soit par ordonnance sur requête, soit par une décision du tribunal?

Ces importantes questions nous sont soumises à l'occasion de l'exécution de la délibération suivante :

DÉLIBÉRATION
de la chambre de discipline de la communauté des huissiers de l'arrondissement de Grenoble.

Du dimanche 14 avril 1844.

La chambre de discipline des huissiers de l'arrondissement de Grenoble, réunie au chef-lieu ;

Présents, MM. CHABERT, syndic ;
DOUILLET, rapporteur ;
DUFOUR, secrétaire ;
REMY REY, WAGNER, MICHEL, THEDIT, BRUNET et MANQUAT, membres ;

Sur la proposition du syndic-président, l'assemblée tendante à prendre des mesures efficaces pour anéantir les abus qui depuis trop longtemps, malgré les efforts de la magistrature, portent atteinte non-seulement aux intérêts matériels de la corporation, mais encore à son crédit et à son honneur ;

La chambre, après avoir délibéré, le rapporteur entendu :

Vu

1° Un jugement du tribunal de Dieppe du 23 avril 1829;
2° Un jugement du tribunal de Meaux du 28 mars 1831 ;
3° Un jugement du tribunal de Condom, *Journal encyclopédique des huissiers*, de février 1844 ;
4° Un arrêt de la cour royale de Rouen du 20 janvier 1830 ;
5° Un arrêt de la cour royale de Metz du 23 novembre 1833 ;
6° Trois arrêts de la cour royale de Paris des 9 février 1833, 19 janvier et 29 mai 1837 ;
7° Les arrêts de la cour de cassation des 21 février 1821, 24 août et 5 décembre 1831, 22 mai et 5 décembre 1832, 22 mars 1834, 19 janvier 1836, 28 novembre 1837 et 22 mai 1838 ;

Vu les circulaires de M. le garde des sceaux et de M. le procureur général, la loi du 27 ventôse an VIII, le décret du 14 juin 1813, la loi du 16 fév. 1807, la loi du 30 mars 1808, celle du 29 août 1813, celle du 18 juin 1811, et l'ordonnance royale du 10 octobre 1841 ; les art. 132 C. proc. civ. et 1382 C. civil;

Considérant qu'il résulte positivement de la loi et de la jurisprudence qu'il est dans les attributions de la chambre de prendre des mesures pour protéger les huissiers dans l'exercice de leurs droits, fonctions et devoirs, et pour les maintenir dans l'estime publique ;

Considérant que les huissiers sont journellement spoliés par l'avidité de corporations rivales et de toute espèce d'agents d'affaires ; que l'huissier qui se laisse dépouiller commet un abus non moins préjudiciable à lui-même qu'à la communauté dont il est le membre ; que cet abus diminue nécessairement, parmi les huissiers, la concurrence, l'émulation et les moyens d'existence ; que, par suite, le travail n'est plus le prix de l'intelligence et de la confiance, mais bien de l'incapacité et du déshonneur ;

Considérant que les avoués se permettent de s'attribuer les droits de dresse et de copies des exploits et actes du ministère des huissiers, et toutes les copies de pièces qui sont signifiées en tête desdits exploits ; qu'ils enlèvent ainsi plus de la moitié des émoluments revenant aux huissiers ;

Considérant que, si la jurisprudence a varié dans plusieurs décisions judiciaires, aujourd'hui aucun doute ne peut et ne doit s'élever sur les droits des huissiers relativement aux copies de pièces signifiées avec les actes de leur ministère ;

Considérant qu'il existe dans quelques localités un abus non moins grave, puisqu'il soumet l'huissier à des peines très-sévères, celui consacré par les banquiers, marchands et agents d'affaires, d'obliger les huissiers de protester des effets plusieurs jours après le lendemain de l'échéance, et néanmoins à la date du lendemain de l'échéance ; que, si cet usage a été suivi jusqu'à ce jour, sans inconvénient, sous le prétexte de ménager les débiteurs, il n'est pas moins vrai que l'huissier, oubliant les prescriptions de l'art. 162, C. de com., commet un faux et se trouve exposé à toutes ses conséquences.

Arrête à l'unanimité :

Art. 1ᵉʳ. Les huissiers de l'arrondissement de Grenoble prépareront eux-mêmes, ou par leurs clercs, tous les exploits ou actes de leur ministère, ainsi que les copies de pièces à signifier avec lesdits actes ; ils en exigeront à leur profit l'intégrité des émoluments. Dans le cas où la concurrence n'est pas admise entre l'avoué et l'huissier pour les copies de pièces, les huissiers devront refuser de recevoir et notifier lesdites copies, encore bien qu'elles soient certifiées par les avoués ou par tous autres. Comme aussi dans le cas où la concurrence existe pour lesdites copies de pièces, les huissiers devront refuser de les signifier si elles sont illisibles ou si le nombre de lignes excède le nombre prescrit par la loi.

Art. 2. S'il s'élevait des contestations pour les droits de copies de pièces entre un avoué et un huissier, celui-ci devra en référer immédiatement à la chambre, et se conformer à l'avis qui lui sera donné par écrit ; s'il y avait lieu à soutenir une action en justice, elle serait intentée ou repoussée aux frais de la communauté.

Art. 3. Quant aux copies de pièces préparées par les avoués ou autres officiers ministériels étrangers à l'arrondissement, les huissiers pourront les notifier après s'être assurés de leur exactitude; ils devront s'attribuer les droits de rôles, dresse et copies qu'ils comprendront dans le coût de leurs actes.

Art. 4. Les huissiers mettront au bas, tant des originaux que des copies de leurs actes, le coût total, en désignant le montant des honoraires des copies de pièces.

Art. 5. Il est expressément interdit à tout huissier de faire aucun protêt à une autre date que celle du jour où l'effet lui aura été remis; en conséquence, dans le cas où le porteur de l'effet aurait laissé passer le lendemain de l'échéance, il ne sera plus reçu à faire antidater le protêt. La chambre dénoncera au ministère public tant l'huissier contrevenant que la partie comme complice.

Art. 6. Les contrevenants aux dispositions qui précèdent seront traduits disciplinairement devant la chambre, laquelle statuera et renverra ensuite, le cas échéant, devant M. le procureur du roi, en lui faisant connaître l'avoué ou tout autre qui aurait tenté de s'immiscer dans les fonctions d'huissier, sans préjudice à l'action en dommages-intérêts qui pourra être intentée sur l'avis de la chambre, tant contre l'huissier que contre l'avoué ou tout autre.

Art. 7. Chacun des membres de la communauté est invité à faire connaître à la chambre les faits qui parviendraient à sa connaissance et qui seraient de nature à établir une infraction aux dispositions dont il s'agit ci-dessus.

Art. 8. Les preuves de contraventions résulteront 1° de la certification des copies par toute autre personne que par l'huissier instrumentaire, et de la non-préparation desdites copies ou exploits par lui ou par son clerc; 2° du défaut d'énonciation du droit de copies de pièces dont le coût détaillé en marge de l'original et dans celui en toutes lettres au bas des copies.

Art. 9. En cas de doute ou d'incertitude sur l'interprétation des dispositions ci-dessus, l'huissier devra provisoirement s'abstenir, et informer la chambre. Il devra se conformer à l'avis qui lui sera donné par écrit. Sous aucun prétexte les huissiers ne pourront se servir, dans leurs études, des clercs ou scribes employés dans les études des avoués ou chez les agents d'affaires.

Art. 10. Pour faciliter la perception de leurs droits, quant aux copies de pièces, les huissiers devront s'en rapporter au tableau ci-après, contenant la classification des actes avec lesquels les copies de pièces appartiennent exclusivement aux huissiers, et les actes avec lesquels ces copies appartiennent, d'après la jurisprudence, concurremment à l'avoué ou à l'huissier qui les a préparées et certifiées.

CHAP. 1er. *Actes avec lesquels les copies de pièces ne peuvent être faites que par l'huissier ou ses clercs.*

Tous les actes devant les tribunaux de paix et de police municipale;

Tous les actes en matière commerciale;

Tous actes et sentences arbitrales en matière civile, commerciale et administrative;

Tous actes en matières correctionnelles, criminelles et de contributions indirectes.

Signification de jugements du tribunal civil ou d'arrêts de cour royale, si elle est faite après l'année de l'obtention;

Commandement tendant à toute espèce de saisie;

Sommation, procès-verbaux d'offres réelles, saisies-arrêts formées en vertu de titres lorsqu'il doit être donné copie de ces titres;

Notification de dénonciation de procès-verbaux de saisie-exécution faite hors du domicile; de saisie-brandon et autres en dehors d'une instance civile;

Copie de l'acte de dépôt donné en tête de la notification pour la purge des hypothèques légales;

Signification de transports, et généralement la signification de tous actes authentiques ou sous seing privé, dans le cas où le ministère de l'avoué n'est pas nécessaire.

CHAP. 2. *Actes avec lesquels les copies de pièces peuvent être faites par l'avoué concurremment avec l'huissier.*

1° Ajournement et tous actes à signifier pendant l'instance, y compris la signification des jugements et arrêts par défaut;

2° Signification du jugement ou de l'arrêt, si elle a lieu dans l'année de son obtention.

3° Tous actes quelconques se rattachant à une instance civile;

4° Signification d'ordonnance de référé;

5° Notification aux créanciers inscrits de l'extrait du titre du nouveau propriétaire, de la requête et du tableau prescrit par l'art. 2183 du Code civil;

6° Signification d'ordonnance d'ouverture d'ordre et sommation de produire, et notification du bordereau de collocation dans l'ordre ou la distribution par contribution;

7° Saisie-arrêt ou opposition en vertu d'ordonnance;

8° Dénonciation du procès-verbal de saisi eimmobilière.

Art. 11. La présente délibération sera imprimée, et des exemplaires en seront adressés à MM. les présidents de la cour royale et du tribunal, à M. le procureur général et à M. le procureur du roi, à M. le président de la chambre des notaires, à M. le président de la chambre des avoués et à chacun des membres de la communauté.

Elle sera mise à exécution le premier mai prochain.

Fait, arrêté et délibéré à Grenoble, les jours, mois et an que dessus.

Les membres présents ont signé : Chabert, syndic; Douillet, rapporteur; Dufour, secrétaire ; Wagner, Michel, Thedit, Rey, Brun, Manquat, membres.

Par délibération du même jour, prise en assemblée générale extraordinaire, la délibération qui précède a reçu l'adhésion unanime de tous les membres présents.

DISCUSSION.

QUESTIONS 1, 2, 3 ET 4.

Parmi les différents ordres de fonctionnaires institués par la loi pour concourir à l'administration de la justice, on rencontre tout d'abord deux corporations, celle des avoués et celle des huissiers, dont les attributions, s'exerçant presque simultanément, sont cependant séparées par une ligne assez tranchée pour ne pas être confondues ni usurpées involontairement.

Une personne ayant à réclamer d'une autre l'exécution d'une obligation, ne pouvait, ses droits étant contestés, inviter personnellement celle-ci à se présenter devant un tribunal pour les débattre, et ces mêmes droits une fois reconnus ou résultant d'un titre consenti à l'amiable, se charger de contraindre elle-même son adversaire; il fallait entre elles un intermédiaire, et la loi a créé un fonctionnaire auquel elle a donné le nom d'huissier. Ainsi, soit en matière judiciaire proprement dite, soit en matière extra-judiciaire, toutes les communications de partie à partie (ou d'avoué à avoué) ne peuvent avoir lieu régulièrement que par le ministère d'un huissier.

Devant les tribunaux la loi ne pouvait laisser aux parties, du moins dans les affaires présentant un certain intérêt et nécessitant l'application de principes de droit, souvent difficiles à discerner et à mettre en relief, le soin d'instruire et d'éclairer les juges, soit par des écritures, soit par des explications orales; la plupart y eût été ou incapable faute d'études spéciales ou impropre à raison de la passion dont tout plaideur est animé; de là le ministère des avoués près les tribunaux de première instance et les cours royales.

Le législateur, en organisant les avoués et les huissiers, a fait de ces fonctionnaires deux corporations absolument indépendantes l'une de l'autre, ayant chacune ses attributions distinctes et particulières, et représentant chacune, par ses membres, à des titres et dans des occasions différentes, les parties au nom desquelles elles agissent : les huissiers pour l'exécution de la loi civile, les avoués pour l'instruction des procès devant les tribunaux.

Ainsi aux huissiers appartient le droit de faire toutes citations, ajournements, commandements, et généralement toutes significations de quelque nature qu'elles soient, et aux avoués le droit de représenter les parties dans les affaires contentieuses, et en conséquence, de faire les écritures nécessaires à cet effet, telles que requêtes, conclusions, constitutions avenirs, sommations et significations d'avoué à avoué. Dans une affaire le rôle de l'huissier s'arrête après l'ajournement pour ne recommencer que par la signification du jugement définitif à partie; celui de l'avoué comprend les actes à faire entre l'ajournement et la signification à partie, sauf quelques exploits nécessités par l'instruction, comme assignations à témoins, intimations à experts.

La loi a déterminé quels actes étaient du ministère des huissiers et quels du ministère des avoués, dans quelles circonstances il devait être donné copie de certaines pièces, et enfin quelle rétribution était accordée pour chaque exploit ou acte d'avoué. Il nous semble que c'eût été tirer une conséquence logique de la nature et du caractère des fonctions des avoués et des huissiers, que d'établir en principe que — toutes les fois qu'il serait donné en tête d'un exploit une copie de pièces, et que cette copie ne serait point un acte d'avoué, le coût alloué pour icelle appartiendrait à l'huissier. Il n'en a point été ainsi, et on a, dans cette occasion comme dans tant d'autres, dépouillé les huissiers au profit des avoués. Est-il rien de plus injuste, par exemple, que d'accorder à l'avoué le droit, en concurrence avec l'huissier, de certifier la copie de pièces qui précède l'ajournement? En quelle qualité? Est-ce comme avoué? Mais ce n'est là postuler ni conclure; d'ailleurs il n'y a point encore de tribunal saisi, conséquemment point encore de partie à représenter; l'avoué n'entre en fonctions que par sa constitution, et il n'est point constitué à l'époque de l'ajournement; cet acte, au surplus, est un exploit, et la copie qui le précède, l'accessoire, l'annexe, la justification de cet exploit; car c'est l'exploit qui donne la vie à la copie et qui l'utilise. On admet donc qu'un avoué a qualité pour concourir à la rédaction d'un exploit, et de cette manière on l'autorise à usurper une partie des fonctions de l'huissier. On peut en dire autant de la signification des jugements et des notifications à créanciers inscrits.

L'avoué et l'huissier, chacun dans la limite de ses fonctions, représente la partie au nom de laquelle il instrumente, et ne peut agir sans avoir reçu d'elle un mandat exprès ou tacite sous peine de désaveu. Par leur nature, les pouvoirs donnés à l'huissier ou à l'avoué pour accomplir des actes de leur ministère ne peuvent être ni transmis ni étendus au delà desdits actes. Il suit de ce principe que l'huissier qui a reçu mission de signifier un ajournement n'a pas qualité pour charger un avoué de l'affaire et lui transmettre le mandat exigé pour qu'il puisse occuper sans crainte d'être désavoué; de même l'avoué qui a obtenu un jugement n'a pas qualité pour donner à l'huissier le pouvoir de le signifier ; le tout, à moins, bien entendu, que l'huissier ou l'avoué n'ait reçu des pouvoirs écrits plus étendus que ceux qui résultent d'une remise de pièces, et spéciaux à l'effet de choisir l'un un avoué, l'autre un huissier.

Faisant application des principes que nous venons d'exposer aux quatre premières questions qui nous sont soumises, nous dirons :

1.

Un avoué, par cela seul qu'il est avoué, n'a pas qualité pour requérir un huissier de faire une signification, alors surtout que la loi refuse à cet avoué le droit de certifier les copies de pièces mises en tête de l'acte.

Hors des fonctions il n'y a plus de fonctionnaires ; il n'y a que des particuliers, jouant en affaires le rôle d'agents d'affaires ou de mandataires privés.

La personne revêtue du caractère d'avoué et qui agit en dehors des limites assignées à ses fonctions, rentre tout simplement dans le droit commun, et n'a pas plus de droit que le premier venu d'obliger un huissier d'agir dans l'intérêt d'un tiers dont elle n'est point mandataire.

Or un avoué, requérant une signification extra-judiciaire, ne pouvant agir comme avoué, et ne justifiant point d'un mandat social et écrit, n'a aucun moyen approuvé par la loi de vaincre le refus de l'huissier.

2.

Un avoué n'a pas qualité pour requérir un huissier de signifier un ajournement, que cet ajournement soit ou non précédé d'une copie de pièces.

La jurisprudence ayant accordé à l'avoué, à tort selon nous, le droit de certifier la copie de pièces précédant l'ajournement, il peut, en sa qualité d'avoué, faire la copie, la signer et en percevoir l'émolument ; mais là, en ce qui concerne l'ajournement, se termine la mission de l'avoué. Dès lors il ne peut, sans un mandat *ad hoc*, exiger d'un huissier qu'il signifie l'ajournement, et qu'ainsi il prête son ministère à un tiers qu'il ne voit pas, qu'il peut ne pas connaître, et duquel il ne reçoit aucun ordre, soit directement, soit par mandataire.

3.

Dans le cours d'une instance, l'avoué n'a pas le droit de requérir la signification d'un acte extra-judiciaire, et spécialement d'un acte d'offres, alors même qu'il remet la chose à offrir.

Nous ne pouvons trop le répéter, car là est le nœud des difficultés qui surviennent à raison des rapports s'établissant forcément entre avoués et huissiers : l'avoué n'a de mandat de sa partie et ne le représente que dans les actes de son ministère. Or, un acte d'offres n'est point du ministère des avoués, eût-il lieu au cours d'une instance, et l'avoué remît-il l'objet à offrir; donc l'avoué n'a pas qualité pour contraindre l'huissier à le signifier.

Un principe domine les trois questions que nous venons de résoudre; c'est celui-ci : un huissier ne peut, à peine de désaveu, agir au nom d'une partie, sans avoir reçu d'elle, ou de son mandataire, suivant les formes tracées par la loi, l'ordre d'accomplir un ou plusieurs exploits désignés. — V. *Notre Encyclop. des Huiss.*, au mot *Désaveu.*

Il suit de là que chaque fois qu'un huissier reçoit mission de faire un exploit, non-seulement il *peut*, mais il doit examiner si la personne qui lui donne mandat a le droit de le donner.

Si c'est la partie elle-même qui agit, l'huissier n'a qu'à s'enquérir de sa capacité.

Si, au contraire, c'est un tiers, l'huissier doit vérifier s'il a qualité suffisante pour agir, soit à raison de son titre d'officier public, soit à titre particulier. Par exemple, un maire a le droit d'agir au nom de sa commune, un préfet au nom de l'État, un avoué au nom de son client, mais seulement pour les actes d'avoué à avoué.

Un exemple rendra plus sensible l'application des règles que nous venons d'indiquer.

Pierre et Paul sont en difficulté au sujet d'un terrain considérable, resté inculte depuis longtemps. Ils ont plaidé au possessoire, et la possession en a été adjugée à Pierre, avec dommages-intérêts et dépens contre Paul. Ce dernier a interjeté appel et constitué Denis pour son avoué.

Dans le cours de l'instance, Denis, soit par étourderie, par incapacité ou même par fraude, appliquant volontairement ou involontairement à l'appel du possessoire les dispositions de la loi sur l'action pétitoire après avoir succombé au possessoire, fait offrir par Alexis, huissier, à Pierre, les dommages-intérêts et les dépens, acquiesçant ainsi au jugement sur le possessoire.

Denis n'avait d'autres pouvoirs que ceux résultant de la remise des pièces à l'effet d'occuper pour Paul, et Alexis ne s'étant point fait justifier du mandat *ad hoc*, qui eût dû être donné à Denis pour requérir un exploit d'offres, accomplit la mission dont ce dernier l'avait chargé, et ôte ainsi tout recours à Paul contre jugement possessoire, auquel par suite il ne reste que l'action pétitoire, impraticable en ce cas à défaut de titres et de la preuve d'une possession trentenaire.

Paul, contre l'intérêt et sans l'ordre duquel on a agi, ne veut pas subir les conséquences du procès-verbal d'offres, et pour arriver à son but il n'a qu'un seul moyen, le désaveu. Contre qui l'exercera-t-il? Est-ce contre l'avoué? Il ne le peut, car l'acte à annuler n'est point un acte d'avoué, et l'avoué lui répondra avec raison qu'il ne peut être désavoué qu'à raison des actes de son ministère. Ce sera donc contre l'huissier que l'action devra être intentée, et nécessairement l'huissier succombera, sauf son recours contre l'avoué, recours qui deviendra illusoire si l'avoué nie l'ordre par lui donné, et si l'huissier ne peut le prouver par écrit.

Un avoué qui ne peut, même dans des actes de son ministère, faire aucunes offres, donner aucun aveu ni consentement sans un mandat spécial, sous peine de désaveu (Code procéd. 352), ne peut, à plus forte raison, contraindre un autre fonctionnaire à faire des actes quelconques, et notamment des actes contenant offres, désaveu ou consentement, sans justifier de pouvoirs à cet effet.

4.

§ 1. — *Lorsque le ministère d'avoué n'est pas nécessaire, l'huissier non-seulement peut, mais doit refuser de signifier une copie de pièces préparées par un avoué ou la partie, encore qu'on lui laisse l'intégrité des honoraires, si l'on ne veut pas lui remettre les originaux pour collationner.*

§ 2. — *Il en est de même lorsque le ministère d'avoué est nécessaire, si la copie de pièces ne lui appartient pas, et dans ce cas n'est pas certifiée par lui.*

Ces règles se comprennent d'elles-mêmes.

L'huissier a sa liberté d'action inséparable de la responsabilité que la loi lui impose. On ne peut pas plus entraver celle-là qu'il ne peut, lui, s'affranchir de celle-ci; dès qu'il serait permis à un particulier d'imposer à un fonctionnaire des conditions sur la manière dont ce dernier entend exercer son ministère, toute responsabilité disparaîtrait, et avec elle les garanties stipulées par la loi dans l'intérêt général.

Les copies de pièces données en tête des exploits doivent être entièrement conformes aux originaux, et de plus être correctes et lisibles, à peine de rejet de la taxe, de restitution des sommes perçues, et même la nullité des exploits lorsque les copies de pièces sont exigées avec cette sanction. Voilà, certes, une obligation prescrite d'une manière assez impérieuse pour que l'huissier l'accomplisse sévèrement; or, pour l'accomplir il faut, s'il n'a pas lui-même rédigé la copie, qu'il la vérifie de manière à pouvoir se l'approprier par sa signature, et le seul moyen de vérification, c'est la remise des originaux. Les lui refuser et malgré cela le contraindre à la signification, c'est vouloir qu'il engage aveuglément sa responsabilité, et faire de lui un instrument d'autant plus dangereux, qu'il ne pourrait se refuser d'agir lorsqu'on le requerrait.

La régularité des copies de pièces est exigée dans l'intérêt du défendeur, afin qu'il puisse examiner si ce qu'on réclame de lui est juste ou injuste, et décider, en conséquence, s'il doit refuser ou acquiescer; la garantie de cette régularité repose sur la responsabilité du fonctionnaire signataire des pièces, responsabilité qui, comme nous l'avons dit, a sa source dans la liberté accordée à ce fonctionnaire d'accomplir sa mission comme il l'entend, pourvu que la loi soit respectée. Supprimez la liberté de l'huissier, et avec elle s'évanouiront sa responsabilité et la garantie de la régularité des pièces; toute copie deviendra inutile, puisqu'on pourra la considérer comme n'étant pas la reproduction sincère de l'original et qu'aucune action ne pourra être accordée contre le signataire en cas de faute. Que deviendraient alors les prescriptions de la loi au sujet de la signification des copies de pièces?

QUESTIONS 5, 6 ET 7.

Les trois dernières questions qui nous restent à résoudre nous entraînent dans un autre ordre de considérations.

Les juges, les tribunaux, ne sont institués que pour appliquer la loi aux cas particuliers qui se présentent; il leur est défendu de procéder par voie générale et règlementaire.

Des limites sont tracées aux pouvoirs des juges; lorsqu'ils les excèdent, leurs décisions sont sans force et ne peuvent obliger les citoyens qu'elles atteignent; ceux-ci ont le droit de n'y pas obéir et de les faire réformer.

En ce qui touche les huissiers dont le ministère est forcé, les juges ont le droit de leur enjoindre de prêter leur ministère lorsqu'ils en sont requis, à moins qu'une *cause valable* ne s'y oppose. (Décr. 14 juin 1813, art. 42.)

Rien n'est plus valable assurément pour motiver un refus d'instrumenter que la cause résultant de la prétention d'une partie de faire signifier des copies de pièces certifiées par elle ou par un fonctionnaire n'ayant pas qualité à cet effet, sans examen ni vérification de la part de l'huissier.

Le juge, le tribunal, qui enjoint à un huissier de faire de telles significations, viole donc ouvertement le droit de refus accordé à ce fonctionnaire par l'art. 42 du décret du 14 juin 1813, outre qu'il l'oblige à engager sa responsabilité d'une manière aveugle.

En conséquence, nous pensons donc ce qui suit.

5.

Un président de tribunal civil ne peut enjoindre à un huissier de signifier une copie de pièces et dispenser le requérant de la représentation des originaux à l'huissier.

6.

Un tribunal ne peut, sans violer l'art 2 du Code civil, enjoindre à tous les huissiers d'un arrondissement, de faire toutes les significations qui leur seront présentées, et de notifier les copies de pièces telles qu'elles leur seront remises.

7.

Quelles voies sont ouvertes contre de telles décisions?

Ce n'est ni l'opposition, ni l'appel, ni le recours en cassation, car elles n'ont pas le caractère de jugement; les jugements seuls peuvent être réformés par ces voies. — Contre qui, d'ailleurs, agirait-on?

La tierce-opposition, la requête civile, la prise à partie, ne sont également point admissibles, à moins qu'on admette qu'il y ait eu dol de la part des juges.

Nous ne voyons qu'un moyen, c'est de résister aux injonctions.

Il en résultera que l'huissier sera cité disciplinairement, alors il fournira ses moyens de défense.

Si, nonobstant, on le condamne, il se pourvoira contre la décision auprès du garde des sceaux, et il peut être sûr que justice lui sera rendue.

Avant d'entreprendre une lutte qui pourrait lui être désavangeuse, bien qu'il ait le bon droit pour lui, l'huissier ferait bien de présenter une pétition au garde des sceaux, et de la lui faire parvenir par le procureur du roi, qui ne pourrait se dispenser de mettre une apostille favorable. Le garde des sceaux ne peut pas officiellement annuler la décision du tribunal, mais il peut l'empêcher de produire son effet en ne sanctionnant pas les peines qui seraient prononcées pour l'avoir enfreint; il peut blâmer officieusement, et ce serait beaucoup. En tout cas, il ferait connaître son opinion et on pourrait s'y conformer.

Dans la lutte engagée entre les avoués et les huissiers, nous soutiendrons de tous nos efforts la cause de ces derniers, non parce que nous rédigeons un journal qui leur est destiné, mais parce que cette cause est juste et qu'il est honorable et courageux de défendre l'opprimé contre l'oppresseur. Ce serait d'ailleurs mal comprendre les intérêts que nous avons mission de défendre, et les intentions de ceux que nous représentons, que de réclamer des droits que la loi et le caractère de leur institution ne leur accordent pas.

Huissiers ! vous qui comptez dans le sein de votre corporation un grand nombre d'hommes capables, énergiques, résolus, secouez la poussière des vieilles traditions ! A l'œuvre donc ! Que chacun apporte un peu de terre de son champ, et bientôt une digue infranchissable sera élevée entre vos droits et les usurpations dont vous êtes victimes ! Comme nous, inscrivez sur votre bannière : *Union entre les huissiers, guerre aux avoués !* Oui, guerre et honte mille fois à ceux des avoués qui veulent faire revivre les *us et coutumes* des anciens et honnêtes procureurs, et qui ont l'impudeur et l'improbité d'abuser de leur position pour arracher à de malheureux huissiers le plus clair des minces bénéfices qui leur sont accordés ! Roidissons-nous ensemble contre l'iniquité, ayons confiance dans la justice de notre cause, et avant peu les avoués, ces vampires de vos droits, seront réduits à chercher leur pâture dans les seules attributions qui leur sont dévolues.

A annoter au mots Copie de pièces ; Huissier ; Avoué.

TABLE CHRONOLOGIQUE

DES

ARTICLES CONTENUS DANS LA SECONDE PARTIE

DU

JOURNAL ENCYCLOPÉDIQUE DES HUISSIERS.

(Voyez la Table alphabétique à la fin du volume.)

N^{os} d'ordre.	DATES	AUTORITÉS.	DÉSIGNATION.	Pages du Journal.
1	An 5 29 brum.	Circ. minist. just.	JUGE DE PAIX. — Compétence. — Conventions — Conciliation. — Prorogation de juridiction........................	129
2	1841 19 août.	Cour roy. Paris.	JUGE DE PAIX. — Compétence. — Convention. — Conciliation...	129
3	1842 5 janvier.	C. R. Bourges.	COMPÉTENCE. — Juge de paix. — Tribunal de commerce. — Maîtres. — Ouvriers.	46
4	11 janv.	C. R. Bourges.	VICES RÉDHIBITOIRES. — Garantie. — Gale. — Moutons. — Vente en foire........	41
5	22 févr.	C. R. Bourges.	COMPÉTENCE. — Notaire. — Honoraires. — Acte sous seing privé...............	204
6	30 mars.	C. R. Paris.	COMPÉTENCE. — Huissier. — Responsabilité. — Dommages-intérêts. — Tardivité de notification..................	203
7	25 avril.	Trib. Narbonne.	EXPLOIT. — Acte d'avoué à avoué. — Coût. — Amende........................	256
8	31 mai.	C. R. Metz.	APPEL. — Commune. — Contribuable. — Autorisation nouvelle..............	200
9	29 juin.	Ord. cons. d'État.	COMPÉTENCE. — Compét. administrative. — Compét. judiciaire. — Expropriation pour utilité publique	88
10	1er juil.	Trib. de la Seine.	CONTRAINTE PAR CORPS. — Dissolution. — Clôture. — Privilége parlementaire....	205
11	8 juillet.	C. R. Limoges.	COMPÉTENCE. — Juge de paix. — Tribunal de commerce. — Maîtres. — Ouvriers..	46
12	15 juil.	Ord. cons. d'État.	SIGNIFICATION. — Décision administrative. — Délai. — Pourvoi......	91
13	16 juil.	Ord. cons. d'État.	COMPÉTENCE. — Expropriation publique. — Décision du jury. — Interprétation....	89
14	17 juil.	C. R. Paris.	OFFICE. — Exploitation. — Société. — Convention illicite....................	218

N°s d'ordre.	DATES.	AUTORITÉS.	DÉSIGNATION.	Pages du Journal.
36	14 fév.	C. R. Douai.	COMPÉTENCE. — Juge de paix. — Tribunal de commerce. — Maîtres. — Ouvriers..	46
37	Id.	Cassation.	EXPLOIT. — Sommation de produire à un ordre. — Domicile élu. — Refus de recevoir la copie. — Remise au maire. — Nullité	163
38	26 fév.	C. R. Rouen.	ENQUÊTE. — Domestique. — Reproche. — Notification. — Délai. — Déchéance	186
39	23 mars.	C. R. Nanci.	CONTRAINTE PAR CORPS. — Huissier-commis. — Tribunal de commerce	185
40	31 mars.	C. R. Angers.	EXPLOIT. — Appel. — Signification. — Domicile élu	170
41	4 avril.	Cassation.	EXPLOIT. — Élection. — Demande en radiation. — Libellé	169
42	5 avril.	Trib. de la Seine.	OFFICE. — Cession du prix avant la nomination. — Créancier. — Nullité	28
43	11 avril.	C. R. Bastia.	RÉCUSATION. — Arbitre. — Exploit. — Signature. — Nullité	148
44	12 avril.	Cassation.	COMPÉTENCE. — Juge de paix. — Bornage. — Titre de propriété contesté	50
45	13 mai.	C. R. Paris.	OFFICE. — Priviléges. — Destitution. — Transport	27
46	16 mai.	Cassation.	ACTION HYPOTHÉCAIRE. — Tiers détenteur. — Commandement au détenteur originaire. — Préremption	208
47	17 mai.	Cassation.	EXPLOIT. — Huissier. — Demeure. — Omission. — Validité	175
48	27 mai.	Ch. des Députés.	PROTÊT. — Huissier. — Notaire	54
49	1er juin.	C. R. Rouen.	RESPONSABILITÉ DES HUISSIERS. — Huissier. — Protêt nul. — Action directe. — Subrogation. — Domages-intérêts	202
50	2 juin.	Décis. garde des sceaux.	HUISSIER. — Assemblée générale. — Délibération. — Délégation des pouvoirs de la Chambre. — Illégalité. — Compétence	156
51	3 juin.	C. R. Paris.	OFFICE. — Prix. — Contre-lettre. — Arbitrage. — Imputation. — Nullité	30
52	13 juin.	Trib. Blois.	OFFICE. — Supplément de prix. — Payement volontaire. — Obligation naturelle. — Nullité. — Répétition	35
53	26 juin.	Cassation.	ACTION POSSESSOIRE. — Dénonciation de nouvel œuvre. — Travaux sur le terrain du défendeur. — Dommage. — Non-recevabilité	177
54	1er juil.	Cassation.	COMPÉTENCE. — Conseil de préfecture. — Tribunaux. — Travaux publics. — Dommages-intérêts	187
55	7 juil.	C. R. Paris.	SAISIE-ARRÊT. — Acteur. — Traitement. — Insaisissabilité	183

N⁰ˢ d'ordre	DATES.	AUTORITÉS.	DÉSIGNATION.	Pages du Journal.
56	12 juil.	Cassation.	EXPLOIT. — Epoux séparés de biens. — Copie unique. — Nullité. — Ordre	174
57	20 juil.	Inst. rég. enregist.	OFFICE. — Nomination. — Pièces à produire. — Timbre.................	191
58	*Id.*	C. R. Angers.	OFFICE. — Prix. — Délégation. — Clause licite. — Saisie-conservatoire.........	23
59	22 juil.	C. R. Orléans.	CONTRAINTE PAR CORPS. — Notaire. — Sommes reçues pour en faire placement. — Sommes reçues en vertu d'un mandat..	143
60	26 juil.	C. R. Paris.	OFFICE. — Privilége. — Destitution. — Transport.................	27
61	3 août.	C. R. Toulouse.	JUGEMENT PAR DÉFAUT. — Péremption. — Procès-verbal de carence. — Exécution.	150
62	8 août.	Circ. direct. enreg.	OFFICE. — Enregistrement. — Evaluation. — Cautionnement.................	155
63	10 août.	C. R. Paris.	EXPLOIT. — Co-créanciers. — Même domicile élu. — Copie unique. — Nullité.	176
64	*Id.*	Décis. garde des sceaux.	DISCIPLINE. — Condamnation à une peine disciplinaire. — Droit de grâce......	148
65	21 août.	Trib. Nantes.	DISCIPLINE. — Compétence des chambres de discipline. — Faits d'indélicatesse. — Faits d'immoralité	134
66	25 août.	C. R. Rouen.	EXPLOIT. — Huissier. — Mandataire mandant........	87
67	26 août.	C. R. Caen.	VENTE DE MEUBLES. — Faillite. — Huissier. — Courtier. — Marchandises neuves. — Concurrence.................	222
68	30 août.	C. R. Rouen.	CONTRAINTE PAR CORPS. — Aliments. — Consignation. — Qualité perdue.......	199
69	10 oct.	Délib. rég. enreg.	OFFICE. — Enregistrement. — Suppression. — Droit de deux pour cent......	154
70	13 oct.	Décis. garde des sceaux.	OFFICE. — Décès du titulaire. — Héritier. — Créanciers. — Présentation du successeur.................	201
71	14 oct.	Cassation.	RÉCUSATION. — Formes. — Tribunal de simple police.................	231
72	5 nov.	Délibération.	COPIE DE PIÈCES. — Honoraires. — Remises. — Répression.................	61
73	13 nov.	Cassation.	JUGE DE PAIX. — Compétence. — Conventions. — Conciliation.................	129
74	15 nov.	C. R. Paris.	CONTRAINTE PAR CORPS. — Notaire. — Sommes reçues pour en faire le placement. — Sommes reçues en vertu d'un mandat.................	143
75	18 nov.	C. R. Paris.	OFFICE. — Résolution de traité. — Clause à retrancher. — Refus de consentement. — Dommages-intérêts	138
76	21 nov.	Cassation.	EXPLOIT. — Ratures non approuvées. — Validité.................	86

N⁰ˢ d'ordre.	DATES.	AUTORITÉS.	DÉSIGNATION.	Pages du Journal.
98	2 mars.	Ch. des pairs.	Vente de récoltes. — Concurence. — Notaires. — Huissiers……	200
99	16 mars.	C. R. Paris.	Vices rédhibitoires. — Animal contagieux. — Action civile. — Délai. — Dissimulation……	247
100	18 mars.	Lettre et observations.	Huissier. — Agent d'affaires. — Assignation. — Discipline……	260
101	1ᵉʳ avril.	Observations.	Exploit. — Tarif. — Taxe. — Matière correctionnelle. — Réfutation du Journal des huissiers……	103
102	Id.	Quest. proposées.	Saisie-exécution. — Revendication de partie d'objets saisis. — Vente……	110
103	Id.	Quest. proposées.	Frais. — Huissier. — Action en payement. — Tribunal compétent……	111
104	29 avril.	Cassation.	Vices rédhibitoires. — Experts. — Serment. — Nullité. — Garantie des bestiaux achetés par les bouchers de Paris à Sceaux et Poissy. — Règlement de 1673 et 1699, et ord. du 1ᵉʳ juin 1782, en vigueur……	234
105	1ᵉʳ mai.	Observations.	Protêt. — Refus de payement le jour de l'échéance. — Payement au moment du protêt. — Frais……	141
106	15 mai.	Cassation.	Exploit. — Epoux séparés de biens. — Domicile élu. — Copies séparées……	232
107	4 juin.	Ch. des pairs.	Vente de récoltes. — Concurrence. — Huissiers. — Notaires……	220
108	1ᵉʳ juil.	Quest. proposées.	Jugement par défaut. — Non-exécution. — Péremption. — Acquiescement. — Tiers……	193
109	Id.	Quest. proposées.	Saisie immobilière. — Commandement. — Signification du titre déjà signifié en vertu de l'art. 879 du C. civ……	195
110	Id.	Quest. proposées.	Huissier. — Transport à jour fixe dans un lieu de son arrondissement. — Indication par affiches. — Contravention. — Peines disciplinaires……	196
111	30 juil. 1ᵉʳ août.	Cassation.	Office. — Traité secret. — Nullité. — Contre-lettre. — Action en répétition……	257
112	Août.	Quest. proposées.	Enregistrement. — Acte d'avoué à avoué. — Désistement……	210
113	Août.	Quest. proposées.	Enregistrement. — Bureau. — Simple billet non protesté……	211
114	Août.	Quest. proposées.	Enregistrement. — Dispositions diverses. — Exploits. — Droits……	211
115	Août.	Quest. proposées.	Enregistrement. — Rapport d'experts. — Dépôt au greffe. — Acte de justice de paix……	212

TABLE ALPHABÉTIQUE

DES

MATIÈRES CONTENUES DANS LES Ire ET IIe PARTIES

DU

JOURNAL ENCYCLOPÉDIQUE DES HUISSIERS.

V. les Tables Chronologiques à la suite de chaque partie. — Nota. Le premier chiffre indique la partie, le second la page.

action en complainte et une action en dénonciation de nouvel œuvre, c'est que le trouble qui autorise la première résulte d'actes exécutés sur la propriété du demandeur, et que celui qui donne lieu à la seconde découle de travaux accomplis sur la propriété du défendeur. II, 177

— 3. *Chemin vicinal. — Classement. — Dépossession.* — L'arrêté du préfet qui classe un chemin vicinal et en fixe la largeur, a pour effet de déposséder les riverains de l'emplacement reconnu pour être celui du chemin. — Par suite les riverains ne peuvent s'opposer par voie d'action possessoire à ce que l'administration ou son cessionnaire se mette en possession du terrain cédé, les tribunaux étant incompétents pour critiquer soit l'arrêté de classement, soit les actes administratifs en vertu desquels la prise de possession a eu lieu. II, 189

ADMINISTRATION DES POSTES. — V. *Enregistrement*, n. 9.

AGENT D'AFFAIRES. — V. *Huissier*, n. 4.

ALIMENTS. — V. *Contrainte par corps*, n. 3.

AMENDE. — V. *Exécution*, n. 1. — *Exploit*, n. 5. — *Huissier*, n. 1.

ANIMAL CONTAGIEUX. — V. *Vices rédhibitoires*, n. 5.

APPEL. — *Commune. — Contribuable. — Autorisation nouvelle.* — Le contribuable, autorisé à exercer en son nom une action de la commune, doit, pour interjeter appel, se pourvoir d'une seconde autorisation du conseil de préfecture, comme la commune elle-même serait assujettie à la faire. II, 100

— V. *Exploit*, n. 6. — *Saisie immobilière*, n. 2.

ASSEMBLÉE GÉNÉRALE. — V. *Huissier*, n. 3.

ASSIGNATION A BREF DÉLAI. — V. *Référé.*

ASSIGNATION EN VALIDITÉ. — V. *Offres réelles.*

ASSOCIATION. — V. *Huissier*, n. 4.

AUTORISATION DE PLAIDER. V. *Culte israélite.*

AUTORISATION NOUVELLE. — V. *Appel.*

AVOUÉ. — V. *Huissier*, n. 7.

BILLET A ORDRE. — V. *Effets de commerce*, n. 1.

BILLET SIMPLE NON PROTESTÉ. — V. *Enregistrement*, n. 2.

BOITERIE SIMPLE. — V. *Vices rédhibitoires*, n. 4.

BORNAGE. — V. *Compétence*, n. 3.

BOUCHERS DE PARIS. — V. *Vices rédhibitoires*, n. 1.

BREVETS D'INVENTION (Loi sur les). I, 77

BUREAU. — V. *Enregistrement*, n. 2.

C

CAUTIONNEMENT. — *Huissier. — Taux de l'intérêt. — Réduction.* —Doit-on réduire de 4 à 3 pour cent l'intérêt des cautionnements des officiers publics? II, 116

— V. *Office*, n. 13.

CÉLÉRITÉ. — V. *Référé.*

CESSATION DE PAYEMENT. — V. *Faillite*, n. 2.

CESSION. — V. *Office*, n. 7.

CESSION DE PRIX AVANT LA NOMINATION. — V. *Office*, n. 4.

CESSIONNAIRE. — V. *Transport-Cession.*

CHAMBRE DE DISCIPLINE. —V. *Office*. n. 11.

CHANGE DE PLACE EN PLACE. — V. *Effet de commerce*, n. 1.

CHASSE (Loi sur la police de la). I, 5

CHEMIN VICINAL. — *Expropriation publique. — Elargissement. — Indemnité préalable. — Opposition.* L'art. 15 de la loi du 21 mai 1836, qui porte que les arrêtés du préfet fixant la largeur d'un chemin vicinal attribuent définitivement au chemin le sol compris dans les limites qu'ils déterminent, déroge au principe de l'indemnité préalable consacré par la Charte et par la loi du 7 juillet 1833. En conséquence, un propriétaire ne peut s'opposer à la prise de possession de son terrain compris dans les limites du chemin, sous le prétexte que la valeur de ce terrain doit lui être préalablement payée.   II, 206

— V. *Action possessoire*, n. 3.

CITATION. — V. *Action possessoire*, n. 1.

CITATION EN POLICE CORRECTIONNELLE. — V. *Exploit*, n. 2.

CITATION EN SIMPLE POLICE. — V. *Huissier*, n. 1.

CLASSEMENT. — V. *Action possessoire*. n. 3.

CLAUSE LICITE. — V. *Office*, n. 2.

CLAUSE ILLICITE. — V. *Office*, n. 10 et 16.

CLOTURE DE CESSION. — V. *Contrainte par corps*, n. 4.

CO-CRÉANCIERS. — V. *Exploit*, n. 10.

COLONIES. — V. *Enregistrement*, n. 5.

COMMANDEMENT. — V. *Action hypothécaire.* — *Exécution*, n. 2. — *Faillite*, n. 1. — *Purge*, n. 1. — *Saisie immobilière*, n. 3.

COMMUNE. — V. *Appel.*

COMPENSATION. — *Faillite.* — *Prix de marchandises.* — *Frais d'huissier.* — Le prix de marchandises fournies à un huissier entre-t-il en compensation avec le coût d'exploits dus à ce fonctionnaire, de telle sorte que, la faillite du commerçant arrivant, l'huissier ne soit tenu de payer que l'excédant du prix des marchandises sur ses frais ?   II, 265

COMPÉTENCE. — 1. *Juge de paix.* — *Action civile.* — *Voies de fait.* — Les juges de paix ne sont compétents pour connaître de l'action civile pour rixes, ou voies de fait qu'autant qu'ils peuvent connaître de ce délit comme juges de simple police. — Ainsi l'action civile pour voies de fait emportant une peine correctionnelle doit être portée devant le tribunal civil. — Par voies de fait on doit entendre seulement les violences légères qui ne peuvent être qualifiées de coups et qui n'occasionnent point de blessures.   II, 33

— 2. *Juge de paix.* — *Tribunal de commerce.* — *Maîtres-ouvriers.* — Les contestations relatives aux engagements respectifs des maîtres et de leurs ouvriers sont de la compétence des juges de paix aussi bien en matière commerciele qu'en matière civile, lorsque d'ailleurs il n'y a pas sur les lieux de conseil de prud'hommes.   II, 46

— 3. *Juge de paix.* — *Bornage.* — *Titre de propriété contesté.* — Le juge de paix cesse d'être compétent pour connaître d'une action en bornage dès qu'il y a contestation sur le titre de propriété ; peu importe que la contestation n'ait été élevée qu'après un jugement ordonnant une visite des lieux, et qu'elle ait été présentée sans développements.   II, 50

— 4. *Compétence administrative.* — *Compétence judiciaire.* — *Travaux publics.* — *Expropriation pour utilité publique.* — Les tribunaux sont incompétents pour ordonner la suspension et la destruction des ouvrages exécutés par un entrepreneur de travaux publics agissant dans les limites de son devis, avant l'accomplissement des formalités prescrites pour l'expropriation et sans déclaration préalable de l'utilité publique. — Mais ils sont compétents pour apprécier les dommages dus à raison de l'atteinte portée à la propriété par lesdits ouvrages.   II, 88

— 5. *Expropriation pour cause d'utilité publique.* — *Décision du jury.* — *Interprétation des obligations qui en dérivent.* — L'autorité judiciaire est, à l'exclusion de l'administration, seule compétente pour interpréter les décisions des jurys d'expropriation et déterminer les obligations qui en résultent.   II, 89

— 6. *Juge de paix.* — *Louage.* — *Perte.* — *Chose mobilière.* — Le juge

DOMMAGE. — V. *Action possessoire,* n. 2.

DOMMAGES-INTÉRÊTS. — V. *Compétence,* n. 7, 8. — *Office,* n. 1, 9.

DROIT DE GRACE. —V. *Discipline,* n. 2.

E

EFFETS DE COMMERCE. — 1. *Billet à ordre.* — *Change de place en place.* — *Compétence.* — *Contrainte par corps.* — Le billet à ordre à domicile qui contient remise d'argent de place en place, constitue, entre toutes personnes, un acte de commerce qui soumet le souscripteur à la juridiction commerciale et à la contrainte par corps. II, 52

— 2. *Endos en blanc.* — *Procuration.* — *Valeur fournie.* — *Preuve.* — *Poursuites.* — *Livres de commerce.* — L'article 138 du Code de commerce qui ne considère l'endossement irrégulier d'un effet de commerce, et par conséquent l'endossement en blanc, que comme une procuration, n'établit-il pas une présomption qui doit céder devant la preuve que le cessionnaire a véritablement fourni la valeur de l'effet à lui transmis irrégulièrement? — En cas d'affirmation, cette preuve résultera-t-elle, entre commerçants, de la seule production des livres tenus conformément à la loi? II, 56

— 3. *Délai de grâce.* — *Lettre de change.* — *Violation de l'art. 157 du Code de commerce.* — *Exécution du jugement avant l'échéance du délai.* — Lorsque, contrairement aux dispositions si formelles de l'art. 157 du Code comm., le tribunal accorde un délai au débiteur d'une lettre de change ou d'un billet d'ordre pour se libérer, le créancier peut-il poursuivre l'exécution du jugement avant l'échéance du délai? II, 242

ENDOS EN BLANC. — V. *Effet de commerce,* n. 2. — *Enregistrement,* n. 11.

ÉLECTIONS. — V. *Exploit,* n. 9.

ENQUÊTE. — *Témoin.* — *Domestique.* — *Reproche.* — *Notification.* — *Dé-*lai. — *Déchéance.* — Un témoin ne peut être reproché comme domestique lorsqu'il a cessé d'être au service de la partie lors de l'enquête, bien qu'il y fût encore lors du jugement qui l'a ordonnée. — En matière sommaire, comme en matière ordinaire, il doit y avoir, à peine de déchéance, trois jours entre la notification du nom des témoins à l'adversaire et le jour primitivement fixé pour l'audition: peu importe que cette audition ait été ensuite prorogée à un autre jour. II, 186

ENREGISTREMENT. — 1. *Acte d'avoué à avoué.* — *Désistement.* — L'huissier qui signifie un acte d'avoué à avoué contenant un désistement signé de la partie, sans que ce désistement ait été préalablement enregistré, contrevient-il à l'art. 41 de la loi du 22 frimaire an 7? — Le droit fixe de 2 francs est-il exigible pour le désistement, indépendamment du droit auquel la signification est assujettie? II, 210

— 2. *Bureau.* — *Simple billet non protesté.* —Lorsque dans une ville il existe un bureau pour l'enregistrement des actes civils publics et sous signatures privées, les huissiers sont-ils tenus d'y faire enregistrer les billets qui ne sont pas protestés? II, 211

— 3. *Exploit.* — *Dispositions diverses.* —*Droit.*—Un acte d'huissier contient: 1° commandement de payer une somme due en vertu d'un jugement; 2° procès-verbal de carence; et 3° acquiescement par le débiteur au jugement rendu contre lui. Cet acte donne-t-il ouverture à un droit particulier sur l'acquiescement? II, 211

— 4. *Rapports d'experts.* — *Dépôt au greffe.* — *Acte de justice de paix.* — Le dépôt au greffe de la justice de paix d'un rapport d'experts est-il assujetti au droit fixe deux francs? II, 212

— 5. *Actes.* — *Colonies.* — *Usages.* — *Contravention.* — Des actes passés dans les colonies où l'enregistrement est établi. II, 213

— 6. *Délai pendant lequel le receveur a le droit de conserver les actes.* —

résulte de l'ensemble des énonciations que la copie a réellement été remise. II, 169

— 15. *Ratures non approuvées.* — *Validité.* — Les ratures non approuvées, existantes dans un exploit, n'entraînent pas la nullité de cet acte. II, 86

— 16. *Tarif.* — *Taxe.* — *Matière correctionnelle.* — Comment doivent être taxés les exploits signifiés en matière correctionnelle et de police à la requête de la partie civile? II, 103

— V. *Enregistrement*, n. 1, 3, 5, 6, 7, 8, 9, 10 et 11. — *Récusation*, n. 1. — *Répertoire.*

EXPROPRIATION PUBLIQUE. — V. *Chemin vicinal.* — *Compétence*, n. 4, 5.

F

FAILLITE. — 1. 1° *Frais privilégiés.* — *Commandement.* — *Saisie-exécution.* — *Annonces de la vente.* — 2° *Frais privilégiés.* — *Permission du juge.* — *Saisie provisoire.* — *Jugement de validité portant condamnation.* — En cas de faillite les frais suivants, faits immédiatement avant l'ouverture de la faillite, sont-ils privilégiés comme frais de justice? savoir : 1° Commandement tendant à saisie-exécution, saisie-exécution, annonces de la vente; 2° ou requête et ordonnance du juge autorisant une saisie provisoire, saisie provisoire et jugement qui, en la validant, prononce condamnation au profit du poursuivant. II, 237

— 2. *Cessation de paiement.* — *Dettes civiles.* — *Dettes commerciales.* — La cessation par un commerçant du payement de ses dettes civiles le constitue-t-elle en état de faillite, aussi bien que la cessation du payement de ses dettes commerciales? II, 91

— V. *Compensation.* — *Vente de meubles*, n. 2.

FAITS D'IMMORALITÉ. — V. *Discipline*, n. 1.

FAITS D'INDÉLICATESSE. — V. *Discipline*, n. 1.

FIXATION DE PRIX. — V. *Office*, n. 11.

FORMALITÉS. — V. *Vente de meubles*, n. 2.

FORMES. — V. *Récusation*, n. 2.

FORMULE EXÉCUTOIRE. — V. *Exécution*, n. 1 et 2.

FRACTION DÉCIMALE. — V. *Poids et mesures.*

FRAIS. — *Huissier.* — *Action en payement.* — *Tribunal compétent.* — Devant quel tribunal les huissiers doivent porter la demande en payement des frais qu'ils ont faits? II, 111

— V. *Compensation.* — *Protêt.*

FRAIS PRIVILÉGIÉS. — V. *Faillite*, n. 1.

FRAUDE. — V. *Office*, n. 1.

FUITE AVEC PROJET DE REVENIR. — V. *Exploit*, n. 8.

G

GALE. — V. *Vices rédhibitoires*, n. 3.

GARANTIE. — V. *Vices rédhibitoires.*

GARDE CHAMPÊTRE. — V. *Enregistrement*, n. 8.

GARDIEN. — V. *Enregistrement*, n. 8.

H

HONORAIRES. — V. *Compétence*, n. 9. — *Copies de pièces.*

HUISSIER. — 1. *Citation en simple police.* — *Discipline.* — *Amende.* — *Juge de paix.* — *Compétence.* — *Juridiction civile.* — Depuis la loi du 25 mai 1838, les citations devant le tribunal de police peuvent être données par tous les huissiers du canton, de même que celles en matière civile. — En conséquence, le juge de paix qui, dans une ville divisée en plusieurs cantons, attribue aux huissiers audienciers attachés à son tribunal le droit exclusif d'instrumenter devant le tribunal de police pendant qu'il le préside, crée un privilége non accordé par la loi, et commet un excès de pouvoir. — L'amende contre un huissier pour faits relatifs à ses fonctions ne peut être prononcée que par le tribunal civil en audience publique, et non en la chambre du conseil, attendu que l'amende n'entre pas dans la classe des peines disciplinaires à infliger aux huissiers. II, 102

— 2. *Commandement tendant à saisie immobilière. — Présentation au visa. — Obligation d'agir personnellement.* — L'huissier qui a fait un commandement tendant à saisie immobilière est tenu de présenter personnellement l'original de cet acte au visa du maire ou de l'adjoint. — En d'autres termes, l'art. 45 du décret du 14 juin 1813 est général et s'applique à tous les actes signifiés par les huissiers, et notamment au visa qu'ils doivent, dans certains cas, requérir des fonctionnaires publics. II, 122

— 3. *Assemblée générale. — Délibération. — Délégation des pouvoirs de la chambre à quelques-uns de ses membres. — Illégalité. — Compétence.* — La délibération prise par une assemblée générale de notaires (ou d'autres officiers ministériels) — qui établit, sous peine de confiscation d'honoraires, un mode de vider les différends élevés entre notaires sur un point quelconque, lequel consiste à déléguer à quelques membres de la chambre de discipline et même à des tiers en dehors de la chambre de discipline, le pouvoir de juger qui n'appartient qu'à la chambre en corps, — est nulle, comme portant atteinte aux droits des justiciables. — La réformation d'une telle délibération appartient, non aux tribunaux, mais au garde des sceaux, cette délibération constituant un acte administratif. II, 156

— 4. *Agent d'affaires. — Association, — Discipline.* — Lettre du procureur du roi de la Seine au syndic des huissiers de la Seine, touchant les abus résultant des associations entre certains huissiers et des agents d'affaires. II, 260

— 5. *Résidence. — Déplacement. — Contravention. — Peine discipli-* naire. — L'officier ministériel qui quitte sa résidence pour se transporter les jours de marché au chef-lieu de son canton, afin d'y obtenir des actes qu'il n'aurait pas eus s'il fût resté à son étude, est passible d'une peine disciplinaire. II, 221

— 6. *Transport à jour fixe dans un lieu de son arrondissement. — Indications par affiches. — Contravention. — Peines disciplinaires.* — Un huissier peut-il, sans encourir une peine disciplinaire, faire apposer dans les communes de son canton des avis annonçant qu'il se rendra dans telle commune, à jours et heures fixes, pour satisfaire les personnes qui auront besoin de son ministère? II, 196

— 7. *Avoué. — Actes à signifier. — Copies de pièces. — Rapports entre huissiers et avoués. — Injonction. — Moyens de recours.* — 1. Un avoué a-t-il qualité pour requérir un huissier de faire une signification lorsque cet avoué n'a pas le droit de certifier les copies de pièces mises en tête de l'acte? — 2. Un avoué a-t-il qualité pour requérir un huissier de signifier un ajournement en matière civile lorsqu'il n'est donné copie d'aucune pièce et qu'il ne justifie pas d'un mandat spécial? — 3. Dans le cours d'une instance l'avoué a-t-il qualité pour requérir un huissier de signifier un acte extrajudiciaire et spécialement un acte d'offres réelles lorsqu'il remet l'objet à offrir? — 4. Dans le cas où le ministère d'avoué n'est pas nécessaire, l'huissier peut-il refuser de signifier une copie de pièces préparée par un avoué ou la partie si l'on accorde à l'huissier l'intégralité des droits? Et si la question est résolue négativement, l'huissier peut-il exiger la remise en ses mains des originaux pour collationner? — 5. Un président de tribunal civil commet-il un excès de pouvoir en enjoignant à un huissier de signifier une assignation devant un tribunal de commerce sur la remise des copies de pièces certifiées par un avoué ou par la partie, lorsque l'avoué ou la partie refuse la représentation des originaux? — 6. Un tribunal réuni en chambre du conseil peut-il enjoindre à tous les huissiers d'un arrondissement de faire, sans retard, toutes les significations qui leur seront représentées et de certifier les copies telles qu'elles leur seront remises? — 7. Quelles seraient les voies de recours contre ces injonctions faites soit par ordonnance sur requête, soit par une décision du tribunal?

— V. *Cautionnement.* — *Compétence,* n. 8. — *Exploit,* n. 3, 13. — *Frais.* — *Patente.* — *Protêt.* — *Réduction,* n. 1 et 2. — *Responsabilité.* — *Vente de meubles,* n. 2. — *Vente de récoltes,* n. 1 et 2.

HUISSIER COMMIS. — V. *Contrainte par corps,* n. 1. — *Référé.*

I

INDEMNITÉ. — V. *Réduction,* n. 1.

IMPUTATION DE PRIX. — V. *Office,* n. 6, 8.

INDEMNITÉ PRÉALABLE. — V. *Chemin vicinal.*

INDICATION DE PAYEMENT. — V. *Offres réelles.*

INJONCTIONS. — V. *Huissier,* n. 7.

INSAISISSABILITÉ. — V. *Saisie-arrêt,* n. 2.

INTÉRÊTS. — V. *Saisie-arrêt,* n. 1.

INTERPRÉTATION. — V. *Compétence,* n. 5.

J

JUGE DE PAIX. — *Compétence.* — *Conventions.* — *Conciliation.* — *Prorogation de juridiction.*

— 1. Les juges de paix peuvent-ils, sans qu'il y ait différend, se constituer en bureau de conciliation, entendre les parties qui se présentent devant eux et rédiger procès-verbal de leurs conventions? II, 129

— 2. Un juge de paix peut-il, en invoquant l'art. 7 du Code de procédure,

sans qu'il y ait litige réel et sérieux entre les parties, rendre un jugement qui condamne l'une de ces parties à payer à l'autre le montant d'une dette reconnue? II, 130

— 3. Un jugement ainsi rendu et qui n'a point été l'objet d'un recours en temps utile, est un titre authentique et exécutoire, suffisant pour servir de base à une saisie immobilière. II, 132

— V. *Compétence,* n. 1, 2, 3, 6.

JUGEMENT PAR DÉFAUT. — 1. *Péremption.* — *Procès-verbal de carence.* — *Exécution.* — Est réputé exécuté, et par suite à l'abri de la péremption de six mois, un jugement par défaut, rendu contre partie, lorsqu'il a été notifié un procès-verbal de carence, en parlant à la femme de cette partie. II, 150

— 2. *Non-exécution.* — *Péremption.* — *Acquiescement.* — *Tiers.* — L'acquiescement à un jugement par défaut, périmé faute d'exécution dans les six mois de son obtention, fait-il revivre ce jugement, sinon à l'égard des tiers, du moins à l'égard de la partie condamnée? II, 193

L

LETTRE DE CHANGE. — V. *Effets de commerce,* n. 3.

LIBELLÉ. — V. *Exploit,* n. 9.

LIVRES DE COMMERCE. — V. *Effets de commerce,* n. 2.

LOUAGE. — V. *Compétence,* n. 6.

M

MAITRES. — V. *Compétence,* n. 2.

MANDANT. — V. *Exploit,* n. 3.

MANDATAIRE. — V. *Exploit,* n. 3.

MALADIE ANCIENNE. — V. *Vice rédhibitoire,* n. 2.

MATIÈRE CORRECTIONNELLE. — V. *Exploit,* n. 16.

MATIÈRES D'OR ET D'ARGENT. — V. *Ventes de meubles.*

MOYENS DE RECOURS. — V. *Huissier*, n. 7.

N

NOMINATION. — V. *Office*, n. 14.

NOTAIRE. — V. *Compétence*, n. 9. — *Contrainte par corps*, n. 2. — *Protêt.* — *Vente de récoltes*, n. 1 et 2.

NOTIFICATION. — V. *Enquête.* — *Purge*, n. 2.

NOTIFICATION TARDIVE. — V. *Compétence*, n. 8.

NULLITÉ. — V. *Exploit*, n. 7, 12. — *Office*, n. 1, 4, 5, 6. — *Récusation*, n. 1.

O

OBJETS DÉTOURNÉS. — V. *Saisie-exécution*, n. 2.

OBLIGATION NATURELLE. — V. *Office*, n. 5.

OFFICE. — 1. *Résolution.* — *Fraude.* — *Dommages-intérêts.* — *Contre-lettre.* — *Nullité.* — Lorsque le cessionnaire d'un office a été pourvu de la nomination royale, il ne peut, sous aucun prétexte, demander, ni les tribunaux prononcer, la résolution du traité : son droit se borne à réclamer des dommages-intérêts, ou une résolution de prix, s'il y a lieu. — (Résolu par le tribunal et non contesté en appel.) — Toute contre-lettre intervenue entre le cédant et le cessionnaire d'un office est radicalement nulle, alors même qu'elle serait profitable au cessionnaire et rendrait sa position plus avantageuse. La nullité peut être opposée d'office par le ministère public. — Le cessionnaire d'un office a droit à une diminution du prix convenu ou à des dommages-intérêts lorsqu'il a été induit en erreur par le fait du cédant sur le produit véritable de l'office.   II, 17

— 2. *Prix.* — *Délégation.* — *Clause licite.* — *Saisie conservatoire.* — Est licite la stipulation par laquelle le vendeur d'un office impose à son cessionnaire, dans le cas où ce dernier transmettrait lui-même cet office à un tiers avant d'en avoir payé le prix, l'obligation de charger celui-ci, par son nouveau traité, d'acquitter directement ce qui restera dû au premier cédant. — Si cette clause insérée dans le traité a été rejetée par la chancellerie, le premier vendeur peut former une saisie-arrêt entre les mains du nouveau titulaire, encore que sa dette ne soit pas exigible, si d'ailleurs le dernier vendeur a consenti à cette saisie conservatoire pour suppléer à la délégation devenue impossible. II, 23

— 3. *Privilége.* — *Destitution.* — *Transport.* — L'indemnité imposée par le gouvernement à un officier ministériel nommé en remplacement d'un titulaire destitué est la représentation du prix de l'office. (1ʳᵉ espèce.) — Les créanciers du précédent titulaire sont valablement saisis par la signification de leurs titres à son successeur, bien que la somme soit déposée à la caisse des consignations (1ʳᵉ espèce.) — Le transport du prix d'un office fait entre la date du traité et celle de l'ordonnance d'investiture est valable, sauf les cas de fraude. (1ʳᵉ et 2ᵉ espèce.)   II, 27

— 4. *Cession du prix avant la nomination.* — *Créanciers.* — *Nullité.* — La cession du prix d'un office faite par le cédant à l'un de ses créanciers, avant la nomination du cessionnaire de l'office, est-elle nulle à l'égard des autres créanciers du cédant?   II, 28

— 5. *Supplément de prix.* — *Payement volontaire.* — *Obligation naturelle.* — *Nullité.* — *Répétition.* — Le supplément du prix de la cession d'un office stipulé par un traité secret, et volontairement payé par l'acquéreur depuis sa nomination, est-il sujet à répétition? Peut-on voir là l'exécution d'une obligation naturelle? II,35

— 6. *Prix.* — *Contre-lettre.* — *Arbitrage.* — *Imputation.* — *Nullité.* — Les conventions secrètes qui ont lieu en matière de cession d'office dans le but de modifier le prix porté au traité ostensible sont nulles comme contraires à l'ordre public. — On doit surtout le décider ainsi lorsque le supplément de prix consiste dans une participation aux bénéfices de l'office ou dans la stipulation de faire produire à ce qui reste dû sur le prix des intérêts supérieurs au taux légal. — En conséquence, le compromis et la sentence arbitrale qui ont réglé les parties sur les différends survenus à l'occasion de ces conventions secrètes sont nuls. — Et cette nullité emporte celle des imputations de payement sur le supplément du prix résultant de la sentence arbitrale sans l'adhésion des parties, et ne pouvant dès lors être considérées comme l'acquit d'une obligation naturelle.   II, 30

— 7. *Cession.* — *Recouvrements.* — L'officier ministériel qui cède son office a-t-il le droit de faire lui-même le recouvrement des sommes qui lui sont dues à raison des actes par lui reçus, ou est-il obligé de traiter à cet effet avec son successeur?   II, 85

— 8. *Réduction de prix.* — *Contre-lettre.* — *Imputation de payement.* — L'acquéreur d'un office ne peut obtenir une réduction de prix à raison d'un déficit dans les produits annoncés, alors qu'il n'établit pas qu'il a été victime de dol ou de fraude pratiqués par lui. — Lorsqu'il existe un traité ostensible et une contre-lettre, les sommes payées à valoir, sans imputation expresse et spéciale, sont imputables sur le prix stipulé au traité ostensible, bien que la contre-lettre ait été remise acquittée à l'acquéreur.   II, 100

— 9. *Résolution de traité.* — *Clause à retrancher.* — *Refus de consentement.* — *Dommages-intérêts.* — Le refus par le cessionnaire de consentir au retranchement, exigé par le ministère, d'une clause insérée au traité d'un office, peut, suivant les circonstances, le rendre passible de dommages-intérêts envers son cédant.   II, 138

— 10. *Résolution.* — *Clause illicite.* — *Rejet du traité par le gouvernement.* — Est rejetée, comme gênant la liberté d'action du gouvernement, la clause insérée dans le traité d'un office, et portant que si, par des causes

indépendantes de sa volonté, le cessionnaire n'a pas obtenu sa nomination dans tel délai, la cession sera résolue de plein droit et sans indemnité.   II, 140

— 11. *Dommages-intérêts.* — *Fixation.* — *Chambre de discipline.* — Les tribunaux peuvent bien renvoyer devant la chambre de discipline pour avoir son avis sur les dommages-intérêts réclamés en cas de résolution du traité d'un office, mais non pour qu'elle en fixe irrévocablement le montant. II, 140

— 12. *Enregistrement.* — *Suppression.* — *Droit de deux pour cent.* — Est passible du droit de deux pour cent, et non de celui de dix, le traité par lequel des titulaires s'obligent de payer une indemnité à la veuve d'un de leurs confrères, s'ils obtiennent la suppression de l'office vacant. II, 154

— 13. *Enregistrement.* — *Évaluation.* — *Cautionnement.* — Lorsque les receveurs de l'enregistrement présument que le droit de deux pour cent sur le prix de la cession de l'office est inférieur au dixième du cautionnement attaché à l'office, ils ont le droit de se faire justifier du montant de ce cautionnement.   II, 155

— 14. *Nomination.* — *Pièces à produire.* — *Timbre.* — Doivent être sur papier timbré les pièces produites à l'appui des demandes en nomination des successeurs désignés par les titulaires des offices, telles que démission, certificats de stage, de capacité et moralité, extraits ou copies des délibérations des chambres disciplinaires.   II, 191

— 15. *Décès du titulaire.* — *Héritiers.* — *Créanciers.* — *Présentation du successeur.* — Les créanciers d'un officier ministériel ne peuvent, même concurremment avec ses héritiers, être admis à présenter un successeur à l'agrément du roi.   II, 201

— 16. *Exploitation.* — *Société.* — *Convention illicite.* — L'exploitation d'un office peut-elle être l'objet d'une société?   II, 218

— 17. *Traité secret.* — *Nullité.* —

— V. *Enregistrement*, n. 15.

PROTÊT NUL. — V. *Responsabilité*

PURGE. — 1. *Tiers-détenteur.—Sommation.—Commandement.*—La sommation faite au tiers-détenteur de l'immeuble hypothéqué, de payer ou délaisser, est régulière, quoiqu'elle n'ait pas été précédée du commandement au débiteur originaire, ces deux actes pouvant être faits indifféremment l'un avant l'autre.—La sommation adressée au tiers-détenteur ne doit pas, à peine de nullité, contenir copie du titre du créancier. Elle est donc valable si le créancier a notifié un titre autre que son titre hypothécaire.   II, 98

— 2. *Notification. — Effets. — Obligation personnelle. — Prescription. — Créanciers.— Tiers acquéreur.* — La notification par un tiers acquéreur de son contrat aux créanciers inscrits, avec offre de payer son prix, ne le rend pas débiteur personnel envers ceux-ci du montant de ce prix.— Par suite, le tiers acquéreur peut invoquer la prescription de dix ou vingt ans qui avait commencé à courir à son profit, lors de la notification, sans qu'on puisse lui opposer cet acte comme reconnaissance de la dette hypothécaire.   II, 197

R

RAPPORT D'EXPERTS. — V. *Enregistrement*, n. 4.

RAPPORTS ENTRE AVOUÉS ET HUISSIERS. — V. *Huissiers*, n. 7.

RATURES NON APPROUVÉES. — V. *Exploit*, n. 15.

RECOUVREMENTS. — V. *Office*, n. 7.

RÉCUSATION. — 1. *Arbitres.—Exploit. Signature. — Nullité.* — Les arbitres forcés peuvent être récusés par exploit à eux signifié, mais il faut que cet acte soit signé du récusant. — A défaut de cette formalité, la récusation est nulle et les arbitres peuvent passer outre.   II, 148

— 2. *Formes. — Tribunal de simple police.* — Le juge de paix, siégeant comme juge de simple police, ne peut être récusé que dans les formes établies par le Code de procédure civile; une déclaration verbale faite à l'audience serait insuffisante.   II, 231

RÉDUCTION. — 1. *Huissiers. — Indemnité. — Action.* — Les huissiers supprimés ont-ils droit à une indemnité? — L'administration a-t-elle seule le droit de fixer cette indemnité? — Les décisions de l'administration sont-elles exécutoires? — A défaut par l'administration d'avoir déterminé le chiffre de l'indemnité, les huissiers supprimés ont-ils action en justice pour réclamer cette indemnité?   II, 74

— 2. *Huissier.—Décret du 14 juin 1813. — Loi nouvelle.* — Le gouvernement, qui, en vertu du décret du 14 juin 1813, a fixé le nombre des huissiers qui doivent instrumenter dans un arrondissement, peut-il réduire de nouveau ce nombre sans qu'une loi nouvelle l'y autorise?   II, 85

— V. *Réformes.*

RÉDUCTION DE PRIX. — V. *Office*, n. 8.

RÉDUCTION D'INTÉRÊT. — V. *Cautionnement.*

RÉFÉRÉ. — *Assignation à bref délai. — Célérité. — Huissier commis.* — L'assignation en référé, donnée à bref délai, dans les cas requérant célérité, en vertu de la permission du président, ne peut être signifiée que par un huissier commis, à peine de nullité.   II, 182

RÉFORMES.—1. Lettres sur les réformes à introduire dans la corporation des huissiers, et particulièrement sur la réduction du nombre de ces fonctionnaires.   II, 12

— 2. Observations sur la réforme des abus dont se plaignent les huissiers, — Assemblée des syndics et délégués de quelques communautés. — Travaux. — Résultats obtenus.   II, 5

REFUS DE PAYEMENT LE JOUR DE L'ÉCHÉANCE. — V. *Protêt.*

REFUS DE RECEVOIR LA COPIE.—V. *Exploit*, n. 12.

REJET DE TRAITÉ. — V. *Office*, n. 10.

REMISE DE COPIE. — V. *Exploit*, n. 8, 12, 14.

REMISE D'HONORAIRES. — V. *Copies de pièces.*

RÉPERTOIRE. — *Exploit.* — *Répertoire.* — *Date.* — *Omission.* — Un exploit porté au répertoire à la date du 10 a été enregistré comme daté du 11. Si cet exploit n'est représenté ni par l'huissier ni par l'administration, doit-on tenir pour certain qu'il est du 11, et que l'huissier a omis d'inscrire le 10 les actes répertoriés entre cet exploit et ceux ayant la date du 11, en sorte qu'il a contrevenu à l'art. 49 de la loi 22 frimaire an VII, et qu'il est passible de plusieurs amendes ? II, 215

RÉPÉTITION. — V. *Office*, n. 5 et 17.

RÉPRESSION D'ABUS. — V. *Copies de pièces.*

RÉSOLUTION. — V. *Office*, n. 1, 9, 10.

RESPONSABILITÉ DES HUISSIERS. — *Huissier.* — *Protêt nul.* — *Action directe.* — *Subrogation.* — *Dommages-intérêts.* — L'huissier qui a fait un protêt nul n'est responsable qu'à l'égard du porteur qui l'a chargé de faire l'acte, et non à l'égard de l'endosseur qui a remboursé sans s'être assuré de la validité du protêt. — Cette négligence emporte la renonciation à faire valoir la nullité du protêt et toute espèce de recours contre l'huissier, alors même que l'endosseur invoquerait sa subrogation dans les droits du tiers-porteur. II, 202
— V. *Compétence*, n. 8.

REVENDICATION. — V. *Saisie-exécution*, n. 2.

RÉTENTION D'EXPLOITS. — V. *Enregistrement*, n. 6.

S

SAISIE-ARRÊT. — 1. *Prescription — Interruption.* — *Intérêts.* — La saisie-arrêt a pour effet non-seulement de suspendre la prescription au profit du débiteur saisi contre le tiers-saisi, mais encore de l'interrompre. — Cette interruption empêche la prescription quinquennale des intérêts, alors même qu'ils n'ont pas fait expressément l'objet de la saisie-arrêt. II, 146

— 2. *Acteur.* — *Traitement.* — *Insaisissabilité.* — Les appointements d'un acteur peuvent être frappés de saisie-arrêt. — Néanmoins et bien que ces appointements ne soient pas compris au nombre des valeurs déclarées insaisissables par la loi, les tribunaux peuvent réduire la saisie à une quotité seulement desdits appointements. II, 183

— 3. *Validité.* — *Vente de la créance avant l'exigibilité.* — Le créancier qui a fait pratiquer une saisie-arrêt déclarée valable peut-il poursuivre la vente en justice de la créance saisie-arrêtée qui n'est pas exigible ? II, 216

— V. *Enregistrement*, n. 10.

SAISIE-BRANDON. — V. *Enregistrement*, n. 8.

SAISIE-CONSERVATOIRE. — V. *Office*, n. 2.

SAISIE-EXÉCUTION. — 1. *Revendication d'une partie des objets saisis.* — *Vente.* — Lorsque, en vertu de l'article 608 du Code de procédure, un tiers revendique la propriété d'une partie des effets mobiliers compris en une saisie-exécution, peut-on vendre les objets non revendiqués, ou doit-on surseoir à la vente du tout jusqu'après le jugement de la demande en revendication ? II, 110

— 2. *Objets détournés.* — *Gage.* — *Délit.* — *Complicité.* — La remise par le saisi d'objets saisis, à titre de gage, à l'un de ses créanciers, constitue le délit puni par l'art. 400 du Code pénal. — L'individu qui donne sciemment son assistance au détournement, par le saisi, d'effets saisis, se rend coupable de complicité, bien qu'il ne soit ni conjoint, ni ascendant, ni descendant du saisi. II, 207

— V. *Faillite*, n. 1.

SAISIE IMMOBILIÈRE. — 1. *Délai de l'art. 674 du code de procédure civile.* — *Augmentation à raison des distances.* — Les délais de trente et que

FIN DE LA TABLE DES MATIÈRES.

Imprimerie DONDEY-DUPRÉ, rue Saint-Louis, 46, au Marais.